隐藏的大家

雷海宗◎著　王敦书◎编

雷海宗世界史文集

天津出版传媒集团

天津人民出版社

图书在版编目(CIP)数据

雷海宗世界史文集/雷海宗著;王敦书编 . 一天
津:天津人民出版社,2014.7
 (隐藏的大家)
 ISBN 978-7-201-08778-8

Ⅰ.①雷… Ⅱ.①雷…②王… Ⅲ.①世界史—文集
Ⅳ.①K107—53

中国版本图书馆 CIP 数据核字(2014)第 130858 号

天津人民出版社出版、发行
出版人:黄 沛
(天津市西康路 35 号 邮政编码:300051)
邮购部电话:(022)23332469
网址:http://www.tjrmcbs.com.cn
电子信箱:tjrmcbs@126.com
高教社(天津)印务有限公司印刷

2014 年 7 月第 1 版 2014 年 7 月第 1 次印刷
787×1092 毫米 16 开本 28.5 印张
字数:480 千字
定价:68.00 元

前　言

王敦书

　　雷海宗(1902—1962)，字伯伦，河北省永清县人，是 20 世纪中叶中外驰名的史学大家，以博闻强记、自成体系、贯通古今中外著称，名列《中国大百科全书》之《外国历史》卷专设条目。他 1922 年清华学校毕业，公费赴美留学，在芝加哥大学历史学系主科学习历史，副科学习哲学，1927 年荣获哲学博士学位，时年 25 岁。他回国后一直从事历史学教学研究工作，先后在南京中央大学、金陵女子大学、武汉大学、清华大学、西南联合大学、南开大学任教，1935—1949 年为清华大学及西南联合大学历史学系主任。

　　雷海宗的学术思想与学术成就主要有以下四个特点：

　　第一，博古通今、学贯中西，擅长人文社会科学的整体把握和跨学科研究方法的交叉运用。

　　第二，以一定的哲学观点来消化史料，解释历史，努力打破西方的欧洲中心论和传统的王朝体系，建立起独树一帜的囊括世界、光耀中华的历史体系。

　　第三，热爱祖国，坚决抗日，热情歌颂中国的历史，积极弘扬中华文化。

　　第四，学习西方的科学与文化，追求真理，锐意创新，不断前进，勇于提出自己的独立见解。

　　雷海宗学问渊博，著述甚丰，多以文章的形式问世，涉及面极广，既有中国史方面的论文，也有世界史领域的文章，更有数以百计的时事评论性的文章。其成名作与代表作是《中国文化与中国的兵》一书，篇幅不大，实际由 8 篇文章合成。进入 21 世纪，不仅《中国文化与中国的兵》再版，而且新出版了雷海宗的 5 部著作：《西洋文化史纲要》、《伯伦史学集》、《中国通史选读》、《世界上古史讲义》和《历史·时势·人心》。其中，《西洋文化史纲要》、《中国通史选读》与《世界上古史讲义》分别是雷海宗在武汉大学、清华大学与南开大学讲授欧洲通史(二)、中国通史及世界上古史课程时的铅印详细纲要、史料选读与油印讲义；《伯伦史学集》主要是雷海宗发表的中国史方面的作品合集；《历史·时势·人心》则是雷海宗写作的与政治联系比较密切的历史论文及政论性文章的选编。现在，再将雷海宗发表的世界史领域的文章集合成集出版，取名《雷海宗世界史文集》。这样，雷海宗在各方面的著述基本上都可以包括进去了。

本文集共分四编。第一编是雷海宗于 1927 年在美国芝加哥大学获博士学位的学位论文《杜尔阁的政治思想》。此论文从未发表过，存芝加哥大学档案馆，雷海宗家里也无此文稿。20 世纪 80 年代后期，雷海宗以前的弟子、已故著名美国中国史学者何炳棣先生，从芝加哥大学档案馆找到本论文，复印装订成册，寄给雷师母张景茆女士三本。雷师母自己保存一本，另两本分赠给我和清华大学图书馆。本文集的此文即是按我手头保存的复印文稿排印的。杜尔阁是 18 世纪中期法国大革命前的法国政治家与思想家。我对于杜尔阁没有研究，对于 1927 年时国际学术界研究杜尔阁的状况更不了解，无法对此文作出有分量的评价。从自己粗浅的认识看来，我觉得此学位论文虽篇幅不算大，却是根据翔实的史料，特别是杜尔阁的原著，参阅了大量的国际学者的专著，对杜尔阁的政治思想作了相当系统、全面、深刻的分析与论述，独立提出了雷海宗自己的见解，是有相当高的学术价值的。由于此文从未公开过，所以本文稿对于研究杜尔阁与了解雷海宗的学术思想来说，是颇为珍贵的。全文用英文写成，似乎应译成中文。但文中有不少杜尔阁法文原著的引文，我不会法语，无法翻译。而且，雷海宗的英文极佳，本英文论文的遣词造句，典雅多姿，既有他所推崇的 18 世纪英国文史大家爱德华·吉本的风格，又能传中国古文简洁凝练之神。现在，绝大多数有兴趣读学术著作的读者英文都很好，读此英文论文应没有多大问题。所以，这里就原汁原味地按英文原稿发表，请大家品尝。

第二编是基督教史研究。雷海宗对基督教史有精深的研究。何兆武先生在《缅怀雷先生》一文中说："最后，想提到另一件令人遗憾不已的事：以雷先生这样一位如此之精娴于基督教史实的学者，竟然不曾为我们留下一部中国学者所写的基督教史，这应该说是我国史坛上一项无可弥补的损失。"（南开大学历史学院编：《雷海宗与 20 世纪中国史学》，中华书局 2005 年出版，第 62 页）受何先生的启发，这里把雷海宗在基督教史领域所发表的文章与论述集合在一起作为第二编。从《近代史上的梵蒂冈与世界罗马教（一）》到《二十世纪的罗马教廷与帝国主义》诸篇是雷海宗配合镇压反革命与抗美援朝运动，1951 年 8 月至 12 月在《历史教学》杂志、《大公报》与《进步日报》的《史学周刊》上接连刊登的揭露批判梵蒂冈教廷和耶稣会的实质与活动的系列文章，其稿费皆捐献。《基督教的宗派及其性质》是雷海宗 1957 年 1 月在《历史教学》单独发表的阐述基督教各主要流派在历史上演变发展的文章。《犹太国与犹太教》、《东方宗教与基督教的兴起》、《罗马帝国与教会之争及基督教之胜利》与《罗马帝国倾覆中之基督教会》诸篇皆摘自中华书局 2012 年出版的雷海宗著《世界上古史讲义》一书中有关早期基督教史的各章节。《五至二十世纪基督教史纲要》则摘自上海古籍出版社 2001 年出版的雷海宗撰《西洋文化史纲要》一书中有关基督教史的各章节。

第三编是世界史研究，其中包括雷海宗撰写的基督教史以外的世界史方面的文章，按发表时间先后的顺序排列。《世袭以外的大位继承法》、《历史的形态与例证》与《全体主义与个体主义》三篇发表于 1949 年中华人民共和国成立之前。第一篇讲的是罗马帝国皇帝与回教兴起时早期教主的继承方法，意在供当代中国政治元首之更替继承参考。第二篇集中阐述了雷海宗的文化形态史观的观点及其对中外历史的运用。第三篇通过分析西方中古哲学中的唯实论与唯名论之争来探讨近现代政治中的全体主义与个体主义，表明雷海宗似乎倾向于折中，赞成温和的全体主义或温和的个体主义。此后诸篇都写于中华人民共和国诞生之后。其中，有关世界上古史的文章占相当大的比重，这是因为 1952 年雷海宗到南开大学后主要讲述世界上古史。《上古中晚期亚欧大草原的游牧世界与土著世界（公元前 1000－公元 570）》一文发表于 1956 年《南开大学学报》，具有很高的学术价值与开拓创新的意义。《美帝"中国门户开放政策"的背景》一文连载于 1951 年 3 月 2 日、9 日《进步日报》的《史学周刊》，是雷海宗配合抗美援朝运动与批判亲美、崇美、恐美思想而写的批判美帝国主义的文章。《世界史上一些论断和概念的商榷》一文颇有新意与创见，批判西方的"欧洲中心论"，有益于纠正世界史上流行的一些不恰当的论断与概念。从雷海宗 1949 年后发表的以上各篇文章的内容与观点看来，我觉得在中华人民共和国成立后，他与中国大多数高级知识分子一样，经历了土地改革、镇压反革命、抗美援朝、"三反五反"和思想改造等运动，是愿意接受中国共产党的领导与马克思主义的理论的，并试图用唯物史观的观点来批判美帝国主义、欧洲中心论和梵蒂冈教廷与耶稣会的反动活动。但是，他主张独立思考，反对教条主义，所以，根据"百花齐放、百家争鸣"的方针在 1957 年《历史教学》第 7 期发表了《世界史分期与上古中古史中的一些问题》一文，强调生产力特别是生产工具的作用，提出部民社会的概念，认为奴隶制社会是在特定的条件下存在于某些特定的地区与时代，并不是世界上古史上人类普遍必经的一个社会发展阶段。

第四编是书评、论翻译和译文。雷海宗强调要读书尤其是读好书，因而重视写书评。他 1927 年回国后,在中央大学与清华大学写过多篇书评,主要发表于《清华学报》与《社会科学》,这里编入的是世界史方面的书评。中国史方面的书评见《伯伦史学集》。雷海宗也注意翻译工作,在新中国成立初期,写了一系列关于翻译的文章,刊载于《翻译通报》,皆与世界史有关,故收入。这里还包括了雷海宗亲笔翻译的两篇关于史学理论的译作。第一篇是《克罗奇的史学论——历史与记事》,这是意大利历史哲学家克罗奇的名著《历史学的理论与实践》第一章《历史与记事》的翻译,刊载于南京中央大学历史学系主编的《史学》1930 年第 1 期。第二篇是德国历史哲学家斯宾格勒的名著《西方的没落》(第二卷部分章节)的译文,原是 1960 年前后雷海宗为批判斯宾格勒与进行自我批判而翻译的。西方现代的历史哲学可分为思辨的历史哲学与分析的(或曰批判的)历史哲学两派,斯宾格勒与克罗奇分别是这两派的代表人物,对雷海宗的史学思想与理论有重大的影响。雷海宗将他们的代表作译成中文,可见对他们的重视,其译笔与注释亦有独到之处。我国学术界都知道雷海宗对斯宾格勒的推崇,但对他与克罗奇的渊源较少注意。

本文集出版后,我对雷海宗著作的编选工作大体完成,敬请方家与广大读者指正。若有条件,当争取编辑出版一套较完整的《雷海宗文集》或甚至《雷海宗全集》。

目　录

第一编　《杜尔阁的政治思想》

第二编　基督教史研究

第三编　世界史

第四编　书评、论翻译、译文

第一编 《杜尔阁的政治思想》

THE UNIVERSITY OF CHICAGO

THE POLITICAL IDEAS OF TURGOT

A DISSERTATION
SUBMITTED TO THE GRADUATE FACULTY
IN CANDIDACY FOR THE DEGREE OF
DOCTOR OF PHILOSOPHY

DEPARTMENT OF HISTORY

BY
BARNABAS HAI-TSUNG LEI

CHICAGO, ILLINOIS
JUNE, 1927

TABLE OF CONTENTS[①]

---

① 本文为雷海宗先生于 1927 年获得芝加哥大学博士学位时的毕业论文,原文为英文,本书保持了其论文的原貌。

CHAPTER I
INTRODUCTION

（ I ）
A PERSONAL SKETCH OF TURGOT

Anne Robert Jacques Turgot, Baron de l'Aule, was born in 1727 of an ancient and noble house. From his boyhood he was thoughtful, modest, and serious-minded and, when a student, saved his pocket-money for his needy friends. Though noble by lineage and brilliant in intellectual endowments, he lacked self-confidence, was shy and confused when in the company of strangers. His parents thought it best for him to prepare for the priesthood and, after having gone through the lyceum, he was sent to the seminary of Saint-Sulpice. Turgot fulfilled all the requirements of the seminary and studied his lessons in theology and apologetics conscientiously; but, contrary to the usual practice, he voluntarily devoted his spare time to a wider field of study. Besides religion in general, he was interested in all the current problems of politics and economics.

He could not but feel the anti-clerical and secular current of his age. He was daily further and further away from the orthodoxy of the Catholic Church. But he was considerate and moderate even in his rebellion; he remained reverential throughout his life and never hurt or angered his friends or relatives by blatant blasphemy or fruitless disputes. He never lost his faith in God, but to the end of his days held to the belief of an Almighty Creator and Upholder of the Universe.

Turgot continued his studies at the Sorbonne after he had taken his bachelor's degree in theology at Saint-Sulpice. Here he won immediate recognition from professors and students alike and, within six months, was elected by his associates to be their Prior, 1750. On taking office it was customary for the Prior to deliver a discourse, and Turgot chose as his subject *Les Avautages que l'Etablisement du Christianisme a procures au Oeure*

Humain. ① The discourse showed clearly that Turgot had abandoned official Christianity. For he hardly made any reference to dogmas, forms, observances, and miracles, but, instead, he laid great stress upon Christian morality, upon the pagan world and the superiority of the new religion. He made it clear that he was opposed to religious intolerance and disliked proselytism. He ignored Churchmanship, but paid his tributes to Christianity.

This discourse served to increase his popularity among his younger associates and even a few bishops, though wise old theologians shook their heads in disapproval. But he neither daunted by criticism nor spoiled by admiration. A few months later he gave his second and far more important discourse, which was a concise presentation of his philosphy of history. ②

These two discourses as well as Turgot's later writings showed that he was well read. He made all knowledge his province; though mainly interested in politics and economics, he did not neglect mathematics, natural history, philosophy, and the classics.

He was a copious correspondent and was on intimate epistolary terms with most of the leading thinkers and writers of his time. The reform of France was constantly in his mind and he was busily engaged in public business throughout his adult life till his retirement from the Controller-Generalship in 1776. But to the end of his life he was every now and then studying mathematics and astronomy under the guidance of the writings of Newton, Euler, and other competent authorities. In the realm of natural science he was particularly interested in geology and corresponded and discussed its various problems with Buffon. He was a master in classical knowledge and his facility in Latin made it possible for him to write and deliver his two discourses in the Sorbonne in that language.

Among the modern languages besides French, he at least knew English and German very well, as can be seen from the fact that he made translations of leading English and German writers, not only economists and political theorists, but also literary men and poets. He made a translation, for

---

① *Oeuvres de Turgot* (ed. Schelle), t. 1, pp. 194—214.
② See below, Chap. Ⅲ, Section Ⅰ.

example, of Pope's *Universal Prayer*①—a fact which incidentally serves as an indication of the Stoical character of Turgot's personal religion.

In 1751, when only twenty-three years old, Turgot left the Sorbonne and had to meet the question of his future profession. He decided to abandon the idea of entering the priesthood, but resolved to enter into public service. His friends and associates pointed out to him that he would achieve success and honor to his family in the Church. But Turgot gave a very apt reply to all these friendly advices: "Je ne veux pas porter toute ma vie un masque sur le visage."②

On abandoning the ecclesiastical state, he became an Avocat du Roi au Chatelet, with the idea of overcoming his natural timidity by forcing himself to speak in public. In 1753 he became a Master of Requests in one of the newly instituted Chambers of Requests, thus arousing the bitter hatred of the old members of the Parlement, which had just been abolished and replaced by a new system of courts known as the Chambers of Requests. He fulfilled his duties conscientiously and his devotion to the public good as long as he held office was "not merely a passion", according to Malesherbes, "but a rage". ③

His public duties, however, did not deter him from his studies. It was at this period of his life that he made his contributions to the *Encyclopedie—Etymologie, Existence, and Expausibilite.* ④ Each of these articles, so different in subject-matter from one another, was recognized as authoritative. In the same period of his life (1753—1754), Turgot made his admirable defence of religious toleration. ⑤

During this period Turgot was also studying political economy, which had not yet been formulated into a science. But economic and financial problems were daily becoming more and more important; the fate of the monarchy depended on their satisfactory solution. The Physiocrats were starting

---

① *Oeuvres de Turgot*, t. 2, pp. 701—703.
② Ibid. , t. 1, p. 34.
③ White: *Seven Great Statesmen*, p. 178.
④ *Oeuvres de Turgot*, t. 1, p. 55.
⑤ See below, Chapter Ⅲ, Section Ⅳ.

their campaign of "Laissez faire, laissez passer", to counteract the mercantilist system and the minute regulations of Colbert. Turgot's sympathy was naturally with the Physiocrats, and he was especially influenced by the writings and conversations of Gournay.

The year 1761 was the second turning point in Turgot's career, the first being 1751. His merits and abilities had won general recognition and the ministry gave them a wider field of action by making him Intendant of Limoges. This office he held for thirteen years, [1] till in 1774 he was called to the Ministry of Marines and, then, of Finance. In Limoges he attempted to carry out his ideas of reform as far as possible. The province was poor and its Intendant was poorly paid. On the appeals of Turgot's mother, the administration offered him a similar position in an easier and more lucrative place; but Turgot politely declined the offer. He had resolved to work out in Limoges all his ideals of reform and gladly sacrificed personal comfort and personal gain to the possibility of demonstrating the principles by which France would be redeemed and restored to a sound and rational system of administration.

Finally he was given a chance to apply to the whole of France the principles he had worked out in the restricted compass of one province. But he was given only twenty months to do this and even the little that he accomplished in that short period was destined to be undone after his retirement. He was dismissed on May 12, 1776, and devoted the rest of his days to scientific studies and literary works.

In his youth he had wistfully said, "Out family die of gout at about fifty." [2] His prophecy was fulfilled on March 18, 1781, when he was barely fifty-four years of age.

---

[1] See below, Chapter III, Section III.

[2] Shepherd: *Turgot and the Six Edicts*, p. 17.

（Ⅱ）
TURGOT AND THE POLITICAL
THOUGHT OF THE EIGHTEENTH CENTURY

Turgot's lifetime, covering the middle fifty years of the eighteenth century, was the period of decisive and immediate preparation for the French Revolution. It was an age of great intellectual ferment. Everybody saw that something was wrong, and came forward with a solution for the pressing social, economic, and political woes. Montesquien's *Esprit des Lois* appeared in 1748. The *Encyclopedie* was begun in 1751 by Diderot and D'Alembert. Voltaire and Rousseau were just starting to write with their powerful pens. Gournay, who was studying the English economists, translated Child and Culpeper; it was Gournay who directed Turgot to economic studies and persuaded him to translate a volume of Tucker. Hume's essays appeared in a French translation in 1756. The combined pens of Du Pin, Gournay, Trudaine, Fourqueux, and Machault in 1754 wrung from the government an edict permitting free trade in corn between one part of France and another. ① Among all these men as well as the other philosophes Turgot was the only practical statesman; he marked a final attempt at materializing and realizing the revolutionary ideas.

Standing among such a host of writers and thinkers, Turgot remained independent in his economic and political ideas. Timid and reflective, he devoted most of his unoccupied hours to speculation on political and economic questions. Thus as early as 1749, when he was only twenty-two years old, he wrote to the Abbe Cice a letter on paper-money, which criticized the chimerical ideas of Law and presented a lucid exposition of the difference between public and private credit and the resultant mischief of the over-issue of bank notes, i. e. , the application of the practice in private credit to public credit. This idea, simple as it may be to us of the present day, was unknown except to a few in 1749. Quesnay's writings, Diderot's articles in the *Encyclopedie*, and the *Wealth of Nations* had not yet appeared. Tur-

---

① Higgs: *The Physiocrats*, p. 15.

9

got, despite his youth and inexperience, antedated them all in this great discovery of political economy. ① From this example we can see that Turgot was an independent thinker and that, though his contemporaries undoubtedly had some influence on him, he was no blind follower of any master or fad and that he accepted nothing that his reason did not sanction. He talked, corresponded, and argued with others, but he believed only those ideas that he had thought out for himself and found acceptable.

With one or two exceptions, it is not clearly known how much Turgot was influenced by some of his great contemporaries. Thus, as far as we know, Turgot and Adam Smith never corresponded with each other and the latter did not seem to have influenced Turgot in his economic writings. In 1764 Adam Smith went to the Continent where he met Turgot and the Encyclodpedists. There is curiously no trace of the influence, if any, that these two great economists may have had on each other. Turgot's *Les Reflexions sur la Formation et la Distribution des Richesses*, though written in 1766, was not published till 1769—1770, while Smith had started writing his classic before this date. How much each may have influenced the other through conversation will perhaps always remain a mystery. There is certainly enough similarity between the two works to justify the conclusion that through exchange or ideas each must have modified and clarified the opinions of the other. ②

Besides Adam Smith, Turgot knew Beccaria, the author of *Crimes and Punishments*. ③ But evidently Beccaria did not make any impression on him. Though trained in law, living in an age of a cruel criminal law and walking among a host of humanitarian friends of a humanitarian century, Turgot curiously was not interested in the subject of law and legal reform. He wrote nothing particular about the administration of justice, save as it concerned the courts. He was a deadly enemy of the Parlement and dissuaded the King from recalling it after it had been dismissed. He was opposed

---

① Schelle (ed.): *Oeuvres de Turgot*, t. 1, pp. 143—151 (This work will henceforth be referred to simply as *Oeuvres*); *British Quarterly Review*, Vol. 19, pp. 476—477.

② Gide and Rist: *A History of Economic Doctrines*, p. 51, 55.

③ *Oeuvres*, t. 2, p. 67.

to the Parlement's encroachment on executive functions, and would have replaced them by purely judiciary councils[1]. Turgot also played a part in the Calas affair. After Voltaire had moved heaven and earth to have Calas' memory officially and publicly exonerated, in 1765 the case was referred to forty judges, among whom was Turgot. Calas was declared to have been innocent of the crime for which he had been executed. And during the proceedings Turgot was ardent in his support for the reversal of the original decision. But, on the whole, he seemed to be interested only in economic and administrative reform or, rather, the reform of the executive section of the government. Law in any of its aspects had no attraction for him. [2]

But once, in 1771, Turgot did discuss with Condorcet, in an academic rather than reformist fashion, the question of judicial procedure in criminal cases. [3] He compared the French judicial system with the English jury system. He admitted that in practice the criminal procedure in France was unjust, cruel, and odios. But, he said, the English system was theoretically unsound:

> Ce que me répugne le plus dans la procédure par jurés, c'est ce choix de juges pour chaque crime particulier, qui me parait devoir veudre souvent la justice arbitraire et dépendente, ou du parti dominant, ou du souffle de l'opinion populaire actuelle. [4]

This attack of Turgot, we must admit, is well made and is perhaps fundamentally sound under certain circumstances. However applicable it might be to eighteenth century England, it seems to be a pretty accurate characterization of the criminal jurisdiction of twentieth century America.

But if none of his contemporaries, with the exception of one or two Physiocrats, seems to have had much influence on him, Turgot's place in the intellectual currents of his age can be quite clearly defined. He was nei-

---

[1] Foncin: *Essai Suo Le Ministere Turgot*, p. 559.
[2] *Oeuvres*, t. 2, pp. 434—435.
[3] Ibid., t. 3, pp. 513 ff.
[4] Ibid., t. 3, p. 514.

ther a monarchist of the stripe of Bossuet, nor a republican of the style of Rousseau; he stood midway between the two.

(Ⅲ)

A CONTRAST WITH BOSSUET AND ROUSSEAU

Few Frenchmen of the eighteenth century thought of doing away with the monarchy. "It is only natural," said Voltaire, "to love a House which has reigned for 800 years." Voltaire was but echoing the sentiment of the entire French nation. However much the *philosophes* might attack the *ancien regime*, none of them attacked the monarchy. All their attacks were centered on the *Privilegies*, whom they blamed for the wrongs of the nation. With this sentiment of the nation the *philosophes*, including Turgot, were in full accord. Even Rousseau's Republicanism was more rhetoric than anything else. In concluding his *discours* to the French Academy, Voltaire ran into *rhapsodies*:

> Would that I might see in our public places this humane Monarch (Louis ⅩⅤ) sculptured by the hands of our Praxitles, encompassed by all the symbols of public happiness! Would that I might read at the foot of his statue these words which are in our hearts: To the Father of the Country![1]

This is not mere rhetoric, for the towns of France were vying with one another in setting up statues of the King. Even in the latter part of his reign when he came to be detested, the detestation was directed not against the monarchy, but against the individual monarch. When Louis ⅩⅥ ascended the throne, he was as much adored and idolized as Louis ⅩⅤ ever had been. The *philosophes* were anxious to carry out their enlightened ideas of social and economic reform, and they believed that the monarchy with its prerogatives was the best means of accomplishing it. Their ideal was a King who would temper his absolute authority with the force of reason and, despite

---

[1] Roustan: *The Pioneers of the French Revolution*, p. 42.

the actual situation, they hoped they could attain that ideal which would give France liberty, equality, and tolerance. They were all against the intolerant Church and the selfish *Privilegies*, whom they believed only the King could restrain and control. They were all confident that once such a King could be found, France would be born anew. The Physiocrats were particularly enamored of this idea. With the exception of the *Physiocrats*, the philosophes all favored absolute monarchy, restrained by no constitutional law.

In a word, there was a century-old affection in the loyalty to the monarchy. It was the conviction of the whole nation that without the monarchy France would be lost. The King was the incarnation of France, and the cult of the King was simply patriotism in a personal guise. ① This idea was systematically and best expressed by Bossuet.

Bossuet, the apostle of Absolutism, in his *Politics as derived from the Holy Scriptures*, gave the theory of the Divine Right of Kings its "definitive formula". ② Turgot's political thought had no religious tinge and no absolutistic coloring. But Bossuet's was one of Caesaropapism. He found in the Scriptures all rules of politics, and nothing explains better this idea of his than the full title of his political tract—*La Politique tiree des propres paroles de l'Ecriture Sainte*. The method of his reasoning was also medieval. He fortified every principle asserted by quotations from the Bible, though he affected to adopt the manner and the categories of contemporary rationalistic philosophers. In Bossuet the essential and natural character of royal authority is Absolutism. The Prince and the State are identical. The interests of the State are the interests of the Prince. With Bossuet, the monarchy is invested with a religious aureole. In fact, he admires Tertullian's expression that the cult of royalty is "the religion of the second majesty." This second majesty is the emanation of the first, who is God himself. As God is All in the universe, so is the Prince in the State. He is the State; he is a public person in whom the whole people is embodied. Against royal injustice or caprice there is no remedy except "respectful remon-

---

①   Roustan: *The Pioneers of the French Revolution*, pp. 27 — 69.

②   See: *Les Idees politiques en France an* XVII *siede*, p. 145.

13

strance" on the part of the people—and prayer. ①

This philosophy of Absolutism was simply the political expression of the medieval "Realism." The State was an end in itself, both in theory and in practice. In practice, however, the *raison d'etat* was supreme, to which all other considerations had to fall down in obedience. Bossuet and Louis XIV wanted to make the State powerful, regardless of the welfare of the people, who were simply atoms in the bigger whole and individually negligible. For the people there was nothing but passive and absolute submission, the logical counterpart of the rhapsodical glorification of royal authority. This submission must be not only external, but internal too. No individual liberty, especially liberty of conscience, must be brooked. The monarch should exterminate false religions, and Bossuet became hysterical with delight when Louis XIV revoked the Edict of Nantes. The people must have no opinions of their own whatever. "The heretic is the man who has an opinion." ②

The practical result of this theory was that morality and politics became two distinct realms. In theory the Prince symbolized the State, but in practice the State was very much confounded with the Prince. The Prince, of course, had a conscience, which might act as a restraining force to his absolutism, but the *raison d'Etat* justified anything that the Prince might do. Being all powerful by right, the Prince could do no wrong. He was limited only by his self-interest and his duties to God. ③

This theory of Absolutism Turgot rejected *in toto*; he considered it unsound in theory and dangerous in practice. Though he had no intention whatever of doing away with the monarchy, yet his main interest was to make the people wealthy and happy.

But on the other hand Turgot was no Individualist like Rousseau. The latter advocated a city-state Republic. The central and fundamental idea of Rousseau was the now familiar doctrine of all democracies—the sovereignty of the people, expressing itself in the general will (volonte generale) of the

---

① Gazier: *Bossuet et Louis XIV.* passim.

② Roustan, *op. ci*, p. 17.

③ Michel: *L'idee de l'Etat*, pp. 4,7.

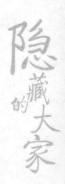

citizens. In this respect he was diametrically opposed to Turgot, who thought sovereignty rested with the King. In other words, Rousseau was a democrat, while Turgot, precisely because his ideas were more in consonance with the realities of social and political life of the eighteenth century, was a paternalist. ①

This does not mean, however, that the fiery language of Rousseau had no influence whatever on Turgot. In a letter to Hume, 1767, he confessed that he had a leaning to Rousseau:

> Je ne me défends pas d'estimer et d'aimer infiniment les ouvrages de Rousseau, non pas seulement à cause de son éloquence, du moins, si l'on n'entend par éloquence que la beauté du langage et qui tient de de Rousseau a un charme bien indépendant du langage et qui tient de très près à la partie morale de ses écrits. Il s'en faut bien que je les juge, comme vous, nuisibles a l'intérêt dù genre humain; je crois, au contraire, que c'est un des auteurs qui a le mieux servi les moeurs et l'humanité. ②

In the same letter to Hume he praised Rousseau's *Emile* and *The Social Contract*. He admitted the presence of "paradoxes" and "charlatanism" in the *Emile*—such as his ideas of the danger of Letters, the life of the savage, etc. But

> malgré ces défauts, combien de verítiés utiles dans Emile; combien la marche qu'il presente à l'education est puisée dans la lature; que d'observations fines et neuves sur les developpements successifs de l'esprit et du coeur humain! ③

Then, referring to the *Social Contract*, he said the main contribution of the book is the clear and precise distinction it draws between the Sover-

---

① Fabre: *Lee peres de la Revolution*, pp. 392 ff.
② *Oeuvres*, t. 2, pp. 659—660.
③ Ibid. , t. 2, p. 660.

eign and the Government, which, said Turgot, is a very illuminating truth (une verité bien lumineuse).

The *Emile*, in so far as it treats of the development of the human spirit, has the same tone as Turgot's discourse in the Sorbonne, setting forth his own philosophy of history. Hence his warm praise for it. As for the distinction between Sovereign and Government, though Turgot praised it, he never gave up the idea that the King was sovereign, while Rousseau made the people supreme. ①

While Turgot had high praise for Rousseau, another radical of the age, Raynal, did not fare so well. He admitted the brilliancy and energy of the style of the *History of the Two Indies*, but he accused it of being filled with incoherent paradoxes and tiresome excursions and digressions, the only value of which were cleverness of sparkle. ②

While Bossuet advocated Absolutism and Rousseau was a doctrinaire Republican, Turgot was a practical statesman with a philosophic turn of mind and under the influence of humanitarianism, the most characteristic feature of the Enlightened Despotism of the eighteenth century. It was not extremely individualistic, nor was it brutally collectivistic. Turgot was interested almost exclusively in enlightened administrative reform. The welfare of the people was to be the first concern of the State; but the individual must not be allowed to run riot, as Rousseau would have preferred. A compromise between Absolutism and Individualism was attained through the Natural Rights theory, which Turgot seemed to take for granted, but never expounded. ③ Individual right and humanity, the basis of Enlightened thought and the Natural Right theory, should be inculcated into the mind of the Prince, who would then not think of indulging his caprices. And all this not in the name of God and Religion, but of Reason. Under Louis XIV the Raison d'Etat ruled the State, with God as the sanction. The Enlightenment deposed God and put Reason in his place and Humanity was given precedence to Reasons of State.

---

① See below, Chapter IV, Section I (The Municipalities Plan).
② *Oeuvres*, t. 3, pp. 563—564, 576.
③ See below, Chapter IV, Section I.

This opinion was not peculiar to Turgot; it was the central idea of most of the *philosophes*. A strong King put at the head of the State and placed at the service of humanity and humanitarianism—this was their common ideal; Turgot simply shared it. The clearest expression of it was given not by Turgot, but by d'Holbach. In theory d'Holbach recognized the people as the source of all legitimate authority, but in fact he was advocating an extreme form of paternalism. The freedom of labor, he said, was the supreme good, necessary for every citizen. Without this freedom, all other rights would be useless. Each should be free to work, and each should be honored and recompensed according to his utility to the public. In this scheme the King was, as it were, the supreme arbiter. The King was to steer the State toward this ideal, and in this effort he was to be helped by able leaders like the *philosophes*. The general public were to take no part in the government, for they did not even know what was for their own good. ①

Turgot would agree with such a political philosophy, though he was not so contemptuous of the masses. But like d'Holbach, if he could have his way, Turgot would have made France a unified and well co-ordinated nation by greatly clarifying the bonds between the individual and the State. His solicitude for individual welfare does not mean that he would weaken the State; if anything, he wanted to strengthen and further unify it, as Frederick the Great actually did in Prussia. But Turgot, it seems, differed from Frederick the Great in that his ultimate purpose appeared to be more liberal. Paternalism was the policy and purpose of Frederick. But Turgot, with his ideal of paternalism, which vaguely foreshadowed modern State Socialism, seemed to be far in advance of his time with his Scheme of Municipalities and his view of popular education. The *philosophes* all wanted to enlighten the people. But most of them had the view of the upper bourgeoisie and had misgivings about the possible effect of general enlightenment through universal education. Rousseau, Diderot, and Turgot were the notable exceptions. Diderot attributed, and justly, the opposition of the nobility and upper bourgeoisie to popular education to their selfish fear that an

---

① Michel: *L'Idee de l'Etat*, pp. 14—17; Cushing: *D'Holbach*, passim.

enlightened public would not be submissively oppressed. Rousseau thought public governmental education was necessary for popular government. But Turgot was the only one who outlined a scheme that was at once concrete and practicable, which he incorporated in his *Memoire au Roi sur les Munic-ipalit es*. [1]

(IV)
TURGOT AND THE PHYSIOCRATS

If none of the *philosophes* and foreign writers, not even those with whom he had extensive correspondence, seemed to have much influence on Turgot, one school, the Physiocrats, did much to shape his political philosophy and economic theory. The physiocrats were a sad and solemn sect, devoid of wit, though the age was noted for its humorists. Turgot shared this characteristic of his confreres. Likewise he had in full measure their habit of insisting upon logical consistency as the sole means of arriving at eternal truth. [2] He defended many of the fundamental maxims of the system of Quesnay. He accepted the dogma of the *produit net*, that the soil is the only source of wealth. He was also a supporter of the Physiocratic doctrines of free trade in grain and of the single land-tax. But Turgot was not a doctrinaire. His administrative experience made him realize the necessity of moderation and compromise in the execution of even the most indispensable and justifiable reforms. Instead of definitely affiliating himself with any sect or slavishly following any master or masters, he proceeded by himself. He was the issue of all the *philosophes* combined. He was eclectic and practical, primarily a statesman interested in putting into practice the reform ideas of his time. Though he adopted the Physiocratic doctrine of the *produit net* and regarded the artisans as the domestic servants or hirelings of the agriculturists, yet it is curious to note that his common sense and practical experience made him more favorable to industry and less devoted to agriculture than the rest of the Physiocrats. In his proposed Municipalities there was a place for the urban folk. In fact, Turgot was a notable exception in

---

①   Roustan, *op. cit.*, pp. 250—259. (See below, Chap. IV, Section II).

②   Gide and Rist: *A History of Economic Doctrines*, pp. 4—5.

the Physiocratic School. The Physiocrats had no conception of value; their whole philosophy of production was material. Hence their doctrine of the *produit net*. But Turgot was never a thoroughgoing Physiocrat; he never called himself one. He was opposed, in principle, to sectarianism and always referred to the Physiocrats rather contemptuously as "the sect." He had a conception, albeit inadequate, of value. He saw that value is primarily subjective, nonmaterial, in character. ①

But after all Turgot was very much indebted to the Physiocrats; and he himself knew it. He was honest enough to admit this fact. In 1766, in writing to Du Pont de Nemours, he referred to Quesnay and Gournay, saying:

> Je me ferai honneur toute ma vie d'avoir ete le disciple de l'un et de l'autre. ②

And his *Eloge de Gournay* was a very sympathetic and sincere exposition of his master's economic ideas. ③

In 1755 Turgot became intimate with Gournay, who had been Intend-

---

① *Oeuvres*, t. 1, p. 61. So far as I can find, Gide and Rist, *op. cit*, pp. 46—47, and See, *Evolution de la Pensee Politique en France au XVIII siecle*, pp. 232—233, are the only two students who have pointed out the difference, and a very important one, between Turgot and the Physiocrats. Gide and Rist see that Turgot did not have the same contempt for industry and commerce as the Physiocrats, but they have not pointed out in what positive way he favored industry and commerce. They do not seem to have noticed that Turgot gave a place to the towns in his Municipalities scheme, which necessarily meant a further and more serious departure from Physiocratic orthodoxy, namely, the single-tax philosophy. For the townspeople, taking part in the government, also had to pay taxes. See gives us a specific and important illustration of Turgot's deviation from Physiocracy: "Turgot ne se preoccupe pas exclusivement de la production, comme le faisaient les physiocrates. Pour ceux-ci, la terre e'tait la propriete par excellence. Turgot, qui dans ses *Reflexions sur la formation et la distribution des richesses*, a mis en relief le role eminent du capital, qu'il soil mobilier ou foncier, se rend compte que le travail est aussi un facteur de premier ordre dans la production de la richesse." (See, 232). Turgot's *Reflexions* has always been taken as a Physiocratic textbook on Political Economy, mainly because of its physiocratic phraseology and its advocacy of the *produit net*; the fact that Turgot did not deny the productive function of non-peasant workers seems to have escaped the attention of all critics except See. We may say that Turgot was here contradicting himself, but we must at the same time recognize that he was more broad-minded than the Physiocrats. Blanqui, *History of Political Economy of Europe*, pp. 364—367, also notices Turgot's broader outlook, but does not give the specific points in which he diferred from the Physiocrats.

② Ibid. , t. 2, p. 507.

③ Ibid. , t. l, pp. 595—622.

19

ant of Commerce since 1751. At the same time he became well acquainted with Dr. Quesnay, physician of Louis ⅩⅤ. Both of these men were beginning to spread the dogma of Physiocracy, whose spirit may be summed up in the phrase "Laissez faire, laissez passer," and whose central doctrine was the *produit net*, the doctrine that the revenue from land tillage was the only wealth. In 1755 — 1756 Gournay made a series of official journeys in the provinces to investigate the state of manufactures and commerce. In these tours Turgot was his companion. From the observations during these tours and from his frequent conferences with Gournay, Turgot must have derived much profit; these two influences must have convinced him of the advantages of free trade and the drawbacks of prohibitions, and this conviction during his early life was later to form the basis of his statesmanship, both in politics and in economics. ①

Being reforming economists, the Physiocrats were interested in putting their program into practice. So they had to have a political theory. This was based on the principles of Property, Liberty, Security, and Inequality. Being economists, they naturally laid great emphasis on property. Being Physiocrats, they were particularly solicitous for the welfare of landed property. Being convinced that land was the only source of wealth and revenue, they were naturally more zealous in its defence. They believed that only absolute security and full liberty in the owning and cultivating of land could yield the maximum *produit net*. And Liberty in its fullness means the liberty to work, the freedom of commerce, interior as well as exterior. Only then can the citizen be enthusiastic for his productive work. Security means the guarantee of Property and Liberty. Without the former, the latter are impossible. Finally, Inequality is necessary because only when the rich drive the poor to work can the maximum *produit net* be realized. This does not mean class distinctions; there are no class distinctions except those resulting from the distribution of wealth. On the other hand, only landed proprietors are full citizens, because they and they only produce wealth and therefore support public finance. The annual net produce of the land, plus the movable

---

① *British Quarterly Review*, Vol. 19, pp. 481—482.

wealth, is the only national riches and, therefore, should bear the whole burden of taxation. The income of the capitalist who lends at interest or the profit of the merchant who buys and sells is not a *produit net* and, therefore, should no more be taxed than the manure which fertilized the land. If they are taxed, the burden will ultimately fall upon the peasant, the producer of wealth. ①

Such was the Physiocracy that Turgot accepted with reservations. Property is the be all and end all of society. This being the case, it is quite natural for the Physiocrats to be opposed to Rousseau's *Contrat Social*. Political society is not an artificial and arbitrary creation; it is a physical necessity. It is a natural association, derived from the nature of man as well as the nature of things. Property rights must be protected, and they cannot be protected without society. So economics makes society a first and natural necessity. As society is not voluntarily created by the will of man, it cannot be dissolved either, as supposed by Rousseau. Every one, willy-nilly, is born a member of society. ②

To fulfill its purpose, it is best for society to have a monarchical form of government. A single prince is better than an assembly, because the former can gain nothing by ill-government, but has the greatest interest in governing well. Further, it would be much easier to persuade a prince than a nation to adopt Physiocracy. But the Physiocrats, especially Mercier de la Reviere, made a distinction between arbitrary despotism and legal despotism. ③ They did not advocate the theory of Absolutism; they had no mystical doctrine about the sacredness of Absolute Monarchy. But natural laws and natural rights, which, according to Quesnay, were anterior to even society itself, made political organization indispensable and the best form of political organization was legal despotism. This was monarchy accompanied by the authority of the magistracy and popular enlightenment through education. A judiciary, more or less independent, was to be set up side by side

---

① Higgs: *op. cit.*, pp. 96—97；Weulersse：*Le mouvement physiocratique en France*, t. 2, pp. 1—35; Schelle：*Du Pont de Nemours et l'ecole physiocratique*, pp. 88—89.

② Cheinisse：*Les Idees Politiques des Physiocrates*, pp. 35—47.

③ Le Mercier：*L'Ordre Naturel et Essentiel des Societes Politiques*.

the executive and was to decide whether a public law accorded with natural law. Again, the stone wall of public ignorance which could not comprehend such a complicated system must be overcome by popular education. ①

Following the Physiocrats Turgot also favored an enlightened despotism, with an educated public as the basis. But he never went so far as to advocate the establishment of a more or less independent judiciary. Perhaps he thought that his Municipalities Plan made this unnecessary. With the theoretical and philosophical flights of some of the Physiocrats he evidently had no sympathy; he himself never produced any speculative writing on politics—such as Natural Law, Natural Rights, Arbitrary vs. Legal Despotism. He adopted but softened their economic doctrines; their speculative political literature he ignored. Turgot was more a statesman than a political philosopher.

---

① See: *Les Idees politiques en XVIII siecle*, p. 155; *Cheinisse*, *op. cit.*, pp. 78—86; Michel: *op. cit.*, p. 22; Schelle: *Du Pont de Nemours*, pp. 89—91.

CHAPTER II
TURGOT ADMINISTRATOR
AND PHILOSOPHER

Turgot was primarily a statesman interested in reforming the France of the *ancien regime*. The economic, financial, and social conditions in France at the time of Turgot were pitiable. The glorious reign of the Great Monarch had squandered the treasury and accumulated a huge debt. By his wars and religious persecutions the population had been seriously reduced. Agricultural products decreased, while burdens of taxation increased. Parts of the country were in ruins and the lower classes in misery, while the metropolis and the Court were daily entertained by the splendor and extravagance of King and Nobility, thus intensifying the contrast between luxury and misery. The taille or direct tax was in effect a tax only upon the peasants who were already overburdened. The indirect taxes were leased out to a body of financiers, the farmers general, who performed their duty with revolting harshness. The corvee fell heavily on the peasants, who at the same time had to suffer the billeting of soldiers in their houses and the transport of troops with the aid of their cattle. The tithes of the clergy and numerous local dues also had to be paid. Minute regulations fettered industry and commerce. Vexatious tolls were set up all over the country. The feudal lord still exacted innumerable fees. Financial deficit was chronic. Agriculture decayed; even the seed-corn was often lacking. Large territories lay waste, and the poor were often reduced to live on grass and water, like the beasts of the field. Beggars abounded. Bread riots were frequent. Young men and maidens refused to marry, unwilling to add to the misery around them. And all the while taxes were ruthlessly wrung from the poorest families. ①

Such conditions at one time or another were not peculiar to France, but common to the whole Continent. But Enlightened Despotism, under the stimulus of the new-born twins of Humanitarianism and Reason, had done

---

① Higgs: *op. cit.*, pp. 5—11.

away with most of these abuses in other countries. Pombal in Portugal, Joseph II in Austria, Leopold of Tuscany, Charles III and D'Arande in Spain, Frederick the Great of Prussia and others had all carried the precepts of the *philosophes* of the Enlightenment into effect. But in France this had never been done, and it was exactly this task that Turgot proposed to undertake singlehanded. ①

In 1761, by being made Intendant of Limoges, Turgot was given an opportunity to relieve the misery of a section of the French people and to carry out his ideas of politics and economics. The office of Intendant was equivalent to the Missi Dominici or royal envoy. During the eighteenth century, however, his functions became very extensive. He was both inspector and administrator. The conduct of the judges, of the police, of officers of finance, and the conditions of agriculture, manufactures and commerce were all under his inspection. As administrator his authority was almost sovereign. The distribution of taxes, the distribution of troops and everything civil or municipal were under his control. He could elevate or scourge his province at will. In such a position it is to be expected that Turgot would put into practice his ideas, especially his ideas of political economy. ②

Turgot studied and looked into the administrative system of Limoges in all its minute details. ③ Limousin was one of the poorest provinces of France; this made Turgot the more assiduous in performing his duty. Social, sanitary, and domestic economy; moral and material, agricultural, commercial, manufacturing, navigable, and horticultural improvements—into all these things Turgot looked. He differentiated between *l'impot sur le revenu* and *l'impot sur les consommations*, direct and indurect taxes. He took the parish priests into his confidence; and through them he reached the people. He maintained an active correspondence with them, whom he considered his natural though unofficial sub-delegates. When he had any practi-

---

① Dorn: *The Conflict of Humanitarianism and Reasons of State under Frederick the Great*, pp. 2—3.

② *British Quarterly Review*, Vol. 19, pp. 483—484.

③ *Oeuvres*, t. 2, 3, passim. (The thoroughness of his work and the insistency and repetitions of his orders and instructions make it impossible to give specific references.)

cal knowledge in regard to agriculture or other rural concerns that he wished to communicate to the people, he did it through the priests. Similarly, he encouraged the peasantry to communicate their wishes and petitions to him through the medium of their pastors. He gave instructions to the municipal officers and the commissaries des tailles as to how to prepare the roles de la taille in the towns and cities. He did his best to abolish privilege and to realize the principle of equality by distributing equitably the burden of the taille. During the thirteen years of his Intendancy he accomplished a great deal for the people of Limoges, for the simple reason that he was given a comparatively free hand. Among other things he abolished the burdensome and inefficient corvee and thereby was able to construct 160 leagues of new and excellent roads, which Arthur Young twenty years later found to be the best in France. In 1761 Limoges was the most backward province in France. Turgot in a few years succeeded in making it a model province. The worst features of the collection of the taille were abolished, together with the hated corvee. He also managed to obtain a royal decree freeing the corn trade of Limoges. No one, however humble, ever appealed to him in vain. His paternal solicitude for his people was boundless. The peasants were at first suspicious of him, because they had always been suspicious of their superiors. But finally they were convinced of his sincerity and were won over to his side. When they heard that the King had made him Controller-General, they celebrated the event by a public holiday. ①

In August, 1774, Turgot became Finance Minister. His thirteen years in Limoges may be regarded as a preparation for his administration over the whole of France. As Intendant, he not only conscientiously performed his duties of administration and supervision, but also did his best to put his ideas of industrial and commercial freedom into practice. He tried to give all branches of commerce the fullest amount of liberty by abolishing unnecessary restrictions and regulations. He encouraged competition in the manufacture and sale of goods, believing that it would bring the best goods and the most advantageous price to the purchaser. All the markets were opened to

---

① Lafarge: *L'Agriculture en Limousin et Turgot*, p. 273.

all merchants and vendors. He secured for the province free trade in grain so as to minimize the scourages of famine, to equalize the prices, and to promote public solidarity. The people, united in their economic life, would no longer regard each other as "foreigners".

As Controller-General, Turgot did what he had done as Intendant, only in a larger territory and in greater proportions. Immediately upon assuming office he laid before the King his plans for the social and economic regeneration of France. ① He reorganized the whole financial system and in his first budget managed to end the deficit and wipe off a large part of the public debt. Incapable officials and sinecures were abolished. Peculators were arrested. The freedom of internal trade in grain was gradually introduced. The system of internal protection of agriculture had built up what was known as the *pacte de famine*, a practice of deriving profit from famine and starvation. ② Privileges of exemption from the protective duties were sold to speculators, who were found among high officials, and these were enabled to manipulate the grain supply and price in various parts of the country, to their own immense profit, but at the cost of life and happiness of the people. Old decrees against the practice had been suspended, and now Turgot persuaded the King to revive them. The speculators were exasperated and waited only for an excuse to spring at their enemy. There was a crop failure following the decree, and in 1774 — 1775 many people were faced with starvation. Bread riots started all over the country and finally in late spring, 1775, even spread to Paris and Versailles. Louis tried to placate the mobs by arbitrarily lowering the price of bread. But Turgot saw in this only a policy bound to end in nation-wide bankruptcy. He secured full powers from the King, suppressed the riots, and hanged some of the leaders, who had been really under the employ of the grain speculators.

In 1775, after the bread riots had been suppressed, Turgot turned to the task of reforming the *taille* or land tax. ③ The taille was the principal source of revenue, but fell almost exclusively on the lower orders of the

---

① *Oeuvres*, t. 4, pp. 109—114.

② Ibid. , t. 4, pp. 34—44.

③ Ibid. , t. 4, pp. 334—350.

people, under the medieval theory that the clergy served the King with prayers and the nobility with the sword, leaving the rest of the people the duty of supplying the state with money. The nobility paid only the capitation and the vingtiene, while the clergy were exempt from all taxes, giving only free gifts from time to time. At the same time the upper bourgeoisie escaped the taille by purchasing an office, which would entitle the holder to the noble status. Even the less wealthy managed to buy privileges that would exempt them from a large part of the taxes. The total result of all these exemptions was that the heaviest financial burdens of the Kingdom fell on the peasants, the farmers, the laborers—the poor in general. Turgot could not overhaul the whole taxation system; he did not have the time. But he did try his best to recast all the old valuations and to found upon a cadastre au equitable scale of assessment.

Early in 1776, Turgot took up his most important series of reforms for France—the Six Edicts. ① They may be regarded as the culmination of his financial administration in its negative aspects; they served to break the bonds that were strangling the economic life of France and, therefore, preventing the development of national sentiment and national solidarity. Of the Six Edicts, three were most important—the suppression of the corvee, the abolition of the guilds, and the freeing of the grain trade. The nobility, the clergy, and the Parlement combined in opposing these measures, especially the abolition of the corvee, which implied the abolition of the distinction between nobles and commoners in that it made both equally taxable. The *gentilhommes*, aside from the economic interests involved, would never think of regarding the Third Estate as their equals. On the other hand, the Third Estate were bitterly opposed to the abolition of the guilds, close corporations that gave their members monopolistic economic rights, either in commerce or in industry. The system, whatever it might have been in the Middle Ages, was now crippling French industry. The defenders of the old system, notably the Paris Parlement, attacked the measure as abolishing the distinction between expert and unskilled artisans, forgetting that the

---

① *Oeuvres*, t. 5, pp. 148—269.

existing system itself was stifling all initiative and development of expert skill. Through the King, Turgot forced the Parlement to yield and register all the Six Edicts.

Turgot also made an attempt to reform the system of farming the indirect taxes—the gabelle, the aides, etc. ① The amount of these taxes having been determined, it was the practice to sell the right of collecting it to a contracting company, who reaped enormous profits from it, at great cost to the tax-payers. The company kept the ministers and courtiers silent by large bribes, and Turgot, being Controller-General, was offered three hundred thousand livres. But Turgot was determined to wipe out all corruption. He flatly refused the "fift". But here, as in other instances, he could not abolish the system altogether. For the time being he only managed to make it less severe in its dealings with the people.

Besides removing abuses, Turgot did his best to carry out constructive measures. He improved the postal system of France by building new roads and repairing old ones and by introducing fast coaches and diligences. ② Rivers were improved and canals were constructed by the aid of trained engineers. ③ He tried to introduce a uniform system of weights and measures④, the chaotic and diversified system of the ancien regime being a great impediment to trade and the development of economic life in general. He took a prominent part in creating the Academy of Medicine ⑤, thus adding an important institution to the French system of higher education.

In numerous memorials and projects, therefore, Turgot elaborated his program of reform—the abolition of old abuses and the creation of a new France. It was not only an attack on privilege and a thorough financial reform; it also included freedom of labor within and freedom of commerce without. The principle of the equality of opportunity must be promulgated and followed to the letter.

---

① *Oeuvres*, t. 4, pp. 150—159.
② Ibid. t. 4, pp. 700—702; t. 5, pp. 125—127.
③ Ibid. t. 4, pp. 648—651.
④ Ibid. t. 5, pp. 31—33.
⑤ Ibid. t. 5, p. 120.

Finally, in the *Memorial on Municipalities*①, Turgot projected a political constitution that would provide against both absolute despotism and hopeless anarchy. With clear and philosophic insight he saw that the greatest defect of the ancien regime was its lack of practical political education and political experience and, as a necessary consequence, the excessive centralization of authority. Therefore, he proposed to remedy this by setting up a hierarchy of popularly elected administrative bodies that would be responsible both to the people and to the government and would serve as a sensitive link between the isolated King and the aggrieved but helpless people. For a century and a half no popular assembly, no Estates General, had met in France, and the system of Municipalities would, for all practical purposes, be a revolutionary measure for the ancien regime.

Complementary to the system of Municipalities, Turgot outlined a scheme of popular education for children and youth, with the express purpose of instructing them in their rights and duties and making themselves intelligent citizens instead of sheepishly obsequious subjects. He promised, with the twofold scheme of Municipalities and popular education to create a new France in ten years. Turgot was sincere in his enthusiasm, just as he was sincere in all his ideas of reform. He was no Frederick the Great who professed one role and acted another. He was sincere in all his ideas of reform. He carried them out as far as possible during his thirteen years in Limoges. He would have done the same for the whole of France had he been given enough time, though this would not necessarily have meant the delaying of the Revolution indefinitely. Louis XVI, feeble minded and incapable as he was, yet saw the merit of Turgot and his plans and at first gave him full support, saying, "You and I are the only ones who love the people." But Turgot was given a chance of only eighteen months, after which the open hostility of Marie Antoinette, the covert attacks of the other ministers, and the active malevolence of the courtiers and parasites combined in forcing the feeble King to dismiss Turgot. And the last hope, albeit a flimsy one, of a peaceful revolution disappeared with this dismissal.

---

① *Oeuvres*, t. 4, pp. 568—621.

CHAPTER III
TURGOT'S POLITICAL IDEAS

（I）
HIS PHILOSOPHY OF HISTORY

While his economic ideas formed the material basis of Turgot's political philosophy, the moral force or invigorating principle for his whole politic-economic system was furnished by his quite original philosophy of history. With an intense belief in the power of enlightenment, he adopted the doctrine of the perfectibility of human nature. This was the central dogma of his philosophy; it was his true religion, which he held ever since his early twenties. It kindled all his enthusiasm and inspired him with the kind of devotion usually associated with religious and theological conviction. It was a conviction that he never abandoned but firmly entertained amidst all his disappointments.

In his *Plan de deux Discours sur l'histoire universelle* (c. 1751) [1] Turgot expouned the idea of social progress, moral progress, and the progress of institutions and manners. This idea of human progress was really unique. In his *Essai sur les moeurs* Voltaire recognized progress only from barbarism to civilization. He thought glory belonged only to a few ages, like the age of Louis XIV; Montesquieu, despite his researches in jurisprudence, did not understand that the ideas of government, justice, and order—which he made so much of in his books—were products of a long evolution. As for Rousseau, he put the golden age at the primitive stage of society. So, though we may question the soundness of Turgot's undue optimism, yet the fundamental idea of his—the idea of gradual growth and progress—was new and comparatively (more) correct. [2]

In the *Tableau philosophique des progress successifs de l'esprit*

---

[1] *Oeuvres*, t. l, pp. 275—323.

[2] Janet: *Histoire de la science politique*, t. 2, pp. 679—680.

*humain*①(1750), which was his discourse presented before the Sorbonne when he was still a student, he put forth the same thesis. Its opening lines were revolutionary for the time:

> Les phenomenes de la nature, soumis à des lois constantes, sont renfermés dans un cercle de révolutions toujours les mêmes; tout renait, tout perit; et, dans ces generations successives par lesquelles les vegetaux et les animaux se reproduisent, le temps ne fait que ramener à chaque instant l'image de ce qu'il a fait disparaitre.
>
> La succession des hommes, au contraire, offre de siecle en siecle un spectacle toujours varié. La raison, les passions, la liberté produisent sans cesse de nonveaux événements; tous les ages sont enchainés les uns aux autres par une suite de causes et d'effets qui lient l'état présent du monde a tous ceux qui l'ont précédé. Les signes arbitraires du langage et de l'écriture, èn donnant aux hommes le moyen de s'assurer la possession de leurs idées et de les communiquer aux autres, ont formé de toutes les connaissances particulières un trésor commun qu'une generation transmet à l'autre, ainsi qu'un heritage toujours augmenté des découvertes de chaque siecle; et le genre humain, considéré depuis son origine, parait aux yeux d'un philosophe un tout immense qui, lui-meme, a, comme chaque individu, son enfance et ses progrès. ②

Turgot identifies the progress of the human mind with the progress of knowledge, of science and the arts. The ever-increasing additions to the total amount of human knowledge and its ever-increasing accuracy and fullness—this is the record of progress. The chief instrument in this enlightenment is the periodical, though by no means regular, rise of great talents or geniuses. Circumstances allow these superior talents to leave their mark on the accumulating civilization of a people, or leave them to die and be buried in obscurity. The greatness of a people depends upon the amount of oppor-

---

① *Oeuvres*, t. l, pp. 214—235.
② Ibid. , t. l, pp. 214—215.

tunity and encouragement it gives to such geniuses. Such a philosophy of history is adopted mainly by people who have a deep sense of their own responsibility to humanity and, however unconsciously, Turgot must have regarded himself as such a genius and as destined to save France and to leave a permanent mark on French history. He wrote his essay on the Philosophy of History to explain mainly the past; yet it is evident he never forgot the present and the future. The following paragraph from his first *Discours sur l' Histoire Universelle* shows that he believed that a despotism in the end would bring about revolution unless pacific reform were instituted in time:

> Ici, les peuples fatigués de l'anarchie se sont jetés dans les bras du despotisme; ailleurs, la tyrannie poussée a l'excès a produit la liberté. Aucune mutation ne s'est faite, qui n'ait produit son avantage, car aucune ne s'est faite sans produire de l'experience et sans étendre ou amé-liorer ou préparer l'instruction. Ce n'est qu'après des siecles et par des revolutions sanglantes que le despotisme a appris à se moderer lui-meme et la liberté à se regler, que la fortune des Etats est devenue moins chancelante et plus durable. Et c'est ainsi que, par des alternatives d'agitation et de calme, de biens et de maux, la masse totale du genre humain a marché sans cesse vers sa perfection. [1]

Though Turgot perhaps hit upon a more accurate philosophy of history than any other man of his time, yet it is interesting to note that he was fundamentally idealistic. At this time *The Spirit of Laws* was enjoying great popularity, and in it Montesquieu put forth the environmental explanation of history, that institutions and customs of different countries are influenced by climatic differences. This materialistic point of view was disputed by Turgot in his second *Discours sur l' Histoire Universelle*. [2] Turgot deplored that so eminent a man as Montesquieu should advocate such a misleading theory. He admitted that the environment cannot be totally ignored, but experience and observation show that under the same climate live

---

[1]　*Oeuvres*, t. l, p. 285.
[2]　Ibid., t. l, pp. 298—323.

totally different peoples, while under climates totally different can be found peoples who are very much alike. Most events are explicable by moral or spiritual causes. Physical explanations should serve only as a last resort, only when no moral cause can give the necessary explanation of an event. The great variety of historical events has a fundamental unity in the march toward perfection in which moral causes have predominant influence.

However we may disagree with this idealistic and somewhat too optimistic view of history, yet we cannot but recognize that Turgot is the one of the first, at least within the compass of Occidental Civilization, to appreciate that history is no mere and meaningless conglomeration of names, dates, and deeds, "but an organic whole with an internal plan realized by internal forces." He saw society as an organism, with its more or less fixed principles of self-development and change, with which, however, human intelligence has a good deal to do. The comprehensiveness of his view may further be seen from the fact that he regards science, art, government, manners, morality, religion, and all other categories of human activity as subjects of historical progress, that they are interrelated and, therefore, none of them can progress all by itself and, for the same reason, the reciprocity of influence makes the change of any one of these factors necessarily bring change into all the rest. ① Turgot was interested mainly in administrative reform, but a success in such reform would bring about a flowering of arts, letters, and science, and civilization in general.

（Ⅱ）
THE MONARCHY

The France that the idealistic Turgot wanted to save had no constitution. Nor was there a public opinion to support a far-seeing statesman. Short of revolution, reforms could be effected only by the prerogative of the King, whose power was absolute. France was monarchical to the core; she was as complete a realization of Bossuet's Absolutist philosophy as was physically and humanly possible. Both the purse and the sword were under

---

① Flint: *The Philosophy of History in Europe*, Vol. 1, p. 111.

royal control. The parlements could be dismissed, exiled, or imprisoned if he saw fit; so there was no independent judiciary. His edicts made and repealed laws, and he controlled all the offices of administration. But it would be a mistake to think that the people regarded this omnipotent King as their enemy. In fact, they had a true affection for the ancient royal house. Louis XV, whom the Emperor called "the child of all Europe," was, in the words of the time, "madly" lovely by the French people. When Louis XVI was beheaded in 1793 it was the result of a love shamefully betrayed rather than a deep-seated hatred for monarchy. It was upon this unlimited and loved power that Turgot relied for carrying out his program of reform. [1]

Turgot had no idea of undermining this vast power. He only saw that France, out of necessity, must, and out of justice and reason, ought to have a Constitution. After a brief introduction, the first sentence of his *Memior on the Municipalities* is "La cause du mal, Sire, vient de ce que Votre nation n'a point de Constitution." [2] As a result, no one knows what his obligation is and everybody is for himself. The nation is composed of different classes disunited and with no common purpose, with only one individual, the King, as the impartial arbiter. But one man's knowledge is limited and unless a Constitution is provided matters cannot improve. Hence the scheme of Municipalities. The monarchy could be saved only by becoming constitutional. Under such a Constitution the King would not be a figurehead; the general wish of the nation would be the only obstacle to his authority, which, freed from the shackles of the selfish interests of one class, would be always safe and secure. On the other hand, if such a just and necessary change should be too long delayed, the natural order of events might come to such a pass as not only to endanger the nation, but to threaten the very foundations of the monarchy.

Votre Majesté règne par son pouvoir sur le moment présent. Elle ne peut régner sur l'avenir que par la raison qui aura présidé à ses lois,

---

[1] Roustan, *op. cit.*, pp. 27—69.
[2] *Oeuvres*, t. 4, p. 576.

par la justice qui en sera la base, par la reconnaissance des peuples. ①

Turgot really sought to enhance the royal power. The King was to give the country a Constitution, but his sphere of activity was widened rather than limited thereby. What he would like to accomplish is at the present moment still, in some sense, the ideal of State Socialism. The State or the Prince is to do almost everything for the people; the duties are more numerous and more variegated than even Louis XIV ever dreamed. Only, Turgot would make the monarchy in a sense Constitutional, i. e., the King would act voluntarily in accordance with the opinion expressed by his subjects, though he was not bound to do so. ② Nothing was further from Turgot's intention than to draw up a hard and fast Constitution as all modern States now have. The King was always to remain absolute.

Votre Majesté peut donc se regarder comme un législateur absolu et compter sur sa bonne nation pour l'execution de ses ordres······

Said Turgot in the *Essay on Municipalities*. ③ The whole plan of Municipalities was for the purpose of creating a link to enable the remotest corners of the country to approach the King without difficulty, to make conditions of the various districts known to him intimately and accurately, to facilitate the execution of his orders, and, by lessening mistakes and blunders, to make the royal authority more respected and loved throughout the realm. ④

The main and only difference between Turgot and Bossuet, or between Turgot's idea of the monarchy and the actual monarchy, lies in the fact that Turgot was a humanitarian, that is to say, he did not believe in Bossuet's theory and the actual fact that the State was to be a machinery for the exploitation of the weak (the conquered) by the strong (the conqueror). He

---

①   *Oeuvres*, t. 5, p. 153 (Memoir to the King communicating the Six Edicts).
②   Michel, *op. cit.*, p. 29.
③   *Oeuvres*, t. 4, p. 575.
④   Ibid., t. 4, pp. 606—607.

did not believe that governments were founded on the right of conquest. The prince is not the common enemy of the people; he is their common protector and paternal administrator. France, he said, in his answer to Miromesnil's criticism of the Six Edicts ①, is a paternalistic monarchy, founded on a national constitution in which the monarch is raised above all so as to assure the welfare of all. He is the repository of public power to maintain the properties of all according to the principle of justice, and the defender of the country against foreign aggression. Benevolence and paternalism is the keynote of Turgot's Constitutional Monarchy. The Constitution is a demonstration of good faith rather than a binding document. ② Justice and reason are all that bind the King in his actions.

So Turgot, though a practical statesman in many respects, was an idealist with the common illusions of the *philosophes* of his age. He never gave a clear definition of the term "sovereignty," and did not see the necessity of limiting the central power by some other agency, such as a deliberating assembly. He believed in the irresistible influence of education, of reason, of public opinion. He promised, for example, to give the King a new people, "the first among peoples," in a few years through education. Though an able administrator, it is most curious to see how little he took into account human passions, egoistic calculations, and the inertia of routine and red tape. Always conscientious and benevolent himself, he did not know the dangers of power, especially absolute power, against the abuse of which not even Almighty Reason is sufficient guarantee. He shared the common naive illusions of his age; a glorious utopia could be realized over night through the magic touch of the wand of Reason. Everybody would become reasonable, just, and enthusiastic for the public good, led by a just and reasonable King. So why bother about a cumbersome deliberating assembly or a fixed

---

① *Oeuvres*, t. 5, p. 183. Miromesnil, Keeper of the Seals, defended the privileges of the nobility and attacked the Six Edicts, especially the one abolishing the corvee.

② Turgot had the idea of a written Constitution in mind. His *Memoir on the Municipalities* was meant to be a provisional draft. He must have known that France had a customary but unwritten Constitution, yet he said in the *Memoir* (*Oeuvres*, t. 4, p. 576): "La cause du Mal, sire, vient de ce que Votre nation n'a point de Constitution." So by "Constitution" Turgot must have meant a written constitution, which he proposed to set forth before the king. Roustan *op. cit.*, pp. 116. ff.

constitution or a check or guarantee of any kind?

(Ⅲ)
PRIVILEGE vs. EQUALITY

In the proposed Constitution for France there was no place for Privilege. Though Turgot did not propose to abolish the honorific titles of nobility, he would do away with all the privileges that went with the titles. France was broadly divided into two orders—the Privilegies and the Commoners. Besides the Clergy and the Feudality, the Privilegies included the Nobility of the Gown (Robe) who were, if anything, more conscious of their caste and privilege than the nobility of the sword, and the stronghold of this nobility was in the Parlements, especially that of Paris. To a great extent they lived on abuses that they were determined to perpetuate. Their offices were bought and hereditary. This was why Turgot opposed their recall.

Turgot would first of all cut off the means of indulgence of the Priviligies. In his first message to the King he laid down the three-fold program of "Point de banqueroute, point d'augmentation d'impots, point d'emprunts." For, he said, "Il n'y a qu'un moyen, Sire, c'est de reduire la depeuse au dessous la recette." The clamors and hysterics of privilege must be ignored, it being impossible to avoid opposition from the beneficiaries of the old unjust system, no matter what change might be proposed. So Turgot began to suppress the abuses from which the *noblesse* profited at the expense of the nation. Incapable officials were dismissed; sinecures were abolished; peculators were arrested. While all these abuses were notorious, it was the Corvee that symbolized privilege in its worst aspects. The road *corvee* was traceable to the efforts of the Intendants to maintain good main roads. The peasant had to labor on the main roads, which he rarely used himself, twelve or fifteen days annually without pay, and to bring his horse if he was so fortunate as to possess one. He was often required to do his work at harvest-time and, frequently, far from his home. No wonder the

---

① *Oeuvres*, t. 4, pp. 109—114.

roads were vile. When Turgot was Intendant of Limoges, he put competent workmen on the roads, paid them a fair wage, and defrayed the charges by a moderate tax upon the ratepayers. As a result, not only were the old roads permanently improved, but one hundred and sixty leagues of new roads were constructed. And twenty-five years later (1787) Arthur Young found the roads in the Limousin the best in France:

> The noble roads we have passed, so much exceeding any other I have seen in France, were amongst his (Turgot's) good works; an epithet due to them, because not made by corvees. [1]

Now that Turgot had become Controller-General, he wanted to do for the whole of France what he had done for the Limousin. In the preamble to the Edict abolishing the Corvee [2] he declared that his aim was a revolution in the assessment of taxes and the abolition of privileges, thus subjecting the nobility and the clergy to taxation upon an equal footing with other citizens. This reform was introduced, he said, not simply because the corvee was costly and inefficient, but, most important of all, because it was unjust:

> Nons croyons impossible d'apprécier tout ce que la corvée coute au peuple... mais un motif plus puissant et plus decisif encore nous détermine: c'est l'injustice inséperable de l'usage des corvées. [3]

The weight of the burden fell and necessarily fell only upon the poorest classes, upon those who had no property except their hands and their industry, upon the husbandmen and the farmers. The landowners, almost all of them privileged, were exempt; yet it was to the landowners that the roads were useful by the increased value of the products of their estates due to improved facilities for communication and transportation. Since they enjoyed

---

① Young: *Travels in France*, pp. 23—24.
② *Oeuvres*, t. 5, pp. 200—213.
③ Ibid. , t. 5, p. 204.

the interest, they should also make the investment. So the Edict ordained that all landowners, privileged or nonprivileged, were henceforth to contribute to it as was usual in the case of all local expenses. Turgot believed that only justice and liberty to all classes could maintain the equilibrium between all rights and all interests. Neither must the rich be forced to help the poor, nor should the poor be robbed to add to the plenty of the rich.

Justice sera dans tous les temps la base de notre administration; et c'est pour la rendre à la partie de nos sujets la plus nombreuse, et sur laquelle le besoin qu'elle a d'etre protégé fixera toujours notre attention d'une manière plus particulière, que nous nous sommes haté de faire cesser les corvées dans toutes les provinces de notre royaume. ①

Turgot regarded the State as something like a business concern in which every member has common interest, with the King as sole supervisor and arbitrator. Everybody should contribute to the upkeep of the State, and no favoritism or privilege of any sort is justified unless it entails some special service. This was the fundamental reason why Turgot attacked the *privilegies*, who no longer performed any special service but forced the poor peasants to contribute almost the whole amount for the upkeep of the State. This attitude of Turgot, however, met opposition even in his own Council. Miromesnil, Keeper of the Seals, still maintained the old feudal theory that the nobility should be exempt from taxes on account of their special services to the King. In his answer ② Turgot pointed out that the nobles were no longer performing their feudal services. But the situation, bad as it was, was further aggravated by the practice of purchasing nobility. By means of the readiness with which titles might be purchased there was no rich man who might not become noble out of hand; so that, as the nobility included the whole body of the rich, the cause of the *privilegies* was no longer the cause of distinguished families versus commoners, but the cause of the rich against the poor. If there were only the descendants of the

---

① *Oeuvres*, t. 5, pp. 205—206.
② Ibid., t. 5, pp. 163—200.

ancient defenders of the State to be taken into consideration, the new law might be debatable. But when the privilege of exemption was shared by the tribe of contractors who had robbed the State, it was a serious reflection on an administration that should overburden the poor with public burdens and let such disreputable rich go free. Turgot wanted to be just to all classes. Even such "robbers of the State" he would not deprive of one penny. He would not make the road tax a means of forcing them to disgorge. The new tax was levied on them, only because they were interested in and profited by the roads. And this tax was to be used to hire contract labor to construct roads, and was to be used for this purpose exclusively.

All Turgot's reforms were carried out in such spirit of justice and fairness even to the unjust and unfair. Thus, for example, by a series of *arrets du conseil*,[1] he abolished various feudal privileges known as "balanite des moulins et des fours" and "droits d'octroi et de marche." They, among other things, comprised privileges of grinding of corn and baking of bread, which usually resulted in raising the price of bread an eighth above its real value. Turgot, however, was so overconscientious that he would not be the least unjust even to such antiquated privileges. A commission was issued to inquire into the titles of these privileges so as gradually to prepare for the purchase of these privileges as well as all seigneural rights. Turgot would like to see the vassals on the royal domain freed of all their personal services. Louis was ready to set an example for the nobles, for he also believed all feudal rights of the seigneurs should be abolished. But Turgot never found time to deal with the problem in a thorough manner.

The Nobility of the Gown had their stronghold in the Parlements, where they were hereditary judges. Though often posing as champions of the people, they were really the conservators of tradition, standing against both King and nation for what was inherited. They were always blocking necessary reforms, for these usually would unfavorably affect their privileged position. In 1771, the King was so angry with their obstructionist tactics that he dismissed them. A new court was established in Paris, in which

---

① *Oeuvres*, t. 4, p. 499; t. 5, pp. 321—322.

Turgot accepted a seat. In 1774, however, the hereditary judges persuaded the weak-willed Louis XVI to recall them. Turgot strongly opposed the measure, because he knew they would never give up their insolence and privilege. Turgot, however, was over-ruled and the parliament was recalled. And these Nobles of the Gown immediately became the bitter enemies of Turgot and his whole program of reform. ①

Turgot, however, was opposed not only to the privilege of the Nobility and the Parlements, but also to that of the corporations. The fourth of his famous Six Edicts suppressed the exclusive Industrial Corporations or Trade Guilds. In the eighteenth century all these corporations were decadent, became obscurantist, exclusive, resisting all change. Their regulations, principles, and tendencies were all in direct and manifest contradiction to the general movement of ideas and facts. They stuck by the antiquated statutes of another age. The small number of masters arrogated to themselves the exclusive right to manufacture and sell their particular articles. None but a master could freely exercise his art or trace, and no one could become a master except after having submitted himself to long, tedious, and superfluous tests, at great and exorbitant expense. As a result many artisans or tradesmen, just because they could not afford these expenses, were reduced to a precarious existence under the autocratic control of the masters. ②

While feudal privilege affected the peasantry of the rural districts, economic privilege hampered the townspeople. Thus Turgot also proceeded to break the chains of the towns so that all classes of citizens might enjoy a new order of things, founded on justice and equality of opportunity. He abolished the exclusive privileges of the guilds of merchants and workmen, and restored to the mechanic the right of disposing as he pleased of his skill or strength. The preambles of the Six Edicts, setting forth the grounds of the abolition of privileges and written in a time of inequality and privilege, were revolutionary. With the background of inequality as the basis of social and political organization, the Edicts caught the imagination of the masses and exercised an electrifying influence. In them may be seen the germ of e-

---

① *Oeuvres*, t. 4, pp. 30—33.
② Ibid. , t. 5, pp. 239 ff; Levasseur: *Histoire des classes ouvrieres en France*, t. 2,pp. 351—364.

quality and liberty soon to become the battle cry of the bourgeoisie and the peasants. ①

In suppressing the Trade Guilds and establishing unfettered labor, Turgot declared in the preamble to the Edict that the right to labor was a natural right which the different arts and trade builds had infringed. He pointed out the injustice and the disastrous effects of the guild system upon industry, the workmen, and the consumers. The right to work was a natural right, "the birthright of every man," and, therefore, could neither be bought nor sold. All associations of masters or workmen were infringements upon this right, and were therefore prohibited. Even Brotherhoods were declared illegal. This philosophy of Turgot ② prevailed and his reform was permanent; industry was henceforth free. The old guilds were never permanently restored, despite the reaction under Necker, Napoleon, and the Restoration. The Edict at one stroke established the right of any French subject to engage in whatever work or industry he pleased. This, incidentally, had the indirect but greatly beneficial effect of reducing the price of bread and other necessaries of life, since the monopolists in these fields had hitherto fixed the prices arbitrarily to suit themselves. ③

In the Edict, as in the *Reflexions*, Turgot made a distinction between entrepreueurs or masters and laborers or artisans—a distinction that, he believed, was based on the nature of things and not on arbitrary institutions. ④ Entrepreueurs are able and enterprising men who can be trusted to embark their capital in crafts of which they know so well as to enable them to choose good workmen and to give efficient direction. This will be enough guarantee for preventing the public from unsatisfactory service and, at the same time, will profit the entrepreueurs themselves. But the craftsmen were not to be left without any protection. Whereas from the earliest times they had been grouped according to their calling, Turgot now proposed to group all industries according to localities. Both merchants and artisans,

---

① Gomel: *Les causes financieres de la revolution francaise*, pp. ⅩⅥ — ⅩⅦ.

② *Oeuvres*, t. 5, pp. 238—248.

③ Emm: *Westminster Review*, Vol. 163, p. 558.

④ *Oeuvres*, t. 5, p. 244.

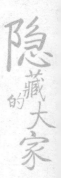

their names, residence, and employment, were to be exactly recorded by syndics in each locality. The latter had as further functions the guarding of public order, making reports to the magistrates charged with the police, and transmitting their orders. ①

Besides the guilds, various other monopolies and unnecessary trade restrictions, Turgot also abolished. Manufacturers were delivered from the absurd and tyrannical yoke which Colbert had imposed on them, when he fixed by law the width of cloths, the method of making tissues, the process of dyeing, and condemned to confiscations and fines those who departed from these laws.

As far as possible, Turgot emancipated all trades and callings from the galling and burdensome restrictions long endured by them. As late as 1775, for instance, only certain ports in France had the privilege of trading with the French colonies in the New World. Turgot extended these privileges to certain other ports, with the ultimate objective of extending them to all coastal cities. ②

Further, Turgot encouraged industry, heretofore largely confined to the cities, to establish itself extensively in the country. Agricultural production was insufficient and the many peasants had to resort to petty industry as an important addition to their means of subsistence. This, however, had been illegal, and it was not till 1762 that a royal edict gave to the rural people the right to manufacture any kind of goods without membership in the guilds. Now Turgot reaffirmed this grant and encouraged the peasants to engage in rural industry, mainly the cloth industry. ③

Finally, in one of the Six Edicts, Turgot attempted to emancipate the grain trade by starting with Paris first. ④ He admitted in the preamble that free trade had never been tried, but he was convinced that it was the only profitable and just system. Government interference in economic relations

---

① *Oeuvres*, t. 5, p. 247.

② Ibid. , t. 5, pp. 94—96, 369.

③ See: *Economic and Social Conditions in France during the Eighteenth Century*, pp. 34—36, 163—164.

④ *Oeuvres*, t. 5, pp. 218—229.

prevented national amalgamation and hampered the natural maximum development of industrial and commercial life. Under the existing system, good was withheld from the people, Kings and *privilegies* profiting by private speculation in grain stored for famine prices. The people frequently were threatened with starvation, for which they blamed the government, and justly. The abundance of one province could not be shared by the neighboring famine-stricken province on account of the strict rules against "foreigners" and "foreign" imports. Turgot considered such rules foolish and criminal and proposed to offer to traders open and unrestricted markets; he believed that the normal demand for grain and the utmost freedom of circulation of grain, without any government intervention whatever, would stimulate production and tend to an equal distribution of grain in times of scarcity. So in *au Arret du Conseil*, 13 September, 1774, Turgot said:

"Les négociants, par la multitude des capitaux dont ils disposent, par l'étendue de leurs correspondances, par la promptitude et l'exactitude des avis qu'ils recoivent, par l'économie qu'ils savent mettre dans leurs operations, par l'usage et l'habitude de traiter les affaires de commerce, ont des moyens et des ressources qui manquent aux administrateurs les plus éclairés et les plus actifs." [1]

This free trade policy was to be adopted not only by France proper, but was also to be extended to France beyond the seas. Colonial policy, said Turgot, should be liberal; he even made the then revolutionary and unheard of proposal of opening the colonies to the traders of all nations without any discrimination. The monopoly of the mother country should be abolished. This would make for colonial prosperity, which should be the mother country's main concern. Beyond the necessary revenue for their administration, the colonies should not be expected to pay anything, but should be given the fullest amount of liberty in trade and commerce. The resultant increase of

---

[1] *Oeuvres*, t. 4, p. 203. For a discussion of Turgot's free trade policy See: *Evolution de la Peusee Politique*, pp. 229—233. For a more detailed analysis see Shepherd, *Turgot and the Six Edicts*, pp. 71—79.

culture and wealth in the colonies would give French capital a larger field of investment, French ships more work, French ports more customs revenue. The power of the King would be augmented rather than diminished, for there would be added to his domain many opulent provinces, self-contained and able to defend themselves against any aggressor. ①

This is an amazing statement for a man of the eighteenth century to make, at a time when the Mercantile System still prevailed in every state of Europe. At such an early date, Turgot already dreamed about the possibility of a free Commonwealth of Nations, which France's traditional enemy across the Channel was to realize in the later nineteenth and early twentieth centuries. This is no over-statement; Turgot really saw the unlimited possibilities of the colonies as a refuge for the surplus population, as well as surplus capital of the mother country, and he visioned that ultimately the colonies would

"donner naissance à de nouvelles sociétés, à des provinces liées—par la reconnaissance, par le langage, et par les lois—au meme corps politique." ②

He believed that it was not only desirable and just, but also necessary, to assist the colonies in attaining prosperity and strength. Weak and poor colonies would be only a burden to the mother country, who had to administer and defend them. But, on the other hand, a strong colony could not be governed autocratically or unjustly. As long as they were given fair play, Turgot believed they would never secede on account of the intangible but strong ties of sentiment and culture. ③ He strongly disapproved of the colonial policy of the British government and when the thirteen colonies declared their independence Turgot gave them his moral support. ④

Summing up the Six Edicts, together with his ideas of colonial adminis-

---

① *Oeuvres*, t. 4, p. 90; See, *op. cit.*, p. 230.
② Ibid., t. 4, p. 89.
③ Ibid., t. 4, p. 89.
④ Letter to Dr. Price, *Oeuvres*, t. 5, pp. 536—537.

tration, we may say that Turgot believed in the obligation of all citizens to pay taxes, the freedom of labor and industry, internal free trade in the necessities of life, and absolute free trade in the colonies. The basic principle underlying Turgot's scheme of taxation was that taxes should be paid in proportion to ability and interest. While the existing system taxed the poor and exempted the rich, Turgot believed that, if anything, the just system should be the exact opposite. Those who had least interest in government should pay the least, while the heaviest burden should be born by those who had most interest at stake.

The freedom of labor and industry was another fundamental concept of the Six Edicts. The guilds of the time were really the enemy of Labor in that they were organizations of monopoly, exclusive privilege, and greed. They were in no way comparable to modern labor unions. Turgot's measure may be called a reaction, perhaps an extreme one, against the existing system. But such sweeping destructive work was necessary in order to give rise to saner labor associations.

In the same spirit of Laissez-faire, Turgot advocated the freedom of traffic in the necessities of life, especially grain. He appealed against unnecessary and arbitrary interference, and argued that consumption and the actual demands of society would automatically regulate supply. In a word, Turgot accepted unconditionally the law of supply and demand, though this happy phrase had not yet been invented.

Turgot was certainly in advance of his time in his attitude toward privilege and monopoly of every kind. In his colonial policy, he was too much in advance. Now, in all this advanced statesmanship, did he have a definite political philosophy? Had he no other justification for his acts except the exceedingly vague term "justice" or the not very exalted term "necessity"? In his *Memorial on the Municipalities*, he did say: "Les *droits des hommes* reunis en societe ne sont pas fondees sur leur histoire, mais sur leur nature." No laws or institutions are binding; all are made to serve the "rights of man"; which the state must respect and guard. So what is or what has been is not so important as what ought to be; no institution, however old and respectable, should be maintained if it violated the "rights of man," and no *innovation is too radical if it serves that purpose.* ① So Turgot, it seems, accepted the current natural rights theory. But he never gave any systematic exposition of it; he seems to have taken it for granted.

In his *Second Letter on Tolerance* (1754), Turgot voiced the same sentiment, but also very briefly:

> Tous les êtres intelligents ont été crées pour une fin; cette fin est le bonheur, et cette finleur donne des droits fondés sur cette destination. ②

So everybody is entitled to "life, liberty, and the pursuit of happiness." Or, every one should be given the fullest liberty and opportunity for self-expression, in modern phraseology. And this is possible only by abolishing all privilege, both feudal and economic. The liberty of labor and the liberty of commerce must above all be maintained. "Laissez-faire; laessez-passer." Individual liberty, especially in the field of economic activity, must be defended against State omnipotence. The State is absolute, but only as an arbiter, not a tyrant. Once he even said that the State was only a means to an end, not an end in itself:

> "On s'est beaucoup trop occupé dans les gouvernements a immoler toujours le bonheur des particuliers à de prétendus droits de la société. On oublie que la société est faite pour les particuliers, qu'elle n'est instituée que pour protéger les droits de tous en assurant l'accomplissement de tons les devoirs mutuels" ③

But it would be a mistake to conclude from this passage that Turgot

---

① *Oeuvres*, t. 4, p. 575.
② Ibid., t. 1, p. 415.
③ Second Letter on Tolerance, *Oeuvres*, t. 1, p. 424.

was an Individualist. ① He never advocated the reckless Individualism of Rousseau. Such passages as the above are after all very rare in the writings of Turgot. They are not so much statements of belief as a moral justification for his extensive program of administrative reform.

(Ⅳ)
RELIGION—TOLERATION

The Clergy formed one class of the *Privilegies*; so it is to be expected that Turgot should have a good deal to say about their pretensions and activities and especially their intolerance. According to Brunetiere,

> "Under Louis Ⅹ Ⅵ toleration, in so far as it consisted of admitting indifferently all kinds of religion, was still ranked as an act of blasphemy and, as such, held punishable, if need were, by burning. ②"

In the third quarter of the eighteenth century the clergy even exhumed a law of 1563 that condemned, to the gallows, any man "who had printed a work against religion. " ③ In 1751—1758, France witnessed the interminable strife over the *billets de confession*. The bishops, in the effort to exterminate Jansenism, tried to force those desiring the use of the Sacraments to present a certificate or *billet de confession*, signed by a priest. At the same time the bishops ordered the confessors to refuse absolution to anyone who did not adhere to the Bull Unigenitus (1713). Then, the bishops were never tired of complaining to the King against the liberty allowed literary men and their anti-religious writings. Sometimes they actually brought about the burning by the common hangman of certain iconoclastic works.

---

① See, *Evolution de la Peusee Politique en France*, pp. 225—229, clearly exaggerates Turgot's Individualism. Turgot's writings are so voluminous and so large a part of them were written at the spur of the moment rather than after serious reflection that the character of his writings is extremely varied. With well selected quotations from them almost contradictory, theses could be proved. The general trend of his thought and, more important still, his actual work as an administrator, is a better guide in leading us to an understanding of Turgot's real convictions.

② Quoted by Roustan, *op. cit.*, p. 17.

③ Roustan; *op. cit.*, p. 18.

It must not be supposed, however, that the Jesuits were the only intolerant persecutors of the age. The Jansenists were equally bigoted and fanatical. Thus on August 6, 1762, the Parlement, that stronghold of Jansenism, issued the decree against the Jesuits. Only four months earlier Jean Calas had been broken on the wheel, strangled, and then burned by the Toulouse Parlement. In 1764, Servan met a similar fate. Then in 1766 the magistrates of Abbeville condemned de la Barre to have his hands cut off, his tongue pulled out, and then to be beheaded, and finally the body was to be thrown to the flames. On the same pile with the victim were the *Dictionnaire Philosophique* and other impious works. ①

Turgot was usually reticent on religous matters. But when the Archbishop of Paris refused the Sacrament to the Jansenists in 1753, it moved Turgot to write his two letters on toleration. ② He was opposed to all such intolerance. But he was not a mocker of religion like Voltaire. He had very serious ideas on religion and would have preferred the establishment of a "natural religion." In his Memorial to the King after the coronation, 1775, he said:

> "Qu'est—ce que la religion, Sire?? C'est l'assemblage des devoirs de l'homme envers Dieu: devoirs de culte envers cet Etre supreme, devoirs de justice et de bienfaisance à l'égard des autres hommes; devoirs, ou connus par les simples lumières de la raison qui composent ce qu'on appelle la *religion naturelle*, ou que la Divinité elle-meme a enseignés aux hommes par une revelation surnaturelle, et qui forment la *religion révélée*." ③

So Turgot had a high regard even for revealed religion, a rare feature among the *Philosophes*. But personally he preferred natural religion. In his First Letter on Tolerance, he said:

---

① Roustan: *op. cit*, pp. 124—132; Rocquain: *The Revolutionary Spirit Preceding the French Revolution*, pp. 129—130.

② *Oeuvres*, t. 1, pp. 387—391, 412—425.

③ Ibid., t. 4, pp. 558—559.

　　"La religion naturelle, mise en système, et accompagnée d'un culte, en défendant moins de terrain, ne serait—elle pas plus inattaquable?" ①

This sentiment of natural religion already foreshadowed the Theophilanthropism that was soon to be created by the Revolutionaries. ②

　　But Turgot knew that his ideas were too lofty and too philosophical to be understood by the masses or to be realized in actual society. Being always a practical statesman, he proposed a compromise. He observed the influence that religions had had in all times over all the governments of men; he saw the power and the usefulness of religion; he believed in and proclaimed the necessity of religion, be it true or false. Now, as the masses could not comprehend the austere and abstract demonstrations of philosophy, and as in every country there was more than one religion or sect, the government should as a matter of expediency choose one religion in order to "present it to the uncertainties of men." Ordinarily this should be the religion of the majority, which in France was Catholicism. But Turgot disliked the claim of infallibility of the Catholic Church, for it was a reflection on the sovereignty of the State. Protestantism would be preferable as the favored religion. But, on the other hand, Protestantism was not so effective as Catholicism in preventing the growth of irreligion, which he dreaded as a disintegrating force. So ultimately Turgot fixed his choice on Catholicism, not because it was true or even wholly desirable, but because it was the most useful. ③

　　The State should be responsible for the continued existence of this chosen religion; it should put a cure in every village to look after the religious welfare of the people. Like Richelieu, Turgot wanted a secular state, under

---

　　①　*Oeuvres*, t. 1, p. 391.

　　②　See: *Evolution de Peusee Politique en France*, p. 229.; Mathiez: *Les Origines des Cults Revolutionaires*, pp. 14—62; Mathiez: *La Theophilanthropie et le Culte Decadaire*, pp. 15—18, 40—46.

　　③　First letter on Tolerance, *Oeuvres*, t. 1, pp. 389—391. For a more detailed analysis of Turgot's ideas on religion see Neymarck, *Turgot et ses Doctrines*, t. 2, pp. 51—57.

which one religion should be maintained by the government as a matter of political expediency. But Turgot would grant full toleration to all creeds; only for the other creeds the State was to have no responsibility. All creeds should be equally protected, for

"Une religion n'est donc dominante que de fait et non pas dans le droit; c'est-à-dire que la religion dominante, à parler selon la rigeur du droit, ve serait que la religion dout les sectateurs seraient les plus nonbreux." ①

In short, Turgot advocated neither an exclusive Established Church, nor the complete separation of Church and State, but took a middle ground. He desired a secular State, which as a State was not under the influence of any sect, but maintained one Church for the public good. "A quoi réduisezvous la protection que l'Etat doit accorder à la religion dominante?" the correspondent demanded of Turgot, according to the first Letter on Tolerance. And he answered: "Aucune religion n'a droit d'exiger d'autre protection que la liberté. " But he immediately added: "encore perd-elle ses droits a cette liberté quand ses dogmes ou son culte sont contraires à l'interet de l'Etat. " ② So Turgot put the State before Religion. As a rule all creeds should be given the fullest amount of liberty. But no cult, however fanatically and sincerely held by its adherents, was to be allowed to undermine the interests of the State. The social order and good morals should take precedence of all faiths.

In his Second Letter on Tolerance Turgot further amplified his views on the subject of the relation between Church and State by saying that the government should not meddle in religion, nor religion in politics. Each with its own distinct laws, the one was to occupy itself with the salvation of souls, the other with the material welfare of the people. Therefore, the King should not have any power in the spiritual order; his Kingdom was not

---

① *Oeuvres*, t.1, p. 388.
② Ibid. , t.1, p. 387.

established to save souls. The King should no more be head of the Church[1] than the head of the Church be King. "La suprematie des Anglais, le pouvoir temporel des papes, voila les deux extremes de l'abus."

Religious toleration should be complete. Thus in his letter to one Dr. Price of England he deplored the fact that certain American States, such as Pennsylvania, were exacting a religious test from those who became members of the body of representatives. No religious test of any kind, not even such a mild one as a declaration of faith in the divinity of Jesus Christ should be required of a man holding a public office. [2]

The toleration that Turgot advocated was not one-sided. Not only should the clerge be tolerant, the government should also be tolerant to the clergy. So in commenting upon the rule in some American States excluding the clergy from the right of being elected to public offices, he said:

En voulant prévenir des danger chimeriques, on en fait naitre de réels; on veut n'avoir rien à craindre du clergé, on le rénnit sous la bannière d'une proscription commune. En l'excluant du droit d'éligibilité, on en fait un corps, et un corps étranger à l'Etat. Pourquoi un citoyen qui a le meme interet que les autres à la defense commune de sa liberté et de ses propriétés, est-il exclu d'y contribuer de ses vertus, parce qu'il est d'une profession qui exige des vertus et des lumières??

Le clergé n'est dangereux que quand il existe en corps dans l'Etat; que quant on croit à ce corps des droits et des intérêts particuliers; que quand on a imaginé d'avoir une religion établie par la loi, comme si les hommes pouvaient avoir quelque droit ou quelque intérêt à regler la conscience les uns des autres; comme si l'individu pouvait sacrifier aux avantages de la société civile les opinions auxquelles il croit son salut éternel attaché; comme si l'on se sauvait ou se damnait en commun! Là où la tolerance, c'est-à-dire l'incometence absolue du gouvernement sur la conscience des individus est établie, l'ecclesias-

---

[1] *Oeuvres*, t. l, p. 425.

[2] Price: *Observations on the Importance of the American Revolution*, p. 113.

tique, an milieu de l'assemblée nationale, n'est qu'un citoyen, lorsau'il y est admis; il redevient ecclesiastique lorsqu'on l'en exclut. ①

Turgot, then, believed in toleration both in principle and as a matter of expedience. But religious liberty had far-reaching implications; in the last analysis it implies all the so-called Civil Liberties—liberty of thought, liberty of the press, liberty of association. ② Turgot never wrote a systematic exposition of the Civil Liberties. But his own ministry was better than any literary exposition. He never attempted, as most other ministers had done and would have done under similar circumstances, to suppress his enemies and critics. They were given full liberty to attack him in whatever manner they liked. This, indeed, is only a negative evidence, though a very strong one. But positive demonstration of his belief in toleration was not lacking. In 1775, he attempted to obtain a modification of the King's coronation oath. He urged Louis XVI to suppress the passage in which he swore "to entirely exterminate from his states all the heretics expressly condemned by the Church." Louis would have taken Turgot's advice, but he was persuaded by Maurepas not to pick a quarrel with the bishops. Louis compromised by confining himself to some inarticulate mumblings in reciting that passage! ③

But Turgot, conscientious man that he was, would not budge. After the King had mumbled his words, Turgot addressed to him a long exhortation of toleration, which contained very strong language. He called it a crime for the State to command any one to believe what he did not want to believe. The subject that would obey such a decree would be acting a lie, betraying his conscience, doing what he believed to be against the will of God. For all this wrong the prince who gave the order should be responsible. Such language, addressed to an absolute King, is amazing, to say the

---

① Price: *Observations on the Importance of the American Revolution*, pp. 114—115; *Oeuvres*, t. 5, p. 535.

② Liberty of association, however, was then not yet a political issue. No one, not even the *philosophes*, seems to have known that such an issue existed. The age as a whole was not conscious of it. Foncin: *Essai sur le Ministere de Turgot*, pp. 545—549.

③ *Oeuvres*, t. 4, pp. 551—557; Say: *Turgot*, p. 140.

least. [1]

But Turgot did not regard religion or the Church as merely a spiritual organization in the sense that it had nothing to do with this world. On the contrary, he accorded to it a very important function, namely, charity. Turgot always trusted the lower clergy, the cures, who were close to the common people and were a part of them, both by origin and by sympathy. When in Limoges, he always made the cures his confidants in carrying out his measures of reform. He believed that they play an important part in all charity work. In the terrible famine in Limoges, 1770—1771, Turgot had an opportunity to carry out his ideas of how charity work should be conducted. Charity work was to be of two kinds, provided by two different institutions—the charitable workshop (ateliers de charite) and the charitable bureau (bureau de charite). The former was to provide work for the able-bodied poor [2], while the latter was to give free assistance and relief to the infirm, the aged, and the incapacitated. [3]

In the instructions to his subdelegates [4] and to the cures [5] he pointed out the method by which relief was to be given. He laid great emphasis on the fact that assistance should not be given in a haphazard fashion and without any precaution. Only genuine hardship should be relieved. No one should be pauperized or encouraged to live on public charity. But, at the same time, the cures and officials should not be so cautious as to leave cases of real suffering unrelieved.

Turgot believed that "Le soulagement des hommes qui souffrent est le devoir de tous et l'affaire de tous." [6] Therefore all classes of society should participate in the task of rendering material assistance to those who were suffering from the scourges of nature. He ordered that the prominent men of each locality, the cure, the nobles, and the well-to-do, should meet in assembly, to be presided over by the chief officer of justice. In country

---

[1] *Oeuvres*, t. 4, pp. 557—568.

[2] Ibid., t. 3, pp. 205—219.

[3] Ibid., t. 3, pp. 229—232.

[4] Ibid., t. 3, pp. 222—226.

[5] Ibid., t. 3, pp. 220—222.

[6] Ibid., t. 3, p. 206.

places where there were no judges the cures should preside. The assemply, duly convened, should decide the amount each member was to contribute. Turgot proposed two alternative ways of doing this: either each member was to subscribe any amount he liked, or all the members were to be assessed according to their wealth. No privileged or wealthy person should be allowed to absent himself from the assembly or in any way to evade his obligations. If a landlord was absent in Paris or elsewhere, his steward or manager was to take his place and assume his responsibilities in the assembly. ①

After having made the assessment or the voluntary contributions, the assembly was next to consider and determine the best way of giving relief. They should first elect officers to constitute the Bureau of Charity and to take charge of the charity funds and their disposal. Further, a few members were to be elected and constituted into a standing committee, to whom the officers were to make financial and other reports and were to be otherwise responsible. As the assembly was too large a body it would not be advisable for it to meet very often; it should entrust all its work to the standing committee under ordinary circumstances. The assembly should be convened only under special conditions. However, it was to be always the final authority in any important decision. The cures, on account of their position, were members and indispensable administrative officers of the Bureaux of Charity. Their knowledge, experience, and the people's confidence in them all served to make them the best men to be entrusted with works of charity. ②

Turgot proposed two ways of giving out relief by the Bureau. One was for each member of the assembly to make his contribution to the charity fund and to entrust it to the Bureau with full discretionary powers to dispose of it in the most advantageous way. The other suggestion of Turgot was for the assembly to distribute the poor among the people of means, each one of whom would then be responsible for the nourishment of a certain number of the needy. In case a locality chose the former way, Turgot suggested that it was more advisable to give the poor goods and provisions than to give them money, which they might not know how to spend most effectively and

---

① *Oeuvres*, t. 3, pp. 206—208.
② Ibid. , t. 3, pp. 208—209.

which some of them might even purposely squander in dissipation. ①

For the able-bodied poor, Turgot proposed public work-shops, which, however, were as a matter of fact not shops at all. The term was more figurative than literal. The noble and the well-to-do should employ the poor as far as possible during the time of the famine, and pay them fair wages. If private work could not absorb all the available labor hands, public works should be provided, such as the construction of public roads and the repairing of public buildings. Wages should be paid according to the type of work done and the ability, age, and sex of the worker. The assembly of charity should appoint a manger to look after the public workshops. While the men could be employed in outdoor work, women and girls should be engaged indoors, especially in spinning. ②

When Turgot became Minister of Finance, he tried to establish Bureaux of Charity and Workshops of Charity all over the country, ③ though it was of course too ambitious a program to be realized in the course of less than two years. But, on the other hand, when the corvee was abolished, it incidentally served to universalize the system of public workshops in one of its aspects—road-making.

(V)
TURGOT AND THE BOURGEOISIE

Turgot's program, as analyzed in the last three sections, appears very much like the actual state of things that prevailed in the nineteenth century, the century of the triumph of the bourgeoisie. Constitutional Monarchy, abolition of privilege, equality of opportunity, freedom of labor, free trade, complete religious toleration—is not this what most European states of the nineteenth century attained in whole or in part? Whether he was conscious of it or not, Turgot was one of the first prominent advocates of Capital and the bourgeoisie. He was one of the first to see that society was realigning itself into new categories. The notion of social classes, frankly based on

---

① *Oeuvres*, t. 3, pp. 216—217.
② Ibid. , t. 3, pp. 213—216.
③ Ibid. , t. 4, pp. 499—515.

wealth, is a modern idea. The eighteenth century divided the French people into three classes, the Clergy, the Nobility, and the Third Estate, based on legal status rather than on wealth. The Physiocrats recognized the existence of three classes, namely, the sterile class (industrial and commercial class), the productive class (peasants), and proprietors. But it was Turgot who first saw the interrelatedness and importance of two classes—Capital and Labor. [1]

Turgot gave a very prominent place to Capital in the economic life of a nation. His *Reflexions sur la formation et la distribution des richesses* [2] has for its main subject a discussion of the formation and the function of Capital. Capital, according to Turgot, comes out of two sources: the inequality in the distribution of property and the formation of a working class without any property. He showed further that an equal distribution of land had never existed, for it was impossible. With equal landholdings everybody would have only the means of satisfying his hunger, but not any of his other wants, such as clothing and shelter. Land never produced all necessaries.

Land tillage, further, required long and difficult preparations. If everybody were reduced to his own field and his own labor of every kind, he would waste much time and energy and would be very badly equipped in every respect, and would cultivate his land very badly. Hence the rise of a class of laborers, called artisans, who exchanged their labor for the superfluous crops of the peasant. In other words, division of labor is an absolute necessity for a prosperous society. [3]

Though distinguishing between peasants and laborers, Turgot, like the Physiocrats, gave the former a pre-eminent position, because they are more independent and produce out of the land the wages of all the laborers, who simply work up the materials that the peasants have produced. By competi-

---

[1] See: *La Vie Economique et les Classes Sociales en France au XVIII siecle*, pp. 209—210.

[2] *Oeuvres*, t. 2, pp. 533—601. See, *La Vie Economique et les Classes Sociales*, pp. 209—225 gives an excellent analysis of the *Reflexions* from the point of view of Turgot's attitude toward the bourgeoisie and toward the whole problem of Capital and Labor.

[3] *Oeuvres*, t. 2, pp. 534—563: "Chaque ouvrier travaillait pour les besoins des ouvriers de tous les autres genres, qui, de leur côté, travaillaient tous pour lui. " (p. 536)

tion among the laborers, their wages are limited to their subsistence. While the laborer gets only his livelihood, the peasant produces something over and above the wages of the laborer and he is therefore the sole source of all wealth. He constitutes the only productive class. ① But, unlike the Physiocrats, Turgot did not call the laborers the "sterile" class, but the "stipendiary" class. ②

At first, said Turgot, the proprietor and the peasant were one and the same person; every cultivator cultivated his own field. But with the progress of society a proprietory class began to rise, which, instead of cultivating their own land, hired cultivators to do it for them. Hence the advent of a third class, whom Turgot called the "disposable" (disponible) class. They lived on the labor of their hired cultivators and engaged themselves in non-productive but necessary functions—public administration, government, the arts, letters, and sciences. This distinction of people into three classes was not new; the Physiocrats had formulated it before. What was original with Turgot was his idea that the cultivators and the laborers practically formed one class, the wage-earning class (salaries), who sold the labor of their hands to the proprietory class. Though nominally living only on the cultivators, the land owners really lived on both wage-earning classes. ③

Once this third class had arisen, other categories of the social fabric followed. Capital, said Turgot, is formed out of the reserve of the annual products, which may take many forms, such as the instruments of cultiva-

---

① *Oeuvres*, t. 2, p. 538: "La position du laboureur est bien differente. La terre—lui paie immediatement le prix de son travail. La nature ne marchande point avec lui pour l'obliger à se contenter du nécessaire absolu."Therefore, "le laboureur recueille, outre sa subsistance, une richesse indépendante et dispouible, qu'il n'a point acheté et qu'il vend. Il est donc l'unique source de toutes les richesses qui, par leur circulation, animent tous les travaux de la société, parce qu'il est le seul dont le travail produise au delà du salaire du travail." Turgot rather contradicts himself here, for he has just recognized the necessity of the division of labor.

② See: *La Vie Economique*, p. 212; *Oeuvres*, t. 2, p. 538.

③ *Oeuvres*, t. 2, p. 542: "Les deux classes des cultivateurs et des artisans se ressemblent par bien des rapports, et surtout en ce que ceux qui les composent ne possèdent au cun revenu et vivent également de salaires qui leur sont payés sur les produits de la terre. —En un mot, le cultivateur et l'artisan n'out tous deux que la rétribution de leur travail."

tion, farm-houses, merchandise of all sorts. But the capital *par excellence* is gold and silver, money, which is the standard of the value of all other merchandise and which is the indispensable means of all economic progress. All kinds of property can be converted into money; and with money one can buy all sorts of property. This gives rise to another class, the Capitalists, who live and become rich without laboring and without possessing land; they live upon the revenue of their money, or upon the interest drawn from their money placed on loan. [1] This capitalist class is allied with the disposable class, not because of the character of their property, but because they have the same amount of leisure. [2]

The class of merchants immediately followed the advent of the capitalists. Capital is pre-eminently commercial; it is born out of the necessity of exchange. Merchants are the intermediaries between the consumer and the producer, who is often not the proprietor, but the entrepreueur, still another class in society. But the merchants themselves are not uniform; they can be divided into two groups—the retailers and the wholesalers. [3]

Capital, however, has other uses besides commerce; it can be employed for industrial enterprises. Originally the proprietor or cultivator furnished the laborer with his tools and paid him daily wages. But this simple process later gave place to the factory system, with factories set up by the entrepreueur, without whom large-scale industry would be impossible. In this final stage of industrial development the whole section of the population occupied in supplying the different wants of society with the vast variety of industrial products thus finds itself subdivided into two classes: the entrepreueurs, manufacturers, employers, and all possessors of large capital with which they set men to work, and, in the second place, the simple artisans or laborers who have no property except their hands and receive no

---

① *Oeuvres*, t. 2, p. 551: "Il y a un autre moyen d'etre riche sans travailler et sans posséder des terres—Ce moyen consiste à vivre de ce qu'on appelle le revenu de son argent, ou de l'intérêt qu'on retire de l'argent preté.?" Again, "L'argent et l'or sont deux marchandises comme les autres, et moins précieuses qu beaucoup d'autres, puisqu'elles ne sont d'aucun usage pour les veritables besoins de la vie."

② Ibid., pp. 213—214.

③ Ibid., t. 2, p. 573—575.

profit beyond their wages. ①

So Turgot distinguished with more clearness than any of his contemporaries the different classes and secondary categories that appeared in each. His work as an Intendant gave him an excellent opportunity to study the actual facts of economics and, therefore, enabled him to have a more real and more concrete understanding of the economic situation. Turgot saw that in industry handicraft had heretofore been predominant, but a new type of industrial organization was appearing—the factory system. He also saw very clearly the antagonism between the laborers and the great entrepreueur capitalists. He perceived the tendency for the capitalists to gain ground all the time. Factories were already being set up in England; Turgot saw that France would soon have to follow suit. Industrial concentration would lead to stronger organization on the part of both Capital and Labor. In the entourage of Gournay, Turgot had an opportunity to see and feel the aspirations and ambitions of the great entrepreueurs of industry, to whom belonged the future. The conflict of interest between Capital and Labor became more and more evident as we approach the Revolution, as shown very clearly by the *cahiers* of the Estates General in 1789. ②

So Turgot's disquisition on Capital and the Capitalists was based not on theory, but on his observation of the actual situation. The class that lived on interest from loans was already very prominent in the eighteenth century, when loans of all kinds were appearing and when the State was dependent on advances from the banks. The system of finances made for great concentration of capital: the farmers-general and the treasurers of State handled vast sums and realized gains unusual for the age. The financiers played the most important role in the State and they were penetrating the highest ranks of society. Quite rightly, Turgot considered money as the merchandise *par excellence*, as the essential motivating power of all economic life. Turgot was perhaps the first to have an inkling of the seemingly

---

① *Oeuvres*, t. 2, pp. 569—570: "Toute la classe occupée à fonruir aux differents besoins de la société l'immense variété des ouvrages de l'industrie se trouve donc, pour ainsi dire, subdivisée en deux ordres..."

② Ibid., pp. 218—220.

obvious fact that the possession and non-possession of capital was the strongest distinguishing factor between the different social classes and that, consequently, there were really and fundamentally only two classes, the possessors and the non-possessors. In thus contrasting the two classes he prepared ground for the future socialist theories of class conflict, of the desirability of class consciousness and its cultivation, and of the inevitable death struggle of Capital and Labor. [1]

So Turgot seemed to have a comprehension, though he nowhere stated it explicitly, that the future belonged to the Capitalist class—the financier and the manufacturer. The whole temper of his *Reflexions* betrayed such a more or less conscious realization. Thus, for example, he put the capitalists on the same footing with the landed proprietors, as belonging to the "disposable" class, who perform the indispensable function of setting men to work. [2] He saw that with the emancipation of economic life from restrictions and unnecessary regulations, with the abolition of antiquated privileges, with the disappearance of rules and hindrances to freedom of economic activity, this new bourgeois class of capitalists would immediately assume the most prominent role in society and would increase the productive powers of the country. Their ascendency was inevitable, and it would be a benefit to society. This was why Turgot never tired of preaching the cause of the freedom of labor in all its forms, and, when a minister tried to establish it in fact. Consciously or unconsciously, Turgot was here an apologist for Capital in its relations to Labor. As seen in his edict abolishing the guilds, he denied the laborers all rights of association and organization. He believed in freedom of contract between individuals. Employers and entrepreueurs should have absolute freedom to employ any laborer at any terms, for the

---

[1] *Oeuvres*, pp. 222—224; Picard: *Revue d'Economie Politique*, t. 25, p. 629: "Turgot et Necker ont... apercu la division en classes économiques d'intérêts opposés, et leur irréductible autagonisme." Cahen, *Revne de Synthese Historique*, t. 12, pp. 44—56, gives a good summary of the idea of class antagonism in the eighteenth century. Though many of the thinkers of the age wrote on the division of society into classes, Cahen, speaking of Turgot, concludes: "c'est un physiocrate en effet, un disciple de Quesnay, ... qui va donner à l'idée de lutte de classes sa forme et sa portée veritablement modernes." (Cahen, *op. cit.*, p. 51.)

[2] Ibid., t. 2, pp. 596—597.

natural working out of social needs would give all laborers the available chances of employment and the legitimate wages and, at the same time, would yield the capitalists the maximum amount of profit; and all this would contribute to the ultimate profit of society, which would be served most adequately in all its needs:

"L'unique conclusion pratique à tirer de tout ceci, c'est que les salariés doivent etre entierement libres de travailler pour qui ils veulent, afin que les salariants, en se les disputant lorsqu'ils en ont besoin, mettent un juste prix à leur travail; et que, de l'autre, les salariants soient entièrement libres de se servir de tels hommes qu'ills jugeront à propos, afin que les onvriers du lien, abusant de leur petit hombre, ne les forcent pas à augmenter les salaires au delà de la proportion naturelle qui dépend de la quantité des richesses, de la valeur des deurées de subsistance, de la quantité des travaux à faire et du nombre de travailleurs, mais qui ne peut jamais etre fixée que par la concurrence de la liberté." [1]

Just as Turgot advocated the freedom of labor, he similarly worked for the freedom of trade within the country. In all this he may be said to be following the footsteps of the Physiocrats, but he had a far clearer understanding of the realities of the situation and gave a much fuller exposition of the bourgeoisie than any member of the School of Economists. [2] Though the idea of freedom of labor and of industry did not originate with Turgot, yet his attempt to build these principles into the constitution of a state was the first effort to make these the definitely recognized policies of an established nation.

---

[1] *Oeuvres*, t. 2, pp. 634—635.
[2] Ibid., pp. 224—225.

CHAPTER IV
TURGOT'S PROJECT
OF A CONSTITUTION

In the foregoing chapter we have considered the background of Turgot's political ideas (Philosophy of History), the general character of his proposed Constitution (The Monarchy), and its negative aspects (Privilege vs. Equality; Religion); we may next analyze the Constitution in its positive and constructive phase (The Municipalities) and the proposed means of achieving it (Education). This phase of Turgot's political philosophy may be called his Democracy. ① Turgot was paternalistic, but he did not regard the people as sheep to be led by an all-knowing shepherd. He was democratic in that he believed the State should not do everything for the people, but should only supervise them when they were doing it for themselves. The people should be given a share in the government, not only as a matter of expediency, but also as a matter of right. For, after all, the State existed for the welfare of the people.

This democratic temper of Turgot can be seen from his habit of writing an extended preamble before every decree, notably in the case of the Six Edicts. This was really a revolutionary phenomenon, for no absolute Monarchy had so far deigned to take the people into its confidence. But Turgot saw the advantage of appealing to the reason and common sense of the people or, in other words, public opinion, the fundamental extra-legal desideratum of any democracy. He purposely appealed to the people. In his Memorial to the King accompanying the Six Edicts he said:

V. M. trouvera peut-etre encore le preambule de cette loi (Declaration on the Grain Trade) fort long: je ne crois pas qu'il soit possible d'eviter cette longeur. Il est absolument necessaire de mettre sous les

---

① The word "democracy" means different things to different ages and to different people of the same age. It is here used to mean any kind of popular participation in the government, including the advisory.

veux du public le détail des reglements qu'on supprime, afin qu'il sache ce qu'on supprime et qu'il en connaisse l'absurdité. ①

This unusual practice of Turgot made a profound impression on the people of the time. Voltaire was moved to declare its revolutionary nature. It arrested the attention even of foreign observers. Thus the Englishman, Dr. Price, in his *Second Tract on Civil Liberty and the War with America* had this to say about Turgot's administration:

> A new reign produced a new minister of finance in France, whose name will be respected by posterity for a set of measures as new to the political world, as any late discoveries in the system of nature have been to the philosophical world. —Doubtful in their operation, as all untried measures must be, but distinguished by their tendency to lay a solid foundation for endless peace, industry, and a general enjoyment of the gifts of nature, arts and commerce. — The edicts issued during his administration exhibit indeed a phenomenon of the most extraordinary kind. An absolute King rendering a voluntary account to his subjects, and inciting his people to think: a right which it has been the business of all absolute princes and their ministers to extinguish. — In these edicts the King declared in the most distinct terms against a bankruptcy, etc., while the minister applied himself to increase every public resource by principles more liberal than France, or any part of Europe, ever had in serious contemplation. ②

Such was the impression that Turgot made on at least one keen and far-seeing contemporary, and a man of comparatively progressive England too. But if Turgot's appeal to the people was revolutionary, the frankness of the appeal was still more revolutionary. We wonder even if so-called modern democratic governments would be so frank with the people as Turgot was in the Edict suppressing the Exchange of Poissy:

---

① *Oeuvres*, t. 5, p. 157.
② Price: *op. cit.*, pp. 107—108, note.

Il n'est arrivé que trop souvent, dans les besoins de l'Etat, qu'on ait cherché à décorer les impots, dont ces besoins nécessitaient, l'établissement, par quelque prétexte d'utilité publique. Cette forme, à laquelle les rois nos prédécesseurs se sont quelquefois crus obligés de descendre, a rendu plus onéreux les impots dont elle avait accompagné la naissance. Il en est résulté que ces impots, ainsi colorés, ont subsisté longtemps après la cessation du besoin qui en avait été la véritable cause, en raison de l'objet apparent d'utilité par lequel on avait cherché à les déguiser, ou qu'ils se sont renouvelés sous le meme pretexte que favorisaient divers interets particuliers. ①

---

① *Oeuvres*, t. 5, pp. 260—261.

（Ⅰ）

THE POLITICAL STRUCTURE

The propsed plan of Municipalities ① embodied this democratic spirit.
It would take the people into the confidence of the King and make them his

---

① The *Memorial* was really drawn up by du Pont de Nemours, though the ideas were Turgot's.
There are two different texts of the work, one of 1778, which du Pont sent to the margrave of Baden, and
the other of 1809, in which du Pont made many corrections and inserted many of his own ideas. Schelle,
in *Oeuvres*, t. 4, pp. 568—574, has given all the facts in connection with history of this curious scheme of
popular government. Turgot, wishing to remedy the excessive centralization of the ancien regime, projec-
ted the formation of municipal and provincial administrations, which, however, would be placed under the
direction of the government and would have their sphere of competency so well limited that they would not
pretend to imitate the assemblies of the *pays d'etat* or to assume airs of sovereignty. Being too busy him-
self, he charged Du Pont de Nemours to put on paper for him the ideas that he had many times expressed
on this subject. Du Pont brought out the essay in 1775. Turgot was dismissed next year, without having
an opportunity even to present it to the King.

In 1787, after the closing of the first Assembly of Notables, when everybody was talking about the
Estates General, political-minded people began to recall that Turgot had had a plan of letting the people
play a part in public affairs, but no one seemed to know what the ideas of the great Minister on this sub-
ject were. Presently, the *Memorial* was printed and anonymously published under the title of *Oeuvres
posthumes de Turgot*, with a preface claiming that the work had come indubitably out of Turgot's own
hand, as shown by the style. Mirabeau, who had secured a copy of the *Memorial* from Du Pont, seemed
to have been partly responsible for this pirated edition. Du Pont immediately wrote a letter to the *Journal
de Paris*, 3 July, 1787, to contradict the false claim of the anonymous preface, pointing out that the pira-
ted edition was full of errors and omissions, admitting by implication that he himself was the author, and
saying among other things, "M. Turgot avait indique au crayon plusieurs corrections necessaires dans le
style et meme quelques-imes dans les idees de ce projet." Turgot agreed with the structure of the Munici-
palities as formulated by du Pont, and accepted his ideas with regard to their functions, but he thought
the latter should be further extended: "Il croyait utile de leur confier plusieurs branches de police qui,
pouvant toucher a la liberte des individus, demandaient que le voeu de ceux-memes qui n'ont point de pro-
priete fonciere put etre connu et put contribuer a eclairer le gouvernement sur le choix des personnes a qui
serait remis l'exercice de cette portion de l'autorite." Then Turgot suggested that as the Judiciary was
closely related to Administration, the courts might also be unified in the same way as the Municipalities.
Finally Du Pont stated that while all the ideas in the *Memorial*, as far as they went were Turgot's, yet
the late Minister would have added these more definite or more radical proposals. So Turgot approved the
Memorial as prepared by Du Pont, but he would make the reform more radical by giving all people, prop-
ertied as well as propertiless, a part in public affairs. He would also restrain the Parlements by unifying
the Judiciary in a hierarchical scheme parallel to the Municipalities, though we don't know the exact way
in which Turgot proposed to do it.

It is curious to note that Du Pont, while keenly resenting any falsification of Turgot's views on the
part of others, was himself not so scrupulously loyal to his deceased friend's memory. In 1778, he sent to
the Margrave of Baden a copy of the *Memorial*, which M. Knies has reproduced in the *Correspondance du
margrave avec Mirabeau et Du Pont* and which Schelle has reprinted in his edition of the *Oeuvres de Tur-
got*. But in the 1809 edition of Turgot's works, brought out by Du Pont, the *Memorial* differed consider-
ably from the copy he had communicated to the Margrave. It is generally agreed that Du Pont had in later
years revised the essay to suit his own opinions. Perhaps he argued with himself that as the essay had o-
riginally been his work, he might just as well make revisions as his own opinions changed, entirely over-
looking the fact that his friend was no longer there to give his approval or disapproval.

The present analysis, in the following pages, follows the original edition as sent to Baden in 1778,
but also takes into consideration the changes that Turgot would have made.

junior, though subordinate, partners in the management of public affairs. The new Constitution would make two improvements on the existing French system: first, it would remedy the evils of excessive centralization that constituted the characteristic feature of the *ancien regime*; and secondly, it would substitute a simple and uniform administrative system for the complicated and confusing institutions that actually existed in the various provinces. Under the new scheme, the localities would take care of matters that directly interested themselves—such as the distribution of tax payment, public works, roads, poor relief, famine relief, etc. The central government would be relieved of the minute and irksome duties that it at present had to perform, and necessarily performed poorly.

In the second place, the Municipalities would displace the irregular and confusing political institutions of the various provinces. Under the *ancien regime*, France was divided into thirty-two provinces, whose boundaries conformed, in general, to the great feudal estates of the Middle Ages and were, therefore, very irregular and inconvenient. Partly for this reason and partly on account of the desire to curb the feudality that had been brought under royal control, the country was later divided into thirty-five *Generalites* or *Intendances*, governed by thirty-four Intendants, Toulouse and Montpellier being combined under one head. Between the provinces and the *Intendances* there was a hopeless over-lapping of territory; almost every province had two or more Intendants exercising jurisdiction within its borders. Originally financial agents of the crown, the Intendants gradually became absolute governors as the powers of the King increased. The nobility were naturally hostile to them, and, though they were powerless to resist these royal officials, they were still strong enough to harass and annoy them.

Besides this overlapping of province and *Intendance*, there was the difference between the *pays d'elections* and *pays d'etats*. In the former the King, through his officials, collected the taxes directly. But in the *pays d'etats* the old Estates were still functioning; they received their apportionment from the Controller General, taxed themselves in their own way, and paid the Royal Treasury a lump sum.

Now, Turgot proposed to substitute a uniform administrative system for this existing one of confusion and variation. The difference between the *pays d'elections* and the *pays d'etats* was to be abolished. The antagonism of the nobility would be appeased by giving them a part in the new government, in common with all other landowners. The one point that Turgot did not make clear was whether by "province" he meant the old feudal province or the Intendance. It seems he meant the latter, despite the use of the more ancient term. ①

This scheme of Municipalities was meant to be the crowning measure of Turgot's program of reform. All his previous administrative and economic reforms may be said to be preparatory to the launching of the Municipalities. The reforms culminating in the Six Edicts simply served to clear the ground; they were to sweep away privilege, to abolish inefficiency, and corruption, to give everybody the freedom to which he as a man was entitled. All this was for the purpose of making France a Constitutional Monarchy, with the Municipalities Plan as the Constitution.

The far-reaching import of the Municipalities scheme can be seen in another and perhaps far more revolutionary innovation in connection with it, namely, a contemplated system of public education, independent of the clergy and provided by the State for the purpose of teaching everybody "les obligations qu'il a à la société et au pouvoir qui les protégé, les devoirs que ces obligations lui imposent, l'intérêt qu'il a à les remplir pour le bien du public et pour le sien propre. ②

This is a complete plan of a reformation and reorganization of the King-

---

① Turgot being a man of a systematic temper, he must have preferred the new system of Intendancies to the lack of system in the haphazard delimitation of feudal provinces. Further, the word "province" is a general term denoting any large section of a country. Perhaps Turgot was using it in this general sense and was not himself conscious which exactly he meant—the feudal province or the Intendancy.

② *Oeuvres*, t. 4, p. 569.

dom. ① The King, however, was still to have absolute executive authority, not checked by any other branch of government. The Municipalities were to be simply advisory bodies in regard to the King. But with regard to the localities and within their sphere of competency they were to be executive councils. The privileges as such were given no place in the system; they were simply regarded as landowners. This scheme constituted in effect a social revolution. But the absolute power of the King, in theory at least, was left intact. He was simply given a whole host of new servants represented in the new Municipalities. If carried out, the scheme would undoubtedly be a revolution, social, political, and economic. But it would be a peaceful and

---

① Few critics seem to have realized the importance of the scheme of Municipalities in Turgot's program of political reconstruction. Neymarck, in his two-volume work on Turgot's ideas (*Turgot et ses Doctrines*, t. 2, pp. 60 — 65) devotes only half a dozen descriptive pages to it. The other students, though all giving a summary of the scheme, yet failed to relate it to the trend of Turgot's administrative work. All his administrative and economic reforms may be said to be preparatory to the launching of the Municipalities. It was to be the crowning measure of his program of reform, and he had meant to launch it in 1775 and 1776. The first sentence after the introduction to the *Memorial* makes his position perfectly clear: "La cause du mal, Sire, vient de ce que Votre nation n'a point de Constitution." (*Oeuvres*, t. 4, p. 576.). See, in his latest work, *L'Evolution de la Peusee Politique en France*, p. 225, goes so far astray as even to say that Turgot put no emphasis on the subject of constitution: "Turgot appartient bien a la generation des ecrivains de la fin de l'Ancien Regime qui se preoccupent moins de la constitution du gouvernement que des reformes pratiques, qu'ils considerent comme necessaires au bien de l'Etat et au bonheur des individus." This dictum can hardly be justified in view of Turgot's Municipalities Plan. It is true that he was more a practical statesman than a constitutional theorist, but that might be due as much to circumstance as to inclination. He never had time to indulge in theorizing (though he did make many outlines on theoretical subject), but he did want to give France a definite Constitution. Theoretically Turgot had no preference for any form of government, as he had put forth in his first *Discourse on Universal History* (*Oeuvres*, t. 1, pp. 277 — 298). But as See himself has pointed out (*op. cit.*, pp. 226 — 227), Turgot believed that monarchy suited large states, while republicanism was advisable only for small states. Indeed his paternalistic temperament made him naturally prefer monarchy *per se*. Even though he had great expectations of the newly independent American States, he deplored the balance of powers system adopted by them and preferred a centralized system. But he did not, perhaps he could not, show us any way of doing this. It is difficult to conceive of a completely unified republic, with one department of the government invested with absolute powers, though the principle of the balance of powers may not be an infallible one and certainly has its shortcomings. Turgot would like to see each of the American States to have a govenment like that of France. But who, in these States of the New World, was to take the place of the King? He never told. Was any absolute governor to be set up? We do not know. Perhaps Turgot himself did not know what exactly he wanted. Unknown to himself, he seemed to lean instinctively to the monarchical form of government, but this government he would regularize with a Constitution that would assure an Enlightened despot without putting any legal shackles on him.

almost silent revolution. Turgot, however, was not given time even to make a preliminary try of it. He prepared it in 1775; in fact he was so busy that Du Pont de Nemours had to prepare it for him. But in the next year he was dismissed.

It was typical of the man that Turgot gave reasons for his scheme in a preamble. ① He said that he wanted to create a public spirit in the French nation, the absence of which at that time was due to the lack of a constitution. The members of the nation had few or no ties with one another. None of them knew his duties or his legal relations with his fellows. On every occasion men waited for special orders from the King. The people, with no responsibility and therefore unable to identify themselves with the State, naturally considered themselves, so to say, at war with the State, and sought to escape taxation and all other public duties. To change this negative attitude institutions must be created, by means of which the greater part of the things that were to be done would be done by the people voluntarily. Turgot's plan was to attach individuals to their families, families to their village or town, towns and villages to the *arrondissements*, *arrondissements* to the provinces, and provinces to the State, thus making the national a well-coordinated, sensitive, and responsive organism, with each individual fully conscious of its place in and responsibility to the whole. To accomplish this, however, would imply an enlightened people and, therefore, public education. Turgot provided a practicable but revolutionary scheme of popular instruction. ②

The scheme provided for a hierarchy of assemblies, ranging from the village and town assemblies, through the district and provincial bodies, and culminating in a Central National Assembly. At the bottom of the scale was the Village Municipality. ③ The village was defined by Turgot as a community "compose d'un certain nombre de familles qui possedent les maisons qui

---

① *Oeuvres*, t. 4, pp. 577—578.
② See below, Section Ⅱ.
③ *Oeuvres*, t. 4, pp. 581—599.

le forment et les terres qui en dependent. " [1] For convenience sake, each rural parish was to be regarded as a village. The village Municipality or Assembly should concern itself with:

(1) The apportionment of the taxes;

(2) The public works and the cross-roads;

(3) The superintendence of the poor and their relief;

(4) The relations of the commune with the neighboring villages and with the *arrondissement* as to the public works, and the transmission of the wishes of the commune in this respect to the proper authority. Incidentally the public works of the commune would serve to give employment to the poor during the dull season.

Among other things, this scheme would do away with the tax collector who, being alien to the village people, was naturally both inefficient and oppressive, tending to make the people antagonistic to the State of which the tax collector was the symbol. The village, taking care of its own taxation, would be both just and efficient. The village would no longer be in contact with an official from the outside. They would have a mayor of their own, appointed by themselves from among their own number.

The franchise was evolved from the Physiocratic principle that the soil alone is productive. Owners of land were to vote in proportion to their estates; in other words, it was the earth, not the man, that was represented. So, in a sense, this may be called a transformation, instead of the abolition, of the feudal principle, which was based primarily on land. But rights imply obligations; the landowners were to pay the taxes. The landless and propertyless should not be enfranchised, for they were too susceptible to corruption. Only those who possessed real estate were a part of the community and were interested in its welfare. The rest, generally artisans, were birds of passage who were travelling from one community to the next all the time and were therefore, quite naturally, not interested in the wellbeing of any one of them. But the landowners, so Turgot, or more exactly, in this particular, Du Pont, argued, were bound to their place of habitation by their

---

[1] *Oeurves*, t. 4, p. 581. This definition was perhaps more Du Pont's than Turgot's, since Turgot would give everybody a share in the local assembly—the propertied as well as the propertyless.

land, for weal or woe, and therefore were always interested in the welfare of the village.

But not all the proprietors of land were to have an equal amount of franchise right. Turgot estimated that only land producing 600 livres a year would be able to support a family and entitle the family head to the Roman title of *Pater familias*. Such family heads alone should be full members in the village assembly. The rest of the folk, having to look for means of subsistence from somewhere else, could not have an undivided interest in the welfare of the village and, therefore, should not have the full franchise. A 300-livre family head was only a half-citizen, for he would have to look for the other 300 livres of income from the crafts, industry, and commerce, what the Physiocrats regarded as non-productive labor. Thus the 100-livre man was, as it were, only one-sixth of a citizen, and so on. These part citizens could combine themselves and send deputies as full members to represent them in the Village Assembly. Thus two half-members might send one deputy, or four quarter-members might do likewise.

At the same time and under the same principle, people with more than 600 livres of annual income from land should have more than one voice in the assembly. Thus a 1,200-livre man should have two votes in the village meeting, the 100-louis man four votes, and so on. This would be only just, for the 100-louis man had four times more to lose than the ordinary citizen if the village affairs should go out of gear and he therefore had four times the usual interest to make the village prosperous and well managed.

By the same logic, people owning land in more than one parish should have a voice in the affairs of all the parishes where his property might happen to be situated. Just as the King of France was at the same time King of Navarre, Count of Provence, etc., so might a private citizen be a member of two or more parish assemblies. There was no danger, said Turgot, that such plural voting, and plural representation, would lead to the oppression of the poor by the rich, for the affairs on which the assemblies have a right to deliverate were all affairs in which rich and poor had a common though unequal interest. Incidentally, this plural franchise, besides its fundamental justness, had the added advantage of appealing to the vanity and ambition of

the rich and dissuading them from concealing the real amount of their riches and escaping part of the taxes.

Turgot found in his scheme many advantages. Not only would it free the State and its agents of a vexatious and hateful duty—tax collection, but it assured a best, equitable, efficient, and unoppressive distribution in the assessment of taxes, for the taxes would be founded on an exact rating of the fortunes of the citizens, made by the interested parties among themselves, mutually controlling themselves. Once the taxes were collected and disposed of, what was left could be used for local improvement, in which business the spirit of initiative would develop, leading to both material prosperity and public solidarity. At Turgot's time, the people were allowed no initiative of any kind; the State did their thinking for them. But the village Assembly, if established, would allow the peasants to make local assessments for local purposes and, interested in village welfare, they would naturally construct roads and bridges to facilitate travel and eliminate waste of both time and energy, human and animal alike. At the same time such works would give the poor useful employment, thus diminishing the demand for gratuitous charity, which Turgot regarded, and rightly, as always degrading and to be tolerated only as a temporary emergency measure.

The Nobility and the Clergy, as landed proprietors, were to take part in the Municipalities as any other land-owner. They were to have no special privilege, because they were only participating as landowners, not as Nobles and Clerics. The idea behind this plan is democratic, in the sense that Turgot expected that the Commoners of the country, united in bodies in which the seigneurs and ecclesiastics would have a vote and be elected representatives only as proprietors or the equals of the lowest land holding Commoner, would obtain defenders more enlightened and more influential to support their interests than the syndics of parishes. Further, the erstwhile disorganized rural masses would be enabled to strive against the corporations of the towns and to defend themselves against the ecclesiastics, the nobles, the gens de justice, and all the rest of their oppressors.

The Village Municipality was to elect three officials—a mayor or president, who was to state the object of deliberation and to record the votes; a recorder, who was to keep the register and the accounts of the parish; and a deputy to represent the parish in the District or *arrondissement* assembly.

Besides the village assemblies, analogous and parallel institutions should be created in the towns ① to replace the existing municipalities—petty and selfish republics, with strong local patriotism, isolated both from each other and from the State, tyrannical to the villages around them as well as to their own industrial and commercial laborers. Now, this spirit of disorder and particularism was to be replaced by one of peace and union. Here the same principle (which, however, is not Physiocratic orthodoxy) ② was to be applied as in the case of the village, namely, only interested persons were to have the franchise. Just as the village was made of landholdings, so the town was an aggregation of houses. So in the town the owners of houses were to vote in proportion to the value of their holdings, for only the householders were and could be interested in the prosperity of a town. Merchants with floating capital could easily leave one town for another and a more profitable one, while the householder could not move and would have to bear the depreciation of rentage if town affairs were not properly managed and town prosperity diminished or totally vanished.

In the town the householder of 18,000 livres per year was to be a full citizen. Evaluation was made on the basis not of the house, but of the land on which the house was built. The argument here is rather curious: as the buildings were not permanent, lasting at most a century, they could not very well be made the basis of evaluation. Only the land surface, permanent and unchanging throughout eternity, could serve this purpose admirably. The qualification in the town was made thirty times higher than in the village, because land value was much higher here and because, further, Turgot did not want to have a too numerous and therefore tumultuous assembly. He estimated that there were at most forty people in Paris who owned each one of them a piece of land worth 18,000 livres. So in the case of most cities, almost all the householders would be fractional citizens. In general, according to Turgot's estimation, twenty-five houses would have one repre-

---

① *Oeuvres*, t. 4, pp. 599—606.
② See above, Chap. I , Section III.

sentative in the assembly.

In the small towns where there was only one parish the Assembly would be about the same as in the village. The membership would be very small, and when the delegates met they could elect a mayor and a sheriff, responsible to the electorate in their actions and expenditures.

But in larger towns where there were more than one parish or quarter, then each parish or quarter might elect one or two officials. Or, each parish might elect a number of electors, and the electors of all the parishes would then constitute an electoral college, with the duty of electing the municipal officials for the whole town.

But for such metropolitan cities as Paris and Lyon, Turgot suggested that a magistrate of police, as a unifying force, should be appointed by and responsible to the King. In such centers it might also be advisable for each parish to have its own officials and its own poor relief.

The Physiocratic character of the village and urban municipalities is noticeable. Only landowners and householders were enfranchised, in proportion to the amount of their property. While Turgot accepted this and thought the unequal franchise only just, he did not like Du Pont's idea of leaving the propertyless out entirely. Further, he thought the municipalities might be profitably given more functions. Unfortunately, Du Pont, in his letter to the *Journal de Paris*, 1787[1], did not give any specific information as to Turgot's exact proposals. We do not know what more powers he would give to the local assemblies, nor do we know how the propertyless were to participate. Since the propertied were ranked according to wealth, it is hardly likely that the propertyless would all be given an equal status. Perhaps they would be admitted and ranked in proportion to their movable wealth. As rights imply obligations, these new members would presumably have to pay taxes, which would mean that their personal effects would be assessed. Such an abandoning of the whole single-tax idea of the Physiocrats, however, is a radical step that Turgot nowhere else suggested.

The general aim of the village and urban Municipalities was to educate

---

[1]　*Oeuvres*, t. 4, pp. 570—572.

the people to be good men and perfect citizens, to live amicably with their neighbors. But these are not enough. Above the local assemblies there were to be Assemblies of the Second Degree or District Assemblies, *municipal-ites des elections*,① made up of one deputy each from the village and town assemblies. These superior bodies, district as well as provincial, were to serve the purpose of establishing a link between the King and his nation that would make it possible for the remotest corners of the country to approach the King without difficulty, make the conditions of the various districts known to him, facilitate the execution of his orders and, by lessening the chances of mistakes and blunders, make the royal authority more respected and more loved throughout the realm.

As the District Municipality represented communities, not persons, each municipality of the first degree, be it a one-parish village or a metro-politan city, was to send only one deputy. However, as an act of deference rather than for any practical and necessary purpose, the provincial capitals might be allowed to send two deputies, while Paris might send four. But in the District Assembly the deputies were not to be of the same dignity; their rank was to be determined by the number of votes that they represented.

In the first meeting the District Assembly was to elect a president, a recorder, and finally a deputy for the superior assembly of the province. The term of office for all three was to be one year. As it would be enough for the District Assembly to meet only once a year, for eight days, or at most twice, for twelve days altogether, the three District officials would be responsible most of the time for facilitating communication between the va-rious village or urban municipalities and between the municipalities of dif-ferent degrees.

The first function of the District meeting was to determine the ranks of the various members. Precedence was to be given to the deputy representing the largest number of votes, for the number of votes indicated the strength and the revenue of a parish or town. The member representing the weakest and poorest parish would rank lowest. The rest of the members would be

---

① *Oeuvres*, t. 4, pp. 606—611.

arranged between these two according to the principle of strict equity. This rather delicate and complicated task was to be accomplished by each member depositing with the recorder a duplicate copy of the parish or town register. There was no danger of fraud, thought Turgot, for fraud would mean a unamimous decision on the part of the Village or Town Assembly to deceive their neighboring parishes—an extremely unlikely occurrence.

After this process of ranking the members, the assembly was to decide the amount of taxes that each member was to contribute for the entire district, depending upon the relative amount of wealth of each. This, of course, was only a simply matter of arithmetical computation. Such preliminaries over, members might then propose the construction of public works, which were to be accepted or rejected by the assembly by plurality vote. If the proposed measure concerned the whole province in which the District was situated, then the assembly was to decide whether its deputy was to refer it to the provincial assembly.

Finally, the assembly should vote assistance to parishes afflicted by the scourges of Nature, such as hailstorm, flood, fire, etc. The deputy of the afflicted parish or town might propose a measure of relief, and the proposal was to be decided by plurality vote. But in the discussions and voting the member who had made the proposal could not take any part, for he was now not a judge, but only a humble suppliant, petitioning for mercy and relief. If the damage should happen to be so great as to be beyond the relief capacity of the district, then the assembly might decide to ask for the assistance of the provincial assembly.

The session of the district assembly was to last eight days, during which time the parishes or towns should pay for the expenses of their respective deputies. As the business of a district was very simple, eight days was, or at least should be, quite enough for its transaction. If the deputies were incompetent or quarrelsome and prolonged the meeting beyond the eight-day limit, then they had only themselves to blame and should pay their own way for the luxury of the extra day or days of the session.

The final meeting of the session should be devoted to the election of the deputy to the provincial assembly. He was given instructions as to what he was to do and propose in the higher assembly. A duplicate of the registers of the member-parishes of the district assembly was also put in his hands, to be carried with him to the provincial assembly.

The district municipalities should be under the jurisdiction, in turn, of provincial municipalities, ① composed of deputies appointed by the district assemblies. These assemblies of the third degree were to look after the public works and common interests of the province and to succor the calamities that exceeded the powers of the districts. In the provincial assembly the members were also ranked, in this case according to the number of parishes that formed the district of which a particular member was deputy. In general this would serve as a pretty accurate index of the population and economic status of a district. But in special instances, the number of individual voters was also to be taken into consideration.

If a proposed public measure concerned more than one province, or if some calamity should occur that was beyond the capacity of the province to ameliorate, then the deputy of the province, elected by the provincial assembly, was to put the question before the National Assembly.

The provincial assembly was to have two sessions a year. In the first session, to last three weeks, the ranking of the members, public works and measures of relief were to form the program. The deputy to the National Assembly was also to be elected during this first session. After the session of the National Assembly and when the deputy of the province had returned, then the provincial assembly was to have its second session, to last eight days, when it would portion out the taxes to be paid by each member-district. During both sessions the expenses of the deputies were to be defrayed by their respective constituencies.

Finally, above all these minor assemblies there was to stand the Grand Municipality, the Royal Municipality, or the General Municipality of the Realm. ② Each provincial assembly was to send one deputy to this Grand Assembly. The duties of this supreme body were to distribute the assessment of taxes among the provinces (with the provincial registers as a ba-

---

① *Oeuvres*, t. 4, pp. 611—612.
② Ibid. , t. 4, pp. 612—613.

sis), to decide upon public works of general interest, to relieve provinces visited by unusual misfortunes, and to engage in enterprises that the penury of a province did not permit it to perform.

In this highest body of the hierarchy the ministers should have a seat and voice. The monarch, at his good pleasure, might attend it and take an active part in it. At the opening of the session the King was to give notice, either in person or through the minister of finance, of the sums he would need for national expenses, and of the necessary and desirable public works. The assembly was a liberty to add such other works or expenses as it might desire, but it could not refuse any of the King's demands. However, the assembly might express its wishes and opinions on any and whatever subject. The session was to last six weeks, with expenses paid by the provincial constituencies.

Through the National Assembly, the King would get a complete and reliable *cadastre* or register of the survey of lands. Every member in the village assembly having declared his or his constituency's landholdings, it practically meant that every inch of cultivated land in France had been declared and put on the register. Both on account of the honor involved and the mutual checking among the members who all intimately knew each other and each other's conditions, there could hardly be the possibility of any false declaration. A copy of this village register would be carried to the District Assembly by the village delegate. The District Assembly would collect all the local registers and make a duplicate copy for the District delegate to bring with him to the Provincial Assembly. Similarly, the Provincial delegates would carry the Provincial registers to the National Assembly, which would have before its eyes a complete record of the real estate of the country, from which the strength and weakness of a Province could be immediately known and the apportionment of the national taxes would be based on this exact knowledge. In a similar way, the Provincial Assembly would apportion the taxes among the component Districts, and the District Assembly the component villages and towns. And these local bodies would determine the taxes that each individual citizen was to pay. ① The systematic logicality of the procedure is comparable only to its incredible simplicity. But it would have to be tried in order to determine whether it could work.

The most notable feature of this grand scheme of Municipalities is its provision of mutual assistance on a national but graduated scale. A man who found himself out of work or visited by misfortune should apply to his friends and relatives for assistance. Only when these had done all that was possible might they apply to the public, i. e., the village or town municipality, which, in turn, might call upon the district assembly, and so on till the National Assembly was reached and appealed to as a last resort. In other words, Turgot would create ties in the form of municipalities of various degrees to link the nation into a unified whole. Thus Turgot was the author, the first conceiver, of the idea of a nation animated everywhere by a uniform impulse, with public life awakened and with a mutual assistance that would serve to preserve in the poor the dignity of the man and the citizen, for what the scheme proposed was not charity, but mutual help, collectively given. Such a scheme, undoubtedly, would give rise to a true solidarity and social fraternity. Further, the scheme in its broader aspects was a combination of federalism and unity, thus avoiding the bureaucratic concentration which was stifling and which to a certain extent still stifles France. Under the *ancien regime* the people enjoyed no right of self-government. Administration, finance, justice, all were in the hands of the sub-delegates of the Intendant, the tax-collectors, and to a certain extent the local nobility. Practically all orders came directly or indirectly out of Paris or Versailles. Such an excessive centralization of authority made for inefficiency in administration and apathy on the part of the people. There was unity, but it was unity at a heavy cost. It was more a dead and deadening uniformity than unity. Turgot would like to preserve this unitary character, but he proposed to give life to the apathetic people by a graduated system of federation. The people of a village or town were to fraternize in the local assembly; a number of local assemblies were to federate, through delegates, into a District Assem-

① *Oeuvres*, t. 4, pp. 591, 613.

bly; the District Assemblies would be federated into the Provincial Assembly, until finally the whole hierarchy culminated in the National Assembly. The uniformity of the system throughout the country and the National Assembly would serve to preserve all the good points of the centralized unity under the *ancien regime*, while the federative character and free spirit pervading the whole new administrative organism would develop initiative and a common sentiment of brotherhood among the entire people. The communes were at once independent in their private affairs and firmly allied to the State in an ascending scale with respect to common public interests. The government, relieved of unnecessary administrative details, would have the time and energy to take long and broad views and put forth wise legislation. [1]

If this was the most notable feature of the scheme, then the absence of any mention of the power of deliberation was its most surprizing omission. None of the assemblies, not even the National Assembly, had the power of legislation, the right of remonstrance or of opposition. They might make proposals which, however, the King might accept or reject as he saw fit. In fact, the King might act independently, totally ignoring the proposals on the part of the National Assembly. Turgot believed in a unitary State. He expressed his idea rather whimsically by saying that these assemblies:

> Auraient tous les avantages des assemblées des états et n'auraient aucun de leurs inconvenients, ni la confusion, ni les intrigues, ni l'esprit de corps, ni les animosités et les préjugés d'ordre à ordre. [2]

In a word, they were the elective councils, chosen by varying degrees of balloting, invested with administrative attributes without any right of participating in the functions of the Central Government. The purpose of Turgot was to give France a constitution that, on the one hand, would permit the public will to manifest itself in an effective manner and, at the same time, would still assemble in the hands of the King all power, so that the

---

① *Oeuvres*, t. 4, p. 620.
② Ibid., t. 4, p. 619.

nation could be both centrally and efficiently directed and controlled.

By this semi-democratic scheme of municipalities the royal authority was by no means constrained; it only became enlightened, buiged by reason and benevolence, but by right still as Absolute as ever. The King would still be the supreme legislator and supreme executive. In legislation he had neither rival nor partner. In administration, he had the Municipalities as assistants; but they by no means detracted the King of any of his executive authority. Turgot did not believe in the principle of the balance of powers, despite the eloquent pleading of Montesquieu. When the newly independent American States accepted the thesis of the *Esprit des Lois*, Turgot wrote to Dr. Price and called it a slavish imitation of the English system:

Je vois, dans le plus grand nombre, l'imitation sans objet des usages de l'Angleterre. Au lieu de ramener toutes les autorités à une seule, celle de la nation, l'on établit des corps differents, un corps de representants, un conseil, un gouverneur, parce que l'Angleterre a une Chambre des Communes, une Chambre haute et un roi. On s'occupe à balancer ces differents pouvoirs: comme si cet équilibre de forces, qu'on a pu croire necessaire pour balancer l'énorme prépondérance de la royauté, pouvait etre de quelque usage dans les républiques fondées sur l'égalité de tous les citoyens; et comme si tout ce qui établit differents corps n'était pas une source de divisions! [1]

From this strong declaration of principle, it is clear why Turgot never proposed to call the States General, but substituted the Municipalities for them. If he did not want legislative obstruction of the royal authority, no more did he like judicial meddling. He was in hearty support of the dismissal of the Parlements in 1771 and accepted a position in the new and obedient Parlements. Of course, the old Parlements' obscurantism was sufficient ground for Turgot's opposition to them. But another reason for Turgot's attitude can be found in his inclination toward centralization of authority. So

---

[1] *Oeuvres*, t. 5, pp. 534—535; Price: *op. cit.*, pp. 113—114.

in commenting on the dismissal of the Parlements, he said:

> la négative absolue qu'ils voudraient s'arroger dans le Gouverne-
> ment est une chose absurd en elle-meme et avec laquelle aucun gouver-
> nement ne peut subsister. ①

It is obvious why Turgot opposed the recall of these Parlements, 1774. And, as Du Pont remarked in 1787, Turgot would have liked to create a hierarchy of courts paralleling the Municipalities, thus checking if not automatically obliterating the Parlements. Unfortunately, Du Pont failed to enlighten us with Turgot's exact proposals on this subject. ②

Such were the main features and the general character of the Constitution that Turgot would give to France for the mutual benefit of the nation and the monarchy. Now, where did he get his ideas? He certainly had not copied them from anybody, for nobody before or during his time had any notion of such a scheme of government. Turgot, well-read man and encyclopedist that he was, must have studied the constitutions of various European states, especially England. He must have read *The Spirit of Laws* and Locke's *Treatise on Civil Government*. But his reaction to these books was entirely negative, so far as the central theme of the balance of power is concerned. While the spirit pervading the scheme, the spirit of Enlightened Despotism, was neither new nor unique, the mechanism or machinery was certainly a piece of creative work, perhaps Turgot's only piece of such work besides his rather original philosophy of history. It has its shortcomings, notably its Physiocratic bias. But it must be noted that in so far as Turgot gave the urban districts an equal status with the rural, he was violating the central dogma of Physiocratic orthodoxy. The scheme as a whole was one that might have been tried with advantage. Its success would of course have been extremely problematical. Even supposing that it could have been successfully launched (which was very unlikely in view of the well-known attitude of Privilege), the nobility and the clergy would perhaps have wrecked

---

① *Oeuvres*, t. 4, p. 31.
② Ibid., t. 4, p. 572.

it before it could have had a fair trial.

（Ⅱ）
EDUCATION

Now, in order to give such an ambitious hierarchical scheme of municipalities any chance of success, public enlightenment and education would be an absolutely necessary prerequisite. Turgot saw this very clearly and provided a revolutionary scheme of universal education, comparable to what has been realized in the modern state. Turgot found the distance between the Government and the people too great. The people, ignorant and powerless, could not be heard when oppressed by governmental agents, who abused their power at the back of the government. The Municipalities would be simply hollow husks if the people forming them were ignorant. The only remedy was education; only education could instruct the people to understand politics. Under such circumstances it is only to be expected that Turgot's purpose was frankly utilitarian; he had no theory like "culture for culture's sake." Education, to him, was simply "la manière de preparer les individus et les familles à bien entrer dans une bonne constitution de société."[1]

Always favoring centralization of authority, Turgot wished to create a Council of National Education, which was to direct all the academies, universities, colleges, and subordinate schools of the Kingdom. In order to assure unity of purpose, this Council must not have too many members. It should adopt an entirely new philosophy of education and put it through in a thorough and systematic way. The education of his time, said Turgot, produced only savants, poets, and gentlemen of wit and taste; those who could not qualify for any of these orders were rejected as failures and nobodies. But this new system of education, established by the King and supervised and directed by the Council of National Education, was to have as its primary object the forming in all classes of society virtuous and useful men, imbued with the sentiment of justice, pure in heart, zealous for the duties of a

---

[1] *Oeuvres*, t. 4, p. 578.

citizen. They were to have a common patriotism. All this desirable result could be secured only through uniformity, a uniformity to be imposed by the Council of National Education. Turgot's passion for uniformity, regularity, standardization is seen everywhere. At the time, he said, religious education was the only form of instruction that was uniform. But even this uniformity was not complete. The Classical textbooks varied from diocese to diocese. The Catechism of Paris differed from that of Montpellier, while neither was the same as that of Besancon. Such diversities were inevitable on account of many independent authorities, existing side by side. Such inconvenience was to be rectified in National Education. Religious education dealt only with divine matters which presumably were on an entirely different plane from mundane affairs. The King, being of this world, should not meddle with either religion or religious education; but he was interested in the conduct of the people toward each other and toward the State, and this could be best made perfect by a uniform system of national education. ①

All children were to receive an education that told them about the obligations they had to society and to those that protected and guided them, the duties that these obligations imposed, and the interest they had in performing these duties both for the public good and for their private welfare. Only such an education could assure a permanent peace and order. This moral and social education required books, which were to be prepared on the basis of a definite program. In every parish there was to be a school-master who taught morality and civics from these specially prepared textbooks. Besides such fundamental subjects necessary for good citizenship, the curriculum should include the arts of writing, of reading, arithmetic, plane geometry, and elementary mechanics. ② Religion was entirely eliminated from the curriculum of the elementary school; at least there was no mention of it. Presumably it was to be taught by the Church schools.

Turgot was not satisfied simply with this primary education. A higher education in the colleges was also to be instituted, on the same principles as the primary education, only more highly developed and more appropriate to

---

① *Oeuvres*, t. 4, pp. 578—581.
② Ibid. , t. 4, p. 580.

the needs of the students, i. e. , more suited to the careers that each student would like to follow in later life. ①

The greak of Turgot's educational scheme from the traditional school of the Seven Arts is perhaps as complete as that of the Municipalities Plan from the existing administrative system. Religion was left out; so were the Classics. The new education was to be neither clerical nor antiquarian. Its animating spirit all way through was the public good and the needs of the nation. ② Training for citizenship may be called its goal, while in the colleges something like vocational education seems to have been contemplated. Turgot's views on education, in short, were extremely utilitarian and nationalistic. All institutions and all branches of education were to be put under the control of the Council of National Education, whose function was to inspire the whole organism of instruction with a uniform and harmonious spirit and to bring about the creation of a uniform and harmonious citizenship. ③

Turgot was so optimistic that he demanded only ten years to try this great experiment of national education, which, he believed, would transform the country to such a degree that it would no longer be recognizable. For its enlightenment, good manners, and for its zeal for the service of King and country, the people would be infinitely ahead of all other peoples that either then existed or had ever existed anywhere. The children would be patriotic, submissive to authority not through fear but through reason, helpful toward their compatriots, and accustomed to recognizing and respecting justice as the primary foundation stone of society. Such people were to form the families, and these families were to look after village affairs as well as the affairs of the higher municipalities. ④

It is simply amazing to see a man of the eighteenth century have such an intensely nationalistic and practical view of education. No one before him had ever dreamed of it, and none was to voice it again for many decades to

---

① *Oeuvres*, t. 4, pp. 579—580.

② Ibid. , t. 4, p. 580.

③ Ibid. , t. 4, p. 581. The section on education was only a sketch, in which broad declarations and general principles were more prominent than specific proposals. But Turgot promised: "Si V. M. agrée ce plan, Sire, je mettrai sons ses yeux les details qui pourrount y etre relatifs dans un Memoire special. " Ibid. , t. 4, p. 580.

④ Ibid. , t. 4, pp. 580—581.

come. It was not till late in the nineteenth century that most governments had been converted to this view. But if the revolutionary character of Turgot's scheme is remarkable, no less so is its ambitiousness. In his time the great majority of the French people were still illiterate, though an increasingly greater number of them were becoming eager to learn to read and write and discuss the revolutionary ideas of the *philosophes*. Characteristic of the general social awakening of the time, all classes of people, especially in the cities, were eager to read. Those who could not read listened to others' reading. As is to be expected, the vested interests of those days—the clergy, the nobility, and the upper bourgeoisie—were opposed to real popular enlightenment, which, it was feared, would make the people "heady" and less submissive than they ought to be. Even the *philosophes*, with a few notable exceptions, [1] were not eager for popular education. Only this can make us realize the courage and far-sightedness of Turgot's seemingly too ambitious scheme. [2] Whether there was any possibility of Turgot's achieving his end is of course problematical. The secular character of his educational scheme would undoubtedly have met the bitterest opposition of the clergy, who could perhaps easily have got the Scholastic and Classical intellectuals to support them. Then, as Turgot openly avowed, the whole scheme was only a part of the general plan of Municipalities, which would have met the opposition of everybody except the peasants, who were ignorant and incrticulate. The whole structure was simply one of Turgot's creative dreams, later to be more or less realized by Republican France, especially the Third Republic. And

"C'est deja la conception qui inspirera tons les projets d'instruction publique que formuleront les assemblées revolutionaires." [3]

---

[1] Diderot had a scheme very much analogous to Turgot's. But Turgot was more explicit and precise, while Diderot simply made a general statement. See, *Evolution de la Peusee Politique*, p. 191, for Diderot's ideas on education.

[2] Roustan, *op. cit.*, pp. 242—250.

[3] See, *op. cit.*, p. 245.

CHAPTER V
CONCLUSION

（Ⅰ）
TURGOT THE PHILOSOPHER AND THE STATESMAN

In Turgot we have on the one hand the student, theorist, and writer and, on the other, the man of action, public administrator, and reforming minister. Almost all critics agree in recognizing his sincerity and consistency and unfailing enthusiasm in attempting to carry out all that he believed or wrote. Thus, according to one,

> En réalité, l'homme d'étude et l'homme d'action, chez Turgot, ne sont qu'un meme homme, qui a su remplir à la fois deux roles que L'on peut distinguer, mais non séparer. ①

Another critic reaches a similar but more explicit conclusion:

> La philosophie de Turgot est encore importante à un autre point de vue; elle est l'ame de ses réformes administratives et politiques. Dans Turgot les actes ne se séparent pas de la pensée; l'homme ne se partage point, ses principes font en quelque sorte partie de lui-meme, ou plutot sont lui tout entier. Sa conviction est si profonde qu'elle ne permet pas le moindre écart à sa volonté. Sa conduite est toujours la conséquence de ses idées, jamais de ses passions, ou plutot elle est la consequence de la passion qui le domine, l'amour de la verité et de la justice. ②

This is a strong judgment. It implies both sincerity and self-consistency

---

① Berard-Varagnac: "Turgot Penseur et Ecrivain," *Journal des Economistes*, 4 serie, t. 43, p. 352.

② Mastier: *De la philosophie de Turgot*, pp. 3—4.

on the part of Turgot. Is it true? His sincerity can hardly be doubted; he never gave up the thesis that he had set up in his youth at the Sorbonne—his intense belief in the perfectibility of man. All his plans and actions were animated by this passion. In all his public life he always tried to reason with people and convince their perfectible reason.

With respect to self-consistency Turgot also presented an unimpeachable record with the single exception of his fluctuating attitude toward the theory of the *produit net*. This, it is quite conceivable, may have been due more to luck and circumstance than to character. He never wrote, never had any time to write, any systematic exposition and elaboration of his political ideas, almost all of which have to be abstracted from the actual official documents he wrote, especially the documents he issued as Controller-General. His documents as Intendant of Limoges were all matter-of-fact, paternalistic directions. It was when he became minister of finance that he began to theorize in the preambles which so impressed his age, especially in such papers as his Memorial to the King on accepting the appointment to the ministry, the Essay on Municipalities, and the famous Six Edicts. Such theorizings, being a preface or explanation of actual administrative acts, necessarily conformed to the practical program that Turgot was pursuing. So, in this respect, theory and practice could not but agree with each other. Besides these official documents, only his correspondence gives any idea as to Turgot's political ideas. But, with the exception of his letter to Dr. Price, these are always too fragmentary and impromptu to be of much value. Written by a busy intendant or minister, they are necessarily scrappy and out of them it is impossible to get any clear view of Turgot's political thinking.

If Turgot had not led a busy public life ever since his early twenties and had he had more time to write systematic political treatises, he might, like all other political writers, have written purely abstract or traditional utopias or platitudes that he would never have thought of carrying out in the actual world of realities. But as it is, all that he ever wrote was written in perfect good faith and if given the time and opportunity he would have tried his best to carry out in entirety. Even his Essay on Municipalities was written in the form of a Memorial to the King, which he undoubtedly would have presented to Louis XVI if the latter had not preemptorily dismissed him shortly afterwards.

But even supposing that Turgot had been given such an opportunity, could he have succeeded in his program of reform and saved France from the ordeal of the Revolution? This may be a futile question to discuss, but it is at least worth our attention that Turgot's personal character was a handicap to his chances of success as a statesman. He was altogether too conscientious. Of his threefold financial program ① as set forth in his Memorial to the King upon receiving the appointment to the Controller-Generalship, ② the first part— "no bankruptcies"—was really unnecessary. All the preceding monarchs, as well as other than French monarchs, had declared bankruptcies; there was no reason why Louis XVI should be an exception. With a declaration of bankruptcy and consequently a less rigorous program of retrenchment, Turgot might have gone further than he actually did in carrying out his reforms and might, above all, have met less opposition from the *Privilegies* and the Court circle in general.

Despite the handicap of such a conscientious policy, however, Turgot did in his short term of office succeed in restoring the public credit by means of such measures as exactness in payments, fidelity to engagements, etc. As almost all the offices were double, Turgot proposed to unite the double appointments under one head. But conscientious and humanitarian Turgot insisted that he whose office was abolished should be reimbursed by him who kept the other. Many men held two places; Turgot suppressed the salary of one of them. Pensions were delayed for three years, but two years' fees were paid at once to those whose pensions did not exceed 400 livres. Finally, Turgot established free trade in corn. These financial reforms incensed the *privilegies* as a body and injured too many individuals of that class. The establishment of free trade was the last straw, and his enemies seized it as a pretext for attacking him. The year had been bad and they incited the peasantry to riots and excesses. They circulated books and pam-

---

① No bankruptcies; no increase of taxation; and no new loans.
② *Oeuvres*, t. 4, pp. 109—113.

phlets, accusing Turgot of doctrinairism and pedantry. The marionette mob, whose purses were provided with cash, destroyed provisions that came in their way while crying all the time that they wanted bread. They entered Paris and Versailles, probably with the idea of storming the capital and bringing about Turgot's downfall. But Turgot was not intimidated. He saw through the plot and suppressed the mob with an iron hand. This success, however, was only temporary. The riot was an unmistakable indication that the forces against Turgot were legion and strong and that they would resort to any means to bring about his downfall. ①

Turgot himself in his letter to the King on August 24, 1774, immediately after being made Controller-General, gives, it seems, the best explation of his failure. In fact, he almost foresaw his failure:

Voilà les points que V. M. a bien voulu me permettre de lui rappeler. Elle n'oubliera pas qu'en recevant la place de controleur general, j'ai senti tout le prix de la confiance dont Elle m'honore; j'ai senti qu' Elle me confiait le bonheur de ses Peuples; et, s'il m'est permis de le dire, le soin de faire aimer sa personne et son autorité. Mais en meme temps, j'ai senti tout le danger anquel je m'exposais. J'ai prévu que je servais seul à combattre contre les abus de tout genre; contre les efforts de ceux qui gagnent à ces abus; contre la foule des préjugés qui s' opposent à toute réforme, et qui sont un moyen si puissant dans les mains des gens intéressés à éterniser le désordre. J'aurai à lutter meme contre la bonte naturelle, contre la générosité de V. M. et des personnes qui lui sont les plus chères. ② Je serai craint, hai meme, de la plus grande partie de la Cour, de tout ce qui sollicite des graces. On m'imputera tous les refus; on me peindra comme un homme dur, parce qui j'aurai représenté à V. M. qu'Elle ne doit pas enrichir meme ceux

---

① *Westminster Review*, Vol. 16, pp. 262—263.

② The first draft of this letter, according to Schelle's notes, has been preserved in the Chateau de Lantheuil, where many of Turgot's manuscripts are still kept and which is now owned by a great-grand-nephew of his. It was much more outspoken than the final draft. In the original draft the phrase ran thus: "...contre la generosite de V. M. et de la...." The missing word is indubitably "Reine." Perhaps on second thought Turgot considered it better not to drag the queen into the scene, *Oeuvres*, t. 4, p. 114.

qu'Elle aime aux dépens de la subsistance de son Peuple. Ce Peuple auquel je me serai sacrifié est si aisé à tromper, que peut-etre j'encourrai sa haine par les mesures memes que, je prendrai pour le défendre contre la vexation. Je serai calomnié, et peut-etre avec assez de vraisemblance pour m'oter la confiance de V. M. Je ne regretterai point de perdre une place à laquelle je ne m'étais jamais attendu. Je suis pret à la remettre à V. M. dès que je ne pourrai plus esperer de lui etre utile; mais son estime, la réputation d'integrité, la bienveillance publique qui ont déterminé son choix en ma faveur, me sont plus chères que la vie, et je cours le risque des les perdre, meme en ne méritant a mes yeux ancun reproche.

V. M. se souviendra que c'est sur la foi de ses promesses que je me charge d'un fardeau pent-etre au-dessus de mes forces, qu c'est à Elle personnellement, à l'homme honnete, à l'homme juste et bon, plutot qu'au Roi que je m'abandonne. ①

Turgot fully realized his precarious position. He knew that the King was his only ally, of doubtful fortitude and independence of character. Over against this lone friend stood a powerful league of enemies—the Queen, the aristocracy, the courtiers, the financiers and farmers—general, and all those men of every profession, of every rank, who had acquired the bad habit of subsisting at the expense of the nation without rendering it any service, who lived by a heap of particular abuses and chose to regard them as so many inalienable rights. Is it any wonder that before such a foe Turgot succumbed within the space of twenty months? ②

The deep gulf between the nobility and the people under the *ancien regime* was impassable. In 1770 and 1771 there was a famine in Limoges. ③ Turgot organized boards of charity and established charitable relief works throughout the province. He even managed to obtain direct assistance in

---

① *Oeuvres*, t. 4, pp. 112—113.

② For the far-reaching opposition against Turgot see Foncin: *Essai sur le Ministere de Turgot*, pp. 153—544.

③ *Oeuvres*, t. 3, pp. 130—154, 205—250, 425—459.

money from the Central Government. But what did the land-holding nobles do? Not only did they refuse to give a cent, but most of them at once dismissed their *metayers*, the people who farmed their lands in consideration of a fixed proportion of the produce. Turgot had to force these landholders to feed their laborers of the previous year. ① But the utter heartlessness of the nobles toward the common people knew no bounds. The cultivators having no grain to pay their lords' dues in kind, payment was insisted on in cash, and this at the famine price of the grain. Turgot was forced to the expedient of unearthing an old and forgotten decree which enabled him to order arrears of dues in kind to be paid at the market price of grain at the time when the dues became payable. ② When Privilege, Distinction, and Property were so heartless in face of a common calamity, how could anything short of a revolution be able to save France?

The frivolous leader of Privilege was Marie Antoinette, the queen that urged the people to eat cake when they were crying for bread. She was greatly incensed at the curtailment of court extravagance. The immediate cause of Turgot's dismissal appears to have been that he defied the King by dishonoring a draft of half a million livres presented at the Treasury by the queen to pay for new jewelery. The dismissal followed three days after. The Emperor Joseph indeed wrote to Marie Antoinette:

> What business have you, my dear sister, to interfere with the placing of Ministers, to get such a department given to this one, and such to that, in order to influence a particular lawsuit, or to create a new and extravagant change at your Court?

And her mother, Marie Theresa, wrote to the Austrian Ambassador: "She is going with rapid strides to her ruin." But the queen would not learn. In fact, it would have been surprising if she could have learned. She was simply the leader and spokesman of the Court and the Nobility which would corrupt and becloud perhaps any queen, necessarily a creature bred

---

① *Oeuvres*, t. 3, pp. 243—244.
② Ibid., t. 3, pp. 245—250.

up in a courtly atmosphere, completely cut off from the actual state of things. Ultimately, even Louis ⅩⅥ, never of a very strong character, proved to be totally lacking the necessary energy to resist the pressure of his entourage. Turgot did succeed in abolishing a few offices, but he could not stop the big items of Court extravagance-pensions and the Queen's whims. Turgot had contemplated inaugurating an imposing series of economic and financial reforms. He failed. Privilege defeated him. ①

Upon Turgot's dismissal, Condorcet wrote: "Adieu! We have had a beautiful dream!" A beautiful dream indeed. Within four months most of Turgot's measures were reversed. The road corvees were re-established. The other elements of the old order followed suit. So completely was public confidence shattered that in less than two months it became necessary to establish a Royal lottery to meet the deficit. ② The very nature of the Absolutist system was responsible for this blind return to a bad system and willful rejection of a necessary reform. In eighteenth century France, none but the King could inaugurate reforms, for he alone could make and un-make laws. Under such a system the weal and woe of a whole nation depended upon the character and personality of a single individual. If Louis ⅩⅥ had been a capable man like Pombal or Frederick the Great, he could have done for France what these two had done for Portugal and Prussia. Or even if he only had a strong will, enabling him to resist the Jeremiads of the Queen and the Court and to stick to Turgot whose merits he had sufficient intelligence to recognize, France could also have been saved from a bloody revolution. Indeed, it was a little belated; all other European nations had peacefully reformed themselves. But, as yet, no Frenchman dreamed of rebelling and everybody except the *Privilegies* would have greeted any sincere demonstration of reform with enthusiasm. But Louis ⅩⅥ was too weak-willed to resist the influence of his entourage and bungled into an unnecessary Revolution.

---

① Marion: *Histoire financiere de la France depuis* 1715, t. 1, pp. 280—287; Emm: "Turgot: A Study of Fre-Revolutionary France", *Westminster Review*, Vol. 163, p. 559.

② Ibid. , p. 560.

（Ⅱ）
SIGNIFICANCE AND INFLUENCE OF TURGOT

Turgot, in a sense, may be called the representative man of his age, a man such as would tempt Emerson to concentrate in him the image of a nation and an epoch. He was a typical example of the Pre-Revolutionary intelligentsia—grave, generous, enthusiastic, accomplished, with an extraordinary confidence in the omnipotence and, what is more, the reasonableness of human reason. Voltaire perhaps showed these characteristics more strikingly than Turgot, but Voltaire was not a statesman. Yet Turgot, though a practical and able statesman, could not escape from the limitations of the ideas, aspirations, and illusions of his age. Side by side and perhaps in consequence of his ardor for encyclopedic knowledge was his reformist zeal, the determination to reform everything from top to bottom and all at once. From his youthful days to his retirement Turgot never failed in these two channels of his enthusiasm. Even after his dismissal, he was still busying himself with literature as well as the progression of current affairs. ①

Though both *philosophe* and statesman, it is for his latter position, as the most enlightened administrator of the *ancien regime*, that he is chiefly known to posterity. His economic writings, important as they are, have been overshadowed by those of Adam Smith. But most critics agree that he was the ideal statesman to realize the aspirations of his time. A child of his age, Turgot devised all his plans for the greater unification of the nation and the government, which the tottering monarchy badly needed. Had Turgot succeeded, France, and not England, would have been the first to adopt the principle of free trade, direct taxation, and local and colonial self-government, which last measure would perhaps have saved the remnant of the first colonial empire of France. ② As it is, Turgot's influence and his work still live, not only in France, but in most Occidental lands, at least till the outbreak of the Great War of 1914. The nineteenth century is particularly the

---

① Berard-Varagnac; *op. cit.*, pp. 354—355.
② For Turgot's liberalism with respect to colonies see *Oeuvres*, t. 4, pp. 89—90.

time in which many of Turgot's ideas were applied, and with great success. ①

Besides such general influences, Turgot's ideas have also been consciously adopted by individuals. In Germany, early in the nineteenth century, Turgot found a disciple. The year after Prussia's humiliation at Jena (1806) Stein, by his social legislation, emancipated the rural population by creating a free peasant proprietary and establishing a form of self-government, reformed the guild system by granting modified freedom in the choice of crafts, abolished freedom from taxation by introducing the principle of taxation according to individual ability, repealed excessive duties and excises, and, in a word, swept away all feudal rights and privileges. This accomplished for Prussia exactly what Turgot believed he would have done for France with his Six Edicts and Scheme of Municipalities. It regenerated the nation and created a new and higher spirit of patriotism and independence. It put Prussia upon a new footing and in a peaceful way it did for Prussia what Turgot would like to have done for France and what the Revolution of 1789 finally did by force. A feudalism that had long grown out of date was given its *coup de grace* and out of the old particularisms grew up a new and vigorous nationalism. It was such a Prussia that was later to unify Germany under Bismarck. And the inaugurator of the movement, Stein, openly acknowledged Turgot as his master. ②

Besides Turgot's general political philosophy, some of his particular ideas also have had a deviating history. His centralized and unified scheme of education, for instance, was never realized by the monarchy, but it is interesting to observe that Napoleon's educational system was very similar to it, and, in general outline, the present French system of education, which is perhaps the most unified in all Europe, follows very much the plan that Turgot laid down. This, of course, applies only to the form, not to the substance and curriculum. Perhaps Republican France never consciously followed Turgot in developing a national system of education. But this only makes it the more significant that Turgot in such an early time actually

---

① Puynode: *Etudes sur les Principaux Economistes*, p. 5.
② Dawson: *German Socialism and Ferdinand Lassale*, pp. 18—19; Emm: *op. cit.*, p. 561.

sensed the form of educational system best fitted to the needs of France. Turgot during his life-time was very bold in making prophecies, most of which were later fulfilled. But perhaps he never dreamed that even his plan of education was to some extent prophatic of the future.

His Municipalities scheme has never been tried by any country, but its spirit of centralization of authority can be found in the system of French local government today. The communes, arrondissements, and departments are not autonomous, but dependent on the authorities higher up, ultimately on the Ministry of the Interior. The local officials all have a dual position; they are both administrators of the various grades of localities and agents of the higher authorities. ① In all these respects the system suggests curious resemblances to what Turgot had in mind in devising his Municipalities scheme.

Incidentally, it may be pointed out that the modern Soviet system seems to be a replica of Turgot's Municipalities plan. Here, of course, unlike the other instances mentioned above, there is no organic connection of any kind. Monarchical France is an organic part of European civilization, just as Republican France and Bismarckian Germany are. But Russia, which never quite succeeded in making herself an integral part of Europe, has now consciously and definitely broken away and set up an entirely new order of her own. Further, the two plans resemble each other only as political machineries; the philosophy behind each is different. The Municipalities Plan was drawn up for the peasantry, while the Soviet system, though nominally treating laborer and peasant alike, regards Labor as its favorite child.

While Turgot's direct influence was slight, his historical significance for France cannot be denied. He made the last serious attempt at effecting a peaceful revolution of French society and French government. He heroically tried to create a new France by abolishing the internal tariffs and the provincial frontiers and eliminating all the legal and economic restrictions and inequalities that only served to divide the French people and alienate the majority of them from the State. He would bring about a national solidarity by

---

① Munro: *The Governments of Europe*, pp. 548—569.

making all French citizens equal before the law and free to express them-
selves in economic and political activities, which would be made possible by
free labor and free industry and the system of Municipalities. The failure of
Turgot to achieve his aims made almost inevitable the French Revolution,
which was only a violent attempt at realizing what Turgot had tried to ac-
complish by legal and peaceful means. After the Revolution all Turgot's i-
deas, either literally or in essence, triumphed, though the Republic was not
consciously following Turgot in all its projects.

BIBLIOGRAPHY

Sources

Condorcet, *Oeuvres de*, t. 5 (ed. A. Condorcet O' Connor et M. F. Arago). Paris, 1847.

Daire, Eugene: *Physiocrates*. Paris, 1846.

Dupont de Nemours, P. S. : *Memoirs sur la Vie et les Ouvrages de M. Turgot*. Philadelphe (Paris), 1782.

Le Mercier de la Riviere: *L' Ordre Naturel et Essentiel des Societes Politiques*. Paris, 1910.

Price, Richard: *Observations on the Importance of the American Revolution, and the Means of Making it a Benefit to the World*. To which is added a Letter from M. Turgot. London, 1785.

Turgot, *Oeuvres de*. 5 tomes (ed. G. Schelle). Paris, 1913—1923.

Young, Arthur: *Travels in France*. London, 1890.

Secondary Works

Afanassiev, Georges: *Le Commerce des Cereales en France an dixhuitieme siecle*. (traduite du Russe sous la direction de Paul Boyer). Paris, 1894.

Batbie, A. : *Turgot, Philosophe, Economiste, et Administrateur*. Paris, 1861.

Berard-Varagnac: "Turgot Penseur et Ecribain", *Journal des Economistes*, 4 serie, t. 43, pp. 352—356. Paris, July-September, 1888.

Blanqui, Jerome-Adolphe: *History of Political Economy in Europe*. (tr. from the French by Emily J. Leonard). New York, 1880.

British Quarterly Review, Vol. 19, pp. 469—501 (1854).

Cadet, Felix: *Turgot. Bibliotheque Franklin*. Paris, n. d.

Cheinisse, Leon: *Les Idees Politiques des Physiocrates*. Paris, 1914.

Cushing, Max Pearson: *Baron d'Holbach*. New York, 1914.

Dawson, William H. : *German Socialism and Ferdinand La Salle*. 2nd edition. London, 1891.

Dorn, Walter Louis: *The Conflict of Humanitarianism with Reasons of State under Frederick the Great*. Typewritten. University of Chicago, 1925.

Droz, Joseph: *Histoire du Regne de Louis XVI*. t. l. Paris, 1860.

Emm, Walter: "Turgot: A Study of Pre-Revolutionary France," *Westminster Review*, Vol. 163, pp. 389—399, 551—561. April, May, 1905.

Espinas, A.: *Histoire des Doctrines Economiques*. Paris, 1892.

Fabre, Joseph: *Les Peres de la Revolution*. Paris, 1910.

Feugere, Anatole: *L'Abbe Raynal*, 1713—1796. Augouleme, 1922.

Flint, Robert: *The Philosophy of History in Europe*, Vol. 1. Edinburgh and London, 1874.

Foncin, P.: *Essai sur le Ministere de Turgot*. Paris, 1877.

Gazier, A. L.: *Bossuet et Louis* XIV. Paris, 1923.

Gide, Ch. and Rist, Ch.: *A History of Economic Doctrines* (tr. R. Richards). New York, n. d.

Gomel, Charles: *Les Causes Financieres de la Revolution Francaise*; *Les Ministeres de Turgot et de Necker*. Paris, 1892.

Higgs, Henry: *The Physiocrats*. London and New York, 1897.

Janet, Paul: *Histoire de la Science Politique dans ses Rapports avec la Morale*, t. 2. Paris, 1913.

Jobez. Alphonse: *La France sous Louis* XVI. t. l. Paris, 1877.

Lafarge, Rene: *L'Agriculture en Limousin au* XVIII *siecle et L'Intendance de Turgot*. Paris, 1902.

Lavergne, L. de: *Les Economistes Francais du* XVIII *siecle*. Paris, 1870.

Levasseur, E.: *Histoire des Classes Ouvrieres en France*, t. 2. Paris, 1859.

Marion, Marcel: *Histoire Financiere de la France depuis 1715*, t. l. Paris, 1914.

Martin, Henri: *History of France*, Vol. 16. (tr. Mary L. Booth). Boston, 1866.

Mastier, A.: *De la Philosphie de Turgot*. Paris, 1862.

Mathiez, Albert: *Les Origines des Cultes Revolutionaires*. Paris, 1904.

Mathiez, Albert: *La Theophilanthropie et le Culte Decadaire*. Paris, 1904.

Michel, Henry: *L'Idee de I'Etat*. Paris, 1896.

Morley, John Viscount: *Biographical Studies*. London, 1923.

Munro, William Bennett: *The Governments of Europe*, Chap. 29, New York, 1925.

Neymarck, Alfred: *Turgot et ses Doctrines*. 2 tomes. Paris, 1885.

Puynode, Gustave du: *Etudes sur les Principaux Economistes*. Paris, 1868.

Renaud, Georges: *Les Prophetes de la Monarchie*: *L'Economie Politique et ses Premiers Martyrs*, *Vanbau et Turgot*. Paris, 1870.

Rocquain, Felix: *The Revolutionary Spirit preceding the French Revolution*. (tr. J. D. Hunting). London, 1894.

Roustan, Marius: *The Pioneers of the French Revolution* (tr. from the French by Frederic Whyte). London, 1926.

Saint-Leon, E. M. : *Histoire des Corporations de Metiers.* 3rded. Paris, 1922.

Say, Leon: *Turgot* (tr. Melville B. Anderson). Chicago, 1888.

Schelle, G. : *Du Pont de Nemours et l'Ecole Physiocratique.* Paris, 1888.

See, Henri: *Economic and Social Conditions in France during the Eighteenth Century* (tr. Edwin H. Zeydel). New York, 1927.

See, Henri: *L'Evolution de la Pensee Politique en France au* XVIII *siecle.* Paris, 1925.

See, Henri: *Les Idees Politiques en France au* XVII *siecle.* Paris, 1923.

See, Henri: *Les Idees Politiques en France au* XVIII *siecle,* Paris, 1920.

See, Henri: *La Vie Economique et les Classes Sociales en France au* XVIII *siecle.* Paris, 1924.

Shepherd, Robert Perry: *Turgot and the Six Edicts.* New York, 1903.

Sorel, Albert: *L'Europe et la Revolution Francaise*, pp. 206 -- 216. 2nd, ed. Paris, 1887.

Tocqueville, Alexis de: *The Old Regime and the Revolution* (tr. John Bonner). New York, 1856.

Westminster Review, Vol. 16, pp. 247—272. (1832)

Wenlersse, Georges: *Le Mouvement Physiocratique en France de* 1756 *a* 1770. 2 tomes, Paris, 1910.

White, Andrew Dickson: *Seven Great Statesmen in the Warfare of Humanity with Unreason.* New York, 1910.

第二编　基督教史研究

近代史上的梵蒂冈与世界罗马教(一)

——今日梵蒂冈与世界罗马教简介

　　本文的目的,是对今日以及全部近代史上以梵蒂冈为中心的世界性的罗马教,作一简单的介绍。文中的史实,一大部分都散见于一般较为详尽的历史书中,无需注明出处;也有的史实是只见于比较专门或比较偏僻的作品中,或埋没于各种内容庞杂的工具书中,对这些事实,都作引证附注。

　　文分四篇:一、今日梵蒂冈与世界罗马教简介;二、近代史上的罗马教;三、中国近代史中的天主教;四、今日局面。最后作一简单的总结。

梵蒂冈国

　　作为国际局面中一员独立主权国的梵蒂冈,是 1929 年在墨索里尼的法西斯意大利的维护之下成立的,距今①只有二十二年的工夫。缘自 8 世纪中期起,一直到 19 世纪的中期,前后一千一百年的时间,在意大利半岛的中部,以罗马城为中心,本有一个教皇国,也是欧洲许多大大小小封建国家中的一分子。法国大革命后,资产阶级的民族主义与日俱盛,千余年间仅为地理名词的意大利也逐渐统一为意大利王国,在这统一的过程中,教皇国的领土都并于新的国家,最后只剩下罗马城与城郊之地,在法国的保护之下苟延残喘。1870 年普法战争爆发,法国驻军撤退回国,意大利王国的军队开入罗马,并宣布以罗马为首都,只有城内的梵蒂冈宫与附近的一些建筑,新王国没有进行占领,仍留给教皇使用。1871 年,意大利政府并公布"教皇保障法",承认教皇有一般国家元首的地位,承认各国派驻梵蒂冈宫代表的外交使节地位,承认梵蒂冈宫及附近地方有治外法权,并应许每年向教皇缴纳岁币,其数额大致与过去教皇国的收入相等。对于意大利王国的这种优待条款,教皇坚决拒绝接受,根本否认意大利王国合并教皇国领土的合法性,并自命为"梵蒂冈的囚徒",声明自己既被意大利王国所困扰,今后将永不踰越

---

　　①　1951 年。

困居的宫墙一步。此后六十年间,前后五任的教皇,都坚持这个姿态,并禁止意大利的教徒(也就等于意大利的全体人民)参加新国的一切政治活动,虽然这种禁令当然是不会发生作用的。

第一次大战后,首先法西斯化的国家就是意大利。教廷似乎认为这个新的意大利较合口味,在双方情愿之下,于1929年,教皇比约第十一世就与莫索里尼签订协定,解决了六十年的悬案,主要的条件有二:一、恢复教皇的政权,意大利承认梵蒂冈宫为独立的主权国;二、意大利王国对教廷交付一笔大的赔款,即现款七亿五千万里拉及政府公债券十亿里拉。教廷方面声明六十年前的纠纷一笔勾销,表示不再提旧日教皇国领土的问题,不久教皇正式出宫走了一遭,表明已不再是"梵蒂冈宫中的囚徒"。一笔总赔款的办法,由教皇的立场看来,胜于1871年意大利政府所拟定的每年津贴的办法。每年由意大利接受津贴,将使教廷有成为意大利的附庸之势;而一笔赔款,仅是赔款而已,不致引起不利的政治后果。

1929年出现的这个正式称为"梵蒂冈城"的新国家,是全世界最小的国家。它不仅是完全被另一国的领土所包围,并且是局限于另一国首都的市区之内。全国的面积尚不满五分之一方英里,人口向未超过一千,由表面看,是微不足道的一个国际成员。但这个国家的实质与世间任何其他的国家都大不相同。它是势力遍世界的罗马教会的神经中枢,这个宗教帝国的人口超过四亿,仅略少于中国的人口,多于中国以外任何国家的人口。称人口一千的梵蒂冈为主权国,只是国际法观念下的一种说法而已,它实际是世界性的一个富有战斗性的教会的大本营;今日世界上多数地方的人,包括我们新中国的人在内,都急需对于这个大本营及它所指挥的普世教会取得较为深刻的认识与了解。

教徒数目及其分析

根据1950年5月梵蒂冈广播所公布的官方数字,世界人口与教徒人口的数字如下:

世界人口——2,374,479,000

罗马教徒——432,064,000

关于这两个数字,我们可作两种分析。第一,在今日世界二十三亿以上的人口中,罗马教徒占四亿以上,约为百分之一八点二;那也就是说,今日世界上每十个人中,就几乎有两个人是宗奉罗马教皇的。第二,在最近二十年中(1930至1950),教徒数目的增加为119,000,000,增加三分之一;而世界

人口的增加为 600,000,000,增加六分之一,教徒比率的增加超过全世界人口比率的增加一倍,这是深值得我们注意的。

罗马教教会的重心在欧洲,我们再看一看欧洲的情形:

欧洲总人口(包括苏联欧洲部分)——556,624,000

欧洲教徒——216,053,000

在欧洲,罗马教徒在总人口中的百分比为三八点八,每十个人中将近四个人为教徒,约等于全世界比率的二倍。专就宗教言,其他的欧洲人,或信希腊教,或信耶稣教(新教),少数的回教徒与犹太教可以不论。希腊教在东欧各国分立,绝无罗马教的统一组织。耶稣教更是支离破碎,大小的派别不计其数。就实际所能发挥的力量来讲,希腊教和耶稣教都绝无与罗马教分庭抗礼的资格。

美国的情形,是我们特别愿意知道的。1950 年的数字如下:

全国人口——150,697,000

罗马教徒——26,700,000

今日罗马教徒在美国的人口中占百分之一七点七,超过六分之一,不及五分之一,而与全世界总平均的比率相等。美国人自立国以来,就一向以"耶稣教国家"自命,19 世纪末期罗马教徒在总人口中仍只有十分之一左右,半个世纪间的增加率实在惊人。[1]

教徒数量增加原因

皈依罗马教的人数,何以在世界各地都有增加的趋势?主要的原因,或者可由三方面来讲。第一,罗马教教义中坚决反对节制生育的立场,在欧美资本主义的世界中使罗马教徒人口生殖率平均的超过耶稣教徒。欧美为基督教重心所在,又为资本主义势力重心所在,一百五十年来,尤其近百年以来,节制生育的风气日愈流行,许多地方的人口增加率趋向于迟缓、停滞,或根本倒退。基督教,不分新派旧派,都反对此风,但新教各派没有力量,没有方法,干预它们信徒的家庭生活,而罗马教会的七圣事中有一种"告解"圣事,就是信徒须向神父忏悔,把一切言行隐私均须全盘托出,神父经此可对信徒的生活加以深切的指导。这种控制法的效用虽不是绝对的,连在重要罗马教国的法国虽也不能十足生效,但一般的讲,罗马教徒的人口生殖率是

---

① 各种数字,见下列三书:《公教教义》,第 238－239 页(1950 年,北京方济堂出版,乃最近的中国天主教的官方出版品之一);*World Almanac*(1950,New York);*Whitaker's Almanack*(1951,London).

高于新教徒的。①（关于此点，我们只是就事论事，只讲节制生育与新旧教人口比例的关系，并不离题去讨论此种风气本身是好是坏的问题，因为那与本文的主题无关。）

第二，罗马教会传教运动积极，最少在数目字上收效甚大。耶稣教四分五裂，各派的传教运动往往错综复杂，甚至因争夺而互相抵制。罗马教有世界性的统一组织，传教事业也有世界性的通盘筹划，所以收效也较大。例如自第一次大战以后，因政治经济的波动，耶稣教的传教运动在有些地方有收缩的趋势，但罗马教则一切推进如故，在很多地方，尤其在非洲，并且更加积极。近几十年来，凡是非基督教的国家中，罗马教徒的数目都有急剧的增加。

然而罗马教的宣传并不限于非基督教的世界。旧教国家中不信教的人，以及新国家中的新教徒与一般的人，也是罗马教宣传的对象。自第一次大战以来，新教国家中的各派耶稣教徒或本不信任何宗教的人，以及旧教国家中本不信教的人，皈依罗马教的数目都是逐年增加。第二次大战以来，此种趋势更加显著。以美国而论，近年来每年平均有十万人改信罗马教，第二次大战后，一年往往达到十二万人。②

在所谓基督教的国家中，新教徒与原来不信教的人大批改信罗马教，当如何解释？这恐怕是一个思想问题，这也就谈到罗马教势力增加的第三种原因也是较为根本的原因了。三十年中的两次大战，已把资本主义社会打向没落、混乱与衰亡，一般的人心空虚恐慌，无所适从。19世纪资本主义盛期一般欧美人不可一世的气概，今日连在资本主义最后堡垒的美国也已不可再见。面对这个新的局面，生长在资本主义国家中的人，可有三种不同的反应：一、少数人认清时代，勇往直前，走上正确的革命路线。走这条路的，在所有资本主义国家中，到现在为止，都还只是少数人，在硕果仅存的资本主义中坚国家的英美尤其稀少。二、因为在资本主义国家中，尤其在资本主义中坚国家像美国一类的国家中，小资产阶级仍盛，小资产阶级的思想意识仍能影响本阶级以外的人，所以面对没落的新局面，有相当多数的人就采取了小资产阶级遇到挫折的一种典型的对付方法，就是消极的对付方法，有意无意的感到前途无望，于是精神成为麻木不仁，生活变为颓废堕落。醉生梦死的生活，在今日的资本主义社会，是相当普遍的现象。三、最后又有一种人，也是少数，但却是可观的一个少数，他们也曾开动过脑筋，但或因开动的

---

① Carr-Saunders, A. M., *World Population：Past Growth and Present Trends*，pp. 103 — 104 (1936, Oxford).

② *World Almanac* (1950, New York).

方向错误，不可能真正想通，或因缺少胆量与毅力，不敢接受正确的结论，以致最后不能或不肯走革命的路线。但这些人又是不甘心去走今朝有酒今朝醉的堕落路线的人，于是只有追求精神的安慰，也就是精神的逃避，也就是精神的麻醉，其方式不只一种，然而在欧美各国最现成最方便的一种就是皈依罗马教。放弃奋斗，不再多想，沉醉于神秘的信仰与迷人的仪式中——有些人就如此的"得救"了！

近代传教机构

我们最后可介绍一下传教运动特别成功的罗马教的传教机构。庞大的、永久性的传教机构，是近代的制度，代表因宗教改革而丧失北欧地盘后的一种在欧洲以外追求补偿的企图。这个运动，16 世纪已经开始，大规模的发展是 17 世纪的事。1622 年，教皇在罗马设传信会（Congregatio de Propaganda Fide）。主席为一老资格的枢机主教（Cardinalis）。此人的地位仅次于教皇，常常非正式的被称为"红衣教皇"。（按，枢机主教最多七十人，向例不满此数，他们组成教皇的枢机院或国务院，是教廷机构中最高的机构。他们都由教皇委派，教皇死后，他们在秘密会中选举自己团体的一分子为继任的教皇。枢机主教的礼服以红色为主，所以他们又称红衣主教，教皇的礼服以紫色为主。）另有枢机主教二十五人，实际往往等于半数，及其他人员若干，组成委员会，帮助这位"红衣教皇"处理全世界"传教事业国"的事务。在罗马城设有传信学院，训练传教士往世界各地传教，除意大利人或其他的欧洲人以外，各"传教事业国"的青年子弟，也时常送到罗马受训，受训完成后再遣回自己的祖国传教。传信会的财权甚大，在第一次大战时，它所运用的资金已有美金一亿三千五百万元。当时美金尚未贬值，购买力远高于今日。

除罗马外，各罗马教国家的教会也都设有传教机构，在近代史上法国处在领导的地位，有最重要的传教会。法国最大的传教机构为设于巴黎的外方传教会（La Societe des Missions Etrangeres），成立于 1658 至 1663 年间，传教的对象为东方，就是中国、朝鲜、暹罗、缅甸、印度、土耳其等地。法国其他重要城市也逐渐设立外方传教会，也各自派遣教士，出外传教。但各国所派的传教士，都与教廷保持联系，并非完全的各自为政。[①]

（原载《历史教学》第 2 卷第 2 期，1951 年 8 月 1 日。）

---

① *Encyclopedia Americana*："Missions"（1948，New York）.

耶 稣 会

——罗马教廷的别动队

16 世纪在欧洲历史上是所谓宗教改革的时代,在这个运动的激荡之下,罗马教内部产生了一个新的修会,称为耶稣会(Societas Jesu),罗马教最后能得不完全破裂或消灭,主要的是耶稣会活动的结果。近四百年的罗马教,可说是一个"耶稣会化"的罗马教,我们若要了解近代史上以及今日的罗马教,最好是从认识耶稣会入手。本文拟将耶稣会的产生及耶稣会的特性,作一简单的介绍。

宗教改革运动背景

16 世纪初期爆发的所谓宗教改革运动,基本上为新兴资产阶级的宗教运动,或者不如说,是新兴资产阶级以宗教为名所发动的推翻封建统治建立资产阶级统治的一个革命运动。所以这个运动,内部虽然复杂至极,大小的派别虽然是纷乱不堪,但有一点却是大家不约而同的,就是否认教皇与教廷。教皇与教廷不仅是封建统治机构的一部,并且是封建统治权的最高顶点,改革家既要推翻封建统治,其他方面虽然或多或少的可有商量的余地,只有教廷却必须打倒,否则一切就都无从谈起。在一般改革家的心目中,教廷成了旧日一切的总象征,非彻底摈除不可,这种想法,也确是正确的:教廷的能否打倒,或是能削弱到如何的程度,是衡量宗教改革运动的成就的最好尺度。

宗教改革运动打击之下罗马教的命运,就事论事,有两种可能。一、以教廷为核心的大一统教会可以根本消灭,分裂为许多大大小小而互无统属关系的独立教会。就新兴的资产阶级与已经萌芽的民族主义来讲,这可说是一种自然的发展,并且在 16 世纪中期这种发展好似有具体化的趋势,当时不仅北欧已经等于全部丧失,连教廷对南欧的统治也摇摇欲坠,甚至意大利也呈现不稳之态。新的时代,眼看已经没有封建大一统教会的存身之地。

二、另一种可能,就是教会内部有人出来,利用新时代中仍然存留的相当浓厚的封建残余基础,对教会内部加以整顿后,仍然保有资本主义势力发展较弱的南欧半壁江山。最后成为事实的,是这第二种可能。而教廷完成这一个恐怕是历史上最大的反动任务的,就是耶稣会。

西班牙——耶稣会的出生地

耶稣会是罗马教历史上最后的一个大修会,组织这个修会的是西班牙人。西班牙在当时的南欧,是最统一,最强大,而封建残余基础与传统宗教基础特别雄厚的一个国家。由这个国家出来一批人,发动所谓"反宗教改革运动",即一般历史书上的"旧教改良运动",是再自然不过的事。我们学历史的人都知道,西班牙最后所走的不是荷兰或英国的"上"路,而是奥地利或教皇国的"下"路,资本主义的原有条件不仅未予发扬,并且还受到摧残,以致西班牙在昙花一现的盛强之后,成了近代史上一个典型的落后国家。这种发展甚为复杂,但我们若要抓住一点说它是促成这种发展的主要力量,我们可以说那就是中古时代所遗留的"宗教包袱"。在其他方面,西班牙的封建残余都不特殊,唯一完全特殊的就是长期十字军战争所造成的宗教狂与正教狂,对于所谓唯一"圣与公"的罗马正教的忠诚在 1500 年左右的欧洲各国中,只有西班牙还可说是不折不扣的,连意大利都远落于西班牙之后,所以在宗教改革运动在北欧爆发之后,意大利人虽未积极赞助,却也无人出来"护教",无论封建贵族或一般人民,都表示漠不关心,只有西班牙很早的就出来一批人来倡导为保卫正教而斗争。这就是"旧教改良运动",而耶稣会的成立与活动是这个运动的主导力量。在这个运动的进展过程中,耶稣会一方面在全欧挽救了教廷,使罗马教不至完全消灭或整个分裂,一方面在西班牙保证了封建残余势力的稳定与再盛,也就是保证了西班牙在近代史上的落后命运与反动任务。

耶稣会的创立人——依纳爵·罗耀拉

西班牙内部的发展,不属于本文的范围,我们下面只谈耶稣会的产生及其全欧性以至世界性的宗教活动。创立耶稣会的是依纳爵·罗耀拉(Ignatius Loyola,1491 至 1556 年),死后教会尊他为圣人,天主教的中文出版品中普通称他为"圣依纳爵"。依纳爵是一个封建贵族家的子弟,幼年时曾入王宫为侍童,向贵妇学习洒扫应对进退的"骑士"礼教,同时也当然学习武技。一直到二十六岁,他曾经屡上战场。在不作战的时候,他的生活是当时欧洲纨袴子弟的典型生活:姘女人,赌博,二人决斗等等庸俗化的"骑士"作风,是他所最为热心从事的。他的最高志愿,就是能成为一个理想"骑士"。三十岁的那一年(1521年),他最后一次上阵,在阵上伤腿,终生成为跛者,"骑士"的理想永无实现的希望。在医院养伤的期间,他读了许多的圣人传与耶稣传,他至此遂决意今后要作耶稣的"骑士",专作保卫正教的斗争。出院之后,他就开始作宗教的苦修。1528年,年已三十七,他入巴黎大学受教。在巴黎的时期,他极力结识志同道合的人,后日耶稣会的创办会士都是依纳爵的巴黎同学。1534年,这一批人就在巴黎组织了耶稣会。会名当初用西班牙文 Compania 一字,意为"军团",到1540年正式向教廷注册时才改用拉丁文意义灰淡的 Societas 一字,是任何团体都可采用的一个含混名词。耶稣会最后的正式会名虽然灰淡,它的性质却是绝不灰淡的,由开创到如今,它始终保持"军团"的积极性与进取性。

耶稣会士的训练

我们若先看一看耶稣会士的训练方法,就容易明了耶稣会的性格。基本的训练,是依照依纳爵根据自己苦修经验所写的一本神修小册。根据这本小册,每个人修行时,都有一位导师随时指导,指导时所用的是高度暗示与近乎催眠的一种办法,逐渐抑制个人的意志,使个人的意志溶解,最后的目的是把活人变成机器人,成为教会可以任意摆布的工具。例如导师可用强烈的形象描写,叫他所指导的人恍如身临地狱,并亲身经历罪孽深重的自己所当经历的种种惨酷罪刑。此时导师开始痛哭,受指导的人也当然痛哭,最后是痛哭得淋漓尽致。但只有悲痛不行,必须也有欢笑。活现的暗示,使受指导的人有如见到天堂的堂皇极乐,不自觉的笑逐颜开,导师更是满脸堆笑,最后是相对笑得合不拢嘴,此身好似已经神化而升天界。总之,导师叫他哭就哭,叫他笑就笑,受训者七情六欲的一切表现,都玩弄于导师的手掌之中,凡能通过这种训练的人,最后只知有耶稣会与罗马教,可以毫不怀疑的终生为会为教奋力斗争。修道本为出世,前此的一切修会,出世的意味都甚浓厚。耶稣会不同,耶稣会士的临时出世修行,仅为更积极的入世活动的准备训练。就这一个基本特点而言,耶稣会在性质上可说是一个近代的机构,而非中古的机构;但它采取这个近代的工作方法,却为的是叫近代的社会再返回到中古的范畴!这无疑的是历史上一个最奇特的现象。

耶稣会的组织

耶稣会士不只训练严酷，并且也等级严明。一个耶稣会士的训练考验的时期，超过任何其他修会的修士，并且是等级多而严，由此级升到彼级，都要经过相当时期的磨炼。除极少数能升到最高一级的人以外，任何人都可随时被开除会籍。耶稣会只收体力智力一并健全的人，过去的修会向来无此办法。与过去的修会一样，它要求每一个会士要发出家人的三愿，就是神贫（弃绝私产及一切"世福"），贞洁（弃绝家庭），听命（弃绝个人的意志，完全服从院长或会长的命令）。但除最高一级以外，会士仍可在一定的条件下保留一部私产，因为他们是随时可以被革除的。会士都要接受高度的知识训练，不仅包括神道学，也包括一切"世俗"的学问。因为他们要入世活动，所以必须掌握一切"世俗"的工具。会士经常的都被派作传教士或学校教师的工作，一方面是工作，一方面也是在被考验，考验的结果决定一人能否升级或需否开除。经过与通过长期的与多级的考验之后，极少数的会士可以升入最高的等级，就是所谓"四愿"会士，此时他们要重发三愿，并且要发第四特别愿，就是"绝对服从教皇"，可由教皇直接指令到世界任何角落去工作。在理论上，任何的信徒都要服从教皇，但"四愿"会士对教皇的服从是一种直接的，亲切的，绝对的人与人之间的关系。"四愿"会士不得再有私产，也不能再被开除，只有在极端严重的情势下，教皇与会长两人可以合同考虑一个"四愿"会士的去留问题。会长与"四愿"会士组成耶稣会的秘密的或半秘密的核心机构，机构的活动一般的是不露声色，但影响却是遍及全世的。

耶稣会的会长称"主将"，这是当初"军团"组织留于后世的最重要的痕迹。主将由会士选举，第一任主将就是依纳爵自己，于教皇批准立案的次年（1541年）由创办会士全体通过选出。一经选出后，会长就是绝对独裁的主将，操持所有会士的命运，除"四愿"会士要同时直接接受教皇的批示外，每个会士的职务与地位都由会长决定。会长常川驻在罗马，但与散布全世界每一个会士都经常通信，每个会士都对他直接负责。会长"只对上帝负责"，他无需尊重任何会士的意见，甚至也无需尊重全体会士的公意。会士对于会长则须绝对服从，非只表面上或口头上服从，内心意志也须服从，心中如对会长有任何一点不满的想法，就是"犯罪"。耶稣会士的特殊训练，也使他们一般的能够服从到这种程度。

耶稣会的特征

参酌以上的解释，我们可把耶稣会的特征归纳为三点。一、对外它有秘密社会性，会长与"四愿"会士对内本已成为一个半秘密性的核心机构，整个的组织对外又是半秘密性的。修士都穿特殊的服装，但耶稣会士因工作的需要可以穿便服或改装。16、17世纪间欧洲有些新教国禁止罗马教修士或教士活动，大批的耶稣会士往往便装潜入这些国家里，与少数残存的教徒联系，有时甚至暗作传教的工作。明末清初来中国的耶稣会传教士，多改穿儒服，以迎合中国士大夫的心理。

二、对内耶稣会有秘密侦查制，每一会士都有另一会士奉命侦察他的言行举动与工作情况。侦察的结果，要经常的向会长报告，一切报告必须是书面的，口头的报告无效。每个会士都知道有人在时时刻刻监视他，同时他往往也受命时时刻刻监视另外一个人，但除会长一人无所不知外，任何人也不知道谁在监视谁！这个制度是维持核心机构对全体会士专制独裁的主要武器。除报告侦察结果外，每个会士又经常的向会长报告自己工作地方的一般情况，在近代通讯社发达以前，孤处罗马的耶稣会会长是全世界消息最灵通的一个人，直到今日，他的消息的灵通的程度，不见得亚于任何一个通讯社。耶稣会的核心机构，等于罗马教的参谋本部与谍报本部，耶稣会会长的案卷处，恐怕是全部近代史上最完备与最可怕的一个世界情报总汇站。此种情况，造成罗马教内部对于这位会长一种莫名其妙的神秘感，因此给他起了个"黑衣教皇"的一个绰号，因为修士的服装都是黑色。他与正规的教皇是罗马教世界的两大要人，一暗一明。有人甚至说，暗的教皇的权力尚在明的教皇之上。这未免有些夸张，但说他是教会两大要人之一，却不能算是过火的。

三、耶稣会对于会士经常考验与时常清洗的制度，也是任何其他修会所没有的。耶稣会重质而不重量，重成效而不重外观，开除会籍是常见的事，在以宗教为名的斗争特别剧烈的16、17两世纪，除籍的例尤其众多。这样就长期保持了耶稣会内部的健全与积极性，使它完成了历史上可以发生而不是必须发生的一件大事，就是把本质上属于封建时代的一个大一统教会，维持到仅保有封建残余基础而根本上已进入资本主义时代的近代欧洲。

以上所论，为耶稣会的产生经过及根本性质，关于耶稣会在历史上的实际工作，当另文介绍，有关的参考书届时一并列举。

（原载《大公报》1951年8月17日。）

耶稣会的别动队活动

耶稣会的反时代工作,把基本上属于封建社会的一个教廷与大一统教会拖入近代社会的一项工作,可分两方面来讲。一、正式成立后不久,耶稣会就公开地与秘密地为开一次宗教大会奔走,最后一个由耶稣会暗中把持之下的大会就建立了近代教廷与教会的基础。二、除了 16 世纪中期的这件大事外,耶稣会此后又经常地、无孔不入地在欧洲与全世界为教廷做各种各式的活动,使教廷的地位逐渐稳定,并且尽量利用一切可能被利用的落后条件使教廷的地位在个别的地方或个别的时期能够发扬与提高。

特利腾公议会

无论按过去的习惯,或按当时的历史,宗教大会都是解决宗教改革问题的当然场合与唯一场合。但由于内部的腐化与外来的打击,教廷已呈显半死的状态,以致拖了二十多年,宗教大会也未开成。耶稣会的成立,为教廷打了一剂强心针,又酝酿了五年,于 1545 年正式召开宗教大会,地点在德国与意大利之间的特利腾城(古名 Tridentum)。教廷本来希望新教徒也派代表到会,使分裂的教会再度归一,但新教徒拒绝赴会。大会到 1563 年才正式结束,在耶稣会的操持之下,共作了四大类的决议。

第一类决议,是关于信条的。罗马教会在过去并无明文规定的信条,信仰的内容随着时代而发展变化,现在大会把封建时代头绪纷繁的信仰条目加以整理与系统化,定出一成不变的明文信条。新教各派也有明文信条,但新教基本上是属于新的时代的,随着新时代的要求,由于资产阶级内部的矛盾,对立,与分化,新教极富于流动性,内部不断的在互争与分化。罗马教则大不相同,它在基本上的的确确是自此就一成不变,任何新的潮流它也不再接受,只有在万不得已时敷衍应付而已。近四百年罗马教如有改变的话,只是有开倒车的改变:每当历史前进一步时,它必进一步强调或发挥最落后的思想与信仰,表示它与近代文明绝不妥协。所以就资本主义社会的范畴而论,新教的落后是相对的,旧教的落后是绝对的。这种绝对落后的精神就是耶稣会的精神。

第二类决议是属于内部改良条款的。教士地位（所谓"神职"）的买卖，教士的兼差，教士对于教民的各种过度无耻的经济剥削……诸如此类的事，使教会丧尽了人心。现在这些都被禁止，以便使一般比较落后的人仍继续安心于教会的统治。在历史上，改良主义往往是统治阶级手中最有效的武器，在历史上，耶稣会恐怕也是改良主义"成功"的一个典型的与最可怕的例证。

第三类决议，主要的只有一条，就是决定编辑禁书与抽禁书目。1559年，大会尚未闭幕时，教会已经编出第一个禁书书目。会后，1571年，教廷机构中正式添设了一个禁书部，专门查禁欧洲以及全世界一切不合乎罗马教教义的出版品，公布禁止阅读。几百年来，一直到今天，凡是稍有进步意义的比较重要的著作，属于自然科学方面的也好，属于社会科学方面的也好，几乎没有例外的都曾经一时、长期或永久被列入这个书目。社会主义阶段不必说，专就16至19世纪的资本主义时代而论，在无聊的出版品特别多的这三四百年，我们若要找一个既完备而又纯粹的有历史价值作品的总书目，最方便的办法恐怕是把教廷的禁书书目一项不漏的照抄一遍。教廷的目的，也就是耶稣会的目的，是把信徒的头脑严密的封锁，不容他们接触任何新的事物，使他们在精神上仍然生活在中世纪的封建社会。这种企图虽不可能完全成功，但三四百年来它所获得的部分成功已够使人认识有组织的落后势力是如何的可怕了。

第四类决议也只有一条，就是恢复宗教裁判部（Inquisito）。这是中古时代教会的一个特别刑庭，专门审理所谓"异端者"，就是自有思想而不肯接受教会全部信仰的人。这个特刑庭，对"犯者"轻则处以徒刑，重则处以死刑，死刑的方式是火焚。到中古末期，在文艺复兴新潮流的影响之下，这个惨无人道的特刑庭本已无形趋于消灭。在耶稣会的鼓动之下，现在又恢复了这个中世纪最黑暗的制度。1633年强迫历史上第一流的物理学家与天文学家伽利略（Galileo）声明否认太阳系说并把他囚禁起来的，就是教廷的这个"圣部"。这个令人难以置信的机构，一直维持到19世纪。

以上是耶稣会主持下特利腾宗教大会的决议案及各决议案所引起的后果，下面再谈一谈耶稣会的经常工作。16、17世纪间，耶稣会士的活动无孔不入，我们现在只集中讨论两点，就是耶稣会士的教育策略与"告解"策略。

耶稣会之垄断教育

耶稣会很早的认识到教育的重要性，决定变教育为达到宗教目的的主

要手段之一。罗马城中设有耶稣会的师资训练学校,这个学校出来的人到各国去活动,企图包办教育。在旧教国或一国之内的旧教区,到 16 世纪末,几乎只有耶稣会的学校,其他的学校本来不多,有的学校因无力与耶稣会的学校竞争而停滞或消灭。耶稣会有由小学到大学一整套的教育体系,并且在表面上办理的相当认真,短视的父母往往不经深思而把子弟送入耶稣会的学校,本来信新教或根本不信教的父母时常发现他们的子弟已因受了耶稣会的教育而成为狂热的罗马教徒,因而引起家庭纠纷与家庭惨剧。耶稣会的学校一般的是为世家与富家的子弟而设,不甚欢迎平民的子弟入学。这一方面是由于耶稣会的封建本性,一方面是因为耶稣会士要利用富贵之家去影响与操持整个社会。在耶稣会的影响之下,整个的罗马教渐渐认识了教育的作用,渐渐有了抓教育权的政策。今日罗马教到处广设学校,作为传教与吸收青年的一个主要手段,这些学校无不反对当地政府的管理与监查,它们是想要完全不受约束的。进入 19 世纪后,这是各国时常与罗马教会发生冲突的一个根本原因。

"告解"职务与政治阴谋

在吸收青年的教育工作以外,耶稣会特别感到兴趣的一种任务就是"听告"。罗马教所谓"七圣事"中,有一种为"告解",就是信徒把言行思想的一切要按时向神父忏悔告罪,神父一方面用神的名义为信徒"解"罪,一方面又对补偿及善后的办法加以指导。这是神父对信徒个人生活最入微的一种控制的办法。有身份的人,特别像王公大臣一类的人,普通是特别认定一位神父为他的"听告神师"(Cònfessor),这位"神师"当然就知道了这位"大人"的一切隐私,成了他的心腹知己与私人顾问,任何的事都可同他商量。耶稣会士看准这一点,专门钻营去作大人物的听告神师,为得容易成功,他们在"解"罪时特别从宽,不似一般神师对于一般信徒那样咬文嚼字地留难。这对个人生活大多不可告人的王公贵妇是一种不可抗拒的诱惑,十六七世纪间宫廷官邸中的"听告神师"职位几乎为耶稣会士所包办,他们借此影响政治,帝王或大诸侯的"神师"往往权比首相,甚或超过首相。在十六七世纪间耶稣会士完成他们的"护教"任务,相当重要的一部分是靠这种假借"听告"而影响政治的方法的。

耶稣会士这一类的作风,很早就引起外人的反感,并且所谓"外人"远不限于"外教"的人,连罗马教内部比较老实的人也对他们不无怀疑。所以早在

1552 年,法国就有人造出 Jesuite 一字来称耶稣会士,这个字是含有恶意的,就是一个"做事奸滑说话诡辩"的人。这个字很快的就进入所有欧洲文字的字典中,渐渐取得双关的意义:一方面成了"会士"的非正式名称,除会中人以外,今日一般人都称"耶稣会士"为 Jesuite;另一方面这个字又可不必把第一个字母大写,成为"奸滑者"的代名词。这个字在法文中又进一步演化,变出一个抽象词 Jesuitisme。这个抽象词也是意义双关:或指耶稣会的一切办法,或迳指"诡术"。这个抽象词也进入所有的欧洲文字中,用法也都与法文完全一样。形容词式的 Jesuitique,也是传遍全欧,也是当然的意义双关。

外人对于耶稣会的这种"恶名相加",是否诬蔑呢?这个问题很难干脆地回答;若详细回答,非写一本大书不可。我们现在只简单列举欧洲近代史上几件无可置疑的大事为例,作为对此的解释。十六七世纪间,耶稣会士对于改信新教的英国不断地发动阴谋,包括刺杀英王的阴谋在内;1605 年,在耶稣会士的鼓动下,有人在英国国会的地窟中埋藏炸药,准备在国会开会时一举"解决"英国的政府。17 世纪初期的三十年战争,是德国旧教势力对已改信新教的波希米亚(今捷克)所发动的战争,对于这个战争的爆发,耶稣会士要负很大的鼓动责任。17 世纪末,耶稣会士依赖作法王路易第十四的"听告神师"的地位,最后竟使路易对法国的新教徒发动了极为残暴的迫害,使这些人大批流亡国外。1640 年,耶稣会与西班牙政府发生冲突,会士于是为当时受西班牙统治的葡萄牙大事活动,推翻了西班牙的统治,此后一百多年的时间,耶稣会就半公开地操纵葡萄牙的政府。进入 18 世纪以后,不只新教国家,连罗马教国家也对耶稣会感到头痛,纷纷驱逐会士出境,并要求教皇解散耶稣会。在这种压迫之下,教皇于 1773 年正式下令把耶稣会解散。但解散自解散,会士仍然暗中活动,并极力谋求恢复,到 1814 年竟然奔走成功,教皇又下令准许耶稣会复活。恢复之后,作风仍旧。1830 年,有如二百年前的葡萄牙事件,耶稣会士协助在荷兰统治下的比利时取得独立,自此耶稣会就控制比利时的整个教会,间接地影响比利时的政治。在第二次大战后西欧各罗马教国的罗马教政党中,比利时的政党是最反动的,对于 1950年使第二次大战时期投降纳粹的反动比王复辟,使比利时共产党领袖拉欧(Julien Iahaut)被刺死的,都是比利时的这个反动政党。今日世界上反共反苏反进步的最大的有组织的势力,除美帝外,就是教廷,而耶稣会由成立到如今都是教廷最顽固的别动队。

(原载《大公报》1951 年 8 月 24 日。)

近代史上的罗马教

——近代史上的梵蒂冈与世界罗马教之二

在中古时代的欧洲，罗马教教会，特别是教会核心机构的教廷，乃是当时封建社会封建统治的一个最大与最高的统治机构与剥削机构。到了中古末期，公元 1500 年左右，也就是宗教改革运动的前夕，教会拥有西欧各国财富的三分之一，主要的为土地与房产。教会的首长，绝大部分都为王族或贵族大地主出身。就财权讲，就血缘关系讲，就社会地位讲，教皇，主教，修院院长与一般的王公大人封建领主完全是一家人，有许多大的教士根本就又兼为封建领主，最高的可以为帝王的直属诸侯。这一套，今日虽大部都已成了过去的陈迹，但我们若要了解现代的罗马教，却必须认识这个封建时代的重大背景。

宗教改革与罗马教

16 世纪初期爆发的所谓宗教改革运动，基本上为新兴资产阶级的宗教运动，或者不如说，是新兴资产阶级以宗教为名所发动的推翻封建统治建立资产阶级统治的一个革命运动。所以这个运动，内部虽然复杂至极，大小的派别虽然是纷乱不堪，但有一点却是大家不约而同的，就是否认教皇与教廷。教皇与教廷不仅是封建统治机构的一部，并且是封建统治权的最高顶点，改革家既要推翻封建统治，其他方面纵然或多或少的可有商量的余地，只有教廷却必须打倒，否则一切就都无从谈起。宗教改革时期的一段，在欧洲近代史上好似是最乱的，五花八门的宗教术语与宗教口号尤其令人头昏目眩，但我们若能抓紧这一点，一段纷乱如麻的历史就不太难理清。

新教胜利后，在新教的招牌下日趋盛强的资产阶级把各种新教的教会也组成统治机构与剥削机构的一部，新教也与旧教同样的成了统治阶级的御用宗教，它们时常甚至不惜采取中古时代残存的因素与办法，作为愚民的手段。但这都是新教胜利之后，资产阶级开始得势之后的事，在宗教改革运动上扬的一个段落中，这个运动仍然是代表进步势力的。并且一直到新教胜利之后，因为资本主义文化中个人主义色彩的关系，新教愈来愈分裂，资产阶级各阶层之间的矛盾在宗教上表现为新教派别的与年俱增，使它绝不可能有大一统的罗马教当初所曾发挥的统治与剥削的效用。

耶 稣 会

宗教改革运动打击之下罗马教的命运，就事理论，有两种可能。一、以教廷为核心的大一统教会可以根本消灭，分裂为许多大大小小而互无统属关系的独立教会。就新兴的资产阶级与已经萌芽的民族主义来讲，这可说是一种自然的发展，并且在 16 世纪中期这种发展好似有具体化的趋势，当时不仅北欧已经等于全部丧失，连教廷对南欧的统治也摇摇欲坠，甚至意大利也呈显不稳之态。新的时代，眼看已经没有教廷的存身之地。二、另一种可能，就是教会内部有人出来，利用新时代中仍然存留的相当浓厚的封建残余基础，在对教会内部加以整顿后，仍然保有资本主义势力发展较弱的南欧半壁江山。最后成为事实的，是这第二种可能。为教廷完成这一个恐怕是历史上最大的反动任务的，就是耶稣会（Societas Jesu）。耶稣会是罗马教历史上最后的一个大修会，组织这个修会的是西班牙人。西班牙在当时的南欧，是最统一，最强大，而封建残余基础与传统宗教基础特别雄厚的一个国家。由这个国家出来一批人，发动所谓"反宗教改革运动"，即一般历史书上的"旧教改良运动"，是再自然不过的事。

耶稣会使罗马教教会内部的组织性加强，它可以说是引用资产阶级的组织方法与进取精神，把一切仍可生效的旧教余势组成精神封建时代性而机构资本主义时代性的一个新时代的旧教会。中古时代，教会本身也还有发展，16 世纪以后的罗马教就不再有重要的新发展，它的根本存在从此就建筑在"以不变应万变"的反动基础上。近代史上的罗马教，可说是一个"耶稣会化"的罗马教。关于耶稣会的问题，非三言两语所能说明，容当另文讨论，我们此处只把它在近代罗马教中的地位简单解释一下。耶稣会是罗马教内部的一个出世修道的修会，但耶稣会士与罗马教许多其他修会的会士不同，其他修会的会士以出世为主，而在耶稣会士，出世仅是更积极入世的一种准备阶段，每个耶稣会士都终生为教会作积极的斗争。耶稣会等于罗马教的参谋本部与谍报本部，常川驻罗马城的耶稣会总会会长，指挥布满全世的会士，每个会士对会长有双重的报告义务：他要报告同会其他会士的言行举动,他要报告自己驻在地的情况,并且一切的报告都是书面的,口头的报告无效。罗马城耶稣会会长的案卷处,恐怕是全部近代史上最完备与最可怕的一个世界情报总汇站。耶稣会的会长,绰号"黑衣教皇"(因为修士的服装是黑色),他与正规的教皇是罗马教世界的两大要人,一暗一明。有人甚至说,暗的教皇的权力尚在明的教皇之上。这未免有些夸张,但说他是教会两大要人之一,却不能算是过火的。

一贯的反动作风

这样一个"耶稣会化"的罗马教,在过去四百年的历史上,无论一般信徒如何,其机构所表现的是一贯的反动作风。随时随地,随机应变,罗马教必定勾结落后势力与反动势力。他们一贯的要争取统治阶级的上层。在罗马教国,他们必与统治的上层狼狈为奸,合同对人民压迫剥削,在欧洲的西班牙与奥地利如此,在欧洲以外的拉丁美洲各国以及菲律宾也是如此。在新教国家,经过宗教改革时期一度短兵相接的冲突阶段之后,罗马教都是极力设法接近统治上层,以增进自己的地位:此种企图,在最近的历史上一个典型成功的例,就是美国,在仍然名为"新教国家"的美利坚,罗马教的暗势已经极为可观。在非基督教的所谓异教国家,罗马教教士无不尽可能的奉承统治上层,以达到传教与建树势力的目的。近代史上最早来中国的天主教教士,也是耶稣会士,利玛窦汤若望诸人,个个都表现了此种作风。

以上所论的,是"明"的一面,另外还有"暗"的一面。只要有此需要又有此机会,罗马教对各国必定阴谋破坏。在罗马教国,普通无此需要。但这罗马教国也时常不满于教会的作风,而思有所限制。远的不论,只就最近五十年讲,20世纪初期的法国与20世纪10年代以下的墨西哥,就都曾发生过反教会的政治斗争。法国因政府力量较大,没有给教会许多阴谋破坏的机会。墨西哥政府的机构本不甚灵,加以美帝国主义从中作祟,于是罗马教会不断的发动阴谋与暴动。自1917年以来,在农民与城市工人及小资产阶级的推动之下,墨西哥发生了反封建地主反官僚资本的革命。教会本是最大的地主,又与官僚资本有血肉相连的关系,很自然的就与其他的大地主以及城市中的官僚军阀结成反革命的联盟,一面把接受革命政权所分配的教会地主土地的农民都驱逐出教,一面又利用一部落后的农民与城市流氓组织叛变,第一次由教会所组织的武装叛变于1926至1927年间出现。1928年,教会又派人刺死新选举的进步总统,并第二次发动武装叛变。这一类的新闻,在世界各国由资产阶级控制的报纸中,或者一字不提,或者歪曲真相,以致世人至今很少明了墨西哥人民 20 世纪的艰苦革命斗争的经过的。[1]

至于在新教国家,罗马教是时时刻刻有破坏的准备的。此种破坏的事例,在 16 世纪以下的欧洲史中,真是举不胜举。在 16 世纪末与 17 世纪初英国女王伊利沙伯一朝之下,罗马教会曾经无数次的发动破坏与刺杀的阴谋。伊利沙伯死后不久,英国发生了阴谋于国会聚会时炸毁全部建筑的重大事件,也与罗马教有关。17 世纪前半期,彻底破坏波希米亚(今捷克)的三十年战争,大部为耶稣会士怂恿的结果,大体已经新教化的波希米亚自此遂在强力之下又改信罗马教。进入 18 世纪以后,新教各国的政府都已稳定强大,罗马教不敢再发动过度危险的阴谋。但这只是不敢,不是不愿,由最近墨西哥的例来看,可知只要不过度冒险,罗马教是随时都可发动暗杀与暴动的。

最后,在所谓异教国家,教士中少数人根本是谍报人员与侵略先锋,其他较为老实的传教士也往往无意中被他们的政府利用为情报的供给者,他们关于传教国情势的报告,直接间接的最后无不转到他们政府的情报机关中。凡留心阅报的人,都可知道,最近一年我们中国已经不断的发生罗马教教士阴谋破坏的案件。但这绝不足为奇,绝不是今日才有的事,远在明末清初,在罗马教传教士进入中国没有多久,他们就已在怂恿他们的政府用武力来侵略中国。[2]

始终不变的封建剥削方式

以上是就政治而言。但政治仅是经济的集中表现与最高表现,在经济上罗马教教会必有与政治相呼应的作风。这个作风也就当然的是属于封建剥削方式的。一直到如今,罗马教一般的高级教士,其生活多是奢靡挥霍的,仍是不折不扣的中古时代王公贵族的作风,同时他们却又不厌其烦的教诲他们的教民,要安分守己,要乐于神命的贫贱,若忌羡他人的优裕生活就是"犯罪"! 凡在罗马教国,教会都把握大量的土地与房产,租税的剥削是教会的主要财源之一。法国在 20 世纪初年已大部的,墨西哥在 20 世纪 10 年代之后已部分的,解决了这个问题,但西班牙葡萄牙与很多其他的罗马教国,至今仍是罗马教为所欲为的地带。

在新教的国家,罗马教虽不能像在旧教国家那样行动便利,但它仍是利

---

[1] Tanneubaum, Frank, *Mexico: The Struggle for Peace and Bread* (New York, 1950).

[2] 见历史教学第二卷二期,陈庆华《早期天主教士底武力征服中国的阴谋》。

用一切机会,广置不动产。罗马教是现代世界中最大的封建残留,它注定的,不知其然而然的要走封建剥削的路。新教国家都是资本主义比较发达的国家,资本主义社会的私产观念与私产制度,附带的也有利于罗马教会的土地活动,只要产业一经到手,就可受到法律的保护,租税的剥削也就受到法律的保障。

在非基督教的国家,罗马教的传教士,只要有机可乘,也必定广置田产与房产。近百年来在中国,近三四百年来在印度,无不如此。在中国西北的边地,罗马教会往往利用种种手段大量集中土地,然后强迫无地少地的农民因需耕地而入教,而教士把这些集中的土地与教民加以政治组织,使他们逐渐与中国政府绝缘,一切的纠纷都请教士解决,许多的农村酷似欧洲中古的庄园,教士就是庄主与"土皇帝",兼地主,君主,教主三者于一身,其威风远在任何土生土长的地主之上。这类地方的农民,往往忘记自己为中国人,心目中只知有至尊无二的外国教士。但在中国,天主教的此种封建统治与封建剥削,还算是例外的情形,在中国多数传教的城乡,它还没有能够发展到这步田地。近代史上最典型的此种发展,发生于 16 世纪初年至 19 世纪初年三个世纪间的新大陆。

新大陆殖民地——"罗马传教士的乐园"

16 世纪初期以下,西班牙与葡萄牙两国把新大陆的大部据为己有,侵占土地,奴役,屠戮,剥削印第安人。在这种侵略征服的过程中,罗马教会是精神武器,与西葡政府所代表的政治军事武器密切联系,并行不悖。教士以宗教的信仰与天堂的幸福来麻痹印第安人,削弱他们的反抗,使他们更容易的接受外族的征服,统治,与剥削。或由宗主国的王命,或由殖民地总督的分派,教会在各处都攫夺大量的土地与人民,结果在全部的拉丁美洲,教会都成为天字第一号的地主,地位远超过任何其他的一个地主。但最令教会心满意足的,是巴拉圭的情形:此地几乎全境都由耶稣会的传教士所占有,占有之后不容任何外人入境,也不准印第安人离境,他们把巴拉圭组成一个经济政治宗教合一的神权国家,人民一部为奴隶,其余的人都等于农奴。至今耶稣会士每一想到过去巴拉圭的情景,都不胜为之神往。

到 19 世纪初年,在法国大革命的影响之下,拉丁美洲爆发了反西统治的革命时,罗马教教会所占的土地平均在三分之一以上,在墨西哥则高到二分之一以上。把土地与其他财富合并计算,教会的财富约占整个拉丁美洲

123

财富的一半。除直接的土地剥削外，教会还保有许多矿场与手工业作坊。教会又是最大的高利贷者，以土地作贷款的抵押，许多土地就如此的转入教会手中。缘引欧洲中古的办法，教会又向殖民地中所有的人征收宗教的什一税，每年每人须把收入的十分之一缴予教会。教士为人民施行各种宗教仪式，如洗礼，婚礼，葬礼等，也要人民"乐捐"，实际是强迫缴费。此外教会又经常的发起各种巧立名目的宗教奉献，如为死人念经，为圣人供奉等，都是随时会压在人民头上的苛捐杂税。除了以上这些有形的，可以数字计算的剥削外，还有各种无形的，不易清楚算账的盘剥方法。例如教会时常强迫征工，不仅不付工资，并且也不供饮食，人民须自己贴本钱来为教会工作。教会也与一般地主一样，大量的用印第安人及黑人为奴隶或农奴，使他们无偿的为教会劳动。19 世纪拉丁美洲殖民地人民发动革命时的主要革命对象，与其说是天高皇帝远的欧洲宗主国的统治，不如说是驻在当地的宗主国代理人的压榨，而在这批代理人中，教会是占有特别重要与特别刺眼的地位的。所以在革命的过程之中与革命成功之后，各新兴的国家都把当地教会的土地与其他财产大量没收或征收。此后百余年间，教会虽然时作"变天"的思想，反动的统治者与美帝国主义虽也时常与教会勾结，到 19 世纪末 20 世纪初教会虽或多或少的又集中占有了土地，但在多数国家，人民的力量使教会不能重建殖民地时代的"乐园"。[①]

19 世纪的剧烈斗争

法国大革命与继之而起的 19 世纪一系列的资产阶级革命，对于基本上代表封建主义的罗马教并未能给予致命的打击；相反的，罗马教对革命潮流还进行了不断的还击，使 19 世纪的资本主义世界成了一个剧烈的政教斗争场所。当时资本主义正盛，教廷就把这个正盛的资本主义以及资本主义社会的一切意识形态作为主要的攻击对象。同时，资产阶级掘墓人的无产阶级与代表无产阶级的社会主义思想也已兴起，教廷对于这个新兴的阶级与新兴阶级的意识形态也一并发动攻击。正如我们上面所说，近代的罗马教是"以不变应万变的"，策略仅可因时制宜，因地制宜，在原则上它是绝不对历史的任何前进潮流表示让步或妥协的。

---

① Diffie，B. W.，*Latin American Civilization*（Harrisbury，Pa，1945）.

违反科学的愚民教义之故意的发扬与强调

罗马教核心机构的坚持反动,在科学一日千里的 19 世纪,特别显著的见于教廷对于反科学的愚民教义之故意的大事宣扬与经常强调。我们下面简单的举 50 年代至 70 年代间的三件事为例。一、1845 年,教皇正式宣布"圣母无染原罪"为信条。按基督教自古就有的信仰,说耶稣为童生,有母而无父,圣母受神感而怀孕生子。现在教皇又进一步说圣母自己"无染原罪",等于说她也是童生,耶稣的外祖母生女时也是受神感的。(以上是用可通的文字所作的最简单的解说,若按罗马教神道学的术语解释,还复杂的很,但那将离题太远,恕不在此多赘)。二、1864 年,教皇公布了一篇"谬论大纲"(Syllabuserrorum,中国天主教出版品中普通译为"错误目录"),内中列举了近代思想意识与政法制度中的八十条"谬论",警告信徒要小心防范。这八十条"谬论"等于把近代文明的全部都罗致在内,没有一点遗漏,其中包括自然主义,绝对唯理主义,缓和唯理主义,冷淡主义与放任主义(指近世非宗教的思想与各国政府的宗教放任政策而言),社会主义,共产主义,圣经研究会(罗马教一向禁止信徒自由阅读圣经,阅读圣经是教士的专利),国法高于教法的制度,公立俗世学校(教会一向要抓教育权),俗世婚姻(即不经教堂而由司法机关登记的婚姻制度)等等。一句总结性的警句值得引录:"那是一个谬论,说罗马教宗能够并且应该与进步,自由主义,及现代文明进行妥协。"[1]总之,教廷坚持应当回复到中世纪教会把握一切的"黄金时代",全部近代文明当予一笔勾销。三、1869 至 1870 年间,教皇在梵蒂冈宫召开历史上最后一次的宗教大会(中国天主教称这种代表全世教会的宗教大会为"公议会"),根据事先的布置,耶稣会士在会中大肆活跃,最后挟持全会通过了"教宗不能错误"的信条,那就是说,教皇(中国天主教普通称之为"教宗")对信仰与道德问题的正式发言,等于神音,是不会错误的。由教会将近二千年的制度来讲,今后已无再召开宗教大会的需要。过去教皇虽已是专制的宗教元首,但依惯例,宣布新的信条须经代表全世的宗教大会讨论决定。现在大会既然承认了"教宗不能错误",今后教皇不仅是教会行政上的最高元首,而也是宗教信仰上的最后权威,他的专制统治已达到天衣无缝的完整程度。此案通过后,教皇宣布大会休会,而未正式宣布散会,所以八十年后的今日,

---

[1]　Lanager, William L., *An Encyclopedia of World History* (Boston, 1948), p. 664.

125

与会的代表虽都已"归天",但 1869 年召开的"梵蒂冈公议会"在名义上仍然继续存在,随时可以复会,而在这个公议会未经解散之前,当然不能再召开新的公议会!教皇的专制统治,在理论上与制度上可谓都已有了绝对的保障,在历史日愈走向民主的时代,教廷在名义上与事实上都已实现了百分之百的专制独裁。

我们举上列的三例,不是为的介绍罗马教的信条,而是为的说明罗马教核心机构的基本性质。在近代史上,历史每前进一步,罗马教不仅不随着前进,并且除表示反对一切进步外,还要把信徒向后拉退一步,更坚定的强调反科学反时代的愚民教义,使教徒与近代文明距离愈来愈远,以便教士对他们可以任意摆布。教会每进一步愚民,可能有少数的信徒反对,甚至脱教。1870 年"教宗不能错误"的信条公布后,欧美各国有少数教士与信徒表示不能接受,最后甚至与梵蒂冈斩断关系,自组独立的教会。但此种人终究是少数,大多数的信徒,为多年的习惯所困惑,对进一步的精神压力也只有接受,也就等于说是进一步的放弃自己的理智,放弃自己的判断能力,使自己的人格更进一步的傀儡化。而这也正是罗马教核心机构所要达到的最高目的。

"教宗不能错误"信条的宣布,引起相当大的波澜,特别是在德国。德国一部的教士因反对此说而被教廷制裁,方才统一德意志帝国而气概不可一世的俾斯麦大为震怒,发动了反罗马教的"文化斗争"(Kulturkampf),驱逐所有的耶稣会士出境(1872 年),并订定了许多其他限制教会活动与管制教士的法令。但是这个"文化斗争"并没有维持很久,更没有坚持到底,资产阶级的政权也是一个剥削性的政权,在本质上是可以与教廷妥协的,在无产阶级日愈强盛的发展下,教廷与帝德同样的感到威胁,所以在教廷略示策略上的让步之后,俾斯麦的政府就把一切反教的法令都停止施行。到 1900 年左右,欧美各资本主义国家的政府,除法兰西外,都已与教廷和平相处,而共同的面对劳工,教会开始有系统的以精神鸦片麻醉工人,正与历来的麻醉农民一样,教皇良第十三世(1878 至 1903 年间在位)曾经用他"不能错误"的口吻向工人说教:"工人应当坦然的接受上天所为他们决定的地位!"①如此有用的一个教廷,资产阶级的政权怎能还对它"斗争"呢?

(原载《历史教学》第 2 卷第 3 期,1951 年 9 月 1 日。)

---

① Foster, William Z. , *Outline Political History of the Americas* (New York, 1951), p. 100.

中国近代史上的天主教与梵蒂冈

欧洲的罗马教，自明末传入中国后，就称为"天主教"。一种外国宗教传入中国，采取何名，如何采名，本当是一个无甚关系的问题，但"天主教"这一名词，当初却带有站在宗教立场，实际也就是整个的文化立场，轻视中国的一种含义。原来本有人主张采用中国自古以来就有的"上帝"之名，但罗马教传教士认为不为真神所特别眷顾的中国文化中的任何信仰都是"邪教"，在这种"邪教"中占有地位的"上帝"一词绝不能用，所以最后他们采取了中国古籍中一个偏僻的神名来规范罗马教尊神的名称，就是"天主"，而称他们的教为"天主教"。① "天主教"一名在中国通行了三百年，进入 20 世纪后此教才又开始自称"公教"，乃希腊拉丁原文教名 Catholicus 一字的意译名称。今日"公教"与"天主教"为此教的两个并行名称。

明末清初的天主教

第一个深入中国，最后于明神宗万历二十八年（公元 1600 年）到了北京的传教士，是意大利籍的耶稣会士利玛窦（Matteo Ricci）。他有耶稣会士随机应变的作风，看到中国士大夫阶级儒家思想的不可轻易冒犯，容许改信天主教的中国人继续"祀天拜祖"，不算为犯"拜偶像"之罪。罗马教，特别是耶稣会，一向是要逢迎统治阶级，经过统治阶级而巩固自己的势力，进而控制人民，所以初到中国的传教士就以准许"礼天拜祖"，来拉拢当时的封建地主阶级。这就正与同时在印度传教的耶稣会士接受印度封建社会阶级统治最恶劣的种姓制度一样，专门与婆罗门种姓及刹帝利种姓来往，不鼓励被压迫的首陀罗种姓信教，对于首陀罗人改信罗马教的，不准他们参与"圣典"。耶

---

① 关于"天主"名号问题，见费赖之（Aloys Pfister）著，冯承钧译，《入华耶稣会士列传》（商务印书馆，1938 年）第十七《龙华名传》，第二十《李玛诺传》，第三十《熊三拔传》，第四十一《曾德昭传》。中国古籍中"天主"之名，最早见于《史记·封禅书》。关于天主教初入中国之一般情况，见《明史》卷三二六《意大利亚》，及夏燮（江上蹇叟）《中西纪事》卷二《猾夏之渐》。

稣会士这种"政治"手腕所获致的成效,招致了其他传教士的猜忌,有人向教廷进言,最后压迫教廷下令禁止中国的信徒祀天拜祖。这已到了康熙四十四年(1705年),天主教在中国已活动了百年以上。康熙认为这是外来政权干涉他的政权的行为,大怒,把接受教廷命令的教士驱往澳门,不准留居内地。到雍正元年(1723年),清廷又下令正式禁教,各地的教产一律没收。这条禁教令前后施行了一百二十年,到鸦片战争之后,法国强迫清廷签订黄埔条约(1844年),传教士才又得进入中国活动。

不平等条约下的教权

根据黄埔条约,教士得在两年前鸦片战争后英国所强迫中国开放的五口设置礼拜堂及医院。条约以外,法国全权代表喇尊尼(Theodose M. M. J. de Lagtené)坚请取消一百二十年以来的教禁。清廷最后答应法国代表的请求,下令准中国人民自由信奉天主教,1846年又下令发还当初没收的天主教教产。第二次鸦片战争之后的中法天津条约(1858年),又规定教士得携带由外国领事发给再经中国地方官盖印的护照,入内地传教,官厅须力为保护,教民不得稍受虐待(约文第十三条)。法国政府以此为据,强词夺理,谓条约给了它"护教权",使它可以保护所有在中国传教的法国以及其他国家的天主教传教士与传教事业。1876年英国强迫清廷签订芝罘条约,其中扩大领事裁判权的一条,确立"会审公堂"的制度。自此每发生与教堂有关的司法问题时,外国得派员观审或会审。"最惠国"的制度,把英国的这个特权也当然给了其他各国,并且此后实际利用此条规定的反倒不是英国,而是以天主教保护者自居的法国。

19 世纪典型的宗教帝国主义国家——法国

到了19世纪,法国在世界各地,除其他欧洲国家的殖民地外,都以罗马教的保护者自命。这种护教权的凶恶作风,高度地表现于中国。法国政府一向以传教为侵略先锋,在与梵蒂冈狼狈为奸的谅解下,这种政策曾为法兰西帝国主义获致了不少的"成果"。在东亚,于15世纪欧洲人初来侵略时,教廷本是依靠当时在远东最强大的侵略国葡萄牙。葡萄牙侵略势力的中心在印度与南洋,教廷于是承认葡政府在以印度南洋为中心的广大东方地区有保护一切传教士的权利,中国也包括在这个地区之内。明末经澳门而入中国内地的利玛窦一批传教士,无论属于何国国籍,都是先得了葡萄牙的允

许,并在葡萄牙的保护之下进入中国活动的。

葡萄牙的护教权约维持了三百五十年。进入 19 世纪,葡萄牙的国势早已一落千丈,法国在海外的野心大增,教皇于是不念旧情,不顾葡萄牙的抗议,把护教权又转送与法国(1838 年后),恰于此种教廷法国间的阴谋交易之后的二十年,经过歪曲解释 1858 年天津条约后,法国强谓中国已承认它的护教权,自此一切天主教传教士,无论为教廷所派遣,或为各国的教会所派遣,都持有法国的护照。法国如此地把持天主教,也就难怪眼睛雪亮的中国人民往往称天主教为"法国教"了。①

传教士本人,或者是"良莠不齐",不能一概而论,但在恶劣无比的"护教"制度之下,传教士的帝国主义作风则不分良莠,大家是不约而同的,最多不过有程度上的差别。一个传教士真可说是欲求不为帝国主义分子而不可得!此种作风,自然为流氓所乘,无赖的人反倒容易入教,以便依靠外力随意横行。这就造成一般善良人民与所谓"教民"的对立局面,各地人民的"仇教"并非无原则的排外,而是仇视帝国主义作风的传教士与这些传教士所吸收的教徒中的一些流氓分子。传教士或是明目张胆的帝国主义分子,或是有意无意中表现为帝国主义分子,而一部分流氓教徒就是帝国主义的走狗与爪牙;甚至一部分恶霸地主投机入教,有如虎而添翼,其作恶更为毒辣。此种情形,连曾经假借外力与太平天国作战的曾国藩也看不过去,他于同治九年(1870 年)上了一道奏折,把法国以护教作为政治工具的情形明白点破:

> "自中外通商以来,各国皆相安无事,惟法国以传教一节,屡滋事端。即各教流传,如佛道回等教,民间皆安之若素,虽西人之耶稣教亦未尝多事。惟天主一教,屡滋事端。非偏有爱憎也,良由法人之天主教但求从教之众多,不问教民之善否,其收入也太滥,故从教者良民甚少,莠民甚多。词讼之无理者,教民则抗不遵断;赋役之应出者,教民每抗不奉公……凡教中犯案,教士不问是非,曲庇教民;领事亦不问是非,曲庇教士。遇有民教争斗,平民恒屈,教民恒胜,教民势焰愈横,平民愤郁愈甚。郁极必发,则聚众而群思一逞。以臣所闻,酉阳贵州教案,皆百姓积不能平所致。虽和约所载,中国人犯罪,由中国官治以中国之法,而一为教民,遂若非中国之民也者。庸懦之吏,既皆莫敢谁何,贤能之吏,一治教民,则往往获咎以去。"②

---

① 关于护教权,见 *Catholic Encyclopedia* (New York, 1903)"Protectorate of Missions."
② 同治朝《筹办夷务始末》卷七十六(故宫博物院,1930 年)。

　　曾国藩的描述,甚为透彻清楚,只是他的解释肤浅,仅顾到表面:他认为是教士"但求从教之众多",而不知其中的故意滥收流氓,故意"屡滋事端",以便作为侵略中国的口实。另外,他为的要强调天主教的蛮横,对比之下,把耶稣教也说得未免太好。耶稣教因为没有统一的组织,因为背后没有一个有计划的"护教"政权,所以"滋事"不像天主教那样显著,但历史的事实极为清楚,天主教与耶稣教在基本上同样地是帝国主义的先锋队。

　　法国的护教权,别国当然看了眼红,不过在 19 世纪末以前,没有另外一个罗马教国家能与法国争衡,各国只能听任法国独占宗教帝国主义的便宜。到 19 世纪末,德国开始出面与法国竞争。南德为罗马教的区域,19 世纪末德国帝国主义向外发展时,南德的传教士也随之加多,而中国正是这些传教士的一个主要对象。1882 年,德驻巴黎大使初次向法政府提出交涉。1886 年,德驻北京公使又向清廷交涉教权问题,到 1888 年大致说妥,此后德国天主教传教士由德国政府自发护照。见风转舵的教皇,1891 年也承认了德国对本国教士的保护权。但一直到 1899 年,法国仍要求中国承认它的特权,事实上德国教士如持法国的护照来华,清政府仍照旧承认。

　　护教问题的最后澄清,还是由于法国的内政发展。法兰西第三共和国政府与本国的罗马教会,尤其是耶稣会,发生了权利的争执,最终于 1905 年罗马教领袖国的法国宣布政教分离,自此法国政府就不再过度积极的护教,法国且因此而一度与教廷绝交。教廷此后自派传教士时,当然不再用法国的护照,护照问题至此才自行解决。次年,1906 年,法国公使正式通知清政府,声明此后只保护本国的教士。① 但法国并不真正死心,内部政教分离的大风头过去后,法国野心复起,直至中国进入民国后,法国仍图恢复旧日的势力,只不过未能成功而已。此点容待下面再讲。

　　在故意假借传教而"屡滋事端"的法国护教政策下,19 世纪的后半期不断发生教案,大大小小的教案不计其数。由第二次鸦片战争到义和团运动的前夕(1856—1898 年),四十二年的期间,重大的教案有四十七件。第一次就是广西的西林教案,成了法国联合英国再度向中国发动侵略的第二次鸦片战争的一个口实。最后一次就是德国天主教所引起的山东巨野教案,德国最后以此为借口而强迫租借胶州。中国人民至此已忍无可忍,开始准备抵御连续不断的以宗教为矛头的侵略,两年后就发动了大规模的义和团运

---

　　① 关于护教权,见 *Catholic Encyclopedia* (New York,1903)"Protectorate of Missions."

动。这些教案不必一一列举，①我们只将教案的性质与意义作一简单的分析就可以了。

四十七件重大教案中，牵涉天主教的有三十九件，占百分之八十三。在这三十九次事件中，牵涉法国教士的三十七件，其他两件，一件涉及西班牙传教士，一件就是最后一次的山东巨野教案，事涉德国教士。在与法国有关的三十七件中，十六件的当事人为外方传教会的教士，十三件为耶稣会的教士，其他各会共只占有八件。这个简单的数目分析，意义甚为明显：法国在19世纪的中国是主要的宗教帝国主义者，是再清楚不过的了，外方传教会惹祸特别得多，一定是此会中帝国主义分子充斥，侵略气焰特盛，否则不会招致这许多教案。其次引起教案最多的就是耶稣会，耶稣会的特具政治性与侵略性，也由此可见。以教区论，耶稣会人士的控制面并不算广，而闯祸竟如此之多，其作风不问可知。

20 世纪的天主教大事

进入 20 世纪后，不再有教案，至少是不再有重大的教案。19 世纪最末一年的义和团运动，可说是最后一次也是最大一次的教案。这次教案惊破了帝国主义分子的胆，他们靠许多国联合的强力与清政府的压力，最后虽把义和团抑平，但他们从此就认识了中国人民的不可侮，传教士的侵略矛头作用虽然基本未变，但在作风上他们不敢不开始收敛。同时，中国人民也知道了，在清政府的统治之下，御外侮是少有成功的希望的。在这两种关系下，1900 年后就不再见大的教案。帝国主义的宗教侵略，在作风上比较收敛之后，在方法上却更加巧妙与深入了。我们把直到抗战时期为止的四十年间与天主教有关的大事列一简表，就可一目了然。

1903 年，天主教在上海创办震旦大学，主持者为法国的耶稣会。

1918 年 7 月，第一次大战结束前的四个月，因中国当时的政府接待罗马教廷所派来的"钦使"，法国公使向外交部提出抗议，认为与 1858 年中法条约有违，并谓罗马教廷对于协约国家宗旨未尽相同，中国招待它的来使，有失盟国的感情。教廷此时想要直接控制中国的传教事业，所以派使来谈判。法国虽政教分离，且已于 1906 年向中国声明放弃护教权，现在又要旧事重提；然而法国也自知理屈，于是又拉扯上"协约国的宗旨"云云的一套鬼话。

---

① 教案表，见王文杰著，《中国近代史上的教案》（福州协和大学，1947 年）。

1922 年 8 月，天主教在天津创办工商大学，主持的人也是法国的耶稣会士。这个学校，1933 年改名为工商学院，1948 年又改称津沽大学。

1922 年 11 月，第一位"宗座驻华代表"总主教刚恒毅（Mgt. Celso Costantini），不顾法国的反对，来华就职。

1924 年 5 至 6 月，由刚恒毅召集，在上海举行第一次全国公教大会议，"根据圣教规律，按照中华需要"，制定"中国公教现行法则"861 条。

1925 年 10 月，天主教在北京创办辅仁社，1927 年改称辅仁大学，由美国本笃会主持。后因经济困难，让归圣言会办理，参加的多为德美两国的人。

1926 年 10 月，教皇比约第十一，为敷衍当时大革命运动下中国的反帝情绪与民族思想高潮，召华籍神甫六人至罗马，亲自祝圣为主教。教皇亲自祝圣，有特典的性质，乃对付当时中国的一种手段。

1928 年 6 月，"宗座代表公署"成立于北京，第二任宗座代表为总主教蔡宁（Mgt. Mario Zanin），署址在北京遒兹府甲 6 号。一直到抗战时期，"公署"始终设在北京遒兹府。抗战胜利后，教廷改在南京设"公使馆"，北京的"公署"成为"罗马教廷驻华公使"的"北京代表"驻在地，这也就是 1950 年为阴谋于国庆日炮击天安门检阅台的美帝特务间谍收藏武器弹药的地方！当初"公署"的成立，仍为与张作霖的北京政府洽商的结果。就在成立的当月，张作霖由北京撤回东北，中途被日本人炸死。

1928 年 11 月，"中华公教进行总会"（正式拉丁名称 Unio Actionis Catholicae Sinatum，半正式的法文名称 Union de I'Action Catholique Chinoise）成立于北京，其组织分设宣传，评议，会议，庶务各科，会址在西安门大街九十四号，临近辅仁大学的校址。按，公教进行会本是罗马教旧有的组织，在中国于民国元年（1912 年）曾一度成立，不久无形停顿，至此根据教廷的指令，在中国再度组成，总会设北京，分会遍全国。1933 年，教廷派于斌为进行会总监督，总监督处也设在遒兹府甲 6 号的"宗座代表公署"内，自此进行会就成了主要由于斌主持的一个组织。关于这个组织成立的时机，是值得特别注意的。这是大革命时期的一个决定，正式的成立虽在大革命的高潮过去及蒋介石叛变之后，但教廷对于这个革命始终心怀敌意，这个进行会是针对大革命而成立的。关于进行会的性质与作用，下面当再予以分析。

1933 年 6 月，宗座代表蔡宁总主教莅北京，正式视事。

1933 年 6 月，教皇比约第十一再度在罗马亲自祝圣华籍主教二人。

1935 年 9 月 8 日至 15 日，蔡宁召开第一次全国公教进行会大会于上

海,蔡宁自任主席,讨论问题分为组织,教育,社会事业,经济,出版,宣传等六项。

1940 年 12 月 29 日,华北沦陷已经三年半之后,设在北京的日本"兴亚院华北联络部"与华北傀儡政府的"内务总署","为联络感情起见",假中华公教进行总会主办"京津天主教大联欢会",到会的神甫传教士五十余人,"兴亚院调查官"武田熙及"内务总署礼俗局长"王潜刚均出席。会中决定重要事项二件:(一)民国三十年(1941 年)1 月 16 日至 18 日,"兴亚院华北联络部"及"内务总署"联合主办"华北天主教讲习会";(二)民国三十年 1 月 18 日,即"讲习会"的最后一日,"兴亚院华北联络部"及"内务总署"联合主办"中西日天主教各机关代表联欢大会"。

1941 年 12 月 24 日,于斌在重庆成立"中国天主教文化协进会",于斌自任理事长。①

大事的分析

以上列举的大事,许多内幕情况虽仍不够明了,但我们已可简单地作下列几点分析:一、教廷的政治手腕极堪注意,一见中国大革命潮流的不可抗拒,它立刻就以亲自提升华籍神甫为主教的办法来麻痹中国的教徒。中国教会的实权实际上始终操在外国教士之手,中国人升任主教后,也仍不能发生真正作用。

二、天主教对于高等教育,也是有计划的。特别重要的三大教育机关,布置于上海、天津与北京三大都市,为文化侵略的枢纽与重心。上海、天津的两校仍以老牌宗教帝国主义的法国及老牌教廷别动队的耶稣会为创办者与支持人,北京一校则属于德国及后来居上的美帝国主义。

三、帝国主义分子控制下的天主教机构中,似乎经常地有特务组织。"公教进行会"根本可疑,如果它的本来面目当初尚未显露,抗战的火焰使它立刻原形出现,通过"进行会"而天主教中的帝国主义分子与落后分子在抗战时期与日本的密切勾结,是百口难辩的事实。蔡宁于华北沦陷后仍留北平,指导公教进行会,与日本密切合作。武田熙是人所共知的日本一大特务首脑,主持当时日本在华北的特务总机关之兴亚院华北联络部。傀儡政府

---

① 关于大事表,参考《华北宗教年鉴》(兴亚院华北联络部内兴亚宗教协会发行,发行者武田熙,1941 年),& *Chinese Year Book* (Bombay,1913)。关于公教进行会,参考《中华公教进行会全国教区代表大会实录》(北京,中华公教进行会总监督处发行,1936 年)。

之"内务总署"显然也有特务使命,其"礼俗局"仅为掩护色而已。公教进行会不只与这些乌烟瘴气的机关联络,并且又会同兴亚院,为天主教各机关开设"讲习会"与"大联欢会",有兴亚院与武田熙在内,所"讲习"的为何事,可想而知,其"大联欢会"当然为发展特务组织的手段。中、西、日三方面的各教会机关在兴亚院与进行会合同主持下联欢,证明公教进行会不仅为特务机关,并且为国际性的特务机关。公教进行会本为旧有的组织,教皇比约第十一(1922年至1939年间在位)于第一次世界大战后把它改组为反苏反共政治性机构。① 进行会自此就日深一日地染上特务色彩,在抗战时期中国的沦陷区就成为明目张胆的特务组织。

公教进行会已在沦陷区投靠日本,当初领导进行会的于斌则在重庆,为顾全颜面,他不能再以进行会的名义活动,于是变换招牌,在重庆成立了"天主教文化协进会",协进会与进行会异曲同工,实际只是进行会的翻版而已。抗战胜利后,公教进行会因曾投日,逐渐收缩,出头露面的事都由文化协进会承当,其活动的中心由重庆移到南京,活动的范围则遍及全国,专事反苏反共。新中国成立前后,文化协进会的负责人,包括大头目于斌,大多逃亡,协进会也无形停顿。此时,1948年秋,天主教内部的帝国主义分子与反动分子又建立了新的特务机构,就是"圣母军"。关于"圣母军"的性质与活动,近几月来报纸上揭露日多,留心的人都可看到。

但罗马教教会在策略上变幻多端。在中国原有特务色彩,在抗战时期成为正式特务机关,在抗战胜利后销声敛迹的公教进行会,在东欧各国,经过一时活动即又消沉之后,在第二次大战后又以进步的姿态出现,最少在表面上表示完全接受今日人民自作主人的新局面,并表示反对教廷,与美帝勾结,建立新特务机构进行反人民的破坏活动。② 关于此点,我们可做如下的论断:就教廷的本质来讲在它有此机会并自认有此需要时,必进行间谍破坏活动,至于假借何种机构,达到这个目的,那就要随机应变。

四、所谓"宗座代表"的地位与使命,也值得我们细心研究。抗战胜利后,因接近武田熙的一伙而"兴亚院"气味过度浓厚的"宗座代表公署"取消,教皇改在南京设立"罗马教廷驻华公使馆",担任"公使"的就是黎培里(Antonio Riberi),于1946年12月到任,"宗座代表"也好,"教廷公使"也好,派驻各国的教廷使节是有双重任务的。在表面上,他的使命是指导宗教事务,1924年刚恒毅出面召开的全国公教大会,就是此种明的一面的活动。但另

---

① 比约第十一与公教进行会的关系,见《公教教义》(北京,方济堂,1950年)页305—306。
② *The Trial of the Treasonable Slovak Bishops* (Prague,Orbis,1951).

外尚有暗的一面,1935年蔡宁出面召开的公教进行大会就只能看为是以宗教为掩饰而实际目的另有所在的活动了。在当时政府的本质为反动,人民的意识比较模糊的情形下,无人对此种活动多加注意,但直到抗战时期,蔡宁仍留北平,并指导"公教进行会"与日寇合作之后,不只"进行会"的本质完全暴露,"宗座代表"的真面目也就完全暴露了。此理认清之后,对于最近的事都不解自明:中国大陆全部解放后而仍在南京擅自以"罗马教廷驻华公使"的资格进行破坏活动的黎培里,参加1950年国庆日阴谋炮击天安门检阅台武装暴动的黎培里的"北京代表"马迪儒(Tarciscio Martina),都不是例外人物,而是教廷驻外代表的典型人物。远的历史不必讲,第二次大战期间与大战之后,在东欧指导教廷系统的特务机构,先与纳粹,后与美帝密切合作,造尽了反人民的罪恶的,没有例外地都是各国的教廷代表。一个真正老老实实的教徒,是绝不可能被派担任教廷的驻外使节;教廷的反动本质,在今日的历史条件下,是没有改变的可能的。

20 世纪的有关数字

最后,关于中国20世纪的天主教,我们可列举几种有关的数字,并加以简单的分析解释,或可帮助教内与教外的人都进一步认识今日中国的天主教。

第一,我们先看一看外籍传教士与华籍神甫的逐年增长表,由19世纪末尾的1900年开始,此后列举每隔十年的数字,唯一例外的是加列抗战开始的1937年的数字。1950年的数字,目前尚未能寻得,从略。

年份	外籍传教士人数	华籍神甫人数
1900	886	470
1910	1391	521
1920	1364	963
1930	2034	1500
1937	2679	1898
1940	3163	2191

四十年间,两种人数都是日趋增加,外籍的人由886增至3163,增加了3.57倍,华籍的人由470增至2191,增加了4.66倍。就倍数讲,华籍的人增加率略高,但就绝对的人数讲,一直到1940年外人仍超过将近千人,天主教基本上仍为外人把持的机关。并且数字还不足以表达出全部的意义。华籍

的人多占低级的职位,主教班中华人甚少,并且即或是华籍的主教,也多少具有傀儡的地位,经济的实权与决策的大权普通都操在外人之手。

第二,信徒人口增加表,由 1870 年起,也是到 1940 年为止。

年份	教徒人口
1870	369,441
1900	741,562
1910	1,292,287
1914	1,519,000
1920	1,994,483
1930	2,498,015
1937	3,018,338
1940	3,946,380[①]

教徒数目,不仅是与年俱增,并且是增加率也与年提高。19 世纪末的三十年中(1870—1900),人数加倍。进入 20 世纪,十四年(1900—1914)就又加倍。进入 20 世纪后,到 1940 年为止,每三十年(1900—1930;1910—1940)就增加三倍,不似 19 世纪末三十年的只是加倍而已,在日愈残暴的历届反动政权与日愈凶恶的各国帝国主义的双重压迫之下,人民的物质生活日愈穷困,精神生活日愈苦闷,使得有些人容易接受宗教的慰藉——这最少可作为上列数字一个方面的解释。

(原载《进步日报》1951 年 11 月 10、16 日。)

---

① 三种数目字见 *China Year Book*(Tientsin,Shanghai,1912—1939);*Chinese Year Book*(Bombay,1943)。

二十世纪的罗马教廷与帝国主义

教廷与法西斯之联盟

1917 年的十月革命，是全部人类历史上最大的转折点。这个真理，罗马教廷也完全承认，不过它是从反面看问题的。教廷认为社会主义革命后的苏联是它的敌人，它认为它自己已在面对一个前所未有的危机。恰巧这也正是没落的资本主义与帝国主义的看法。在过去，世间最大封建残余的教廷与资本主义虽已由相抗而趋于合作，但两者间总有距离，十月革命之后它们才第一次"神通气合"。它们不约而同地认为，现在已经没有其他的问题了，任何其他的问题都已无关重要，都已不成问题，唯一的问题就是如何反苏反共，如何压制全世界都要翻身的人民。就是在这种情形下，各国的资本主义对内开始发展到最恶劣的状态，就是法西斯主义，这等于是把过去毫无忌惮地对付殖民地的方式拿转来对付过去惯受麻痹与间或受到小恩小惠的国内人民。压迫意识与剥削意识一向浓厚的教廷，对此表示非常欢迎，在宗教改革四百年以来资本主义社会的种种发展中，这恐怕是最使教廷感到满意的一种发展；尽管在一开始时两者间可能有小的磨擦，但在基本上最大封建残余的教廷与末路资本主义的法西斯是意气相投的，在彻底反人民一点上两者是完全一致的。所以法西斯始祖的莫索里尼登台几年之后，六十年悬而未决的"罗马问题"就顺利地得到解决，教廷表示不再反对统一的意大利王国，承认意大利王国对于教皇国领土的合并。这证明，对于旧民主主义下的意大利王国（不管那种民主主义要打多少折扣），教廷不能合作；但现在是法西斯的意大利了，再不合作，尚待何时？所谓"罗马问题"解决的当年（1929），教皇比约第十一就为法西斯"祝福"说："莫索里尼是天降的英杰，一个不为自由主义的政治成见所困扰的人。"自此教廷就忠心耿耿地承当法西斯政府一切罪恶的"神命"辩护人的角色，连莫索里尼侵灭阿比西尼亚的罪行，教皇都公开称誉为有助于"欧洲及世界和平"的行动。

对于希特勒,教廷也同样地欢迎。希特勒在德国得势后三年(1936),德国的罗马教主教们就奉教皇的指示,共同发言为希魔"祝福":"我们的领袖希特勒,靠上帝的帮助,必能完成他的最艰苦的任务"。当时德国的基督教新教教士中尚有一部分比较忠于人民的人,不畏强暴,公开地反对纳粹,而罗马教已经心悦诚服地倒入纳粹怀中。对于近代欧洲典型落后国家西班牙的典型反动人物佛朗哥,教廷的赞许更是不问可知的了!1945年教皇比约第十二(就是今日仍然在位的教皇)说:"佛朗哥是圣座的宠子与最亲爱的国家元首。"①佛朗哥曾把西班牙短期民主政权所还与人民的一部土地财产用暴力夺取,又拨归各地的教堂与修院,这就当然使他得有教廷"宠子"的资格了!

但经济的利益,直接的经济利益,虽然重要,还不是教廷拥护法西斯的唯一原因,同样重要的,更为重要的,还有保障经济利益的政治利益,那就是一切法西斯都是反苏反共的。教廷最可鄙的表演,都是以反苏反共为出发点的;这由它在第二次大战期间与各法西斯国家的狼狈为奸,最可清楚看出。作为欧洲第二次大战序幕的纳粹灭亡捷克斯洛伐克的事变发生于1939年3月,进入4月教廷就承认了纳粹傀儡国"斯洛伐克"的独立,当时主持这个"国家"的是纳粹走狗及教廷特务的一个大教士提索(Mgr. Josef Tiso)。1940年7月,当法奸贝当的傀儡政府方才成立三周之后,教皇比约第十二就命令法国的教徒要全力"协助国家的复兴"。贝当治下"国家复兴"的一个方面,就是废除第三共和国一切不利于罗马教会的法令。1942年3月,当第二次大战期间日本正在最盛时,教廷第一次接待了日本大使原田健。在第二次大战的前半期,利令智昏的教廷一心相信法西斯集团一定胜利,所以就一贯地走法西斯路线。以上这一系列的史实,在当时世界的报纸上是都曾大书特书的,今日梵蒂冈教廷与它在世界各地的代理人都在极力为这些丑事隐讳,但实际是只有欲盖弥彰。并且现在教廷已又在与日深一日走向法西斯死路的美国帝国主义作同类的勾结了。

教廷在今日欧洲的反动罪行

第二次大战期间与大战之后的今日,教廷的罪恶活动是一线相传的。在中国的沦陷区,天主教教会由"宗座代表"引向与日寇特务机构密切勾结。

---

① 三段引话,均见 Foster, William Z. , *Outline Political History of the Americas* (New York, 1951), p. 413.

同时教廷代理人在欧洲与纳粹合作的程度,只有超过中国沦陷区的情形。在所有被纳粹侵略军占领的罗马教国家,如捷克斯洛伐克或匈牙利,以及非罗马教的地区,如苏联的一部领土,无论教廷的正式代理人,如"宗座代表"或"教廷公使"之类,或各国的总主教与重要主教之类,或教廷的暗藏代表,就是在各种掩护色之下活动的特务分子,无不与纳粹占领军,纳粹侵略军,及纳粹特务机构"亲如家人",密切合作,交换情报,不仅是公开地倡导"倒苏灭共",并且在各占领国与占领区,依靠纳粹的暴力,大量地与最无耻地强占土地与剥削人民。经过土地改革运动中的了解情况,我们新中国的人都知道地主如何压迫农民与剥削农民;在纳粹占领时期,东欧罗马教地区的教会狐假虎威,无不把平日已够惨酷的压迫剥削更为加深,其程度往往远在我们于土地改革中所遇到的地主之上,因为东欧的教会一般地都已作到地主、君主、教主三位一体的地步。等到纳粹败退,苏联的解放大军急速西进时,以及在东欧各国解放之后,这些反苏反共吸血而肥的"神权"代表们如何疯狂地阴谋破坏,也是不言而喻了。匈牙利唯一的一位枢机主教,又是匈牙利全国教会的首席主席(Primatis),于1948年年底因间谍案与破坏国家经济案被捕,到1949年2月因证据确凿,无法抵赖,这位枢机主教也只有俯首认罪,被法庭判处无期徒刑。今年,1951年年初,捷克斯洛伐克发生了同样的案件。三位主教反苏反共反人民的罪行,远溯到第一次大战之后,捷克解放后他们仍不死心,在教廷与美帝的双轨指导下进行背叛国家的反动阴谋,除了作间谍与继续剥削农民外,土改中地主所做的丑事,这些以每日向人说教为业的主教们也无一件没有做出:隐瞒土地,转移财产,伪造证件,一切大盗与小偷的鬼祟勾当,都被他们玩尽了。"人民的眼睛是雪亮的",不仅中国,全世界无不如此,无论成见如何深的人都不能不接受的证据,使三位主教也只有在人民面前低头,甘受罪刑。[1]

今日教廷之投靠美帝

反动的教廷,在与它自己的切身利益有关的问题上,一向是算盘很清楚的。它深知无论是佛朗哥或西欧任何罗马教国的反动统治者,今日在日渐壮大的人民威势前,已都无能为力,它看出唯一尚可对它有一时的实际帮助的,就是今日仅存的有实力可言的帝国主义国家——美国,所以教廷虽然绝

---

① *The Trial of the Treasonable Slovak Bishops* (Praque, Orbis, 1951).

不会放过世界任何地方的任何机会,但它最大的工夫是用在美帝身上。今日的美帝是第二次大战前纳粹与法西斯的新的化身,是反苏反共阵营中唯一尚谈得到实力的国家,教廷自然要像当初拥护德意两国反动势力那样地大捧美帝。两者狼狈为奸的情形,今日虽尚未全部暴露,但有些表面现象的意义已经是非常清楚的了。我们现在只举一事为例,就是枢机主教名额新的分配情况。

按制度,握有选举教皇大权,平时等于教廷的国务院的枢机主教院,以七十名为满额,但照例总有缺额。我们可以最后有详细资料的 1949 年夏为标准,看看此时的名额如何分配于世界各国。当时全院共五十五人,其分配如下:

国别	人数
意大利	二一
法兰西	五
美利坚	四
德意志	三
西班牙	二
葡萄牙	二
阿根廷	二
巴西	一
加拿大	一
智利	一
秘鲁	一
古巴	一
其他十国	各一①

最后一项,各占一位的十国,与我们现在所要研究的问题无关,从略;其中唯一值得我们附带注意的,就是中国也占一位,即 1946 年被任命的田耕莘,新中国成立前他本驻北京,今日据闻他已到了香港。对于与本题直接或间接有关的十二个国家,我们可分别解释。意大利与法国的重要地位,完全是由于过去历史的关系。在中古时代,教皇于某种程度上可说是全欧性的一个职位,任何人都可当选,并不限于意大利人。虽然因地理实际情形的关系,意大利人当选的较多,但欧洲其他各国的人也确是常有升任教皇的。但

---

① *World Almanac* (New York, 1950) p. 692.

进入 16 世纪后,情形大变,在资本主义开始抬头的局面下,民族主义的国家出现,教廷虽仍强调它的超国家性,但实际它无法不在相当重要的程度内成为一个意大利的机构。最后一个外国教皇是 1522 年当选的,次年即死,由 1523 年到现在,四百三十年的功夫,所有的教皇没有例外地都是意大利人。新中国成立后中国天主教中的帝国主义分子欺骗中国教徒的一种说法,说教皇是由任何国家天主教徒中都能产生出来的,那完全是鬼话。为保障教皇一定是意大利人,近代历史上历任教皇委任枢机主教时,即或意大利籍的人不达半数,最少也总超过三分之一,而教皇的选举是要三分之二以上通过的,事实上绝无一个非意大利人出任教皇的可能。

法国的情形与意大利不同。自 17 世纪中期以后,法国是欧洲大陆的第一强国,也是教廷的最大靠山,所以在意大利以外,法国的枢机主教名额一向是最多的。今日法国虽已没落,但昨日历史的关系,一时尚不能全部否定,因而法国在枢机主教院中仍占第二位,但实际上已不发生作用。

在讨论美国以前,我们先把意法以外其他三个欧洲国家问题处理清楚。德国就全国范围而论,并非罗马教国家,只是南德的人多数信罗马教。但自 19 世纪后期德国统一强大后,教廷对它非常重视,所以今日它在枢机主教院中仍占三个名额。西班牙与葡萄牙在欧洲是最落后的罗马教国家,然而正是这落后性是最为教廷与教会所欢迎的,教会在这两国特别得胜,政治压迫与经济剥削,都可畅所欲为。所以两国在国际政治上虽无地位,在枢机主教的分配上却仍受到特别的照顾。

美国取得四个枢机主教的名额,在全院中占第三位,把意大利法兰西两个特殊国家除外,等于占第一位,那是历史上空前的现象,是第二次大战结束后的次年(1946 年)才发生的现象。美国自立国以来,一向以"耶稣教国家"自豪,一般人民在情绪上,统治人物最少在口头上,总是反罗马教的。罗马教的人数虽逐渐增加,在今日也不过占全国人口的六分之一强,进入 20 世纪后,美国偶得一个枢机名额,那也不过是教廷敷衍的手法而已。然而时至今日,情形已经大变,美国的四个名额中,三个都是 1946 年填补的,完全是第二次大战后的新发展。并且可注意的事远不只此。美国以外的六个新大陆国家(阿根廷、巴西、加拿大、智利、秘鲁、古巴)共占八个名额,其中七个都是 1946 年填补的。在 1946 年以前,整个的新大陆,包括美国在内,只有三个枢机主教,与今日的情况无法比拟。二次大战后的今日,加拿大已等于美国的一部,拉丁美洲也完全是美国的外府,新大陆的十二个名额都等于是美国的名额。(1946 年调整时新大陆原有枢机主教十三人,其中一人不久死去)按教廷的本意,它未尝不想把十二个或十三个名额都给美国,但对于一个基本上非罗马教国的国家若如此优待,在面子上未免太觉难堪,所以它才想出这种使一向不被重视的拉丁美洲国家受宠若惊的巧妙方法,给了美国一个实质上如此大的额数。把意大利除外,外籍的枢机主教只有三十四人,而美国就控制其中的十二人,即百分之三十五以上,这真可谓是美国的"殊荣"了!第二次大战后世界各地人民高度上升的力量,特别是近在咫尺的欧洲人民的上升力量,使历史残余的教廷恐怖万分,环视全欧,已经没有一个可靠的"护教者",最后只有不顾一切,在大战结束的次年,就以调整枢机主教院的方式向"耶稣教国"的美帝表示投靠,呼吁救命了。为蒙蔽世人的视听,冲淡世人的印象,它同时又在新大陆以外搜罗了一批"陪榜"的人,所以连宗教殖民地的中国教会竟也得列上一个田耕莘!

美帝之倚重教廷

但教廷美帝之间的关系,倒不完全是教廷方面的单相思,美国对于教廷也是深为看重的。美帝重视教廷的理由,简单一句话,就是钦佩它的阴谋传统与间谍本领。我们可引 1950 年春美国一个著名杂志中的一段消息,作为对此问题的真实说明:

"最近杜鲁门总统就要派遣一个新的驻梵蒂冈的总统私人代表……

"在宣布派遣新代表时,杜鲁门要向国会致送一件特别咨文,说明他为何要继续维持这个代表团,并且要强调一个事实,那就是说,美国须在罗马设立一个'听音站'(Listening Post)的需要,今日与过去同样迫切,甚至较过去任何时期都为迫切。

"无论根据宗教原因杜鲁门对派遣驻梵蒂冈代表一事曾有何种顾虑,这些顾虑已都因国务院坚持此代表团为世界范围的情报搜集所必需的说法而被扫除……"[①]

这段消息的意义清楚至极。美帝自然不会嫌帮闲或帮凶太多,但对一般的反动工作,它自己大概都认为颇有把握,不一定非拉人入伙不可,美帝唯一对教廷要自叹弗如的,就是历史悠久传统坚实的阴谋策略与间谍技术及其无孔不入的行动便利。在罗马教国或罗马教区,处处都是中古封建领主化身的高级教士与修士,在非罗马教地带,也几乎处处都有各形各类的宗

---

①　见美国半月刊 *The Pathfinder* (Chicago, March 22, 1950)。

仰教廷的传教士。这些人有计划地或无所谓地,经常地或直接地、间接地,都有情报送到梵蒂冈。美帝雄心再大,它的雄心在此点上也无法尽量施展,除非与教廷密切勾结,向教廷甘拜下风,它自己是无法建立一个真正笼罩全世界的情报网的。所以它在教廷情报网的中心,梵蒂冈宫,必须有一个"听音站",充任"站员"的就是所谓总统私人代表。第二次欧洲大战爆发后的当年(1939)12月,美国总统就派了一个私人代表到梵蒂冈。这在当时,为的是便于听取与战事有关的军事外交消息。大战结束后,一向反罗马教的一般美国人民与他们在国会中一部比较进步的代表,都反对再继续维持这个代表团。杜鲁门一时也曾犹豫不定,但金融资本、军阀与官僚势力重心所在的国务院,坚持非维持这个代表团不可。国务院是花旗牌的帝国主义,即世界主义的执行机关,为推行世界主义所必需的情报,它认为只有借重教廷方能取得。1950年国庆日炮击天安门的武装暴动阴谋,参加的一伙中就有身膺主教头衔的"罗马教廷驻华公使"的"北京代表",全部计划事先都曾送给驻东京的美国占领军总部,我们也可相信,总部也必曾把消息转到华盛顿。美帝与教廷特务工作的打通,在这个罪大恶极的案件中暴露无遗了。这绝不是偶然的或例外的,今日在世界各地,教廷与美帝无不形影不离地同干反人民的破坏勾当,梵蒂冈与华盛顿已成了反人民事业的两个声气相通的大本营。

耶稣会的乔治顿大学——美帝所依赖的阴谋人员训练所

美帝借重教廷,并不完全依靠在远隔大洋的梵蒂冈宫所设的"听音站";美帝重视教廷,也不自今日始。近在咫尺,等于在白宫的隔壁,还有一个与"听音站"同等重要或更为重要的机构,是联系教廷与美帝的一个庞大阴谋机关,就是普通不为人所注意的一所大学;远在第一次大战之后,十月革命后的三年,这所大学就开始成为国务院的一个非正式的部门。局外的人,包括一般美国人民在内,很少知道国务院人员相当大的一部为罗马教徒的一个严重事实,而且这一部分罗马教徒都是教廷死党的耶稣会士所训练出来的阴谋专家。美国首都华盛顿城的郊区,有一区称为乔治顿(Georgetown),1789年,美国向英国争得独立后的六年,现行美国宪法正式公布施行的那一年,美国的罗马教徒在此地创办了一所学校,以地为名,称为乔治顿大学。1805年,这所学校就移归耶稣会办理,至今它仍是由耶稣会所控制的一个学府。百余年来,美国罗马教的许多高级知识分子,都是由这个学校出身的。

进入 20 世纪后，它与已经发展为独占资本的华尔街互相拉拢：例如 1920 年，它就曾由"金融大王"摩尔根获得了三万金元（美元，编者注）的捐款。也就在同一年，这所大学中添设了一个外事专修科（Foreign Service School）。一成立之后，这个专修科就与美国国务院间有了默契，国务院的正门与旁门都为专修科出身的人大敞大开：正路如驻外大使公使领事及各级随员的职位，旁路如国务院列名而其名向来不见于报纸的各种背后决策的事务官职位，都大批地由这个一向以阴谋著称的耶稣会士指导及耶稣会士训练的罗马教学校的毕业生来充任。这所大学的外事专修科极为发达，根据 1930 年的数字，在全校 2695 名注册的学生中，外事专修科的学生就有 425 人，约占全校名额的百分之十六。数额如此之大，虽不可能全部毕业生每年都涌入国务院，但在普遍世界的美国正式的与秘密的外交人员与情报人员中，此校出身的人确实占有特别重要的地位。美国并非罗马教国家，罗马教徒只占全国人口的六分之一强；但由国务院的面貌看来，美国已俨然是一个准罗马教国家。在美国联邦政府的全部机构中，最保守最反动的机构就是国务院，它一向有"富翁俱乐部"的绰号，只有富家子或资本家的重要代理人才有入院当差的希望。近三十年来，在这种资本主义特质之上，又加上了最反动的耶稣会的封建主义特质。这是研究走向法西斯绝路的今日美国时所必须注意的一种情况。美国的法西斯化，也就是美国的梵蒂冈化，不仅是在本质上已日趋显著，在作风上也一天比一天清楚。我们可以确信，耶稣会几百年来的诡术真传，以及罗马教廷一千五百年的权术传统，都必在乔治顿大学的外事专修科中尽量传授。接受此种传授的人大批进入国务院后，即或是在极其表面的作风上也必会发生影响。凡稍微注意美国外交的人，都可感觉得到，近些年来，尤其是第二次大战以来，其无耻与无聊的作风日愈显露。今年 7 月朝鲜停战谈判开始以来，美国的一伙谈判人员所表现的自不知丑与史无前例的歪狡与无赖，绝非偶然的事，这是"学有所本"的一套老牌作风，是被走入末路的最后一个帝国主义国家由今日世间最后一个组织顽强的封建堡垒全套搬来使用的。[①]

教廷新的反动措施

美帝虽只把教廷看作特务活动与外交阴谋的伙伴，教廷自己却是不甘

---

① 关于乔治顿大学，见 *The New International Encyclopedia*，Supplement，Vol. 1（New York，1930）。

寂寞的,它绝不以专供情报或训练阴谋人员为满足。第二次大战结束后的短短六年之中,教廷已又有过不少次的"精彩"表演,主要的有三次。1949 年 7 月 13 日,梵蒂冈公布了所谓开除一切共产党员的教籍的命令。这道命令,是在匈牙利枢机主教间谍案几个月之后发布的,阴谋破坏失败,教廷就又拿出公开的宗教武器来。此令的对象可分两类:一为大部人口信罗马教而共产党或真正人民的政党占优势的国家,如匈牙利,捷克斯洛伐克,波兰等国;二为有相当强大的共产党的罗马教国家,如法国、意大利等。此令的实施分为三点:(一)积极及坚持追随共产主义思想主张的人,自然开除教籍;(二)仅于原则上而非于实践中接受共产主义学说的人,可予以忏悔的机会,得重返教会;(三)阅读共产主义文献或接受共产主义信仰的人,不得参加"圣典",但不致正式开除教籍。

这一道命令,与其说可恨,不如说可笑。时代向前进了多少,教廷似乎完全不知道,它以为它的"神圣武器"仍像中古时代那样有效。这种大规模的开除教籍事件,中古时代是教廷屡次拿出的办法,在当时也尚能相当地收效。16 世纪以下,此种办法早已搁置不用,今日教廷真是已经急不暇择,竟然又施展出这一套法宝来,结果是一败涂地。真正的共产党员,当然是不理这一套的。一般非党员的善良人民,就东欧新民主国家而论,他们对于人民政权的实质,认识得太清楚了,世上已没有任何力量能叫他们再否定这种新的政权;反之,他们对于纳粹占领时期教会的"表演"也认识得太清楚了,世上也没有任何力量能叫他们对这样的一个教会再像过去那样紧紧追随。因历史与习惯的关系,他们或者还不能立即完全否定他们的宗教传统,但若非在人民政权与罗马教会二者间选择不可,他们是必定选择人民政权的。所以东欧新民主国家的人民,绝大多数不理教廷的命令,人民的政权对于教廷的挑衅也马上予以还击。两天之后,7 月 15 日,捷克政府发表声明,凡遵教廷开除教籍命令的人,一律处以叛国之罪,并宣布即将公布新法,由国家管制教会,总主教以下的一切教士的任命,都须先经国家的同意。多数的中下级教士都接受了自己政府的这个命令,只有少数高级教士仍然继续阴谋破坏,所以到本年(1951 年)1 月,就发生了三个主教被判间谍罪与叛国罪的重大案件。[①]

至于在意大利与法国,多数礼拜堂中虽都宣读了教廷的这个反动命令,但也止于宣读而已,此后并没有多少下文。

---

① 开除教籍令事件,见 *World Almanac* (New York, 1950),第 348 页。

教廷的第二件显著反动措施，就是宣布 1950 年为"圣年"。"圣年"本是旧制，每二十五年一次，鼓动全世的教徒到罗马巡礼朝圣，说是可以多得"神宠"，实际这是教廷藉此向信徒大量敛财的一种办法。这种经济作用，我们不必多管，所可注意的，是此次"圣年"中教廷特别强调一点，就是信徒在巡礼中必须要祷告上帝，消灭社会主义。教廷希望通过巡礼的信徒而把反社会主义的思想带到世界的每一个角落。[1] 与此可以合观的，是 1950 年 2 月 21 日梵蒂冈传出的消息，说教廷准备放弃它一向对其他基督教派别的不妥协政策，宣布为使一切基督徒共同对付共产主义，愿与其他教派协议公同信仰问题。[2] 这是一反教廷四百多年根本立场的一种表示，好似是极大的让步。它过去坚决不承认其他教派，始终坚持自己为唯一的"正教"，其他走入歧途的教派随时都可返回"正教"，但"正教"绝不与它们妥协。现在教廷这个新的表示，是一个表面开明而目的反动的措施。它并不是真的要与新教各派妥协，而是要联络一切可能联络的力量，共同对付共产主义，也就是共同对付全世界已经翻身与正在翻身中的人民。

教廷的第三件重大的反动措施，就是发布新的愚民信条。1950 年 8 月 14 日梵蒂冈消息，谓教皇即将正式公布新的信条，规定"圣母"不只是灵魂升天，并且也是肉体升天。[3] 这乃是"圣母无染原罪"说的进一步的发挥，代表对人心进一步奴役的企图。这并非宗教信仰问题，而为教廷策略问题，须稍加解释。在有剥削的社会，大多数人的生活本是多灾多难的，除终生艰苦劳作而难得温饱的经常痛苦外，又随时有"闭门家中坐，祸从天上来"的可能。在多数人的感觉中、幼时慈母的爱抚，是唯一毫无折扣的与完全可靠的人生温暖。统治阶级抓住了此点，为使人民忘记或忽视苦难的真正源泉，就制造出以女性慈悲及母性厚爱为中心的宗教信仰，来满足由统治阶级剥夺了全部人生乐趣的人民的内心要求，叫他们在这种精神迷醉的心情下可以忘记实际生活中的不平与痛苦。在旧的中国，"观音大士"，"救苦救难观世音菩萨"，就担当了这个醉人的角色。"圣母玛利亚"就是西洋的"观世音菩萨"，自中古以来就是统治阶层所尽量发挥的一个信仰对象，渲染烘托的程度远在中国的观音之上。在解放后的中国，帝国主义分子进行阴谋破坏的最大特务组织，是仍以"圣母"为名的"圣母军"。最近的新信条，代表此种渲染的最后一次努力。在未认清世局的人看来，今日的世界的确是痛苦日深，他们

---

① *World Almanac* , ，第 694 页。

② *Whitaker's Almanack* （London，1951），第 552 页。

③ 同上。

并不明了今日为全人类制造恐怖与苦难的，正是教廷后台老板的美帝。教廷也正是不要叫他们偶然会发现美帝为万恶之源的一条真理，所以就把"圣母"的信仰再进一步神秘化，希望世人都俯首皈依于与幼时慈母能够同样给予肉体温暖的"肉体升天"的圣母像前，忘掉一切，忍受一切，好让教廷与美帝随意去摆布世界与奴役人类。这是教廷新信条的最后真谛，这也再显明不过地暴露了教廷的反动本质。教廷是全人类的敌人，尤其是老实教徒的敌人。

结　语

由上面的简单介绍与分析，我们可得两条结论。

第一，今日世界上反进步反人民的组织力量有二，就是封建时代历史残余的教廷与没落中的资本主义和帝国主义总代表的美国，在日愈壮大的人民力量的打击下，这两大恶势力都感到自己面对死亡。美帝所代表的末路资本主义的面临死亡，今日大家已都了解。教廷的性质，普通不为人所注意。教廷与教廷统御的大一统教会，是残存于 20 世纪的最大封建统治与封建剥削机构，以全世界而言，它是今日地球上最大的封建地主，对革命的人民力量自然怀有无限的恐惧与敌意。它认为它已面临生死的斗争，它可说是被先天决定了要反共反人民的。同时，教廷又适应资本主义社会，投资甚多，而资本主义今日也同样地是人民革命的对象，所以教廷也非与资本主义最后力量的美帝合伙反动不可。教廷的所谓"天国"，实际是有两套的。一套是为信徒而设，把他们的注意力吸引到"天上"的"来生"，以便使他们少怀疑，少过问教廷与教会的许多"今生"作为。教皇比约第十一在他 1937 年向全世信徒发布的《论无神的共产主义通牒》中，有如下的向贫苦大众说法的一段话：

穷人"应常常保持着神贫的精神，把重视灵鬼的利益放在现世的财产和享受之上。他们要记住，在这世界上，贫穷，痛苦，灾难总是不会根绝的"。[①]

这一段话真是妙不可言！时至今日，而仍以这种一看即穿的精神麻醉剂来骗人，令人不禁怀疑梵蒂冈宫中的一批人物究竟是聪明绝顶的人，或是"其愚不可及"的人。大家要注意：教廷就是要人们消极地忍受现世的一切不平与痛苦，一心一意只去追求来世的天堂。此外还有另一套，那是教廷与

---

① 　《论无神的共产主义通牒》(北京，中华公教教育联合会，1937)。

147

教会上层机构所真正追求的"天国",那仍是地上的东西,与"天"无关,就是地上的政治统治与经济福禄,就是他们终日告诫信徒要忘记的那些"现世的财产和享受",只要全世界都听教廷统御,都任教廷剥削,教会上层机构的地上"天国"就出现了!我们不要天真地相信教廷真已放弃了恢复中古时代君临世界的狂妄想法,真已不想重温中古时代曾经昙花一现的"天堂"梦。它只是无此力,绝非无此心,它对世间任何的政权,都只是按照需要,斟酌情势,或利用,或敷衍,或破坏,除非是一个完全听它号令的附庸政权,它都不从本心上承认与接受它。这句话说得过火吗?好似是把欧洲中古的情势移到今日来加人以罪吗?绝对不然,远的不论,近在1926年6月15日,教皇比约第十一还发过一道所谓"余即位伊始"通牒,其中有如下的名句:"圣教会对于任何国之法律宪章,无不通融迁就。"①好大口气!弦外之音,是如何地狂妄与傲慢!它对任何政权及其法令在原则上都根本不予承认,只是作不得已地应付而已。这种狂妄态度的出发点,仍是中古时代御世的一套想法,今日它面对死亡,当然谈不到有什么积极的实际御世计划,但只要它存在一天,这个心坎内的想法它是不会放弃的。它今日自己做不到此点时,也仍投靠世上唯一的大反动政权,要帮助这个政权"平定"世界,奴役人类,妄想假藉世界性的"金元帝国"的实现来部分地实现地上的"教廷大国"。

以上是就政治经济而言,下面再讲意识形态。意识形态当然是与经济政治分不开的,但教廷的一套信仰体系,非常庞大,非常严密,是它实现政治经济控制的一套可怕的思想武器,值得我们特别注视。这一套东西是残存于20世纪最大最有组织的愚民教理,对内而言,已经是"天衣无缝"的。但因它过度违反时代,过度违反科学,所以经不起革命的打击;任何地方,只要人民胜利,则此庞大体系的精神统治必在该地很快地宣布告终。纯由意识形态来讲,教廷也知道今日是生死关头,所以必定不顾一切与不惜一切地强调愚民信仰,加强愚民信仰。

第二,新中国成立后中国天主教中的帝国主义分子与反动分子所散布的教会"超政治"的说法,完全是一片胡言。本文的介绍如果没有说明其他情形,最少已把一点介绍清楚:罗马教是人类历史上政治性最浓厚的宗教,只要有机可乘,它没有不抓政权的,对于反动政权它没有不拥护的,对于进步政权它没有不反对的。所谓"超政治"云云,并不是我们新中国成立后的中国人民所独自听到的说法,解放后的东欧新民主国家,也同样地有此妙论

---

① 《中华公教进行会全国教区代表大会实录》(北京,中华公教进行会总监督处发行,1936)第三编,第72页。

出现。东欧的教会"神长"以为人尽可欺,以为人民会把他们如何地与纳粹狼狈为奸的情节完全忘掉,在人民政权建立之后,一群"神长"们个个都摆出"超政治"的清高身份,并下令禁止下级教士以任何方式参加政治活动。但下级教士也不会忘记,不过几年之前,同一群"神长"们会命令他们与纳粹密切合作。中国的情形,与此如出一辙。沦陷时期与日寇勾结唯恐不密,解放战争时期与反动政府合作唯恐不周的教会,今日竟要叫一般信徒相信教会是"超政治"的,任何信徒如果稍加思索,就必可得到如下的一个结论:"超政治"的定义就是说,政治反动,政治反人民时,教会就积极热烈地参加政治;政治进步,政治为人民时,教会就立刻清高入云,"不问政治","神长"绝口不谈政治,信徒也不准参与政治。但我们不要为虚玄的文字与诡辩的技术所迷惑,所谓"超政治"正是最积极的一种政治活动,那是不得已时的一种消极抵抗,其中的政治性极强,反抗的意味极其浓厚。此种所谓"消极",完全是表面的,表面不问政治的背后,就是阴谋与暴动,小如"圣母军"的经常煽惑,大如炮击天安门的滔天罪谋,都是"超政治"的并行活动与必然结果。

（原载《进步日报》1951 年 12 月 14、21 日。）

基督教的宗派及其性质

本文的目的,主要地是要列举并说明二千年来基督教会的宗派分化和宗派性质。要彻底说明宗派性质,必须结合经济、社会、政治、历史条件,作一种深刻的历史唯物主义分析。这个工作,至今尚无人认真作过,也不是笔者所能胜任,同时也不是一篇短文所能负担。所以在这方面,我们只准备作一种极概括的说明;说明是否正确,希望大家批评指教。

关于派别分化本身,也是复杂至极的,不可能在一篇短文中全部列举,我们只准备把重要的分化,即或在历史书中,或在实际生活中,遇到的机会较多的派别列举说明。

原始的基督教本是公元 1 世纪罗马帝国内部城市中劳动人民,包括独立手工业者、奴隶、无固定职业的贫苦市民,以及其他地位不稳定、生活无保障的人民的一个反抗帝国统治的运动,是历史上时常出现的以宗教方式反抗统治阶级的一个人民运动。这个运动先在罗马帝国东部,即希腊语地区传播,后来向西传到拉丁语地区。最初各城各地的信徒团体各自为政,后来各地发生联系,但地方与地方之间尚无统属关系。

罗马帝国的政府,先是想要扑灭这个人民运动。扑灭不成,只有承认它的合法性(公元 313 年);由于它的力量的强大,最后并进一步加以利用,承认它为帝国的国教(公元 392 年)。自从基督教取得合法地位之后,统治阶级的人士也开始大批进入教会,教会急剧变质,到成为国教时,基本上已是与帝国政府并行的一个庞大的统治机构。

成了统治机构之后,基督教教会随着帝国经济、政治以及对外关系的发展而发展,问题日愈复杂。原属统一的教会,随着帝国的希腊语区与拉丁语区的分裂趋向而也日趋分裂。东西的斗争,每次都有宗教信仰或信条为借口,实际纯为政治之争。五六世纪间,东西的纠纷实际已经导致了东西教会的分裂,但最后的分裂是到 1054 年才实现的。自此东部的教会,即所谓拜占廷帝国的教会,自称为"圣、正、公、宗徒、东教会",简称"东正教",俗称希腊教。西部的教会自称为"圣、公、宗徒、罗马教",简称"罗马教"或"罗马公教"，传入中国后称为天主教。

东正教是与拜占廷帝国政府并行的一个宗教统治机构，而拜占廷的统治阶级是以希腊人或希腊化的人为主的。除希腊人或希腊化的人之外，帝国还包括了许多语言不同、历史不同、生活习惯不同的其他民族，他们对于希腊重心的拜占廷统治是时常反抗的，而在当时的条件之下，宗教的争辩就成为最有号召力的反抗旗帜，在公元五六世纪间拜占廷帝国内部出现了各种异端，即在教义的某一点上与希腊正教表示分歧的派别，实际就是非希腊的各族人民用以反抗拜占廷统治的民族宗教，其中重要的有六种：景教、一性论派、一志论派、亚美尼亚派、埃及派、埃塞俄比亚派。就反希腊统治方面言，这些派别都是有民族意义的进步运动。但一旦成功之后，它们也与希腊教一样，都是封建统治的一种机构。并且由于希腊教及分化各派流行的地区并没有自行发展资本主义，而是只到近代晚期才在西欧影响之下或多或少地有了资本主义，所以无论希腊教本身或分化各派都始终是封建性的宗教集团，没有类似西方教会系统随着资本主义的出现而发生的复杂分化现象。

西欧的罗马教，在中古时代，与东正教一样是封建统治机构，两者只在表现的形式上有所分别。东方由于有一个强大的帝国政府，教会始终是一个处在第二位的辅助机构。西方由于没有一个统一政府，所以超国界的罗马教会能够演化成为一个中央集权，与各国政府不仅分庭抗礼，并且企图控制、甚至统治各国政府的一个宗教兼政治的权力机构。这就是大家所熟知的罗马教廷；教廷的中枢人物就是教皇。

中古晚期，西欧资本主义萌芽，发生了赋有资本主义性的革命，就是16世纪的宗教改革运动。在这个运动中，在不同的国家，在不同的条件下，出现了三个大的改革运动，后来形成了西方基督教新派的三个大宗，即以德国及斯堪的那维亚各国为主的路得宗，以英国为主的安立甘宗，和当初以瑞士及法国为中心而后来传播到荷兰、英国、苏格兰以及其他各国的加尔文宗。此外有更为激烈，民主色彩特别浓厚的浸礼宗和公理宗，16世纪已经兴起，到17世纪才形成较大的势力，最后形成势力的地方主要是在英国。17世纪中期英国资产阶级革命时，又有带有无政府主义色彩的朋友会或公谊宗出现。18世纪，由英国安立甘宗的国教中又分化出一个大宗，就是卫斯理宗。所以由16到18世纪的三百年中，在西欧共分化出路得、安立甘、加尔文、浸礼、公理、公谊、卫斯理等七个重要的宗派。此中特别可以注意的一点，就是除路得宗外，都与英国有关：或由英国发生，或在欧陆发生后而在英国得到重要的发展。这大概是由于英国在当时是资本主义发展最高的国家，所以一切有关的发展都与它有联系。

法国革命以后，进入19世纪，随着资本主义的高涨，基督教新教的派别分化层出不穷，反映资本主义社会各阶层，各重要职业集团，以及地方性的不同利益和各种特点。这一段发展以英美为主，美国的地位尤其突出。法国革命以后，欧洲大陆各国的阶级关系和阶级矛盾，一般地不再表现为宗教的形式，而表现为社会主义的或反社会主义的形式。而英美不同，美国尤其不同。在英美，社会主义和反社会主义虽是阶级矛盾表现的主流，但宗教形式的运动也形成一个重要的副流，在美国尤其不能忽视。

美国的宗教派别最为复杂，须待研究的问题特别地多。欧洲各国的移民把他们原来的宗教派别都带到北美，所以欧洲所有国家的一切基督教派别在美国都可找到。同时，美国开发广大新地的历史和开发新地及发展资本主义过程中的各种错综复杂的阶级关系和阶级矛盾，在一百多年间据说产生了二百种上下的大大小小的基督教派别。作为科学研究的对象，这一段历史仍是历史科学内部的一个缺门。在目前的条件下，只有美国学者能够掌握足够的资料，对此问题进行研究，但美国学者还没有重视这个问题。站在教会的立场所写的作品是有的，但那都不能说明问题。比较客观的美国学者，有时在著作中触及这个问题，但都不够透彻。至于马克思主义的历史学者，在美国是为数不多的，而这少数人都有更迫切的工作等待他们去做，无暇顾及这个问题。所以近代史中的这一个线索，只有留待将来才能理清。本文对于19世纪以至20世纪美国的此一发展，不准备予以介绍说明。在比较专门的美国史的作品中，可以遇到这些派别，但在世界史的作品中很少提到它们。进入20世纪后，它们有一部分传入中国，但在中国的基督教中都只形成地方性的小派别，在新中国成立前我们一般人就很少有接触到它们的可能，今后遇到它们的机会恐怕更要微乎其微了。

但19世纪有两个新的发展，我们必须一提，就是19世纪中期的基督教青年会和19世纪晚期的救世军。后者是一个特殊的宗教派别，前者根本不是一个宗教派别；两者都导源于英国，而在美国发展壮大。它们虽主要是英美的宗教运动，影响却扩及世界的每个角落；传入中国后，也曾活跃一时。

上面我们把两千年来基督教的发生、发展、分化的过程作了一个概括的介绍。下面我们把已经提及的各派，逐一予以比较具体的说明。

先谈东正教和东方各派，这主要是上古晚期和中古初期的问题。8世纪以下，一直到近代，基督教东方系统内没有重要的新发展。

东正教就是原始的基督教教会，西欧的基督教（后来的罗马教）还是从东方传去的。在宗教信仰及教会组织上，东西两部基本上一致。信仰的问题不必多谈，有些问题在说明各异端派别时自然要提到。在组织上，全帝国分为很多教区，教区由主教负责主持，主教赋有神权。几个主教之上有一个大主教或总主教，自有教区，同时又监督附近几个教区的主教。在大主教之上，帝国内又有几个宗主教（希腊 Patriarches；拉丁 Partriarcha），最后由于复杂的历史发展的关系，其他的宗主教都丧失了实质上的地位，只剩下君士坦丁堡和罗马的两个宗主教，东西对峙，在东西分裂之后，分别统辖东西的两个教会。

君士坦丁堡的主教就是东正教的宗主教，统辖拜占廷帝国的全部教会。但由于有一个操持军政实权的皇帝，这位宗主教在统治机构中只有退居第二位，东正教始终是在政府控制之下的一个宗教机构。

中古初期，东正教传入南斯拉夫、保加利亚、罗马尼亚、俄罗斯。南、保、罗三国直接或间接地都在拜占廷的统治控制之下，在宗教上当然也要服从君士坦丁堡的宗主教。俄罗斯在政治上始终是独立于拜占廷帝国之外的，但当初在宗教上仍是附属于拜占廷的宗主教。15 世纪拜占廷帝国为土耳其人所灭，除俄罗斯外，土耳其帝国征服了所有信仰东正教的地方，并仍继承拜占廷的政策，利用君士坦丁堡的宗主教为统治境内基督教信徒的工具。但俄罗斯至此自然不会再甘心在宗教上受制于一个异教政权操纵之下的宗主教，所以在中古晚期就产生了自己的宗主教。彼得大帝时，废宗主教，成立至圣部，为政府机构的一个部门，统辖全国的教会。十月革命后，政教分离，俄罗斯东正教又恢复了宗主教，经过二十多年的错综发展，在第二次大战期间苏联政府正式承认了这个宗主教的地位。

东正教在宗教信仰和宗教活动上，不分国界，一向是统一的。宗主教的多少或有无，仅是教会行政的问题，不直接影响到各国教会和信徒的宗教生活。

现在我们再回到上古晚期的拜占廷，看一看这个帝国内部或边境以外的各种异端。

第一派可以注意的异端就是中国史上的景教，创始人为 5 世纪初期曾任君士坦丁堡宗主教的聂斯托略（Nestorius），所以在欧洲文字的书中称为聂斯托略派。此派与东正教的纠纷，发生在对圣母的称呼上。东正教称圣母为"上帝母"，景教主张称为"基督母"，在这个问题上就分裂出新的派别来。景教先在拜占廷帝国内部活动，后来传入波斯帝国。波斯内部原已有基督教的势力,至此绝大多数信徒都皈依聂斯托略一派,乃波斯在政治上和民族上与希腊人的拜占廷帝国对立的宗教表现。他们在波斯自立宗主教,废希腊语,而以叙利亚语为宗教语。此派在中古时代大事向外宣传,势力达到阿拉伯、印度、锡兰岛、南洋群岛、中央亚细亚各地、中国。传入中国为公元 634 年(唐太宗贞观八年),在中国流传甚广,公元 781 年(唐德宗建中二年)立"大秦景教流行中国碑",纪教义及在中国活动情况。此碑现存西安碑林,碑的侧面列有波斯传教士的名氏,所用的就是叙利亚文。作为一种活的语文,叙利亚文现已不存,但专家仍能阅读。中国的景教后来消没,印度的景教一直流传至今,教徒集中在印度南部的西海岸。

一性论派(Monophysites),又称雅各派(Jacobita),特别尊重 6 世纪的一位雅各·巴拉牒(Jacob Baradaeus)。东正教认为基督兼有神人二性,此派相信基督只有一性,即以神性为主的神人合一性。此派流传于叙利亚、埃及、埃塞俄比亚。一般特称叙利亚的这一派别为一性教或雅各教。此派在叙利亚以叙利亚语为圣语。

一志论派(Monothelites)特别推崇一位历史不详的玛伦(Marun),所以又称玛伦派。他们在信仰上与一性论派相近,认为基督的神人二性赋有统一的意志,东正教则认为神人二性的两个意志相调协。此派盛行于黎巴嫩山与海岸之间的地方,大致就等于今天的黎巴嫩国境。他们在正式宗教活动中也用叙利亚语。

亚美尼亚派,就是亚美尼亚的基督教。历史上的亚美尼亚今日分属于苏联、伊朗、土耳其三国。3 世纪末或 4 世纪初基督教传入,6 世纪中期脱离东正教而独立。教义接近于一性论,而在神道学的术语中又创出与一性论不尽相同的一些词句。此派以亚美尼亚的民族语言为圣语。

埃及教派,就是埃及的一性论派。特称它为埃及派,乃是近代欧洲人的一个说法,所采用的是阿拉伯语称埃及本地人的一个名词:Kubt 或 Kibt。此派乃是未曾希腊化的埃及居民的基督教,用埃及语为圣语。埃及语与叙利亚语一样,现已消灭,只有专家能读。今日埃及、叙利亚、黎巴嫩的基督徒,在宗教活动中用阿拉伯语。今日埃及和叙利亚的居民,多数信仰伊斯兰教,只在黎巴嫩基督教徒仍然稍多于伊斯兰教徒。

埃塞俄比亚派,就是埃塞俄比亚国的基督教。对于这个国家,中国过去随从欧洲人的习惯,称为阿比西尼亚,现在我们尊重他们本国的习惯,改称埃塞俄比亚(原文 Ityopia,希腊 Aethiopia)。此地自古就受埃及文化的影响,五六世纪间基督教由埃及传入,也属一性论派。此地基督教教会的首领由埃及一性论派的宗主教任命，在教会组织系统上处于从属地位。但埃塞俄比亚的教会实际一向是半独立的，今日更趋独立。它的宗教语为本地的埃塞俄比亚语。

以上这些派别，都自称为"正教"或"圣教会"，我们所列举的名称都是反对者（特别是拜占廷帝国的官方东正教）给它们起的名称，历史书中为清楚分别起见，一般都采用这些名称。"景教"一词是中国在唐代所创。

现在谈一谈西欧罗马教的系统，这主要是中古和近代的问题。

罗马教在教义上与东正教实际没有分别，但它们在上帝的三位一体论中强事造出一种分别。三位就是父、子、圣灵；在谈到三位的相互关系时，东正教说是"圣灵由父而出"，罗马教说是"圣灵由父子而出"，一字之差就成了东西分裂的焦点。这究竟是一个什么问题，我们不必企图去了解，古今没有任何人真正了解它。真正的问题当然不在这里，整个的斗争主要是一个政治斗争。

罗马城的主教原是罗马帝国西部的宗主教，但由于帝国古都及一些宗教传说的历史关系，这位宗主教从很早就说他在宗主教中有特殊的地位。5世纪末以后，西方不再有皇帝，更加强了这位宗主教的独立性，不只在纯宗教事务方面，在教会行政方面他也渐渐成为西欧教会的直接统治者和唯一统治者。那也就是说，他成了教皇。君士坦丁堡的宗主教当然不承认这一套，东西教会的分裂是必然的和无可避免的。

中古时代罗马教的势力普遍西欧和中欧，宗教语为拉丁文。至今全世界的罗马教，包括中国的天主教，正式的宗教语仍为拉丁文。

中古晚期，随着资本主义的萌芽，摈弃纯封建性的罗马教，另创合乎市民和新兴资产阶级要求的新宗教的运动，普及西欧，尤其是西欧的北部。各派在教义和仪式上与罗马教的分别，是相当复杂繁琐的问题，除为说明问题必须提及的部分外，本文不准备予以介绍。一般说来，它们在各方面都是比较简单化的宗教；正如恩格斯所说，它们都是"省钱"的宗教。新时代的这些新的教派，不再有所谓宗教语或圣语，它们在各地都用地方的民族语甚至方言去从事宗教的活动。另外，所有新派的一个共同点，就是它们都不再承认教皇。

路得宗（德 Luthertum；英 Lutheranism）发祥于德国，普遍传播于丹麦、瑞典、挪威、冰岛，到近代美国也是一个路得宗盛行的地方。传入中国后，由于派遣国家或派遣团体的不同，名称也不一致；在中国内部也有新的发展，更增加了名称的混乱。路得会、行道会、中华信义会、中华基督教会等等，都

是路得宗在中国的名称。

安立甘宗(Anlicanism;Church of England)原是英国的宗派;美国及英国各自治领以及殖民地,都有这一派的势力。传入中国后,在多数地方原称安立甘会,自1912年后改称中华圣公会。由于英国的资产阶级是最富于妥协性的,是最热中于一些封建残余的,在宗教上,英国国教的安立甘会仍然保持封建意味浓厚的主教制。

长老宗(Presbyterianism)又称加尔文宗(Calvinism),创始于16世纪的法国人约翰·加尔文(Jean Calvin),但后世此派的重心在英国、苏格兰、荷兰、美国。此派当初是中级和中上资产阶级的运动,在教会行政上比较民主,在宗教信仰上比较强调个人主义。传入中国后,称长老会,复初会(Reformed Church)等,近年又称中华基督教会。

公理宗(Congregationalism)当初为中下资产阶级的运动,进一步强调民主,一切宗教事务都由信徒通过会议讨论决定,这就是"公理"——公众管理。牧师对教徒负责,没有丝毫的神权意味。此派传入中国,称公理会、伦敦会等,近年又称中华基督教会。第二次大战前后的一个时期,几个性质比较接近的基督教新派,在中国趋向于合作以至组织上的混一,所以路得、长老、公理三宗都称中华基督教会。

浸礼宗(Baptist Church)在性质上与公理宗根本相同,它的特点就是坚持行洗礼时必须全身浸入水中,只洗前额是不算数的。传入中国,称浸社会、浸信会等。

公谊宗或朋友会(Society of Friends)是17世纪英国小资产阶级和中下资产阶级无政府主义和平等主义倾向在宗教上的表现。外人给他们起绰号为贵格人(Quakers),意即"抖荡的人",形容他们礼拜时由于"神感"而身不由己地抖荡。他们自己有时也采用外人对他们讽刺的这个名称。此派根本无牧师,信徒之间完全平等,宗教礼拜也没有固定的仪式。他们反对一切尊称和敬礼,信徒之间互称"朋友"。他们拒绝当兵,实际上等于否认国家。在战争时他们同意参加救护工作。传入中国,称公信会、贵格会、基督教公谊会等。

卫斯理宗(Wesleyanism)又称循道宗或循理宗(Methodism),创始于18世纪英国安立甘会牧师约翰·卫斯理。他本想在安立甘会内部从事改革;不成,才另立宗派。18世纪的英国国教过度形式主义化,忽视内心的宗教虔诚,而在一定范围内宗教虔诚是有利于资本主义社会的生产事业和劳动情绪的。卫斯理宗就是特别强调内心虔诚的一个宗派。传入中国,先称美以

美会（Methodist Episcopal Mission），后又称监理会、中华循理会、中华基督教循道公会、中华基督教卫理公会等。

以上是 16 至 18 世纪的一些新宗派的情况，下面我们介绍一下 19 世纪新兴的两个宗教机构，即基督教青年会和救世军。

基督教青年会（Young Men's Christian Association）1844 年成立于英国，不久传入北美，在美国异常迅速地发展壮大。青年会不是一个教会，会员亦不一定要是基督教信徒，但青年会的机构是由基督教新教各派的信徒联合组成，联合负责。青年会一般地只设在城市中，很少从事农村中的活动。活动的对象为青年、学生、工人上层分子及一般知识分子。活动的方式为游艺、旅行、露营，各种学习和讲演、不拘形式的宗教学习、公寓宿舍的供应等等。正式提出的目的为增进青年的"精神发展"。19 世纪 40 年代正是英国工人和人民的宪章运动高潮方才过去的时候，也是美国工人运动方才开始的时候，青年会担负了把一部分工人和可以进步的青年引上漠视现实、粉饰太平、消磨光阴于各种庸俗活动路上的反动使命。各地的青年会都由当地的资本家大力支持，各派教会所不能笼络的青年有许多都被青年会席卷以去。19 世纪晚期，青年会传入殖民地半殖民地的一切国家，除开在资本主义国家所做的工作照样去做以外，它又是培养买办思想的大本营，并且利用一切机会去拉拢官僚政客和买办资产阶级，去做一些政治投机的勾当。青年会在殖民地半殖民地世界的帝国主义背景，是较一切基督教新派都要显著的。

救世军（Salvation Army）1878 年成立于英国，在教义上强调卫斯理宗的内心虔诚和内心觉悟，宣传的对象为城市中的工人、一般贫民和无业失业的游民。这是一个很特殊的教会，组织形式完全照抄军队，教士有大将及各级军官、队长之类，教徒称正兵、副兵。会中注重纪律，有如军队。救世军由英国传遍全世，在各国都使一部城市贫民和无产阶级模糊了阶级立场、消磨了革命意志，在"内心虔诚"及"军队纪律"中去过一种幻想的和自我麻醉的生活。19 世纪 70 年代晚期，已到了帝国主义阶段的前夕，救世军在冲淡帝国主义阶级的阶级矛盾和阶级斗争中，算是为新兴的垄断资本卖了极大的力气。

青年会和救世军，一个专门对付青年、工人上层分子和城市中的一般中级阶层人士，一个专门对付普通工人和城市中的一般贫民；两者合起来，是要对付一切可以革命的人民。18 世纪以上基督教新教各派的发生背景都相当复杂，19 世纪美国的各种新兴派别还有待具体研究，唯有青年会和救世军这两个 19 世纪出现的宗教运动,意义相当单纯,它们是显而易见地反工人运动和反社会主义的。这两个运动都传入中国,在新中国成立前基督教青年会的势力遍及全国所有的大中城市,救世军也插入多数较为重要的城市,在华北尤为活跃。

总括全文,两千年来基督教是密切结合欧洲历史的发展而发展的,到近代它又随着资本主义而把影响扩及全世。在大的轮廓上,它各时代各阶段发展的意义尚不难捉摸,但具体、细致而科学的研究,仍有待历史学界,特别是马克思主义的历史学界进一步地努力。

(原载《历史教学》1957 年第 1 期。)

犹太国与犹太教

以色列第一个统一的王名沙乌尔（Sha'ul，公元前 1028—公元前 1013 年），他是以色列人选举出来的王。他在位的十五年期间主要任务就是领导以色列人抵抗匹利士提人的侵略，收复以色列人已丧失了的土地，但当其任务尚未完成时本人即战死。

沙乌尔死，大卫（David，公元前 1013—前 973 年）继承王位，曾屡次打败匹利士提人，解除了匹利士提人对以色列的威胁，并乘机征服了全部迦南。大卫建都于耶路撒冷（Jerushalaim）。以色列王国至此始真正统一和强大起来。此后以色列开始向外拓土，向南扩张到了埃及边境，向北征服了叙利亚南部地方的一些城市，包括大马士革在内，向东北势力达到了幼发拉底河岸，建立起了一个小以色列帝国。

大卫死后，其子所罗门（Shelomoh，公元前 973—前 933 年）继位为王。其对以色列在表面上虽仍能维持着帝国局面，但实际上由于以王室为首的统治阶级极力模仿埃及、巴比伦等大国贵族的享受，大肆铺张浪费，因而加紧了对国内人民的残酷榨取，从而引起了人民的强烈不满，社会内部骚动不安。同时统治阶级内部亦存在有矛盾，国内渐趋于分裂，所以帝国此时已经在动摇了。传说公元前 933 年所罗门死后，以色列的南部与北部即正式分裂而成为两国。

以色列分裂后，北部仍称以色列，首都设在撒马利亚（Samaria），其人大体上是公元前 1400 年时自沙漠地带进入迦南的希伯来人。南部称犹太，仍都耶路撒冷，其人大体上是公元前 1400 年以后自埃及进入迦南之希伯来人。但南北两国之分立并不是由于这两种希伯来人因种族不同的关系而造成的，分立的原因主要是由于南北两部经济发展的不平衡。当时南部因多山，以畜牧业为其主要生产，农业极少，交换很不发达，手工业也还处在原始状态，经济非常落后，只有耶路撒冷一座城市。北部经济发展则较高，不但农业比南部发达，而且手工业生产也较高，城市不止一座，人民生活也较为富庶。所以过去南北两部在经济上并未形成一个统一体，加以统一国家的统治者——所罗门主要是对富裕的北部加紧榨取，而首都却设在南部，因而引起了北部统治者对南部统治者的不满，加深了分裂的趋势。所罗门死后，其子即位，仍对北部征重税，北部统治者乃另选立了一个王，正式与南部分离。

公元前933年以色列犹太两国正式分立后，即不断发生着内战，因而削弱了两国势力。此后两国不但不能继续维持以色列帝国强盛之局面，而且渐渐连独立自主的局面也难维持了。

公元前722年以色列国为亚述所灭。亚述将绝大部分以色列人俘迁分散到两河流域各地区，故此后以色列人在历史上渐消灭，而为其他种族所同化。犹太至公元前586年亦为新巴比伦所灭，其居民被俘虏到巴比伦城及其附近地方。故犹太人此后在思想、宗教信仰、文学方面皆受巴比伦的影响，而巴比伦的文化因素又经由他们而影响了全世界。

犹太人的命运与以色列人不同，在其亡国六十年后又得以复国。因为波斯灭掉新巴比伦帝国后，一反新巴比伦之措施，对各被征服种族采取怀柔政策，准许被俘之各族人民迁回其本国。526年一部分犹太人乃自巴比伦回到了耶路撒冷，重建了犹太国，但仍然是在波斯控制之下。而大部分的犹太人或因自己已在外地安家立业，或因本来就出生在巴比伦，其生活反与自己的故乡毫无联系，所以都不愿回国，仍散居在各地过着流亡生活。进入希腊化时代后，分散于亚洲西部及欧洲各地之犹太人大多将希腊语作为自己的语言，他们以希腊名词自称为"Diaspora"，意即"流亡人"。

犹太人在被俘往巴比伦后，在其所过的一段被奴役的生活中，宗教生活开始居于空前重要的地位。这是因为在当时情况下，加强原来犹太教的宗教信仰，是使生活在异国身受异族压迫的犹太人加强自己内部团结，以及为抵制外族文化的影响以免同化于外族的唯一手段。而与此同时，犹太人内部也就出现了一批在犹太人中间极有权威的教士阶级。526年犹太人重返耶路撒冷复国后，这些犹太教士就变成了国家的统治阶级，在犹太人居住在巴比伦时期中所形成的强烈宗教信仰的基础之上，他们建立起了一个政教合一的国家。他们将犹太教原有的和以后接受自巴比伦宗教的许多观念、礼节、制度，形成为一整套的繁文缛礼，将之灌输入人民的实际生活中去，一个人从生到死的每一件事几乎都被赋予了一种宗教上的说法。宗教不但支配着人们的精神生活，而且支配着人们的政治和社会生活。

复国后犹太人的宗教信仰中表现得和以前不同的最突出的一点，以及最被强调的一点就是此时犹太教的一神信仰与"选民"思想。他们所信的神

亚伟本为部族的地方神——后演变为世界群神最高最大的神,最后又成为宇宙唯一的主宰,而这个唯一大神对犹太人特别照顾,看犹太人为"上帝的选民",赋予他们特别的使命,这是结合整个民族经验的一种民族自卫的精神武器。蕞尔小国的犹太,除短期的独立外,一直在受压迫,被征服,遭奴役,而对于种种过度强大的外来压力,他们在政治上及军事上又根本莫可奈何。为了在精神上团结内部及抵御外侮,他们于是幻想亚伟为最大的神,必可战胜信仰他神的民族。等到这种想法失败,犹太人国家被亡,人民被掳后,他们又进一步幻想亚伟为宇宙的唯一主宰,掌握全世界及全人类,其他的神明均属虚伪,这个宇宙间唯一真神又特别宠爱犹太人,把他们作为自己的"选民",即上帝所特别排选出来完成特殊使命的人。这个"选民"因为犯罪而受真神的惩罚,亡国被掳。但真神必不放弃他们,他们将来必可复国,只要虔诚敬神,依靠神力必可成为世界的主人,不仅不再受压迫,耶路撒冷并将成为全世界所景仰的宗教中心与政治中心。犹太人就是靠这种精神上的幻想维系自己的生存。这种迷信思想对当时的犹太人来说不能说是一种阿Q式的精神安慰,而是反映了犹太人对自己不幸命运不屈的反抗斗争精神。在犹太国家政治力量薄弱的情况下,这种思想在团结内部坚定忍苦地抵抗外来势力的威胁,以争取自己种族国家的生存方面曾起了一定的作用。

犹太人的宗教信仰表现在三类书籍中。第一类是历史作品,是犹太人所写的自己过去的历史和他们四周的大小国家的历史。第二类是民法、刑法与宗教法的书籍,其中也夹杂着许多抄袭自巴比伦的法典条文。第三类则是预言书、诗集以及哲学的作品,这些作品多是以"上帝选民"的观点来解释当时所发生的各种政治和社会问题,说明上帝交给了犹太人特殊的使命,从而预言着犹太人的光荣未来。后这些书籍被集合成为了犹太教的《圣经》,也就是后来基督教的《旧约圣经》,它在今日仍有一定的史料价值,是我们研究亚洲西部各国历史的重要材料,可以之与今日考古发现的地下材料互相印证。不过,其中所包含的许多巴比伦宗教的迷信观念后来也经由基督教之传播影响了全世界,就中毒素最大的就是悔罪文——罪恶观念。

犹太在526年复国后仍继续受波斯控制。波斯亡后,犹太即为亚历山大所征服,在公元前332—前323年间成为亚历山大帝国之一部分,公元前323年亚历山大帝国破裂,犹太与埃及两地同时为亚历山大部将托勒密所统治,但到公元前198年至168年间时,犹太又变为亚历山大另一部将西路科(Seleucos)所建之条支国(叙利亚国)的一部分。公元前168年犹太人在马卡比(Maccabaeus)家族领导下起义推翻了条支的统治,一度恢复了独立,在公元前168年—前63年间犹太国大体上维持着独立自主的局面。公元前63年后始为罗马所征服,长期被罗马控制。公元70年时犹太人曾起义反抗罗马的统治,但被罗马所征服,犹太人大部被屠杀。到7世纪时犹太地方为阿拉伯人所征服后,犹太人迅速地阿拉伯化了。除少数人仍维持原有的宗教信仰始终未变外,此后犹太地方的犹太人在文化和生活习惯上都已与阿拉伯人无异。

(原载《世界上古史讲义》,中华书局2012年版,第146—150页。)

东方宗教与基督教的兴起

　　自希腊化时代已开始了的地中海世界文学和哲学的没落,是与整个地中海世界奴隶制度的没落分不开的。文学和哲学作为上层建筑中的意识形态部分来说,希腊罗马的文学和哲学都是属于奴隶主阶级的,但在城邦时代,亦即奴隶社会上升的时代,奴隶主阶级不怕全面地探讨整个宇宙、整个社会人生的问题,因此这个时期的文学和哲学在从奴隶主的观点提出问题和解决问题的时候,却不能不接触到社会中最大多数的人民群众的现实生活,并且企图而且也确实有力量使人民群众屈从于自己的观点之下,他们甚至于不怕公开的提出奴隶主对奴隶和一般人民统治的合理性问题。如当时唯心主义的大哲学家柏拉图和亚里斯多德即曾如此说过。因此这个时期的文学和哲学对人民群众的精神生活保有一定的控制和影响。但是地中海世界的奴隶制度随着统一趋势的加强所引起的没落到了罗马帝国时代已达于极度,所以反映奴隶主阶级意识的文学和哲学已不敢再从事整个宇宙、社会、人生的全面探讨,其所涉及的仅是奴隶主如何继续维持现状的存在和享乐的问题,视野的范围缩到极小,因此这个时期的文学和哲学已不再和人民群众有任何直接的和间接的,正面的或反面的联系,从而也就失去了它对人民群众精神生活上的控制和影响。而这个时候人民群众的生活却是处在空前未有的极端痛苦的情况之下,因此在现实生活中人民群众对统治阶级进行着反抗斗争,同时在思想上一种完全摆脱了奴隶主阶级的思想影响而反映着纯粹的人民群众意识的宗教运动,在帝国各地区中也开始发生并迅速地发展起来了。

　　这种宗教运动从形式上看,在帝国除希腊罗马以外的地区中是当地原有宗教的进一步发展,而在希腊罗马则是各种东方宗教传入的一种结果。但这种新的宗教运动所以能在帝国内部各地以同一主要内容普遍而广泛地流行起来,那就是因为这时罗马帝国的人民利用和发展了这些东方宗教的一个主要内容,而把自己的意识和希望灌注在那上面,使之成为了自己的宗教——表达自己意志的工具。这种被利用和发展了的东方宗教中的主要内容就是关于"救世主"的观念。

何以这种"救世主"的宗教观念在此时首先在罗马帝国东部,最后在罗马帝国内部各地区人民社会中流传起来呢?这主要是因为当时人民在生活上所受到的无比痛苦所致。特别是地中海东部各地的人民,这些地区先为马其顿征服,继而又为罗马征服。在罗马统治者的残酷压榨下,帝国东部各地人民大批地被变为奴隶,被迁往远方异地过着牛马不如的生活,或是被强迫当兵,过着颠沛流离的生活。在这种情况下,人民群众最初曾采取了积极斗争的方式,在罗马共和国晚期的一百年间,各地的贫民和奴隶曾不断地起义反抗罗马的残酷统治,以期消除使他们生活痛苦的泉源,但所有的直接反抗斗争最后都失败了。失望之余,从当时人民群众的认识水平出发,很自然地人民便认为现实生活中的压迫者力量所以这样强大,以致无法摧毁,是因为它受着冥冥中的一种罪恶力量的支持,要想摧毁它也就不是人力所能为的,而必须依靠神的力量,于是人民的反抗情绪便转而形成为一种宗教运动。因此,应该说最初形成这种新的宗教运动的人民情绪是有积极意义在内的,并不单纯是消极的逃避。在这种情绪支配之下,当时在帝国各地的人民社会中开始流传着各种不同的"救世主"的说法。这种"救世主"的说法原只存在于犹太教中,并且犹太教也只限于在犹太人当中传播,但由于这种"救世主"的说法极为符合当时人民群众的上述那种情绪,所以后来就超出了犹太人的范围而开始为一些非犹太人所接受,许多东方宗教中的大神渐被当地人民附会成为"救世主"。随后,演化后的犹太教和这些东方宗教又传入了希腊罗马。这样,一种以"救世主"为中心内容的新宗教运动就在罗马帝国范围内发展起来了。

犹太人是地中海东部的一个弱小民族,由于他们一贯受着其他大国的征服、压迫与奴役而无力反抗,为了加强自己民族抵抗外来压迫的胜利信心,团结内部以求在极端艰苦中维持自己民族的生存和文化的独立存在,犹太人曾采取了加强犹太人自己的宗教信仰的办法,并在原来犹太教的基础上发展出来了一种"救世主"的说法。那就是犹太人相信将来神定会派一个救世主(犹太人称之为弥赛亚,Messias,Mashiakh)降生到人世来解救犹太人,使他们能够摆脱其他民族对他们的压迫,并能转过来打倒、征服一切压迫过犹太人的民族,在世界上建立一个以犹太人为主的极乐世界,即他们称之为"天国"或"上帝国"的世界。这种"救世主"的说法为其他民族所接受后,乃扩大了范围,这时那个将要下世的救世主被认为不仅是为解救犹太人了,而是全人类——一切被压迫者的解救者了。此外犹太教中代表人民意

识的思想，如"富人进天国，比骆驼穿过针眼还难"、"不工作的人，不应当吃饭"，在此时也特别盛行，从这里可以充分看出当时罗马帝国社会中人民对"劳动"的看法，以及他们对统治者——"富人"的仇恨。这种思想显然是与罗马社会中所流行的那种属于剥削阶级的享乐和轻视劳动的意识相敌对的，而只有当时社会中的奴隶和劳动的贫民才会有这种意识。由此也可看出这种新宗教运动的性质。

除犹太教外，东方古宗教演变为救世主宗教的有下列几种：

（一）扶利迦宗教（为小亚细亚地方的宗教）中的娸贝洛（Cybele）神与亚提（Attis）神被尊为救世主。这一派在公元前204年时即已传入了罗马。

（二）埃及宗教中的爱西（Isis）神与西拉皮（Serapis）神被尊为救世主。

（三）叙利亚古教中之巴阿（Ba'al，Belos）大神被尊为救世主。

（四）波斯教（祆教）在传入罗马帝国后，其太阳神弥特拉（Mithras）亦被附会为救世主。但波斯本身，也就是罗马帝国以外，波斯教并未变成救世主宗教。

这些演化后的东方宗教在其信仰与宗教仪式上有许多共同点：它们的神（救世主）都是童女所生；这些神为解救人类都曾被恶势力杀死，但后来又都复生，表示战胜了恶神；它们的信徒都要接受一种宗教上的洗礼，象征他已得到神祐，保证其死后复生；在信徒之间还经常举行一种宗教上的"圣餐"——聚餐会，最初这实是人民内部的一种表示友谊和团结的生活上的表现。信仰这些宗教的起初也都是贫民和奴隶，它们纯粹是人民的宗教。因此罗马帝国各地的政府，当这种新的宗教运动一出现时便开始压迫这些宗教组织，但并未大规模地进行，故新宗教运动仍继续扩大和发展着。因为这时这种宗教运动还是比较分散的，并未形成一个一神信仰的单一宗教运动，也就是说这时人民的意志还未曾有意识地集中起来，从而表现出一种集中而强大的力量，故罗马帝国政府始终未有计划地大规模地对它们进行镇压。然而随着时间的发展，人民的力量一定会逐渐地集中起来，而表现在宗教运动的发展上就是人们逐渐集中地信仰一种能够概括上述各种宗教主要内容的宗教。基督教就是适应这种要求而产生的。

基督教基本上是从犹太教的体系中发展出来的。原来在犹太人受压迫之时，经常有一些预言家出来用神的名义来鼓励人民不要失望灰心，在罗马帝国成立前后，这种预言家更不断的出现，他们向犹太人预言救世主——弥赛亚之即将来临。在罗马帝国成立之初，犹太人地方又有一个预言家耶稣（Jesus）出现，他在宣传弥赛亚即将降临的过程中逐渐相信自己就是弥赛亚本身。在犹太历史上预言家自称为弥赛亚的事本来很多,而耶稣独能受到崇信,是由于耶稣后来和犹太统治阶级发生了冲突,被他们请求罗马派在当地的统治者将耶稣杀死,这件事发生的时候正是犹太人与罗马帝国内部其他被统治的种族和人民反对罗马统治的要求正激烈之时,因此自称为弥赛亚的耶稣之遇害,便促使了人们觉得耶稣是为反抗罗马统治者而死的,从而对耶稣便有着莫大的崇敬,加以耶稣其人在宗教上的特殊身份,就使他在人心目中逐渐神化了。耶稣死后,其信徒即将许多救世主的故事都附会在他身上,说他是童女所生,死后三日又复活,不久即将重回人世帮助一切被压迫的人民建立地上的"天国"。这一套说法后又为希腊化的犹太人保罗(Paulus)所信仰,经过他在希腊化地方积极地进行宣传的结果,最后且传入了罗马。自此以后,以耶稣为救世主的宗教就逐渐取代了其他救世主宗教的地位,这就是基督教产生的情况。"基督"源起于希腊文之"基里斯督"(Christos),意即"救世主"。公元70年犹太人起义反抗罗马的统治,被罗马镇压下去,犹太人大部分被杀死,犹太国亡,原在犹太国内的基督教等于消灭了。所以此后基督教主要流行于地中海世界中。

最初的基督教徒都是奴隶与贫民。如果一种宗教果真是产生于人民群众的需要的话,那么它一定不会只限于精神上的反抗,而一定要同时在人民的实际生活和斗争中发生作用,因此最早在罗马帝国各地出现的基督徒团体都特别带有一种原始共产主义的色彩,参加这些团体的人都将他们的全部私产归公,大家在一起公食公用。所以这实际上是那些贫民与奴隶在自己生活极端贫困和难以维生的情况下所需要采取的一种互助的组织。这种团体成立的必要性正和原始社会中在生产力极低下、收入极少的条件下人们所需要采取的办法是一样的,不过前者是被迫的,而后者则是自然的发展而已。也正因为如此,前者必须要在宗教组织的形式下才能进行。在当时,这些基督教团体并没有严密的组织,他们只是公选出一位资格较老或威望较高的信徒,由他义务地管理这个团体中的事务和公共财产,此人即被称为"监督"或"长老"。到后来信徒日多,团体日益扩大,团体中的各种事务工作也日益复杂,一个长老已无法全面照顾,故后来又增设了一种专管总务工作的人,即"庶务员",长老此后乃专门从事宣传工作。在公元1世纪时期,基督徒团体的组织实质和形式就是如此。

只在进入2世纪后,基督徒团体才开始变质,因而也就逐渐地出现了教会的组织形式。这主要是因为从2世纪开始,帝国内部社会矛盾与生产下降的情况日趋严重起来,帝国政府对广大社会各阶层的压榨也随之加重,此

时不仅贫民、奴隶，即使一般中层人物也感到了生活的困难，甚至少数上层分子也觉得他的生活的不稳了，因此这些人也渐渐信仰了基督教。但这些中上层的人参加入基督徒团体后，原来团体中的平均主义思想乃渐渐不能维持了，因这些人只肯把他们的财产的一部分归公，而即使他们只拿出了少数的财产，与原来团体中所有的全部财产相较已是相当庞大的一笔数字了。这样团体内部在经济上就不再是平等的了，团体内部的人的地位也就不会再是平等的了，因而开始有了等级的区别，这种等级的区别又必然反映到团体内部的组织形式上去，于是开始出现了以少数人为主脑的教会组织和教士阶级。

公元 2 世纪末 3 世纪初时，基督徒团体中的长老、庶务员等管理人名义虽仍旧，但身份实已改变了，此时各个团体中都有一个称作监督的人（即后之"主教"），几个称作长老的人（即后之"神父"）和一些庶务员（即后之"助祭"）。团体中的一切活动渐由信徒彼此之间平等的集体活动变为以上述三种人为中心的活动，而这些人往往就是那些财产较多的信徒，因为他们在经济上较一般信徒优越，故能逐渐地把持了团体中的事务。所以到 2 世纪后在基督徒中出现了两个新名词，即称上述三种人的"教士"（clericos）与称一般基督徒的"信徒"（laicos）。"信徒"渐不能过问团体中的事务，而这些"教士"也不是对大家负责的一个义务的集体事务的管理者，却已变成团体中的一个特殊阶级了，这样，他们在宗教团体事务上便渐脱离信徒而独立存在，形成了信徒当中的一个统治机构——教会。

从事实的发展上看，由于基督徒团体之日渐庞大，因而它所拥有的财产也日渐增多，团体与外界的联系也增加了，团体内部事务复杂起来，势必需要有许多专人出来负责管理，这原是正常的发展。但由于信徒日益增多，信徒的社会阶层也日趋庞杂，非仅是贫民和奴隶了，社会上的阶级关系开始反映到基督徒团体的内部，使得原本是正常现象的团体内部所出现的专门负责宗教和团体事务的人变成了统治阶级。这就会带来另外一个严重的后果，那就是随着教徒中统治阶级的出现，并且这些统治阶级又多系原来社会中的上层分子，这就使得基督教的组织日益丧失了它原来的作用，并便利了国家的统治者对基督教的利用和收买，最后便会使得基督教丧失了人民性，而成为国家统治者的工具。不过，这个变质的过程是一个长时期的事情，因为人民的这种自发的情绪和要求不是一下就会被消灭的，所以直到三世纪时为止，这种组织上和内容上的变质现象还不太严重。

（原载《世界上古史讲义》，中华书局 2012 年版，第 328—334 页。）

罗马帝国与教会之争及基督教之胜利

　　基督教本是贫苦人民的运动,故从其成立时起就与罗马帝国政府处在对立的地位,所以帝国政府也自其成立的最初就对它不断进行镇压,但两者之间的冲突始终不太激烈。可是到了公元 3 世纪时,基督教与帝国政府对立的情况特别严重起来,两者之间曾进行了生死的斗争。

　　何以此时帝国政府特别仇视基督教呢? 如就基督教运动的人民性这一点来说,基督教与其他东方宗教是相同的,但发展到后来引起了统治者对它异常的敌视,则是因为它具有其他东方宗教所没有的一个特点,那就是组织上的特别严密与内部团结力的特别坚强。也正因此,所以它的发展特别快,基督教经过过去二百年间的发展,信徒愈来愈多,组织机构也就愈来愈庞大和完备,不仅每个地方的信徒都属于一个严密的组织,而且各地区教会之间也有着很密切的联系,故基督教在各地的声势日益浩大起来。3 世纪时,普遍于帝国各地的基督教教会实已成为了与帝国政府相并行的机构,甚至被人视为是帝国内部的"国内之国",因而帝国政府到此时乃开始对基督教进行大规模的镇压,以期将之彻底扑灭。另方面,帝国政府此时特别迫害基督教的原因则是由于基督教因信徒之增加,在此时也拥有了相当大量的财富。而相对地,帝国政府财政却日益窘困,故而想没收基督教之财产,在短时期内解决帝国财政问题。由于这两个原因,所以在公元 3 世纪时不断发生大规模镇压基督教的事件。

　　皇帝狄其沃(Decius,公元 249—251 年)在位时曾以基督徒之拒拜皇帝为理由,对基督教进行了第一次大规模的镇压。基督教之拒拜皇帝在实质上的确不仅只是一个形式上和名义上的问题,而是根本的问题。因基督教初起时原是人民反抗帝国统治的运动,所以从其开始成立起,就在教义中规定了除上帝以外不拜任何的神,也不能将任何人当作神来崇拜。这实际是针对帝国成立后皇帝生时就塑像令人崇拜,死后又都被奉为神这情况而来的。基督教否定了这一点,就等于是否定了皇帝的权威,因而拒拜皇帝就成为了基督教与帝国政府对立的一个象征。在帝国政府看来,基督徒的这种行为当然是形同叛逆，以前个别基督徒之被迫害，就是因为这类事故。但狄其沃时的大规模镇压基督教并未奏效。

帝国政府对基督教最后也是最激烈的一次镇压是皇帝狄欧克利天诺所发动的一次。狄欧克利天诺曾正式宣布基督教为非法团体，禁止它的一切宗教活动，不论其公开的活动或秘密的活动皆算违法的。他没收了基督教的全部财产。最能代表这次镇压的规模和决心的是狄欧克利天诺曾下令强迫全帝国境内的基督徒和所有被指认为有信基督教嫌疑的人都要到皇帝像前礼拜，拒绝礼拜的人一律处死无赦。这个命令虽曾雷厉风行了一个时期，但最后还是失败了。因多数基督徒是视死如归，绝不屈服的，而大批屠杀基督徒的结果，反而引起了一般人民对基督徒的同情和基督徒的敬崇，反过来却对帝国政府更加不满，到后来帝国政府乃不能不考虑这种大规模屠杀的严重后果。加以当时中上层分子——统治阶级中人信仰基督教的也非常多，他们有些就是地方官吏，当然不会去认真执行皇帝的命令，其他人也想尽办法影响帝国政府不要推行这个命令。所以，狄欧克利天诺最后只好承认失败，下令收回了成命。

帝国政府镇压基督教之遭到失败，显示了基督教在 3 世纪时已根深蒂固，已成为了一个无法消除的势力，因此狄欧克利天诺下一代的皇帝君士坦丁（公元 306—323—337 年）就改变了对基督教进行镇压的政策，开始承认基督教为合法，并利用基督教使之成为自己有力的统治工具。

狄欧克利天诺死后，帝国一度混乱，发生了争皇帝位的内乱，当公元 313 年君士坦丁还未取得最后胜利时，就与另一个皇帝在米丢兰侬（Mediolanum）联合发布了一个命令，即"米兰谕令"，承认了基督教为合法的宗教团体，准许其公开活动。公元 323 年君士坦丁再度统一了帝国后，即开始着手拉拢基督教——帝国内部最强大的一个势力，使之变成一个能与帝国合作的机构，以便利用这个势力来加强对人民的统治。君士坦丁达到这个目的的手段就是利用了当时基督教内部两个派别的斗争，首先以政治力量支持了其中对帝国统治者有利的一派，使之成为基督教的"正统"，然后再利用它来为帝国统治者服务。

3 世纪时的基督教虽然在与帝国政府对立方面是一致的，但其内部也存在有斗争，因而给予了君士坦丁以可乘之机。这种内部斗争主要是源于基督教中一般社会上的中上层分子和贫苦人民的矛盾。这种矛盾突出地表现在两方面：其一是当社会上的中上层分子加入基督教后，从他们个人的阶级立场、阶级利益出发，必然要修改原来流行于基督教中的代表一般劳苦人民的一些思想,如"富人不能进天国"和"不劳动者不得食"之类的思想。其二是表现在信仰方面的分歧上。这种分歧虽然多少有些是由于宗教信仰在技术方面不断发展和变化的结果,但归根结底它仍然是基督教内部阶级分化、阶级对立的反映。基督教传入帝国各地后,首先是帝国东部——接受希腊文化影响的一带地方传布,因而在其流传间受到了希腊传统哲学的影响。在晚期希腊哲学中已认为宇宙间是有一种代表神的力量在活动的,并且有了"三位"的说法,即这种力量表现在三方面:一是神本身,一是神的力量——"道"(Logos),一是神的智慧——"灵"(Paracletos)。这种说法为基督教所接受,基督徒认为耶稣就表现着这种神力的一方面,即"道"。但表现神力的这三个方面之间的关系如何,它们是否本是一个东西的三个方面抑或是有高低主从之分呢?关于这个问题则争论很多。具体到耶稣身上,最后就归结到耶稣的人神身份问题,耶稣是人还是神,抑是人又是神呢。这个问题,就是宗教理论上的耶稣化身的问题,这个争论到3世纪时严重起来,因为这时它已经不是一个技术问题,而是反映着基督教变质后其内部阶级对立的严重化了。

4世纪初时,在这个问题的争论上,基督教内部主要有两个派别:一派主要主张同性同体论(Homoousios),此派在宗教史上被称为三位一体派,其领导人是亚塔那修(Athanasios)。他们认为神力的这三个方面完全是相等的,并无高低和主从之分,因此体现"道"的耶稣的地位也就同于上帝,因而耶稣就是神。另一派主张类性类体论(Homoiousioi),此派在宗教史上又被称为一神派,其领导人是亚里沃(Arius)。他们认为只有上帝是至高无上的神,"道"与"灵"都比上帝低,而后二者则是从属于前者的,所以耶稣只与上帝相类似,但不完全等同,这也就是说耶稣基本上与"人"接近。这两派的斗争反映了基督教内部的阶级分歧。主张同性同体论的大多是教会中属于上层社会的分子,他们想将耶稣彻底神秘化,以耶稣神的地位来提高自己在教会中的权威与地位。主张类性类体论者多是一般贫苦的教徒,在当时宗教信仰潮流之下,他们无法否认耶稣为神,但他们仍然希望耶稣是他们中间的一个——人。所以这两种信仰上的派别斗争——近人民的宗教意识与远人民的宗教意识的斗争,实质上是教会内部阶级斗争的具体反映。

君士坦丁要掌握和利用基督教,便以政治力量来支持其中有利于他的统治的那一种意见,从而使这派的主张在基督教中取得绝对地位,在这种情况下思想上统一起来了的基督教便会由与帝国政府对立转而与帝国政府站在一起了。公元325年,君士坦丁在小亚细亚西北角的尼基亚(Nicaea)地方

召集了一次宗教大会,这种类型的宗教大会后来正式称为"公议会"。在尼基亚公议会上经过激烈的斗争,最后通过了一项决议案,即所谓"尼基亚信条",决定同性同体论是基督教信仰的正统,而斥类性类体论为异端。这就是说基督教中的上层分子战胜了基督教中的贫苦人民,无疑地,此后这些上层分子将要按照他们的阶级利益领导基督教了。这是基督教由一个人民的宗教运动转变为统治阶级的统治工具的一个转折点。

尼基亚信条订立后,"正统"基督教在帝国力量支持下开始迫害异端者——一神派,但它并未能将一神派扑灭,在罗马帝国各地,特别是东部,一神派信徒仍很多,他们与三位一体派之间仍有一相当长时期的斗争。

表现在宗教信仰上的两派斗争,除耶稣化身问题外,还有另一关于复活节的推算法问题。复活节那一天原是犹太教的一个节日,据后来信基督教的人的附会,说耶稣死后又复活的那一天恰是犹太教的那个节日,这一天是星期日,所以各年不能是同一天,因而有了许多推算的办法。到基督教内部有了阶级分别,内部发生斗争之后,斗争皆系在宗教口号的掩饰下来进行,因而复活节推算法的这种技术问题也就成为了两派斗争的象征之一。故尼基亚公议会也就附带决定了复活节的"正确"推算法,即三位一体派的推算法。

在公元 325 年尼基亚公议会举行后,基督教开始加速变质,开始依附于帝国政府成为其统治机构的一部分。

基督教自公元 313 年取得了合法地位后,即开始采取了排斥各种非基督教的宗教的手段来使得自己能在罗马帝国国内唯我独尊,所以在公元 313 至 392 年的八十年间,进行了一连串的排异运动。基督教在东方各宗教中,在组织方面本特别严密,故在与他教的斗争中,很容易地就取得了优势。它打击其他宗教的方法有几种,在其势力大的地方则组织教徒强占异教的财富为己有,或在其他教的教徒礼拜时,组织基督徒去扰乱,阻止异类教徒作礼拜,此外它还经过皇帝来打击其他宗教,如劝皇帝减少或根本停止所有基督教以外异教的津贴(罗马帝国对它所承认的合法宗教团体皆有津贴)。由于君士坦丁以后的许多罗马皇帝看到利用基督教来统治帝国人民非常便利,已大多信奉了基督教,故而接受了基督教的建议,削减或停止了帝国政府对异教的津贴。

此后基督教势力日益强大,甚至对皇帝都具有一种限制的力量,在某种情况下还可以做到使皇帝按照基督教的意旨来办事了。如皇帝儒连诺(Julianus,公元 361—363 年)本不赞助基督教,不管其动机、政策、目的如何,他曾想恢复罗马旧宗教,因而在其在位期间,全帝国的基督教组织皆与之对立,称他为"叛教者"(Apostata)。当时儒连诺虽想恢复罗马旧宗教,但也不敢公开压迫基督教,故当时基督教仍继续发展着,由此可见基督教势力之强大。基督教提出"叛教者"之名来攻击皇帝,除其表面意义外,实在也还有较深刻的意义在内。因当时基督教虽已变质,但还保有一定的人民性,皇帝之企图恢复罗马旧宗教,多少是一种开倒车的行为,故"叛教者"也可理解为违反历史趋向者之意。在皇帝哥拉天诺(Gratianus,公元375—383年)在位时,基督教中很有威望的一个人,意大利北部米兰城的主教安伯娄舍(Ambrosius)曾请求他废掉罗马元老院中罗马旧教的"胜利神"神坛,哥拉天诺因而在公元382年下令取消了这个神坛。此事虽曾引起了许多不信基督教的元老的反对,但皇帝依然如此做了。同时罗马帝国成立后,皇帝本仍沿袭旧制,兼罗马旧教的最高主祭人,享有"大宗伯"(Pontifex Maximus)称号,此时安伯娄舍也建议哥拉天诺不再兼此异教称号。哥拉天诺亦服从之,除"大宗伯"称号。再如皇帝提沃窦舍(Theodosius)在公元390年因一时愤怒,曾令军队在希腊一城屠杀了许多人民,在此事发生后皇帝去作礼拜时,安伯娄舍不允许他进礼拜堂,说他犯了流血大罪,只许他跪在礼拜堂外面。在他公开举行忏悔后,始准他进礼拜堂与公众一齐礼拜。由上述各事,可以看出这些皇帝不但利用基督教作为其统治工具,而且他们本人也在某种程度上相信这种宗教了,足证此时基督教之势力已非常强大,故而能够影响了统治阶级的最上层分子。

公元392年,提沃窦舍正式下令以基督教为罗马帝国国教,此后其他宗教,以及三位一体派以外的任何基督教的派别皆为非法宗教,再不准活动。事实上在其成为国教以前已经镇压了一神派,在公元380年且曾大规模地屠杀了许多一神派的信徒。到公元392年,"正统"基督教彻底取得了胜利。

成为罗马帝国国教后的基督教享有许多特权,如教士免税免役,教会得自由接受信徒赠予的财产,教会财产一律不向国家纳税等。帝国政府并允许主教设立法庭,这种教会法庭受理两类案件,一类是牵涉到教士的案件,一类是与宗教道德有关的案件。自此,帝国内部乃有了两套司法系统。

基督教发展到这一阶段后,已完全丧失了初起时的人民性、进步性,但这种最后的妥协在其初时也不是没有线索可寻的。基督教在其初起时,有其代表人民的一面,但也有与现状妥协的一面,如它承认阶级制度,承认有主奴关系等。然而最初它的进步性是占主要方面的,由于早期基督教徒都是奴隶、贫民与小手工业者,他们都是劳动者,故基督教教义自始就提倡劳

作。"不工作的人，不应当吃饭"这一口号，充分表现了奴隶社会人民对奴隶主的愤恨。又如基督教最初虽然就承认阶级制度，但却同时又以为从神的立场看，人都是一样的，实际上虽有阶级分别，但这不是主要问题，主要问题是个人的道德、修养与品格问题。他们认为只要是人，就应有人的地位，这点是与奴隶主之视奴隶为牲畜的思想相对立的。基督教既然传布这种思想，故自始就反对奴隶主以人民的性命为娱乐的角斗。在基督教势力强大后，曾多次影响皇帝使之禁止角斗。这种坚定的人民情绪，虽然在基督教已将要大大变质的公元 4 世纪初期，也终于迫使君士坦丁接受了基督教的意见，在 325 年正式下令禁止了角斗。一直到公元 325 年尼基亚公议会召开后，基督教开始被君士坦丁掌握了过去，渐变成了帝国统治工具之一，基督教所具有的这种人民性和进步性也因而很快地减削和冲淡了。到公元 392 年基督教成为了帝国国教，并对各异教取得了彻底的胜利后，其进步性和人民性乃完全丧失，只余下了它的妥协的一面了。

此后，基督教即开始成为了帝国统治人民的有力武器。

（原载《世界上古史讲义》，中华书局 2012 年版，第 346—354 页。）

罗马帝国倾覆中之基督教教会

公元 392 年罗马帝国正式承认基督教为国教,这是基督教发展史上的极其重要的关键,决定了它成为帝国统治机构的一部分。至此基督教已经全部完成了它的变质过程,最初所具有的人民性和进步性已完全消失了。与其彻底变质相适应,为了使教会能成为一个完整的有效的统治机构,公元392 年后基督教在宗教经典的修订、教会的组织、宗教礼节和仪式以及宗教理论——神道学等方面都有着一些与此前不同的整顿和创造。

在宗教经典方面,这时有了公认的宗教经典——《圣经》(希腊文为 Biblia,拉丁文为 Canon)。此《圣经》分为两部分,一部分是犹太教的经典,即中国天主教称之为《古经》,耶稣教称之为《旧约》(Vetus Testamentum)的。但当时被据以为《圣经》的这部分犹太教经典已不是犹太文的原本,而是由一些分散在罗马帝国境内各地的犹太人,特别是在地中海区域以亚历山大里亚城为中心的一些已经希腊化了的犹太人所翻译的希腊文译本,此希腊文译本因是由七十二人分别译出的,故又总称"七十"(Septuaginta)。除犹太教经典外,另一部分的基督教《圣经》则是公元 1 世纪最早的一些基督徒所写下来的东西,这些文献一直在基督教内部流传着,到公元 4 世纪时经教会之审订,亦被公认为基督教的经典。这部分经典,中国天主教称之为《新经》,耶稣教称之为《新约》(Novum Testamentum)。最初基督教的《圣经》,无论《旧约》、《新约》都只有希腊文本,稍晚才又有了耶娄尼摩(Hieronymos,公元 348—420 年)所译的拉丁文本出现,流行于西方。这种拉丁文本的《圣经》被称为"Vulgata",后来变成为西方教会所用的标准本。今日天主教的《圣经》仍以此拉丁文本为准。

在教会组织方面,此时出现了几种新制度。其中以主教掌握"神权"的制度最足以说明基督教之变质与教会之统治机构化。教会中的统治阶级——教士中本以主教地位最重要,而此时主教集团不但已完全变成基督教内部的最高统治者,并且又被认为是具有神权的人。主教具有神权的理论是说,耶稣曾将其神权亲自授予了他的十二个弟子(中国天主教称之为十

二宗徒,耶稣教称之为十二使徒),而主教则又自十二宗徒处继承了这种神权。这就等于说主教就是耶稣的人间代表,主教有支配教徒的绝对权力,所以主教具有神权的统治理论成立后,主教甚至在形式上也不再是早期基督教内部为信徒服务的教徒内部的一分子了,而是以其神权来绝对支配所有信徒的统治者了。主教神权的实际内容有三:一是关于教会信条和制度的决定权。二是《圣经》的解释权。因《圣经》内容非常庞杂,特别是犹太教经典的那一部分,包括有种种与宗教无关的文学、历史、哲学等方面的内容,因而在用基督教观点来牵强附会时,就往往会发生许多不同的解释。当然,出身于不同社会阶层的信徒和教会内部各种地位的教士都要提出有利于自己的解释,在这种时候,主教有权决定《圣经》的"正确"解释,也就是说此后对《圣经》的解释绝对只能有利于教会中的统治阶级,也就是有利于社会上的统治阶级。三是基督教内部长期口传下来的一些不见于明文的传统(traditio),这种传统要由主教决定其是否有效。从上述种种说法可以看出此时教会机构已完全把持在少数主教手中。此外,与主教神权确立之同时,主教派立方法也有了改变。最初主教的派立完全是由信徒群众选举的,此时这种传统虽不能废除,但是由信徒群众的选举并不能将神权给予主教,所以信徒的选举,只被当作是公众所表示的意见,而被选举出来的主教必须由邻区的主教给他"祝圣"——即传授神权后,始能正式作主教。

每个主教有自己管理的一定的"教区"(dioecesis),在这个区域内他有权处理一切有关教会的事务。有关整个教会的大问题,亦即各教区之间的共同问题则需召开公议会来决定。这种公议会制度的创始就是公元 325 年君士坦丁大帝所召开的尼基亚公议会。公议会的召开没有一定规定的期限,有需要讨论的问题就随时召集。

此时在教士阶级中又出现了一种特殊的人物——修士。修士起源于修道制度的建立,而修道制度之成为教会制度的一部分与修士之成为教士阶级的一分子则经过一个由人民运动发展为统治机构的过程。修道这种办法原是基督教内部的反对教会变质的一个人民运动。在公元 2 世纪初期许多中上层阶级中人加入基督教后,基督教即开始变质,于是一些反对教会制度化和统治化的信徒便脱离团体开始在家修行,但在家修行不免有许多琐事烦扰,故到 2 世纪末 3 世纪初时,最先在叙利亚、埃及等地有许多基督徒离家到旷野中去修行,过一种苦修生活。到 3 世纪末、4 世纪时,修道已成为一种广泛的运动。当时出家苦修的多是一般贫苦信徒,他们以修道的办法来反对主教对教会的控制,所以修道运动实际是基督教内部反对基督教变质的一种运动。主教集团最初曾反对和禁止这种运动,甚至诬蔑它为"异端"。但是他们的反对和禁止并不能发生作用,相反地参加这个运动的信徒反而日益增多。因此主教集团到后来只好改变了手段,由压迫转而为软化,即承认了这个运动的合法性,使这个自发的运动变成为由他们所控制和领导的有组织的运动。4 世纪时乃由教会出来设立了一些修道院,组织信徒在内修行,同时承认修士为教士,即基督教统治阶级中的一分子。这等于是瓦解了这个信徒群众的反教会运动。此后修道院就成为了基督教内部统治机构之一。修道院成立后教士阶级(clericus)开始分为世务(saecularis)教士——主教、神父等和入会(regularis)教士——修士两种。

在宗教礼节和仪式方面,有礼拜日制度的规定。这种制度原系继承自犹太教的安息日制度。犹太教本以每周的第七天(星期六)为安息日,基督教模仿此制度设立了礼拜日的制度,但因传说耶稣复活那一日是星期日,故基督徒乃选定此日作礼拜,而不用犹太教的星期六。此外,基督徒又有必须举行的圣事(sacramentum,意即宗教礼节),在 4、5 世纪时,此圣事包括四种礼节:一是圣洗,即洗礼,每个人参加基督教和信徒小儿初生时都要举行一次圣洗,表示洗去过去罪孽,重新做人;二是坚振,小孩生下后先受一次洗礼,到十二岁左右时再由教士重新给他行一次礼,称坚振,即坚定其信仰之意;三是圣体,即东方宗教中原有圣餐,基督教接受了东方宗教中的一种说法,认为圣饼圣酒在教士祷祝后即变成了神的血肉,人吃了以后就可以获得神力;四是告解,即信徒先向教士忏悔自己所犯的罪行(告),然后由教士用神的名义赦免他的罪恶(解)。在此时,由于教士阶级故意发展迷信,以利于他们对教徒的统治,圣像(icon)的崇拜乃逐渐流行起来。基督教最初并没有任何物质的崇拜对象,因为他们认为神是无影踪可寻的。后来在耶稣受难事迹的传说下,为表示他们对耶稣的信仰,开始崇拜起十字架来,架上有时还雕有耶稣受难的形象。后又崇拜所谓宗徒们的圣骨。到基督教成为统治机构后,乃故意加强迷信信仰,制造和附会出许多神和圣徒出现或示意的奇迹,于是便无中生有地绘制出了许多圣人、天使、耶稣、圣母等的所谓真容像来,使之成为信徒的崇拜对象。

公元 392 年以后,适应着基督教完全变质的另一重要发展,就是一套系统完整的宗教理论——神道学的完成。神道学不同于基督教最初产自人民当中的朴素的宗教信仰和传说——原始教义,而是企图从基督教的立场出发,像一般哲学思想一样地来解释整个的宇宙和人生的宗教理论。就这种宗教理论的哲学部分来说,系源于希腊哲学,当基督教传入罗马帝国后,即

大量地吸收了希腊哲学的唯心部分,主要是柏拉图以来的唯心哲学。神道学的出现,早在公元 392 年以前,并且种类繁多,这种不易为一般信徒群众所理解的烦琐的宗教哲学的出现,有两方面的背景:一个就是意味着基督教早期阶段的变质,因为把显明的一般人民易懂的朴素的宗教信仰复杂化,有利于当时在基督教团体内部逐渐增多的社会中上层的教徒为了本身利益对原始教义的曲解;一个就是为了吸收知识分子来参加基督教,因为当时罗马帝国的知识分子都多少懂得一些希腊哲学,如要他们把自己哲学的宇宙观和人生观改为基督教的宇宙观和人生观,那起码得把宗教哲学化,否则他们便认为基督教没有哲学理论,过于简单,而许多知识分子加入基督教后自然地又促进了神道学的发展。但公元 392 年以前基督教中还没有一套系统而完整的占统治地位的神道学。392 年以后,随着基督教的完全变质,教会的完全成为了统治机构,一套目的在于说明教会统治的合理化以及维持现世秩序的神道学成熟了,并且以罗马城的陷落(公元 410 年)为契机,通过奥斯丁(S. Aurelius Augustinus,公元 354—430 年)正式出现了。

奥斯丁最初并不信基督教,他曾涉猎各家哲学,对希腊罗马的各种哲学思想皆有研究,是一个大知识分子,到三十余岁时始信基督教,于是就成为了基督教中的神道学大师,因而也就受到教会内部统治阶级的青睐,地位上升很快,不久就作了北非地方西波城的主教。公元 410 年罗马城陷落之时,他仍在西波城任主教。罗马城的陷落对罗马人心震动极大,特别是罗马的统治阶级,因为他们一向就陶醉在罗马永恒城的迷梦中,一时很难清醒,于是许多不信基督教的罗马元老们就归罪于基督教,认为这全是由于罗马人不信罗马旧教而信了异教之故。当时奥斯丁就在西波城的礼拜堂中,作了一系列的演讲,用一套宗教哲学的理论,主要是有关历史哲学方面的理论来反驳那些非难基督教的罗马元老的说法。这套演讲后汇集成书,名《上帝国》(De Civitate Dei)。这是一整套的从基督教会立场出发的历史哲学,就是以基督教为中心,从人类的起源讲起,一直到人类的末日为止,对人类过去、现在和将来的整个历史过程进行了一番解释和预言。全书总的精神与最终结论有二:一是教会应该是现世世界上的最高统治机构,一切国家机构都要从属于教会,顺便也就否定了罗马人认为了不起的罗马城陷落的意义。二是不要触动现世的社会秩序,这样就完全否定了基督教原始的革命思想。而这两个论点后来一直是基督教以及直到今日为止的天主教会的根本精神。因此奥斯丁的宗教理论也就成为了直到今日为止的天主教教会方面的官方理论。所以我们说奥斯丁的宗教历史哲学是过去许多神道学理论的一个总结，是适应着基督教的完全变质而出现的。

奥斯丁的《上帝国》在说明上述两个论点的时候，主要就是根据他在曲解基督教原始教义中附会出来的"天堂"说。他首先从犹太教，亦即基督教的神话讲起。按犹太教的神话，人类本来是永远不会死的，只是由于后来犯了罪被上帝处罚了才会死的，并且死后灵魂还要下地狱。然而上帝怜悯人类，不愿人类死后都下地狱，于是就选中了犹太人为"选民"，使教主在犹太人中间降生，犹太人皆信仰之，便可得救。然后其他国家的人再信犹太教便都可得救，这样地上便会出现了"天国"，也就是奥斯丁称为的"上帝国"。显然按照原始教义，这个"天国"是在地上的。但奥斯丁由此又进一步发挥，他认为上帝本来想先把犹太变成上帝国，但因为犹太人不信教主，反而把耶稣杀死了，所以上帝最初的计划也就落空了。至于现在"上帝国"的解释，奥斯丁便把它分成了两部分，他说真正的上帝国是在天上，亦即"天堂"，但要想进入真正的上帝国，则又必须要先通过一个地上的上帝国，只有到人们全加入了地上的上帝国之后，真正的上帝国才会实现，所以地上的上帝国是为真正的天上上帝国的最后实现作准备的。

首先奥斯丁说现在地上的上帝国不是别的什么，而是现世的教会，因此只有当教会成为世界上最高的统治机构，亦即人们都信了基督教之后，天堂才可能实现。所以罗马城的陷落并不是不幸的事，相反地，它正表示了罗马世俗国家的历史使命已然终结，新的世界已来临了，教会将代替罗马帝国控制统一全世界，以完成实现上帝交付与它的使命。一切国家今后最主要的任务就是促使上帝国早日实现，所以它们应该属于教会，为教会服务。这套理论说明了教会成为一个统治机构的合理合法性，所以以后中古时代西欧的教会在这个理论支配下，不是压倒了国家机构，就是与统治者携手合作。

教会后来能够和统治者密切合作，或是统治者有时能够真正从属于教会之下的原因，就在于奥斯丁理论的另一个根本论点是大大有利于世俗统治阶级的，因为他否定了基督教原始教义中来自人民中间的革命思想。人民最初所理想的"天国"，本来是指现世世界的太平世界而言。原始的"天国"一词原是人民中间所流行的一句口语"救主复临"（此字在犹太人所熟用的亚兰米语中为 Maranatha），传至希腊罗马后，希腊文译为 Parousia，拉丁文译为 Adventus，两人见面打招呼，或写信时在信的结尾皆用此语。此语的含意有此世的"千年太平"之意，绝不是企望来世的快乐。对现实生活来说，他们希望耶稣再回来（"救主复临"），把旧的统治机构完全摧毁，耶稣成为人民之王，于是"千年太平"的"天国"也就实现了。直到公元 2、3 世纪时，基督教中的"天国"思想仍是这样为一般信徒所理解的,但到 3 世纪末 4 世纪初时,教会的变质严重化了,教士阶级中人开始反对这种说法,甚至说这种思想是异端,而认为现世的社会秩序是不可推翻的,但尚未能建立一整套的理论来代替原始天国的说法,直到奥斯丁的《上帝国》发表后,才正式用宗教理论的形式把此世天国曲解为来世天堂,因而对现世世界的社会秩序主张完全接受,因为基督徒的希望是在来生而非今世。奥斯丁并用上帝的名义肯定了奴隶制度,他说:"奴隶制度是上帝所命定的,谁要取消奴隶制度,就是背叛上帝。"不但承认了奴隶制度,而且还认为它是万世不变的。所以这种形而上的宗教哲学,无怪它不但为当时的统治阶级——奴隶主所欢迎,而且一直到封建社会资本主义社会时也为封建主和资本家所热烈拥护了。

自此之后,这种反原始教义的神道学既然成为了基督教会的正统理论,从而为现世的统治阶级服务,那么奥斯丁以后各个时代在基督教内部所产生的人民意识便不能不以企图恢复原始基督教义的形式表现出来。但这种类型的基督教内部的人民运动首先便被教会宣布为异端,然后再在世俗统治者支持下利用政治力量进行残酷的镇压,以至大规模的屠杀。所以"异端"运动很少有成功的,即使有个别有所成就的,也很快就被统治者收买和利用,与原来的教会合流了。

(原载《世界上古史讲义》,中华书局 2012 年版,第 378—386 页。)

五至二十世纪基督教史纲要

1. 欧洲"黑暗时代"(476—911)之宗教与教会

（甲）希腊教与罗马教之分裂

　　（一）罗马教皇与君士坦丁堡教主及皇帝之争

　　　　（A）权利之争

　　　　（B）教义（文化）之争

　　（二）分裂

　　　　（A）初次重要分裂（482）

　　　　　　——Zeno 皇帝之教义纲要 Henoticon

　　　　（B）最后之决裂（1054）

　　　　　　——实际东西早已成为二教

（乙）教皇之地位

　　（一）背景

　　　　（A）主教阶级之成立

　　　　（B）教皇制度之成立

　　（二）黑暗时代之教皇

　　　　（A）西方宗教元首

　　　　　　（1）名义上占教会中最高地位

　　　　　　（2）教会行政各地独立——教皇非教会行政元首

　　　　（B）教皇之困难

　　　　　　（1）东罗马皇帝之牵制

　　　　　　　　——Justinian（527－565）又征服意大利大部

　　　　　　（2）Lombards 侵入意大利（6 世纪后期）

　　　　　　　　——欲统一半岛

　　　　（C）教皇与法兰克人之联络

（1）受 Pepin 及 Charlemagne 之封

（2）受法兰克人保护

——于政治上成法兰克王之臣下

（三）理论上教皇地位之提高——伪造文件

（A）The Donation of Constantine(8 世纪中期)

（B）The False Decretals(9 世纪中期)

——Pseudo-Isidorian Decretals

（丙）宗教信仰与宗教思想

（一）已成立之信仰——St. Augustine(354—430)

（A）上帝国(The City of God)

（B）概括过去未来之历史观——"The Christian Epic"

（二）教皇 Gregory the Great(590—604)

（A）讲演

（1）四十篇尚存

（2）地狱之重要

（B）诗歌——Gregorian Chants

（C）The Pastoral Rule

（1）主教指导信徒之方法

（2）实用心理学之名著

（D）Moralia

（1）圣经中 Book of Job 之解释

（2）隐意解释(allegorical interpretation)名著

（E）意大利先圣传记与神迹(Dialogues on the Lives and Miracles of the Italian Saints)

（1）鬼神遍满千变万化之世界

（2）神迹世界

（3）圣骨(relics)之崇拜

（三）宗教思想与宗教哲学

（A）Alcuin(726—804)

（B）John Scotus Erigena(818—880)

（丁）修道运动之进展——Monasticism

（一）背景

（A）修道运动之步骤

(1)家中修行

(2)旷野独自修行

(3)修道院中团体修行

(B)修道兴起后教士之两级

(1)世俗教士(Secular Clergy)

(2)清修教士(Regular Clergy)

(二)Benedictine 修道制度

(A)St. Benedict of Nursia(480—543)

(1)罗马贵族

(2)创立修道院于罗马城南之 Monte Cassino(529)

(B)St. Benedict 之修道规则(Regula)

(1)望道期(novitiate)一年

(2)修道士三誓

(a)清贫

(b)贞操

(c)服从

(3)廿四小时之分配

(a)七时修行读书——二时读书

(b)七时工作

(c)七时睡卧

(d)三时饮食消遣

(4)院长——方丈(abbot)

(a)由修道士全体公选

(b)修道士须绝对服从方丈

——外来信件须经方丈之手

(5)每院完全独立

(a)与他院无行政关系

(b)但须受所在地主教之监督

(C)Benedictine 修道制度之普遍西欧

(戊)修道士之宣传工作

(一)重要

(A)乡间之基督教化

(1)392 年间基督教为城市宗教

（2）宗教狂之修道士宣传后乡间始皈依教会

（3）旧文化及异教之绝迹

    （a）5世纪后西欧皆入教

      ——Sicily，Sardinia，Corsica 为例外

    （b）7世纪异教绝迹

      ——平民迷信为其唯一遗留之痕迹

（B）教皇地位之提高

（1）传教之修道士多为教皇所派遣

  ——故皆宣称教皇之权威

（2）修道士乐意服从教皇

  ——以脱各地主教之干涉

（二）St. Augustine of Canterbury

（A）Gregory the Great 遣至不列颠（597）

（B）建礼拜堂于 Canterbury——St. Martins，Cathedra

（1）Augustine 为其地主教长

（2）Canterbury 至今为英国教会中心

  ——York 后又添一主教长

（C）Anglo-Saxons 之皈依

（三）爱尔兰传教士

（A）背景

（1）5世纪时信基督教

  （a）St. Patrick

  （b）全族往往加入修道运动

（2）民族迁徙

  （a）爱尔兰人（Scots）大帮移至苏格兰（500 左右）

  （b）一部不列颠人逃避爱尔兰人及 Anglo-Saxons 而移

    至大陆之 Brittany

  （c）迁徙之爱尔兰人民中有修道士

（B）著名爱尔兰传教士

（1）St. Columba（521—597）

  （a）至苏格兰（565）

  （b）建修道院于 Iona 岛

（2）其他传教士之活动地

(a)Shetlands 群岛

(b)Hebrides 群岛

(c)Orkney 群岛

(d)冰岛

(e)德国各地

(3)St. Columban(543—615)

(a)至 Gaul 东部

(b)建修道院多处于 Vosges 山中

(c)传教于莱因河上游之 Alamanni 族地

(d)至意大利建修道院于 Apennines 山中——死于院中

(4)St. Amandus(7 世纪前期)

(a)南至 Basques 地

(b)北至 Flanders 及 Hainault

(5)Willibrord

(a)7 世纪末之 Anglo-Saxon 传教士

(b)至 Frisia 传教——设 Utrecht 主教区

(C)爱尔兰修道院渐归教皇统治

(1)当初完全独立

(2)7、8 世纪间皆皈 Benedictine 律

(四)St. Boniface——Winfrith(8 世纪)

(A)Anglo-Saxon 修道士

(B)至莱因河东日耳曼区宣传

——Frisia,Thuringia,Hesse,Bavaria

(C)改良法兰克教会

(D)劝法兰克主教发誓拥护教皇(747)

(E)为 PepinⅢ行加冕礼为王(751)

(F)回 Frisia 传教(753)——次年遇害于其地

(己)日耳曼人之基督教

(一)教士之基督教

(A)消极厌世主义——St. Augustine

(B)和平主义——厌战

(二)日耳曼人之旧宗教

（A）积极乐世主义

（B）尚武精神

    （1）全民武装

    （2）天堂 Walhalla 乃武士之乐国

（三）基督教之变质

  （A）外表仍旧

    （1）消极

    （2）和平

  （B）内容大变

    （1）积极

    （2）战争

  （C）两性之冲突——至今犹然

2. 欧洲"封建时代"（911—1517）罗马教皇势力之膨胀及其与神圣罗马帝国皇帝之争

（甲）教皇势力之膨胀

（一）教皇政治地位提高之背景

  （A）伪造文件

    （1）教皇为西方政治元首

    （2）教皇为教会元首

  （B）修道士与修道社——修道士忠于教皇以抗各地主教及王侯之干涉

（二）Cluny 修道社

  （A）设于 Burgundy 之 Cluny

  （B）只受教皇管理——不受政治或当地教会干涉

  （C）灵修理想之复兴与 Cluny 声名之日大

  （D）注重理智生活

    （1）修道士多受高等教育

    （2）设学校

  （E）制度

    （1）社长或方丈（Abbot）由前任指派

    （2）Cluny 以外之新修道院只有副主持（Prior）

(a)由社长指派

(b)受社长指导

(3)社长得招聚全体副主持大会

(三)11世纪之教会改良运动

（A）教会弊端

(1)教士之婚娶与封建化

(a)上阵打仗

(b)游猎

(c)不斋戒祷告

(2)圣爵买卖与私人包揽(Simony)

(3)俗人封爵(Lay Investiture)

——帝王贵族之封主教方丈

（B）Cluny修道社之提倡改良

(1)局部成功

(a)教士婚娶之禁止(1018)

(b)圣爵买卖之防止——皇帝 Henry Ⅲ(1039—1056)

(2)Cluny 最后目的

(a)提高教皇地位以统一教会

(b)前此教会各国分立

（C）教皇制度之改良——教会彻底改良之初步

(1)Cluny 修道士被选为教皇(1049)

(2)红衣主教院(College of Cardinals)之设立(1059)

(a)前此教皇由罗马城人民选举——故无权

(b)此后教皇完全独立

(四)Hildebrand(1025—1085)——Gregory Ⅶ(1073—1085)

（A）严厉执行教会改良政策

（B）教皇为天下主上之理想——The Dictatus(1075)

(1)教皇无误说(Papal Infallibility)

(2)教皇为教会元首

(a)委任废免主教

(b)高于宗教大会(Church Councils)

(3)教皇为政治元首——Theocracy

(a)教皇即皇帝——宗教高于俗世

(b)教皇乃皇帝国王之主上,得扶立废免之

(4)教皇为上帝世间代表(Vicegerent of God on Earth)

(a)乃全世主人

(b)司天堂锁钥

(乙)教皇与皇帝之争——两一统观念之冲突

(一)皇帝 Henry Ⅳ(1056—1106)

(A)压制德国诸侯以谋统一

(B)委派主教

(二)Gregory Ⅶ 禁 Henry 委任主教(1075)

(A)公文来往

(B)教皇逐皇帝出教会

(1)德国诸侯纷起为乱

(2)主教辅助皇帝

(三)Henry 之忍辱于 Canossa(1077)及其结果

(A)复位平乱

(B)诸侯立新王

(C)Gregory 又逐 Henry 出教会

(D)德国主教废 Gregory 而立新教皇

(E)Henry 攻入罗马城由新教皇立为皇帝(1084)

(F)Gregory 死于南意大利(1085)

(四)解决——Henry V(1106—1125)

(A)Concordat of Worms(1122)

(1)德国

(a)主教选举须在皇帝面前执行

(b)主教须先由皇帝封建,始能受教皇或其代表之祝圣

(2)意大利与 Arles

(a)主教先受祝圣礼

(b)六月内政治主上必行封建礼

(B)主教选举法之改良——教皇谕令(1139)

(1)主教由当地教士选举

——普通信徒无干涉权

(2)但国王干涉权仍未废除

(C)教会之胜利——国家正式承认教会有干涉国家官吏(有诸

侯地位之主教)之权

（丙）教皇一统观念之实现——Innocent Ⅲ(1198—1216)

（一）宗教帝国之伟大

（A）中央政府——教皇廷（Papal Curia）

（1）教皇——宗教帝国之专制皇帝

（2）红衣主教院——国务院

（3）各地之教皇代表（Papal Legates）

（B）地方政府

（1）主教长及主教

（a）向教皇负责——选举后教皇得否认之

（b）主教有教士团（Cathedral Chapter of Canons）辅助之

（2）神父及下级教士［名义上主教神父会吏为上级教士，实际只主教为上级（贵族或权利地位），以下皆为下级平民］

（a）由主教祝圣——向主教负责

（b）与人民直接发生关系

（3）修道士

（a）特别官员

（b）直接受教皇支配

（C）教会法庭

（1）教会法（Canon Law）

（2）司教士案件与宗教或道德案件

（3）教皇廷为最高上诉法庭

（D）财政

（1）人民之什一税（Tithe）

（2）Peter's Pence 及其他特税

（E）军备

（1）十字军

（2）各国军队之利用——Albigensian Crusade(1208)

（F）教会之特别权威

（1）逐出教会（Excommunication）

（a）小逐

  （b）大逐

  （2）停止圣礼（Interdict）——两种

  （3）异端审问所（1nquisition）——Innocent Ⅲ时代萌芽

（二）宗教帝国之势力——第四次教廷宗教大会（Fourth Lateran Council,1215）

 （A）到会代表

  （1）主教四百余人

  （2）方丈八百余人

  （3）王侯代表

 （B）代表地方

  （1）极西——Greenland

  （2）极北——Iceland

  （3）极东——Cyprus,Little Armenia,Syria（十字军势力）

    ——东罗马帝国此时为拉丁帝国,亦有代表

 （C）Innocent 主席

  （1）提议改良教会议案

  （2）代表承认通过

（三）列国主上之 Innocent Ⅲ

 （A）Aragon

  （1）国王 Peter Ⅱ 正式承认教皇为主上

  （2）每年入贡二百五十金币

 （B）英国

  （1）英王 John 与教皇之冲突

   （a）选举 Canterbury 主教长问题（1206）

   （b）教皇之行动

    （i）停止英国圣礼（1208）

    （ii）逐 John 出教会（1209）

    （iii）废 John 而令法王 Philip Augustus 入英为王（1213）

  （2）John 认教皇为主上（1213）

    ——并应许年贡千镑

 （C）法国

  （1）国王 Philip Augustus 不肯认教皇为主上

(2)法王离婚案

　　(a)王后为丹麦公主 Ingeborg

　　(b)离婚后教皇勉强法王收回

(D)神圣罗马帝国——Innocent 干涉皇位承继问题

(E)Sicily——国王承认教皇为主上

(F)其他各国——Castile；Leon；Portugal；Norway；
　　Hungary；Armenia

3. 欧洲"封建时代"之基督教信仰与教会

(甲)宗教包括全部精神生活

(一)宇宙观与上帝观

(二)人生观

(三)宗教生活——修道理想

(四)智识生活——哲学与神道学

(乙)宇宙观与上帝观

(一)地球

(A)人类居所——北半球

(B)地狱——魔鬼与罪人

(C)炼罪所 Mountain of Purgatory——磨炼七大罪

(D)乐园 Terrestrial Paradise

(二)宇宙

(A)地球为中心——固定不动

(B)十二重天——绕地而转动

(1)空气

(2)天火 Elemental Fire

(3)九重天——每层有天使 Angels 与善人

(4)无上天

　　(a)上帝——三位一体

　　　(i)平民信仰——父，母，子

　　　(ii)神道学——父，子，圣灵

　　(b)天使与先圣

(三)宇宙之目的——St. Augustine

（A）全宇宙为上帝于六日内所创——创世故事

（B）为人类积功得救之场所——The Christian Epic

　（1）世界末日之信仰

　　（a）天堂地狱之两界

　　（b）为时甚近——世界生命比较永远生命之短促

　（2）人类历史为谋求得救之工作——原罪与本罪

　（3）人类靠耶稣赎罪功劳而得救

　　　——上帝国与魔鬼国之冲突

　（4）靠善神与先圣灵魂帮助而得救

　　（a）奇迹 Miracles 之信仰

　　　　——圣人生前死后皆能行奇迹

　　（b）圣骨 relics

　（5）祈祷与教会圣礼之助力

（四）上帝为宇宙主宰

　（A）藉用宇宙以赎人类——隐意解释

　（1）自然

　（2）历史

　（B）人类为宇宙最贵者——人为仿神形所造

（丙）人生观——以 Christian Epic 为基础

（一）来生之重要

　（A）天堂——永远快乐

　（B）地狱——永远痛苦

（二）教会为得救之唯一门径

　（A）教会有神力

　（1）上帝恩德 Grace

　（2）以七礼 Seven Sacraments 施布于人类

　（B）七礼——得救必需之要道（其他皆属次要）

　（1）普遍五礼

　　（a）洗礼,坚信礼,弥撒礼,忏悔礼,傅油礼

　　（b）凡人必需之圣礼

　（2）特别二礼

　　（a）婚姻礼,祝圣礼

　　（b）一部分人需要之圣礼

(3)七礼笼罩人类全生——由生至死

(4)教士行礼——教士有上帝神力

(C)洗礼 Baptism

    (1)为婴儿及成年人入教者所必需——一生只需一次

    (2)灵性重生——赦原罪 Original Sin 及成年人一切本罪

    (3)平时神父行礼——必要时普通信徒亦得行礼

(D)坚信礼 Confirmation

    (1)成童时坚固信心之礼——一生只需一次

    (2)主教行礼

(E)弥撒礼 Mass 或圣餐礼 Eucharist

    (1)食耶稣基督体(饼)血(酒)以壮灵性

      ——变质论 Transubstantiation

    (2)时常需要

    (3)神父行礼

(F)忏悔礼 Penance

    (1)悔罪 Contrition of the Heart

      ——犯罪后内心悔恨

    (2)认罪 Confession——向神父陈述己罪

    (3)赦罪 Absolution

      (a)神父代表上帝赦免罪人

      (b)免下地狱

    (4)赎罪 Satisfaction

      (a)善功 Good Works——神父与罪人以处罚

        (i)苦行——祈祷,斋戒,朝圣

        (ii)善行——施舍

      (b)赎罪票 Indulgences

        (i)免善功或炼罪所痛苦或两者并免

        (ii)耶稣及先圣之功德

          ——功德库 Treasury of Grace

(G)傅油礼 Extreme Unction

    (1)临死以橄榄油浇头洗罪

    (2)神父行礼

(H)祝圣礼 Ordination

（1）委派神父会吏由主教行礼

（2）委派主教

（a）先时由其他主教行礼

（b）后归教皇施礼

（3）被祝圣者（教士）资格之不灭性

——Indelible Character

（a）神赐特权

（b）故能行圣礼——与行礼者道德人格无关

（Ⅰ）婚姻礼 Matrimony

（1）永久性 Indissoluble Character——禁止离婚

（2）神父行礼

（三）基督徒行为之理想标准

（A）七大德 Seven Cardinal Virtues

（1）四自然德 Natural Virtues——由希腊传入

（a）慎重 Prudence——求真理

（b）公义 Justice——公道仁义

（c）刚毅 Fortitude——果敢与忍耐

（d）节制 Temperance——斋戒克苦之节制（勿过度）

（2）三神道德 Theological Virtues

（a）信仰 Faith——信仰正道，聪明智慧

（b）希望 Hope——希望得救

（c）博爱 Love——包括全部道德生活

（B）七大罪 Seven Cardinal（deadly,mortal）Sins

（1）骄傲 Pride

（2）贪婪 Avarice,Covetousness

（3）情欲 Lust

（4）恨怒 Wrath

（5）饕餮 Gluttony

（6）忌妒 Envy

（7）懒惰 Sloth

（丁）最高宗教生活——修道士理想

（一）圣人理想——Saint

（A）最高人格之理想

(B)修道院为实现圣人理想之场所

(1)克制情欲

(2)培养灵性

(二)修道士理想

(A)自助

(1)培养灵性

(2)故有三誓——贫穷，贞操，服从

(B)助人——为人类祈祷修善积德

(C)慈善工作

(1)周济贫乏招待游客

(2)开辟荒地增进农业

(3)教育儿童——修道院学校

(三)修道社 Monastic Orders

(A)Carthusians(12 世纪)

(1)穿毛衬衣

(2)每人独居小室

(B)Cistercians(12 世纪)

(1)废弃智识生活

(2)绝对贫穷——礼拜堂中废一切装饰

(四)著名修道士与修道社——入社会工作之修道士

(A)St. Bernard of Clairvaux(1091—1153)

(1)身世

(a)贵族出身

(b)Cistercian 修士——克制功夫与神秘经验

(c)拒绝一切教会位置

(2)爱之表现——恨恶罪恶

(a)干涉教皇选举——两人被选之危险

(b)宣传第二次十字军

(c)国际公断人

(d)攻击 Abelard 之唯理主义

(e)强 Aquitaine 公爵 William 复被废主教位

(f)告戒国王与教皇

(g)反对宗教名义之逼迫犹太人

———Mainz 某修道士

（3）神秘经验——爱上帝与上帝合而为一

（B）St. Francis of Assisi(1182—1226)

（1）身世

　（a）意大利中部 Assisi 城商家出身；

　（b）青年浪漫生活

　（c）病后之觉悟

　　（i）弃家舍财

　　（ii）与家庭脱离关系

（2）爱之表现——天真人格之纯爱

　（a）上帝即爱

　　（i）故人类万物皆由爱而生皆善

　　（ii）人与万物为平等同类

　　（iii）恶无存在

　（b）无限之纯爱

　　（i）助贫人——Lady Poverty

　　（ii）照护大麻风病者

　　（iii）向鸟兽及无机物体宣道——火兄，飞兄

　　（iv）颂美自然——太阳颂 Canticle of the
　　　　Brother Sun

（3）佛兰西修道社 Franciscan Order

　（a）佛兰西"因爱基督而乞食"

　（b）弟子之日增

　（c）修道社之创立（1210）

　　（i）入世修道士——为贫苦人服务

　　（ii）名称与特点

　　　———Minorites(the Lowly)

　　　———Mendicant Friars(绝对贫穷)

　（d）女修道社（1212）

　　（i）第一女弟子名 Clare

　　（ii）社名——Second Order of St. Francis

　　　———Franciscan Nuns

　　　———Poor Clares

（C）St. Dominic(1170—1221)

    （1）身世

        （a）西班牙 Osma 之 Prior

        （b）至 Toulouse 见异端之盛行

        （c）居法国南部宣传正教

    （2）修道社——Friars Preachers(1216)

        （a）注重智识

        （b）专事正教之宣传

        （c）包揽异端审问所职务

        （d）名人

            （i）Albertus Magnus

            （ii）Thomas Aquinas

（戊）宗教一统主义

  （一）意义

    （A）教义为唯一真理——故有异端审问所

    （B）一统之宗教语——拉丁文(各地方言之繁乱)

  （二）异端与异端审问所

    （A）著名异端派

      （1）Albigensians

      （2）Waldensians

    （B）扑灭异端之意义

      （1）教会真理为唯一得救之道

      （2）异端者之害己害人

        （a）自己下地狱

        （b）并有诱他人下地狱之危险

      （3）故异端者必扑灭之

    （C）异端审问所(13 世纪)

      （1）法官

        （a）皆为修道士——大半为 Dominican 派

        （b）由教皇或主教委任

      （2）秘密审问

      （3）拷打苦刑

    （D）刑罚

（1）初犯而悔罪者

　　　　　（a）斋戒祈祷

　　　　　（b）罚金

　　　　　（c）监禁

　　　（2）执迷不悟或再犯者

　　　　　（a）"交与俗世机关"

　　　　　（b）大半火焚

　　（三）教会对不敬或犯罪分子之处罚

　　　（A）Ex Communication

　　　（B）Interdict

4. 神道学与书院哲学

（甲）神道学与书院哲学之地位

　　（一）神道学 Theology

　　　（A）一切科学之王 The Queen of the Sciences

　　　（B）宗教信仰之解释

　　（二）书院哲学 Scholasticism

　　　（A）宇宙人生之解释

　　　（B）以理性协助信仰

　　　　（1）教义因信仰而无疑——神道学

　　　　（2）但以理性解释愈足以辅助增进信仰

　　　（C）方法

　　　　（1）演绎逻辑——Deductive Logic（Boethius）

　　　　（2）真理由推演与辩论而得

（乙）书院哲学之思想与派别

　　（一）背景

　　　（A）教会与帝国之一统主义

　　　（B）团体生活之重要——武士道，佃庄，城市，行会

　　　（C）一统之教义与信仰

　　　（D）故哲学基本问题为共相与特相问题

　　（二）共相特相 Universals vs. Particulars 问题之派别

　　　（A）共相唯真论 Realism；Extreme Realism；Platonic Realism

(B)共相唯名论 Nominalism

(C)折衷唯真论 Modified Realism；Moderate Realism；Aristo-
telian Realism

(三)初期之书院哲学(11 至 12 世纪)

(A)共相唯真论

(1)St. Anselm(1033—1109)

    (a)身世

        (i)意大利北部 Aosta 人

        (ii)Normandy 之 Bec 修道院修道(1060)

            ——方丈(1078)

        (iii)英国 Canterbury 主教长(1093)

    (b)思想起发点——信仰

        (i)思想目的在明了已有之信仰

        (ii)不信者无明了能力

            ——不见光之盲人不能明了光性

    (c)思想

        (i)神示 Revelation 与理性之协和

            ——两者皆上帝之表现

        (ii)上帝之存在

           (子)凡事皆有因——上帝创造宇宙,上帝为万
物最后之因

           (丑)人心中完善真质 Being 观念证明上帝存在

        (iii)上帝之性质

           (子)各种善德之完全表现

           (丑)超时间空间——永远长存

                ——无所不在

(2)William of Champeaux(d. 1121)

    (a)身世

        (i)巴黎大学教授

        (ii)Châlons 主教

    (b)思想

        (i)共相(观念)为唯一实在

        (ii)例——"人"存在

　　　　　　(子)"个人"不存在

　　　　　　(丑)世上无数的"个人"性质根本相同，不同者
　　　　　　　　只偶然之外相 Accident

(B)共相唯名论

　(1)常识的态度——思想界中当初势力不大

　(2)Roscellinus(d. c. 1100)

　　(a)身世

　　　(i)Brittany 之 Armorica 人

　　　(ii)Compiegne 之 Canon

　　　(iii)Soissons 会议强其收回前言 recant(1092)

　　(b)思想

　　　(i)共相观念只为名称

　　　(ii)特相物体为唯一实在

(C)两派之意义

　(1)唯真论

　　(a)教会为实在立体——信徒属于教会无关重要

　　(b)趋极端则成射影论 Emanationalism 或泛神论 Pan-
　　　theism

　　　(i)上帝与宇宙为一体

　　　(ii)每人皆可由神秘经验而归回上帝
　　　　——教会与圣道皆非必需

　(2)唯名论

　　(a)教会只为信徒组合之团体

　　　(i)教会属于信徒

　　　(ii)教会可存可废全听信徒

　　(b)个人信仰超于所谓教令信仰
　　　——唯人论 Humanism

　　　(i)个人之心灵万能，能分析万物明了事理

　　　(ii)教会教义可存可废

　　(c)原罪无存在——每人只有个人本罪

　　(d)上帝非一乃三

　　　(i)天父未降世

　　　(ii)圣子降世受死

199

     （iii）圣灵为父子外之个体

   （3）最早之调和派——Peter Abelard（1079—1142）

    （a）身世

     （i）法国 Nantes 地之 Pallet 人

     （ii）Roscellinus 与 William of Champeaux 弟子

     （iii）与 William 意见不合而自立学校

     （iv）在巴黎大学教授

     （v）因恋爱事件而入修道院

     （vi）异端罪——St. Bernard 攻击最烈

      （子）Soissons 会议焚其著作（1122）

      （丑）Sens 会议幽禁之（1140）

    （b）思想——概念论 Conceptualism

     （i）共相论——近唯名派

      （子）共相存在于特相中

      （丑）离特相则共相只为概念 Concept

     （ii）第一神道学家之 Abelard

      （子）三位一体论——三位乃三性即力 Power，

       仁 Goodness，智 Wisdom

      （丑）正反论 Sie et Non

       ——先圣著作中矛盾处甚多

       ——正反并列以求真理

（丙）书院哲学之极盛（13 世纪）

 （一）背景与意义

  （A）亚里士多德 Aristotle 全集之输入

   （1）由西班牙之阿拉伯人处输入

    ——阿拉伯译本之拉丁重译

   （2）教会当初攻击禁止之

   （3）最后利用之而立为教会思想标准

  （B）意义

   （1）13 世纪大思想家多为折中唯真论者

    ——教会信仰与亚里士多德思想之调和

   （2）共相与特相问题

    （a）共相须于特相中实现

（b）二元论

　　（i）上帝与人类

　　　　——上帝为高尚无比之创造者

　　　　——人为赋有神形之万物之灵

　　（ii）教会之神授圣道 Revelation 乃救人入上帝国之唯一途径

（二）13 世纪大哲学家 Schoolmen，Scholastics

（A）Albertus Magnus——Albert the Great(1193—1280)

　　（1）身世

　　　　（a）Swabia 人

　　　　（b）Dominican 修道士

　　　　（c）受教育于 Padua 及 Bologna

　　　　（d）教授于 Cologne 及巴黎

　　　　（e）Regensburg 主教

　　（2）思想

　　　　（a）Dominican 派思想之创立者

　　　　（b）其思想由 Thomas Aquinas 完成

（B）Thomas Aquinas(1225—1274)

　　（1）身世

　　　　（a）Naples 贵族出身

　　　　（b）Dominican 修道士

　　　　（c）受教育于 Monte Cassino，Naples，Cologne，巴黎

　　　　（d）Albertus 弟子——Cologne

　　（2）著作

　　　　（a）非常宏富

　　　　（b）Summa Theologiae 至今为罗马教哲学标准经典——Thanas 封为圣人

　　（3）思想

　　　　（a）哲学基本问题——真质 Being 或实在 Reality 问题（Entia）

　　　　（i）有质之实在 Esse in Re

　　　　（ii）抽象之实在——如贫穷,盲,……

　　　　（b）有质实在 Essences；Substances

201

（i）纯粹实在

（子）即上帝

（丑）只有模范而无物质混杂

（ii）杂质实在

（子）由模范 Form 与物质合成

（丑）万物皆是

（c）模范与物质

（i）两者皆为实在 Entia

（子）模范为完成体 Esse in Actu

（丑）物质为可能性 Esse in Potentia

（ii）模范与物质相合为生 Generatio

（d）上帝与宇宙

（i）宇宙于上帝思想中存在

（子）上帝思想一物而其物存在

（丑）由上帝观之思想与实在为一

（ii）宇宙之金字塔式

（子）每级为物质又为模范

——为下级之模范

——为上级之物质

（丑）人体为最高级之生体

（寅）人体为精神生活之物质

——靠教会助力 Grace 可变此物质而达精

神生活之域

（iii）宇宙之完善

（子）宇宙之两面

——自然 Nature 与神恩 Grace

（丑）上帝为全知故其意志必为完善

——故上帝意志所产生之宇宙必为完善

——故上帝意志之自由与定命为一

（寅）人类意志亦为完善

——意志本善倾向于善

——恶乃由情欲而生

（C）John Duns Scotus（c. 1270—1308）

（1）身世

   （a）Northumberland 或 Ireland 人——Scotus

   （b）Franciscan 修道士

   （c）牛津学生

   （d）教授于牛津及巴黎

（2）地位

   （a）Franciscan 派最大哲士

     （i）Franciscan 派原不注重学术

     （ii）与 Dominicans 竞争而研究哲学

   （b）根据亚里士多德而攻击 Dominican 派诸思想家——故后日哲学分两派

     （i）Dominican 派——Thomists

     （ii）Franciscan 派——Scotists

   （c）两派思想表现两修道社精神

     （i）Thomists 注重信仰与神恩

     （ii）Scotists 注重个人虔诚与善行——个人意志自由

（3）思想

   （a）自由论

     （i）上帝自由创造宇宙

       （子）可不创造之

       （丑）可创造与此不同之宇宙

     （ii）道德律亦上帝自由所创

       （子）善、公义等律皆上帝自由所立

       （丑）上帝可废之而立新法（如以新约而废摩西 Moses 旧法）

     （iii）故上帝可免人行善之责

       ——教会之特许权 Dispensations 及赎罪票即立于此

     （iv）人类亦自由

       （子）模范自由 Formal Freedom

       ——可愿或不愿

       （丑）物质自由 Material Freedom

——可欲甲或欲乙

（b）个人论

(i) 个人为人类共性 Quidditas 及个人特性 Ho-ecceitas 所合成

(ii) 两者不可分离——合而成"个人"

5. 罗马教皇政治地位之丧失

（甲）背景

（一）统一国家之兴起——与教皇政治地位势不两立

（二）最早统一之王权国家——法国

（乙）教皇与法王之竞争

（一）问题

（A）Boniface Ⅷ（1294—1303）欲恢复 Innocent Ⅲ 时代之教皇制而遏止国王之兴起

（B）教谕 Clericis Laicos（1296）禁止教士纳税与国家

（二）法王 Philip the Fair（1285—1314）之对策

（A）禁止金银珠宝食物军用品出口——教税不能解至意大利

（B）逐外人离法国境——留财产事业于法国

（C）Boniface 之让步

（1）许容教士于国家有急需时"自动"捐助

（2）一部分教士不受教谕限制

（3）封 Philip 祖父 Louis Ⅸ 为圣人——St. Louis

（D）Philip 收回成命

（三）新问题与新纠纷

（A）纠纷焦点

（1）教皇驻法代表（法人，主教）得罪 Philip

（2）退职后 Philip 拘捕之

（B）Boniface 乏对付方法——教谕 Ausculta Fili Charissime（1301）

（1）命法王释前代表并解至罗马

（2）召法国教士至罗马开会讨论法王侵略教士权利问题

（C）Philip 召聚三级议会（1302）

（1）修改教谕文字而交与议会

　　——激动国家思想

（2）议会拥护国王——教士院亦然

（D）Boniface 之失败

（1）仍召聚罗马会议

　　——少数法国教士到会

（2）教谕 Unam Sanctam（1302）

　　（a）教皇高于一切国家帝王

　　（b）人类得救必须服从教皇

（3）Philip 遣 Nogaret 往意大利拘 Boniface 至法国而以宗

　　教大会审判之（1303）

　　（a）Boniface 已回乡——Anagni

　　（b）法人入城拘禁教皇

　　（c）三日后市人逐法人

　　（d）Boniface 不久死于罗马

（丙）巴比伦之掳 Babylonish Captivity（1309—1377）

　（一）Clement V（1305—1314）

　　（A）法人——由 Philip the Fair 运动而被选为教皇

　　（B）移居 Avignon

　　（1）属 Count of Provence——不属法王

　　（2）但近于法国受法王支配

　　（C）派大批法人为红衣主教

　（二）七十年之 Avignon 教皇

　　（A）教皇皆法人

　　（B）教皇威权大减

　　（1）各国不欲尊重法王傀儡

　　（2）英国（百年战争时代）

　　（a）不准教皇委外人为教士

　　　　——Statute of Provisors（1351）

　　（b）不准英人至国外上诉

　　　　——First Statute of Praemunire（1353）

　　（c）无英王允许教皇不得下谕于英国

　　　　——Statute of Praemunire（1392）

（C）最后回罗马（1377）

（丁）教会大分裂 The Great Schism（1378—1417）

 （一）起源

  （A）新教皇为意大利人——Urban Ⅵ（1378—1389）

  （B）红衣主教院中法人（Ultraontane 派）离罗马而选法人为教
   皇又回 Avignon——Clement Ⅶ（1378—1394）

  （C）两教皇之对峙

   （1）各派红衣主教

   （2）各派主教及教士——往往互争地盘

   （3）互相逐出教会

 （二）结果

  （A）信徒之疑虑——圣礼效用问题

  （B）列国之分为两党

   （1）法国及其与国——苏格兰，Savoy，Flanders，Castile，A-
    ragon，Navarre

   （2）意大利及反法诸国——德，英，匈牙利，波兰，葡萄牙，
    瑞典，挪威，丹麦

  （C）教皇政治地位丧失净尽

   （1）两皇皆需各国拥护

   （2）放弃政权

 （三）解决

  （A）Council of Pisa（1409）

   （1）两红衣主教院之一部分所召聚

   （2）废两教皇而另选新教皇

   （3）结果——三教皇

  （B）Council of Constance（1415—1417）

   （1）德，法，英诸国所召聚

   （2）结果

    （a）罗马教皇自动退位

    （b）Avignon 教皇被废

    （c）第三教皇被迫退位

   （3）红衣主教联合选举新教皇（1417）

（戊）宗教大会运动 Conciliar Movement（1415—1449）

（一）根据

 （A）宗教大会为教会最高机关——高于教皇可废免之

 （B）教会改良运动

（二）大会

 （A）Council of Constance(1414—1417)

 （B）Council of Siena(1423—1424)

 （C）Council of Basel(1431—1449)

  （1）皆失败

  （2）教皇仍为宗教最高元首

   （a）但政治主上地位全失

   （b）教会元首地位亦受限制

（己）教皇一统制度之破裂

 （一）列国独立——教皇政治主上地位消灭

 （二）教会由国王支配，教皇之教会元首地位亦受限制

  ——政教条约 Concordats 之盛行

  （A）国王指派主教方丈——教皇委任

  （B）教皇谕旨公布须先得国王允许

  （C）上诉教廷之限制

 （三）列国国王之统治教会

  （A）英国——早已实行（见上）

  （B）法国

   （1）Pragmatic Sanction of Bourges(1438)

    ——法王公布

   （2）Concordat of Bologna(1516)

  （C）西班牙(1482)

6. 宗教改革——德国

（甲）宗教改革之背景

 （一）16 世纪初之神圣罗马帝国

  （A）渐渐破裂之封建帝国

   （1）皇帝无权

   （2）三百小邦——每邦完全自由

（B）皇帝

    （1）由诸侯选举

    （2）七选侯

        （a）完全独立

        （b）取消皇权

    （3）Hapsburg 朝之政策

（C）帝国议会（Diet）——大使会议

    （1）选侯院（College of Electors）

    （2）诸侯院（College of Princes）

    （3）城市院（College of Cities）

（二）16 世纪初之教会

（A）传统重要地位

    （1）世人得救之必需途径——神士与七礼

    （2）教皇为上帝代表——教会大一统元首

（B）教皇之帝国主义与列国之国家主义

    （1）中古教皇之统一梦及其失败

    （2）15 世纪教会代表之干涉各国内政

    （3）教皇之委差权（Patronage）

        （a）各国教会职位多委意大利人——挂名

        （b）兼差（Pluralism）

    （4）教皇之财政需要及其与列国之冲突

        （a）教皇需要繁复财政制度之原因

            ——教皇之三重地位

        （i）罗马城主教

        （ii）教皇国君主

        （iii）教会之首

        （b）教皇财源

        （i）田地

        （ii）Peter's Pence——英国与 Scandinavia

        （iii）神士税

            （子）圣衣费（Pallium）

            （丑）委状费（Servitium——Confirmnation

                Fee）

（寅）半年税（Annates）

（iv）卖缺权（Reservations）

（v）卖爵权（Simony）

（vi）虚职时进款（Intercalary Income）

（vii）教皇什一税（Tithe）

（viii）特许费（Dispensations）

（ix）赎罪票（Indulgences）

（5）诸侯国王之国家主义

（a）国家教会（National Church）观念之产生国家教会之成立

（i）法国

（ii）西班牙

（iii）英国

（b）宗教改革与王侯以完全自由统治教会之良机

（C）教会之软化与腐化

（1）教皇神士之热心于人文主义

（2）挂名与兼差之弊政

（3）教会之故意广设主教

（a）意大利——350 人

（b）法国——112 人

（c）帝国——56 人

（4）道德情形之腐败与笃信教徒之愤懑

（5）经济侵略政策

（6）城市中新旧之争

（a）神士与中等阶级之互相仇视

（b）神士之滥用经济权利与宗教权利

（i）神士免交一切税赋

（ii）经营商业实业

（子）与中等阶级竞争

（寅）以"逐出教会"与"停止圣礼"为要挟工具

（某城停止圣礼二十年）

（c）宗教改革时寺院经济事业多被封闭

（三）帝国与教会

（A）帝国特别情形

（1）中央无权

（2）教皇对帝国压迫日甚——因他国日愈统一日愈独立

（B）皇帝与教皇之盟约——Concordat of Vienna（1448）

（1）皇帝统治奥国本部教会

（2）教皇全权支配帝国教会（奥本部除外）

（C）德国民族之国家主义

（1）国家主义之表现

（a）帝国议会中之"百怨书"（Hundred Grievances）

（b）德国教会首领（Primate）Mainz 大主教之抗议

（c）教士会议之抗议

（d）中等阶级反对金银流入外国

（e）人文主义者之国家思想

（2）全国人民视教皇及其私人为侵略之外人

（3）全国仇视毁灭帝国之教皇（Hohenstaufen）

（四）宗教改革前之热烈宗教潮流及民众之宗教运动——德国尤盛

（A）教会本身与智识阶级

（1）Brethren of the Common Life

（2）Augustinian Friars

（3）Spiritual Franciscans

（B）建造礼拜堂风气之大盛

（C）宗教演讲之风气——演讲基金

（D）信徒祈祷斋戒会之风气

（1）Hamburg 有此种会社百余处

（2）某政客为三十五会社之会员

（E）圣骨圣迹之收集与崇拜之大盛

（F）进香狂

（G）游行全国之祈祷会——两手直伸作十字架形

（五）背景总论

（A）政治社会经济宗教问题暴发之危机

（B）教会为众矢之的

（乙）德国宗教改革

（一）路德——Martin Luther（1483—1546）

（A）身世

（1）农家出身（Saxony 之 Mansfeld）

（a）乡人之宗教信仰——路德终身信鬼神之存在

（b）无国家观念

（2）教育

（a）Mansfeld 学校

（b）十四岁时进 Magdeburg 之 Brethren of the Common Life 学校

（c）十五岁进 Eisenach 学校

（d）Erfurt 大学

（i）Occamism 哲学

（子）理性与神示之划分——上帝为非理性的全能主宰

（丑）人类意志之全能

（ii）人文主义——考据功夫

（3）修道院经验（1505）

（a）准备习法律时忽入修道院（Augustinian Friar）

（i）遇暴风雨而发誓之结果

（ii）后悔无及

（b）望道士（1505—1506）

（c）修道士（1506）

（d）神父（1507）——习犹太文

（4）Wittenburg 大学教授（1512）

（B）内心生活

（1）教会传统哲学之矛盾性（Antinomy）

——理性与神示之冲突

（a）善功与神恩（Good Works and Grace）之并为必需

（b）两者之适中为困难问题

——教徒无从知其死后能否得救

（2）路德寻求简单了当之解决方法（1512—1513）

（a）因信得救说（Justification by Faith）

（i）本性罪恶之人类有善功亦无济于事

（ii）信仰后之神恩为唯一得救之道

　　　　　(b)因信得救说之必然结果

　　　　　　　(i)人类与上帝直接发生关系——个人宗教

　　　　　　　(ii)神士与七礼之无益

　　　　(3)路德暂时之两重人格

　　　　　(a)无革命志愿

　　　　　(b)1513 年后仍为僧士,仍自信为教会忠实信徒

　(二)赎罪票与路德之革命

　　　(A)革命前之改良工作——改良大学课程表

　　　(1)攻击书院哲学与 Aristotle

　　　(2)鼓励圣经之研究

　　　(3)犹太人与希腊罗马经典课程

　　　(4)课堂中批评教皇与神士阶级

　　　(B)赎罪票

　　　(1)改革运动之导火线——触动路德之心机

　　　(2)赎罪票之演化

　　　　　(a)11 世纪初起时只免此世之处罚

　　　　　(b)赎罪票之效力足免炼罪所之处罚

　　　　　(c)赎罪票足使死人脱离炼罪所之痛苦

　　　　　(d)路德时代赎罪票之商业化

　　　　　　　——赎罪票市场及其影响

　　　(3)John Tetzel 与赎罪票之新章程

　　　　　(a)赦罪与赎罪并进

　　　　　(b)欲购赎罪票者,神士必须赦其罪恶

　　　　　(c)购票者得享受教会过去与将来之一切神恩

　　　　　(d)生人可代死人购赎罪票

　　　(C)路德之九十五条论纲(The Ninty-Five Thesis)

　　　(1)重要条目

　　　　　(a)忏悔乃"终生悔罪"之意

　　　　　(b)诚心悔罪之人其罪立即赦免

　　　　　(c)神恩无条件的使人得赦

　　　　　(d)教皇及其赎罪票皆不能赦罪

　　　　　(e)教皇只能以赎罪票免彼所规定之处罚

　　　　　　　——其效力不能达炼罪所

（2）论文之命运

（a）原文为拉丁文——路德初意只以之为与专家讨论之根据

（b）他人立即译为德文——全国响应

（三）教会教皇与路德

（A）Leo X（1513—1521）与路德

（1）当初采用化大事为小事、化小事为无事之政策

（a）惧路德新说之危险

（b）暗中使人劝路德安静勿躁

（2）后欲强路德收回前言或赚路德至罗马

（a）皇帝助教皇

（b）Saxony 选侯 Frederick the Wise 保护路德

（3）最后出谕旨（Bull）

（a）定九十五条论纲所攻击之道理为教会正道

（b）路德若再攻击则当然为异端者

（B）神道学家 Eck 与路德（1519）

（1）Leipzig 辩论——路德与 Eck

（2）辩论中 Eck 勉强路德宣布个人宗教

（a）教皇不可靠

（i）乃数百年之逐渐产品

——先圣著作中无之

（ii）Lorenzo Valla 之 Donation of Constantine 考

（b）宗教大会不可靠

——Constance 大会曾焚 John Huss（1415）

（3）全国响应

（a）全国之反对教皇政治经济侵略与宗教放任

（b）路德成全民众反教皇运动之领袖

（四）路德之革命著作（1520）

（A）上德国贵族书——（Address to the German Nobility）

——提议拆毁罗马教会之三堵高墙

（1）教士阶级

（a）每人为自己之神父（"The Universal Priesthood of All Men"）

213

(b)无教士阶级只有教士职任

(i)唯一阶级即信徒阶级

(ii)唯一分别在天职(Beruf；God-Given Calling)之不同

(c)信徒(君主贵族)须改良教会

(2)解释圣经之独揽权

(a)为使人不能根据圣经攻击神士

(b)但神士不通圣经——所有信徒皆得解释圣经

(3)教皇召集宗教大会之特权

(a)当初由罗马皇帝召集

(b)今日宜由国家召集

(B)教会的巴比伦之虏(The Babylonish Captivity of the Church)

——攻击教会之七礼

(1)否认

(a)祝圣礼——推翻教士阶级及其权威

(b)婚姻礼——生活之俗世化

(c)忏悔礼——真心悔罪与形式认罪之分别

(d)傅油礼

(e)坚信礼

(2)承认

(a)洗礼

(b)圣餐礼

(i)否认弥撒祭礼(Mass)

(ii)否认变质论(Transubstantiation)

——提倡并质论(Consubstantiation)

(iii)信徒亦须饮酒(血)

(C)基督徒之自由(The Freedom of the Christian Man)——提倡个人内心宗教

(1)得救非由圣礼之长路

(2)得救之道乃信仰捷径

(五)Worms帝国会议与Worms勅令(1521)

(A)Frederick the Wise之预事防备

214

（1）选 Charles V 为皇帝前（1519）强之应许对任何帝国公

民皆先审而后定罪

——教皇代表请皇帝不审路德而定其罪之失败

（2）开会前组织反对党

（B）议会召路德到会收回前言

（1）全国沿路之欢跃拥护

（2）不肯收回前言

（C）Worms 勅令（Edict of Worms）

（1）Frederick 党（多数）退出议会

（2）勅令由所余之少数全体通过

（3）路德及其信徒为帝国咒诅（Ban）

（4）Frederick 之抵御方法

（5）国民视勅令为废纸

（六）德国宗教改革之进展

（A）路德隐居翻译圣经

（B）Worms 勅令之局部实行

（1）教皇与南德诸侯签订 Ratisbon（Regansburg）约法

（1524）

（2）奥地利与 Bavaria 等诸侯扑灭改革运动

（C）改革家之宣传

（1）游行宣传

（2）印刷机之宣传利器

（D）男女修道士还俗运动

（E）会议

（1）Spires 帝国会议（1526）

——于宗教大会未召聚时各地诸侯有全权对付宗教

问题

（2）Spires 议案之收回——Recess（1529）

（a）新教诸邦之抗议（Protest）

（b）新教名称之由来

——Protestants；Protestantism

（3）Augsburg 会议（1530）

（a）Melanchthon 之信条（Augsburg Confession）

（b）今日路德教之信条

（F）宗教战争——Schmalkaldic War（1546—1555）

（1）皇帝定意以武力解决宗教问题

（2）新教徒之 Schmalkald 同盟（1531）与旧教徒之抵御同盟

（3）战争与宗教问题之结束

（七）Augsburg 和约（1555）

（A）诸侯宗教自由——臣民有移至他邦之自由

（B）新教徒于 1552 年前所没收之教产可仍保留

（C）只路德派新教有法律地位

（D）自由城市内新教徒得信仰自由

（E）教会诸侯信新教时立失其地位

——教会保留条件（Ecclesiastical Reservation）

（丙）宗教改革之两方面及其成绩

（一）宗教方面——全欧

（A）路德乃宗教领袖

（B）宗教改革成功

（1）北德新教化

（2）Scandinavia 新教化

（二）政治方面——德国

（A）路德不明政治，非政治领袖

（B）德国政治运动完全失败

（1）分裂之愈甚

（a）诸侯之愈强——新教区内诸侯为宗教元首

（b）政治分裂外之宗教分裂（南北）

——政治运动失败以致宗教运动亦只成功于北部

（C）当时皇帝非德人之不幸

——Charles V（1519—1556）

（丁）德国宗教改革之地位

（一）为条顿民族第一文化运动

（二）中古时代为拉丁民族开化北族时代

（庚）宗教改革时代之德国文学

（一）路德——德文圣经与德国散文之成立

（二）Hans Sachs(1494—1576)

 （A）补鞋匠之路德信徒

 （B）韵文与散文

7. 宗教改革——法国与瑞士

（甲）法国宗教改革之迟晚

（一）Concordat of Bologna(1516)

（二）法王反对宗教改革

 （A）因宗教改革下之政治实利法王已由政教条约中得之

 （B）德国诸侯大多赞成宗教改革

（三）16 世纪后期法国始受宗教改革潮流影响——由瑞士输入

（乙）瑞士与法国之宗教改革

（一）日内瓦 Geneva

 （A）加入瑞士联盟(1526)——法兰西文化范围

 （B）宗教改革中心点

（二）加尔文——John Calvin(1509—1564)

 （A）身世

  （1）法国 Picardy 商家出身

  （2）巴黎大学教育

   （a）法律——影响于将来之神道学

   （b）古典人文——Erasmus 之信徒

  （3）精神觉悟(1532—1533)

   （a）异端言论

   （b）逃命

    （i）Basle

    （ii）研究路德与 Zwingli(1484—1531)

 （B）名著——The Institutes of the Christian Religion (1536)

  （1）内容与路德及 Zwingli 主义相同

  （2）系统化

   （a）法律教育影响

   （b）立成宗教改革运动经典——与圣经同为新教运动
根据

（C）特点

　　（1）乃实行家——路德乃理想家

　　（2）乃组织家——路德乃宣传家

（三）加尔文主义

　　（A）中心思想——上帝之全能（Omnipotence）

　　（1）不受理性支配

　　（2）人类无明了上帝之可能

　　（B）定命说（Predestination；Election by Grace）

　　（1）选民（The Elect）之特征

　　　　（a）修养不息努力不息

　　　　（b）工作成功

　　（2）天职（Calling）观念之重要与近代资本主义之发展

（四）加尔文与日内瓦（ Geneva）

　　（A）日内瓦

　　（1）人民用法兰西语

　　（2）属 Savoy 朝所派之主教

　　（3）革命独立（1530）——加入瑞士联盟

　　（4）信 Zwingli 主义（1535）

　　（B）加尔文

　　（1）波折

　　　　（a）到日内瓦（1536）

　　　　（b）因过严而被逐（1538）

　　　　（c）反日内瓦（1541）

　　（2）日内瓦之狄克推多——Dictator(1541—1564)

　　　　（a）政教合一制（Theocracy）

　　　　（i）制度

　　　　　　（子）长老委员会（Council of Elders）

　　　　　　　　——执行宗教法庭之定案

　　　　　　（丑）宗教法庭（Consistory）

　　　　　　　　——由长老与神士（Venerable Company）所

　　　　　　组成

　　　　（ii）规则

　　　　　　（子）审查各人信仰之邪正与作礼拜否

　　　　（丑）嫌疑犯须受审

　　　　（寅）死刑之罪

　　　　　　——淫乱

　　　　　　——亵渎

　　　　　　——邪术

　　　　　　——异端（Servetus,1553）

　　　　（卯）禁止

　　　　　　——婚姻礼时笑容

　　　　　　——饮酒

　　　　　　——赌博

　　（b）成绩

　　　　（i）日内瓦成圣人城（City of Saints）

　　　　　（子）歹人多死亡或逃亡

　　　　　（丑）外地圣人多移入

　　　　（ii）势力区

　　　　　（子）瑞士一部

　　　　　（丑）法国一部

　　　　　（寅）荷兰

　　　　　（卯）苏格兰

（C）加尔文成功之原因

（1）主张清贞道德——时代之污秽风气

（2）公理制度（Congregationalism）

　　（a）民治的——每人皆以团体利益为怀

　　（b）政治军事中心细胞

　　　　——与各国政府对抗

（3）干涉政治以增助教会利益

　　　　——加尔文主张革命（与路德异点）

（4）新教罗马城之日内瓦

　　（a）人文学院与神道学院之设立

　　（b）加尔文之担任教授与训练

　　（c）与毕业生通信指导工作

（五）法国之加尔文运动——The Huguenots

（A）法国新教徒势力之日强（1536—1559）

（B）新旧教派之政争与宗教战争（1559—1598）

 （1）政争与宗教竞争之混合

 （2）St. Bartholomew 屠杀（1572）

（C）战争结果与 Nantes 勅令（1598）

 （1）礼拜自由——巴黎及其他大城除外

 （2）新教徒得享公民一切权利

 （3）二百城为新教徒驻守地

  ——Montpellier，Montauban，La Rochelle

（丙）加尔文宗教改革与旧教改良（Counter-Reformation）

 （一）比较点

  （A）首领——Calvin 与 Loyola

  （B）组织——公理制与耶稣会

  （C）精神——近世之猛烈进取精神

 （二）16 世纪后期 17 世纪初期之欧洲为两运动之战斗场

8. 宗教改革——英国

（甲）背景

 （一）路德主义之传入英国

 （二）神士阶级之腐败与人民之希望改良

 （三）国王揽权之国家思想与教皇大一统思想余烬之冲突

（乙）宗教改革

 （一）Henry Ⅷ（1509—1547）

  （A）初年之忠心于教会

   （1）攻击路德主义——The Defence of the Seven Sacraments（1521）

   （2）教皇之报答——赐以 Defender of the Faith 之尊号（英王至今仍保留之）

  （B）离婚问题

   （1）Catherine of Aragon

    （a）乃 Henry 之嫂——得教皇特许而结婚

    （b）无子——只一女（Mary）

   （2）Anne Boleyn

（3）教皇 Clement Ⅶ（1523—1534）

　　（a）进退两难

　　　　（i）本欲准忠心之英王离婚

　　　　（ii）但王后为皇帝 Charles V 之姑母

　　（b）教皇之故意耽延与最后之妙计

　　　　（i）准 Henry 离婚

　　　　（ii）但不许其收特许书——只使使臣当面读之

（C）Henry 之宗教改革（1531—1547）

　（1）1531 年之改革

　　（a）自号为英国教会元首

　　　　——勉强教会承认之

　　（b）停止半年税（Annates）

　　（c）自任主教——不再征教皇承认

　（2）离婚与决裂

　　（a）新主教长（Archbishop of Canterbury）

　　　　（i）准许离婚

　　　　（ii）新婚——Anne Boleyn

　　（b）教皇逐 Henry 出教会

　　（c）国王至尊法案——The Act of Supremacy（1534）

　（3）废寺院没收寺产

　　（a）宗教原因——寺院中黑幕

　　（b）经济原因

　　（c）政治原因——寺产一部分与贵族以收买其心

　（4）Henry 改革之要点

　　（a）为教会行政上之改革

　　　　——故杀 Thomas More 等

　　（b）非宗教教义上之改革

　　　　——故焚新教徒

（二）Edward Ⅵ（1547—1553）

　（A）教义之改革

　（B）《公祷经》——*Book of Common Prayer*（1552）

　（1）译为英文

　（2）修改

221

(a)废弥撒(Mass)而代以圣餐(Holy Communion)

(b)废祭坛(Altar)而代以圣桌(Table)

(3)毁礼拜堂中祭坛与圣像

(三)改革运动之临时挫折——Mary(1553—1558)

(A)恢复旧教——废改革法案

(B)火焚新教领袖与信徒 ⎫

(C)嫁西班牙王 Philip Ⅱ ⎬失败原因

——旧教保护者 ⎭

(四)改革运动之成功——Elizabeth(1558—1603)

(A)行政

(1)英国国教之成立(Anglicanism,Church of England,Anglican Church)

(a)国王为教会元首

(b)与罗马断绝关系

(2)国教性质介乎新教与旧教之间

(a)典礼

(b)组织——主教,神父,会吏

(B)教义

(1)《公祷经》——修改

(2)信条——The Thirty-nine Articles

(a)圣经为宗教根据

(b)信则得救与定命说

(c)否认弥撒礼

(丙)英国宗教改革之成绩

(一)英人大多数信国教

——国家主义与国教主义之合一

(二)少数例外

(A)旧教徒

(B)新教徒

(1)Dissenters

(2)Non-Conformists

(3)Independents-Separatists

(4)Presbyterians

（5）Quakers

9. 旧教改良

（甲）背景与意义

（一）改良运动主动者之西班牙

（A）七百年之宗教民族战争

（1）攻击异族

（a）犹太人

（b）回人

（2）攻击异教

（a）犹太教

（b）回教

（B）特殊民族性之形成

（1）宗教狂与正教狂——异端审问所

（2）民族自尊心——高等民族与优秀文化

（C）政治之统一（1492）

（1）国王消国会权（Cortes）

（2）政教条约（Concordat，1482）

（3）异端审问所——政治作用

（D）宗教狂、民族文化狂与新地发现运动

（二）旧教改良为宗教改革运动之反应

——宗教狂之西班牙为旧教改良运动之当然策源地

（乙）旧教改良运动（The Counter-Reformation）

（一）教会之先事内部改良

（A）神士道德之改良

（B）人文哲学之放弃

（二）发起主动者——Ignatius Loyola（1491—1556）

（A）身世

（1）西班牙贵族幼子

（2）宫中生活

（a）侍童（Page）——习武士道礼节

（b）武士英雄小说之尽量阅读

（c）私斗（Duel）改生活

（3）战阵伤腿

    （a）医院疗养与圣人传之阅读

    （b）伤腿残废圣母显灵及 Loyola 之决意为宗教服务

（4）宗教生活之开始

    （a）进香

    （b）自戕身体

    （c）修行与精神生活之转机

        （i）悔罪几至自杀

        （ii）神秘经验

（5）巴黎大学教育

    ——识耶稣会最早会员

（6）神修课与耶稣会之创立

（B）神修课（Spiritual Exercises）

（1）Loyola 修行经验之结晶

（2）目的

    （a）助信者

        （i）自省

        （ii）默想

        （iii）祈祷

    （b）压抑个人意志

        （i）完全服从教会——完全信教会道理

        （ii）完全变成机械（Antomaton）

（3）内容

    （a）第一周——良心

        （i）自视为秽物

        （ii）想象中之地狱经验

    （b）第二周——基督国

        （i）想象基督为王之伟大

        （ii）此世之微小

    （c）第三周——耶稣之受难

    （d）第四周——耶稣之复活与升天

（C）耶稣会（Society of Jesus，1534—1540）

（1）组织宪章——为教皇战争之僧社

 （a）入会资格

 （i）身体健全

 （ii）才智健全

 （b）等级

 （i）望道者（Novice）

  （子）二年之望道期

  （丑）七年以上之学习

 （ii）认可弟子（Approved Scholastics）

  （子）简单私下发三誓

   ——贞操，贫穷，服从

  （丑）实地练习

   ——或传教

   ——或教授

  （寅）可有私产

  （卯）可被革除

 （iii）改善弟子（Reformed Scholastics）

  （子）二年以上

  （丑）可被革除

 （iv）精神副佐（Spiritual Coadjutors）

  （子）严重公然发三誓

  （丑）地位

   ——教师

   ——传教师

   ——教授

  （寅）会员大多数

  （卯）可被革除

 （v）成道师（Professors）或四誓师（The Professed of the Four Vows）

  （子）严重公然并无可挽回的（irrevocably）发三誓

  （丑）发第四特别誓——服从教皇

  （寅）不能有私产

（卯）人数极少

（辰）不能被革除

(vi)特别俗世分子

——俗世副佐（Temporal Coadjutors）

（子）非修士

（丑）乃僧社之服役人

(vii)主将（General）

（子）专制首领

（丑）主将权柄

——操持所有会员之命运（每人职务地位由主将指定）

——与每人时常通信

（寅）主将只对上帝负责

——无需顺从会员全体公意

——不能被废（信从异端或大违道德时为例外）

（卯）会员对主将之绝对服从

——非只外表服从

——内心意志亦须服从（不批评长上）

（2）耶稣会之特征

（a）秘密社会性

(i)服便衣

(ii)顶上圆光（Tonsure）可免

（b）开除会籍之众多

（c）中央集权制度

(i)主将为专制首领

(ii)军队名称之借用

（子）主将

（丑）军团（耶稣会之"会"即军队之意——Society 或 Company）

（d）侦探制

(i)维持专制制度之工具

(ii)每会员皆有其他一会员侦视之

（ii）侦探报告必须写出——不得凭口头语言

（3）耶稣会之工作

（a）16 世纪之大工作

（i）在 Trent 宗教大会中为教皇活动

（ii）救罗马教会于垂危之际

（b）一般工作

（i）教育

（子）罗马城之耶稣会学校

——中央教育机关

（丑）包办教育

——旧教区教育（16 世纪末）

——新教徒子弟多受耶稣会教育（多因而返回旧教者）

——由小学以至大学

（寅）体育与智育德育并重

（卯）主将主持所有耶稣会大学之政策

（ii）忏悔礼职务

（子）新目的

——为个人灵魂之指导

——迎合王公贵族之心理

（赦罪宽松；凡忏悔者皆予以相当安慰）

（丑）结果

——影响政治

——忏悔师（Confessors）权比首相

（iii）演讲工作（Preaching）

（子）新方法——个人演讲

——向囚犯演讲

——为兵士演讲

——为农民演讲

——于街上演讲

（丑）结果

——宗教虔诚之机械仪式化（因过于注意外表表现）

227

    ——增助民众之愚顽迷信

  （iv）传教工作

    （子）Francis Xavier(1506—1552)

     ——至葡萄牙殖民地传教并为印第安人

    施洗（1541）

     ——至日本（1549）

    （丑）Matteo Ricci(1552—1610)

     ——至中国传教并欲沟通孔教与基督教

     ——因传天文学得与皇帝接近

  （4）耶稣会对教会之影响

    （a）教皇无误说（Papal Infallibility）

    （b）教皇至尊地位之纯粹精神化

    （c）教会之近代化——积极宣传进取

（三）Trent 宗教大会（1545—1563）

  （A）会中情形

    （1）意大利主教占多数

    （2）耶稣会之活动

    （3）新教徒不肯赴会

  （B）大会之议决案

    （1）信条之凝结——不与新教徒妥协

     （a）圣经与教会传统（流动的）为宗教基础

     （b）圣经解释权属于教会

     （c）七礼为必需的

     （d）神恩（Grace）与善功（Good works）之并重

     （e）圣骨、圣人、炼罪所、赎罪票诸信仰之重申

     （f）教皇为教会精神元首

      （i）解释圣经权

      （ii）主教团之首领

    （2）改良条件

     （a）禁止卖圣爵

     （b）主教等须长住其辖区专心于神圣工作

     （c）每主教区设神道学校——训练神士

     （d）文字问题

（i）拉丁文仍为圣礼与公文之官用文字

（ii）演讲须用方言

（e）赎罪票不得有金钱代价

——但受票者可随意捐助

（f）神士行圣礼时不准收费

（3）禁书与抽禁书目（Index of Forbidden and Expurgated Books）

——非得主教或神父允许不准阅读

（4）异端审问所之复兴（Inquisition，Holy Office）

（a）12 与 13 世纪间为 Dominican 僧社所首创

（b）西班牙异端审问所之复兴（1477）

（c）新兴罗马异端审问所之严厉

（丙）旧教改良之结果

（一）教皇制度之维持

（A）但非全欧主上

（B）各国旧教亦实际独立

（二）教会只为精神结合

（三）教会得不完全消灭

10. 新教之伦理观

（甲）新教之伦理观（Protestant Ethic）——工作观（Work Ethic）

（一）路德

（A）信仰为人生基础

（B）信仰后之各尽责任（Calling）乃宗教天职

（二）Calvin

（A）Calvin 之上帝观与人生观

（1）上帝观

（a）上帝为绝对之权能

（Power and Might）

（b）慈爱与上帝无关

（2）人生观

（a）定命说（Predestination，Election by Grace）

　　　　(b)信仰亦无济于事
　　(B)处世方法
　　　　(1)工作哲学
　　　　　　(a)吾人事业之成功或可证明吾人在选民(The Elect)
　　　　　　　之列
　　　　　　(b)为得救(Salvation)而工作,为工作而工作
　　　　(2)废乐主义——清教主义(Puritanism)
　　　　　　(a)娱乐足以阻碍工作之成功
　　　　　　(b)娱乐本身亦为罪恶
(乙)工作伦理观与中等阶级之兴起
　　(一)宗教改革与中等阶级
　　(A)宗教改革乃中等阶级创设新教运动
　　(B)工作哲学乃中等阶级之哲学
　　(C)工作哲学乃宗教改革运动对近世之最大贡献
　　(二)工作哲学与资本制度
　　(A)工作成宗教责任
　　(B)近世资本主义之兴起
　　　　(1)娱乐享受之禁止
　　　　(2)资本之滋生无穷
　　　　(3)近世资本主义之贪取性——"Acquisitive Society"
　　　　　　(a)为资本而资本
　　　　　　(b)为金钱而金钱
(丙)宗教改革之伦理观(工作哲学)与文艺复兴之伦理观(个人主义)
　　(一)个人主义
　　(A)乃贵族哲学
　　(B)目的——自我之表现
　　(C)实现
　　　　(1)大人物之辈出
　　　　(2)以平民为工具
　　(二)工作哲学——个人主义之中等阶级化
　　(A)中等阶级之个人主义
　　　　(1)中等阶级之阶级意识
　　　　(2)个人观念薄弱——除工作外

(B)中等阶级之自我表现

　　(1)极力经营事业

　　(2)无限的增加资本

（三）工作哲学与艺术之衰微

　　(A)清教主义之反娱乐反艺术态度

　　　(1)艺术为个人娱乐之工具

　　　(2)清教徒摈斥一切艺术

　　(B)新教世界艺术之衰——例外

　　　(1)荷兰绘画

　　　(2)德国音乐

11. 宗教改革时代之回顾
（1500—1600）

（甲）宗教运动总论

（一）新旧教会之地域

　　(A)1500 年西欧中欧皆属罗马教

　　　(1)教皇为大一统教会元首

　　　(2)拉丁文为通行宗教语

　　(B)1600 年

　　　(1)旧教——大致限于南欧

　　　　——意大利，西班牙，葡萄牙，法兰西（大部），"比利时"，瑞士（一部），德意志南部，奥地利，波兰，爱尔兰，Bohemia（一部），匈牙利（一部）

　　　(2)新教——大致限于北欧

　　　　(a)路德主义（Lutheranism）

　　　　　——德意志北部，丹麦，挪威，瑞典

　　　　(b)加尔文主义（Calvinism）——（名称甚多）

　　　　　——瑞士（一部），荷兰，苏格兰

　　　　(c)安立甘主义（Anglicanism）

　　　　　——英格兰

（二）新旧教会之信仰

　　(A)共同信仰

(1)三位一体(Trinity)

(2)圣经神圣

(3)人类罪恶与十字架赎罪

(4)天堂地狱——来生之享福或受苦

(B)新教各派之共同信仰

(1)消极方面

(a)否认教皇制度

(b)否认中古添长之道理

(i)炼罪所

(ii)赎罪票

(iii)祷告圣人

(iv)崇拜圣骨

(2)积极方面——个人宗教

(a)个人解释圣经

(b)个人谋求得救——无需神士阶级

(C)新教各派信仰之分歧

(1)得救之道

(a)加尔文派——命定说

(b)路德派——信则得救说

(c)安立甘派

(i)平时讲因信得救说

(ii)三十九信条(Thirty-nine Articles)中亦讲命定说

(2)圣礼

(a)加尔文——洗礼,圣餐礼

(b)路德——洗礼,圣餐礼,坚信礼

(c)安立甘——洗礼,圣餐礼,坚信礼,祝圣礼

(3)圣餐之意义

(a)路德

(i)倡并质论(Consubstantiation)

(ii)反对旧教之变质论(Transubstantiation)

(b)加尔文

(i)纪念耶稣受死前夜之晚餐

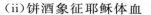

（ii）饼酒象征耶稣体血

（c）安立甘

（i）模糊不清

（ii）实际分两派

（子）"低教会"（Low Church）

——倾向加尔文派

（丑）"高教会"（High Church）

——趋向罗马教派

（4）教会行政

（a）安立甘

（i）保留主教神父会吏三职

（ii）使徒宗法说（Apostolic Succession）

（子）安立甘教会为中古英国教会之承继者

（丑）无教皇宗法说亦可成立

（b）路德

（i）否认主教制之神权性

（ii）保留主教为便利行政官

（c）加尔文

（i）废主教制

（ii）只留一级神士——长老（Presbyters）

（子）长老委员会（Synod of Presbyters）治理者

——长老会（Presbyterianism）

（丑）每礼拜堂会众（Congregation）

治理教会并监制牧师（Minister）者

——独立会（Independents）

——分离会（Separatists）

——公理会（Congregationalists）

——浸理会（Baptists）

（5）礼拜仪式

（a）安立甘

（i）保留旧教仪式之大部

（ii）唯由拉丁文译为英文

——公祷经（Book of Common Prayer）

    (b)加尔文

     (i)仪式简单

     (ii)读经,歌唱,随意祈祷,演讲

    (c)路德

     (i)折中

     (ii)无规定仪式——但往往采用仪式

(三)宗教运动之影响

  (A)中古统一教会与教会制度之破裂

  (B)基督教之国家化

   (1)新教

    (a)乃国家主义之宗教方面

    (b)乃反对旧教大同性之运动

    (c)国家赞助新教运动

    (d)国教

     (i)北德

     (ii)Scandinavia 各国

     (iii)苏格兰

     (iv)英格兰

   (2)旧教

    (a)名义上仍统一

    (b)实际各国教会亦独立

  (C)旧教信条之凝结

   (1)为抵抗新教信条所必需

   (2)限制信徒发表意见之自由

  (D)宗教兴趣之复兴(16 至 17 世纪)

   (1)文艺复兴运动之消灭

   (2)神道学之研究

   (3)个人道德之修养

  (E)政治社会变迁

   (1)国家权柄之大增

    (a)新教国

     (i)没收教产

     (ii)管理神士

　　　(b)旧教国——教皇承认国家支配教会权
　　(2)贵族财产之大增
　　　(a)没收教产之分配
　　　(b)但政权未增
　　(3)中等阶级
　　　(a)国王用以抵制贵族
　　　(b)宗教改革乃中等阶级之宗教运动
　　　　——对中等阶级之贡献
　　(4)农民
　　　(a)仍旧——德国与 Scandinavia 农民较前尤苦
　　　(b)只易主人
　　　　(i)前此多为教会佃奴或工人
　　　　(ii)此后改换为国王贵族或私人
　(F)经济变迁
　　(1)商业革命之推广
　　(2)近代资本主义之兴起
(乙)宗教改革之真正意义
(一)名义上为原始时代纯粹宗教之恢复
　(A)攻击数百年来之积习
　　(1)团体宗教
　　　(a)教皇制度
　　　(b)神士阶级
　　(2)先圣与玛利亚之崇拜
　　(3)泛文仪式
　　　(a)七礼
　　　(b)赎罪票
　　　(c)瞻礼进香
　(B)自信返古成功
　　(1)个人宗教与个人信仰——无需神士阶级
　　(2)圣经之崇拜——原始纯粹宗教
　(C)文艺复兴与宗教改革之相反
(二)实际上为城市中等阶级新宗教之建设
　(A)旧教为农业社会之宗教

（1）宇宙人生之神秘化

（2）仪式礼节之繁重

（B）新教为商业社会宗教

（1）宇宙人生之理性化

（a）视神秘为迷信

（b）理性之发达与科学哲学之大盛

（2）仪节之简单化与个人修养之重要

12. 欧美文明时代之基督教（1815 后）

（甲）背景

（一）基督教上帝创世论与科学天演论之冲突

（二）圣经之训诂与考据（Higher Criticism）

（A）圣经中事实错误与理论错误之发现

（B）后人窜入伪文之发现

（C）圣经尊严地位之渐失

（三）解决方法

（A）视宗教为有价值者

（1）保守派

（a）保守旧宗教全部

（b）视信仰与知识为两事

（2）进步派

（a）重新综合旧宗教与新科学

（b）宗教旧形式尽量保留

（3）改教派

（a）创设新宗教者

（b）改信东方宗教者

（B）视宗教为无价值者

（1）劳工阶级

（a）视宗教为精神麻醉品

（b）宗教不能解决现世实业问题

（2）智识阶级

（a）怀疑派

（b）无神派

（c）冷淡派

（乙）宗教保守派

（一）新教中之卫道运动（Fundamentalism）

（A）宗教与科学妥协运动之反应

（B）主旨

（1）卫护传统之正道要义

（a）人类性恶论

（b）人类得救须靠神恩

（c）耶稣以神而降凡拯救世人

（2）反对近世一切科学的哲学

（二）旧教与近世潮流之死争

（A）旧教之特殊情形

（1）绝对永久不变的教义信条

——Council of Trent

（2）组织严密的教会

（3）全教会独裁元首之教皇

（B）新潮流之危及教会

（1）18 世纪之唯理主义

（2）法国革命时代教会财产之没收

（3）意大利统一运动之大不利于教皇

（4）科学天演论之异端

（C）旧教之抵御方法

（1）与反动势力联络

（a）专制政体

（b）贵族

（c）保守党

（2）攻击新潮流

（D）教皇 Pius Ⅸ（1846—1878）对近世潮流之下总攻击

（1）公布圣母童生为教会道条（1854）——未得宗教大会
同意

（2）谬论大纲（Syllabus of Errors）之公布（1864）

——攻击近世一切新潮流

（a）泛神主义，自然主义，与绝对唯理主义

（b）缓和唯理主义

（c）冷淡主义与放任主义

（d）社会主义，共产主义，秘密社会，圣经研究会，神士自由社会

（e）俗世社会中之谬论

（i）国法高于教法——教会政权之取消

（ii）国立俗世学校

（iii）俗世婚姻

（f）近世自由主义之谬论

——国法之放任异端与异教

（3）普世宗教大会（1869—1870）与教皇无误说（Papal Infallibility）

（a）并非新理论

（i）Thomas Aquinas 曾倡此说

——耶稣会僧士亦倡此说

（ii）但前此并未定为信徒必信之道

（b）意义

（i）反攻近世思想自由潮流

（ii）教皇之最后胜利

（子）前此教皇于法律上只为教会最高之行政元首（但实际上对于信条道法亦有最高权衡）

（丑）此后教皇对信仰与道法亦有法律上最高权衡（宗教大会可无需再召聚）

（E）Pius XI 之攻击俗世教育书（1930）

（丙）宗教改进派

（一）旧教改进派（Catholic Modernism）

（A）信仰与计划

（1）承认"高等批评"（Higher Criticism）之结果

（2）承认天演进化论——信条亦属渐渐演进的

（3）承认宗教之心理根据

（a）个人经验

（b）个人信仰

（4）要求教会中之自由

　　——反对教会之偏重权威

（B）与新教徒之异点

　　（1）反对新教之个人主义

　　（2）拥护旧教之社会团结性

（C）命运

　　（1）教会初时之放任

　　（2）Pius X 扑灭之（1907）

　　　　（a）攻击一切个人自由

　　　　（b）重申教会之最高权威

（D）结果——与国家主义之冲突

　　（1）近世之国家主义反对教会之大同主义及其干涉各国内政之行动

　　　　（a）德国之文化战争——Kulturkampf

　　　　（b）教皇与新统一意大利之俗世权衡冲突

　　　　　　——（1929 年始解决）

　　　　（c）法国之反教运动（Anti-Clericalism）

　　　　（d）墨西哥之反教运动

　　（2）主要争点——教育问题

　　　　（a）各国之国管俗化教育政策

　　　　　　（i）提倡科学

　　　　　　（ii）提倡爱国

　　　　（b）教会之教育自由主义

　　　　　　（i）教会之"自由"掌理教育

　　　　　　（ii）"自由学校"（Free Schools）即教会学校

　　（3）"黑色国际"（Black International）之到处受敌——与赤色国际同

（二）新教自由派（Liberal Protestantism）

　　（A）背景

　　　　（1）新教之个人解释圣经说利于吸收新思想

　　　　（2）各派新教中皆有自由派——自由派与卫道派之竞争及其结果之难测

　　（B）宗教传统之局部放弃

(1)近世史学批评之发达与"高等批评"

    (a)圣经非上帝启示（revelation）

        (i)乃人类于长时期中寻求神明之记录

        (ii)固有矛盾及错误之痕迹

    (b)圣经与其他宗教经典处同等地位

(2)科学中自然律之承认

    (a)否认神迹（Miracles）

    (b)所谓神迹皆为想象寓言

(3)近世天文学地质学生物学之承认

    (a)否认创世说

    (b)承认天演进化论

(4)否认人性化之上帝——上帝乃天演势力

(C)自由派之新信仰

(1)神性之普遍

    (a)全宇宙万物人类皆赋有神性

    (b)自然界（Natural）与神明界或超自然界（Supernatural）无别

    (c)上帝即宇宙中活动变化渐趋完善之灵气——天演论

(2)人性为宗教中心点

    (a)人性乃宇宙灵气演化之最高结晶

    (b)超人性之无限可能

(3)此世此生之价值高尚

    (a)死后永生乃迷信

    (b)一切价值与理想皆须于此生实现

(4)耶稣为人类神性之最高代表

(D)自由派中之派别

(1)爱美的自然主义（Aesthetic Naturalism）——崇拜宗教传统之美丽高尚

(2)社会伦理主义（Ethical Religion，The Social Gospel）

    (a)中心理想——此世实现之上帝国（Kingdom of God）

    (b)上帝自身为不可思议的

(i)故无需寻求

(ii)只尽力改善此世即可("The only trouble with Christianity is that it has never yet been tried"——Bernard Shaw)

(E)自由派之影响

(1)各教派间旧区别之消灭

(a)今日之区别非旧日各派间之神道学区别

(b)唯一区别乃卫道主义与改进主义间或社会保守主义与社会改良主义间之区别

(2)教会合一运动

(a)各地方教会各派之合作

(b)加拿大之三会合一

——Methodists，Presbyterians，Congregationalists.

(原载《西洋文化史纲要》，上海古籍出版社2001年版，第17—22、41—46、78—95、126—131、170—199、222—227、229、315—321页。)

第三编　世界史

世袭以外的大位继承法

除原始的部落酋长之外，人类社会的政治元首大多是世袭的。有的民族始终维持世袭的制度，如中国由殷商至辛亥革命的情形。有的民族半路作些异样的尝试，如古代的希腊、罗马人与近代的西洋人。今日的世界，在西洋文化的笼罩之下，呈现一个人类开化后的空前现象，就是世袭君主制的大致消灭。多数的国家都是共和国；少数的国家只维持一个傀儡的世袭君主，实权却操在另外一个选举的或用他法产生的执政者的手中。真有实权的君主在今日已是凤毛麟角。所以名义上保有君主的国家，实际也可说都是共和国。

但共和制度与民主主义是两件事，两者可合可分，并无绝对必要的联系。反之，凡不终日闭眼在理想世界度生活的人，都可看出今日的大势是趋向于外表民主而实际独裁的专制政治。在许多国家这种情形已经非常明显，最重要的就是德、俄、意三国。三国的独裁者虽然都用"合法"的方式产生，但实际都是终身职，最少也是无限期职。在其余的国家，或多或少，也都有同样的趋势，不久的未来恐怕也终不免要追随潮流。

但再反过来看，政治上任何实权者的世袭制度，在今日的世界绝无地位。在从前君主世袭与神权信仰有不可分的关系。太远的将来无人敢说，但最近的未来大概神权信仰不会复兴，所以也不会有世袭专制的君主制度发生。在这种微妙的情形之下，实权者的承继问题于最近的将来在许多国中都必要发生，于较远的将来恐怕世界各国都不免要逢到这个难关。20世纪的人类究竟要如何解决这个问题，无人敢给一个武断的答案。但在前代，在较小的范围以内，人类曾遇到过这个问题，也曾得到勉强满意的解决方法。最重要的例子大概要算罗马帝国的皇帝与回教初期的教主；两者都是专制的，但都不是世袭的。

一、罗马帝国皇帝

到公元前 100 年左右，罗马已经成了地中海上最大的势力。多数的国家都已被罗马征服，其余名义上仍然独立的各国实际也都成了罗马的势力范围。罗马帝国至此可说已经成立。但传统的政治制度只适于城邦的范围，不能维持一个广大的帝国。况且帝国的疆域仍在继续扩张，武人的势力因而日大。代替旧制的帝国政制是此后六七十年间无形之中建设起来的。

到公元前 100 年左右，元老院是罗马城与罗马帝国中的最高政治机关，凡仍然在职与已经去职的重要官员都是元老。所以名义上元老的权柄虽然有限，实际上大权都操在他们手里。公民会议仍然存在。但罗马没有代议制，罗马公民遍天下，公民会议到会的实际却只有罗马城内与附近的人民。这些人大半没有固定的职业与财产，对一切既不满意又不负责，所以极易受人操纵利用。元老阶级以及对现状满意的人至此都联合一起，称为贵族阵线（Optimates）。城内一般流动的公民，资本家，少数的贵族，与其他一切对现状不满意的人也联合一起，称为平民阵线（Populates）。这种党派的分歧与政权的争夺在当初还有意义，还表现一种真正的政争。一方面赞成少数人为少数人的利益而统治天下，一方面赞成全体公民为全体公民的利益而统治被征服的各民族。但两条阵线的原意不久都消没净尽，当初的各种口号都成了独裁者的护符。原来有帝国而没有皇帝，在贵族阵线与平民阵线的纠纷之下就产生了一个专制的皇帝。

最早的独裁者是马略（Marius），是平民阵线的领袖，在非洲打仗屡次胜利之后，于公元前 104 年被再次选为宪法上地位最高的执政官（Consul）。上等社会的人已都不愿当兵，征兵制不能维持。马略见到此点，于是改革军政，正式募兵。这是非常重要的一个变化；从此军队遂成为将军个人的职业兵，国家军队的性质日愈淡薄。最少我们可说，军队直接是将军个人的军队，只间接才是国家的军队。最后的结果当然是最强大的将军与国家无形相混，甚至合一。

继马略而起的是贵族阵线的苏拉（Sulla），也是军人。在公元前 82 年，他勉强元老院正式给他无限的独裁权。苏拉虽然没有皇帝的名号，实际上他可说是罗马帝国第一任的皇帝。

马略与苏拉还真正是两个相抗的阵线的领袖，此后的独裁者就难说了。便利时，他们可与或左或右的一个阵线合作，但大致他们是以个人训练的军队为最后的靠山,两个阵线都成了傀儡。

苏拉死后,不久三个独裁者同时并出(公元前 60 年),就是庞培(Pompey)、克拉苏(Crassus)与凯撒(Julius Caesar),临时三雄合作,组成三头政治。在三头中,庞培地位最高,当时的人就给他一个半正式的称号——"首领"(Princeps)。但三个伟人当然难以合作,一度冲突之后,凯撒胜利,二年之间(公元前 46—前 44 年)他成了全帝国的独裁者。但少数的理想主义者对于旧日的共和政体不能忘情,最后用暗杀的手段将凯撒推翻。

正如用复兴六国的名义把秦推翻之后,列国分立的局面并未恢复;凯撒被刺后,共和政体也绝无挽回的可能。结果只有多付一次大乱的代价而已。共和主义者能把独裁者杀掉,但不能治理一个庞大的帝国。他们原来相信民众会赞成他们"除暴"的举动,岂知结果大失所望,多数的人民似乎感觉:独裁的好坏是另一问题,实际目前除独裁外别无维持天下安宁的方法。所以经过十四年的大乱之后,在公元前 30 年,一个新的独裁者又出现,就是屋大维(Octavius)。至此,一切恢复旧制的幻想都已消散,帝国各地都呼屋大维为"世界的救星"。这正与垓下之战后没有人再喊"铲除暴政"或"恢复六国"一类的口号一样。

但屋大维秉性谨慎,对凯撒的命运时刻未忘。所以共和制度虽已推倒,他决定在实际独裁的局面之下仍维持共和的外表。名义上一切仍旧,但屋大维在宪法上有几种特权与特殊名号,使他实际的地位远超宪法之上:

(一)至尊权(Imperium):在共和旧制之下,国家最高元首的执政官有至尊权,就是行政上的最高权。但前此至尊权的期限为一年,现在屋大维的至尊权屡次地延长,实际等于终身的权力。

(二)至尊号(Imperator):在至尊权的制度之下,最重要的就是全国军队的统率权。在统率军队时,领有至尊权的人可用"至尊号",也可说是大元帅。后来罗马历代的皇帝普遍都用此为常号,近代西洋文字中 emperor 或 empereur 一类的名词都由此演化而出。在中文我们一般译为中国历史上同类的名词——"皇帝"。

(三)保民权(Tribunicia potestas):罗马原有保民官(Tribune),乃是平民阶级的官吏,在宪法上有全权去防止或禁止任何贵族个人或团体对任何平民个人或团体有欺压的行动。宪法并承认保民官的"神圣"地位(Sacrosanctitas),任何人对他的身体或生命若有侵犯,就与亵渎神明同罪。现在屋大维不居保民官的地位,而终身领有保民官的职权与神圣性。

(四)其他特权:

（1）宣战与讲和权。

（2）元老院与公民会议的召聚权。这就等于说两个会议实际都由皇帝操持。

（3）一切正式聚会中占据最高座位的权利。

（五）首领（Princeps）：这是一个半正式的称呼，以前的独裁者多曾用过。后来元老院感觉"首领"一词不够尊崇，就又正式称屋大维为"国父"（Pater patriae）。但这个名词始终没有流行，最通用的还是半正式的"首领"。

（六）奥古斯都（Augustus）：这是屋大维与后来历任皇帝唯一正式的特别名号，就是"至尊无上"的意思。这只是一个尊号，与任何的特权无关。但这个正式的称号与非正式的"首领"可表示当时的人，无论贵族或平民，都承认独裁制的不可避免，因而情愿创造两个宪法以外的尊号。

在当时的情形之下，这个新旧调和的办法未尝不好，唯一的缺点就是承继问题的虚悬。因为在理论上罗马仍为共和国，一切地位与权柄都创自元老院或公民会议，所以世袭制当然不能成立。也恰巧屋大维没有儿子，所以世袭的问题也没有发生。在理论上，屋大维死后，或退职后，由元老院再选派一人担任艰巨，应当没有问题。但现在实际的制度是独裁，这种纸上的办法完全行不通。屋大维在生前也见到这一点，为避免将来再起内乱，他感到非预先暗中指定承继人不可。他当初四个亲信的人都壮年死去，未得继立。最后他决定以他的义子提比略（Tiberius）为嗣，使他也接受保民权与至尊权，所以全帝国都知道他是皇帝心目中的承继人。屋大维死后，无人提出异议，提比略安然即位。

提比略原已享受至尊权，所以屋大维死后他就成了当然的大元帅，无形之间承继了屋大维的地位。但提比略也极力地尊重宪法的外表，正式召聚元老院会议，请他们选定屋大维的承继人。元老院也知趣，就把屋大维生前所享受的一切特权与名号都加在提比略身上。从此这就成了惯例，每代的皇帝生前都指定实际的承继人，而由元老院将来正式承认。

公元41年，皇帝加利古拉（Caligula）被暗杀，生前并未指定承继人。元老院因加利古拉生前暴虐，于是就讨论恢复旧日名实相符的共和制度的问题。但在元老院雄辩未决的时候，御卫队已先发动，代他们决定，拉克劳底（Claudius）出来为大元帅。元老院无法，只得承认既成的事实，许多天花乱坠的长篇演说都中途打断。

克劳底的承继者尼禄（Nero）暴虐无道，激起内乱；同时他又未指定承继人。公元68年变乱四起，尼禄自杀。四个武人争位，都各由军队拥护为皇

帝。次年韦斯帕申（Vespasian）胜利，由元老院承认为首领。韦斯帕申后来由其子提多（Titus）承继。这虽实际上等于世袭，但名义上仍为选举。提多也是先接受至尊权与保民权，在父亲死后借此两种特权而当然继位。

提多由其弟多密申（Domitian）承继。公元96年多密申被暗杀，无人继位。至此元老院虽有机会，也不再妄想恢复共和，于是选举了一个老好先生的尼尔瓦（Nerva）为皇帝。尼尔瓦感觉自己太庸碌无能，就以武人特拉燕（Trajan）为义子，并给他至尊权与保民权。

特拉燕忽略了承继问题，生前未按惯例指定承继人，到临死时才认亚第盎（Hadrian）为义子（公元117年）。元老院与军队虽都表示承认，但因亚第盎当初并未被默认为承继人，也未享有至尊权与保民权，所以另外有武人反对。所幸反对派即被平定，未再引起大规模的内乱。此后六十年间（公元117—180年），承继问题一按惯例解决，历代皇帝都指定承继人，并都以承继人为义子。

公元180年后，罗马帝国二百年的盛期已经过去，乱时多，治时少，承继的问题也时常发生。但一直到西罗马帝国亡时（公元476年）帝位在理论上始终不是世袭的，在实际上也不都是世袭的。甚至到最后东罗马帝国亡的公元1453年时，帝位在理论上仍非世袭的私产。

由上面的简表看来，罗马帝国帝位的承继法可总论如下：

（1）在理论上帝位不是世袭的，实际上也大多不是世袭的。

（2）最普通的承继法是由在位的皇帝于生前指定承继人，承继人并且在皇帝生前就享有特权，以便将来能不留痕迹而继位。但这是一种非正式的默认惯例，无人公开的考虑这个方法，大家都只"心照不宣"而已。

（3）皇帝大多以承继人为义子。这与政制本身无关，只能算为一个以人情辅助公事的办法。

（4）凡不按惯例指定承继人时，或因故未得指定承继人时，结果往往是引起内乱或招致军队的跋扈干涉。

（5）屋大维以后几乎无人再相信旧日的共和制度有恢复的可能，所以也很少有人想推翻独裁皇帝的制度，虽然始终大家不肯承认帝位是一人一家的私产。

二、回教教主

阿拉伯人自古就分为两种：游牧人与城居人。游牧人散居内地沙漠地带,牧畜为生,迁移无定,组织极为散漫。城居人聚住沿海肥地,有城郭,以商业与简单的农业为生。城市中最重要的就是西岸的麦迦(Mecca)与麦第那(Medina)。但城市间的距离甚远,不利于共同的政治组织。无论土著与游牧,政治组织都停顿在部落的阶段。以往在半岛各地间或有比较广大的国家出现,但都是暂时的。在回教兴起之前,部落组织是常态。

每个部落或城市,各有自己的神祇与宗教。但麦迦是全民族所承认的共同圣地,城中有庙名嘎巴(Kaaba)或立体庙。庙中有神像三百六十座,乃全民族在各地所崇拜的神祇的总汇。庙墙中有黑石一块,尤为全体阿拉伯人所崇敬。每年一度,全半岛的人都到麦迦朝圣,一方面朝拜立体庙中的群神,而尤其重要的是向神圣的黑石示敬。这种松散的宗教仪式,可说是回教兴起前阿拉伯人唯一民族意识的表现。

加强民族意识,统一各部落与各城市,使这本来一盘散沙的民族一跃而成为当时世界最强大的势力的就是穆罕默德。穆罕默德所创的宗教简而易行,感人的能力非常之深。他毁掉各地的神像,圣庙中的三百六十座神像也被废弃。但立体庙本身与墙中的黑石却仍保留,照旧被奉为圣地。代替旧日繁复信仰的新宗教非常简单,信条只有一段,妇孺皆可背诵明了:"除唯一真宰(Allah)外别无他神,穆罕默德是他的先知(Prophet)。"这一句话的力量,不是我们今日的人所能想象的。穆罕默德用这一句话,在十年之内统一阿拉伯半岛。穆罕默德死后,他的承继者靠这一句话,在一百年内征服了东至中亚细亚、西至西班牙的一个大帝国。

此前阿拉伯各部落的酋长本由各部落推选。但现在情形大变,全民族在短期间已经统一,实权者的承继问题甚为重大。穆罕默德自己生前对此并未预定计划;同时他又无子,所以世袭制也谈不到。至于一般信徒,看穆罕默德几同神明,不信他也会如凡人一样地死去。一旦首领薨逝,大家都无所适从。在穆罕默德左右地位最为重要的有阿布伯克(Abu Bekr)、欧玛(Omar)与阿里(Ali)三人。公元 632 年穆罕默德死,回教中要人遂公选阿布伯克继位,为最初创教者的代表或"哈利发"(Caliph)。这个地位是宗教而兼政治的,可说是一个有政权的教主。教主在理论上由全民选举,选举后宗教权与政治权都集于一身。但阿布伯克实际是由少数人选出的。

阿布伯克德高望重,选举未成严重的问题,但也几乎引起内部的分裂。许多部落由于习惯的关系,又欲恢复原始分散独立的状态。但一切叛乱都被阿布伯克平定,从此半岛内部未再发生严重的分裂问题。

阿布伯克见到无限制的选举有引起内乱的危险,所以在生前就向左右指定欧玛为最适宜的承继人。公元 634 年阿布伯克死，左右尊重他的意见，就正式选举欧玛为教主。

欧玛感觉继位法有固定化的需要，于是生前就指定六位元老为选举委员，将来他们由自己内部互选一人为教主。欧玛有子，但不肯假公济私，没有指定儿子为承继人，并且也未派他为选举委员之一。公元 644 年欧玛死，六位选举委员中的欧斯曼（Osman）被选为继位的教主。

欧斯曼腐败，引起反抗，公元 656 年被刺杀而死。他生前并未指定承继人，也没有预定选举法。反对派遂拥阿里为教主。回教内部的分裂由此开始，公元 661 年阿里亦遭刺杀。从此教主的地位变成阴谋与争夺的对象，回教共和国无形结束，统一的或各地分立的回教国都成了世袭专制的政体。

回教共和国虽只维持了三四十年，阿拉伯的情形虽与罗马帝国不一样，但承继法却大同小异。阿布伯克以后两代的教主都因被预先指定而未成问题。第四代因未指定，又未预定选举法，内乱于是发生，共和国竟至因而结束。回教不似罗马，未得演化出一个大家公认的承继惯例。但阿里以前几次的蝉联似乎是正在对着一个固定惯例的方向走去，可惜尚未成功就被世袭制打断。

三、结　论

"历史不重述自己"——History does not repeat itself。我们不敢说 20 世纪西洋各国的独裁者也都要用罗马与回教那种实际指定而名义选举的方法产生承继人。但在制度的范围以内，我们很难想象其他更为妥当或更为自然的方法。西洋又有一句与上面所引正正相反的老话："天下并无新事"——There is no new thing under the sun!

（原载《社会科学》1937 年 2 卷 3 期。）

历史的形态与例证

　　所谓历史,有特殊哲学意义的历史,并不是由开天辟地以迄今日演变的种种。历史的时间以最近五千年为限。前此的发展是天文学,地质学,生物学与人类学的园地,与正当的历史学无关。旧石器时代的各种人类,与今日的人类,属于生物学上不同的物种,我们虽也承认他们为"人",但他们究竟"非我族类",他们的活动与我们的活动在根本上大异其趣,不能用同样的标准去衡量。进到新石器时代,有了一种新的人类,那就是我们今日世界上已开化与未开化的各种民族的祖先。但在公元前 3500 年以前,世界各地的新石器文化,仍然一脉相通,北非与东亚之间,或西欧与中亚之间的新石器文化,并无显著的分别。所以此一阶段也仍属于人类学的范围。

　　但在公元前 3000 年左右或略前,最早或可追溯到三千五百年左右,不知由于何种外来的影响或内发的力量,在清一色的新石器世界中,有两个地方发生了变质的作用,就是埃及与巴比伦。自此以后,地面各处或先或后的都脱离了石器的阶段而进入历史文化的阶段。据今日所能确知,五千年来的高等文化区域共有七个:埃及,巴比伦,印度,中国,希腊罗马,回教,欧西。

　　直到百年之前,大家都认历史为一元的。虽至今日,文化一元说仍然相当的盛行。这种观点甚为自然。各民族无不保有唯我独尊的态度,视四方为夷狄,认文化为以我为中心而一系相传的发展。在交通不便的时代,这是再自然不过的心理形态,前代的中国,古代的印度,古典的希腊罗马,以及远古的埃及或巴比伦,无不自视为天之骄子,无不自命为文化至宝的唯一创造者与维系者。直到如今,在欧美各国,连许多以客观自诩的学者,有意无意间仍不免以欧西文化为起发点而衡量古往今来的一切。但交通的大开,与考古学的空前收获,使心胸宽大眼光锐利的一些学者,把前此的文化一元论完全放弃,认为历史是多元的,是在不同的时间与不同的地域各个独自产生与自由发展的。考古的发掘,使我们知道有许多被后人忘记的伟大文化;交通的便利,使我们发现远方有许多前所未闻的异样民族。这许许多多时间与空间都不相同的历史单位,经过多人与多方的探讨,虽无人否认他们各有

特殊点,然而历史进展大步骤的共同点,现在已逐渐成为学者所公认的现象。这种共同点,就是历史的形态。

在一个文化的发展上,第一个阶段就是封建时代,前后约六百年。此时的政治,社会,与经济的现象都很特殊。政治上的主权是分化的。在整个文化区域之上,有一个最高的政治元首,但这个元首并不能统治天下的土地与人民。所谓"溥天之下,莫非王土,率土之滨,莫非王臣",在当时不过一种理论与理想而已。元首所直辖的,只有天下土地一小部分的王畿;并且在王畿内,也有许多卿大夫的采邑维持半独立的状态。至于天下大部分的土地,都分封给很多诸侯,诸侯实际各自为政,只在理论上承认共主的元首。但诸侯在封疆之内也没有支配一切的权力,他只自留国土的一小部分,大部土地要封与许多卿大夫,分别治理。卿大夫在自己的采邑之上,也非绝对的主人,采邑的大部又要分散于一批家臣的手中,家臣之下,可有再小的家臣,以此类推,在理论上封建贵族的等级可以多至无限,政治的主权也可一层一层的分化,以至无穷。实际的人生虽然不似数学的理论,但封建政治之与"近代国家"正正相反,是非常显明的事实。

封建时代的第二个特征,是社会阶级的法定地位。有史以来,阶级的分别是一个永恒的事实。但大半的时期,这种阶级的分别,只是实际的,而不是法律所承认并且清清楚楚规定的。只是在封建时代,每个人在社会上的地位,等级,业务,权利,责任,下至衣食住行一般日常生活的方式,都是由公认的法则所分派的,并且阶级的地位是世袭的,贵族的子孙,世世代代永为贵族,平民的子孙,世世代代永为平民。同一贵族或平民的阶级之内,往往又有许多小的等级或职务的分别,小分别之间的界限往往也是相当严格的。

封建时代的第三个特征是经济的特征,就是所有的土地都是采地,而非私产。自由买卖,至少在理论上不可能,实际上也是不多见的。所有的土地都是一层一层的向下分封,分封的土地就是采地。土地最后的用处,当然是食粮的生产,生产食粮是庶民农夫的责任,各级的贵族,由最高的王公以至最微的士子,都各把他们直接支配的一部土地,分给农夫耕种。由这种农业经济立场看,土地称为"井田"或其他类似的名称。此中也有"封"的意味,绝无自由买卖的办法。井田可说是一种授给农夫的"采",不过在当时"封"或"采"一类的名词,只应用于贵族间的关系上,对平民不肯援用此种高尚的文字而已。

在精神方面,封建时代是宗教的天下。国家的每种大典,婚丧生育的人生大事,以至团体或个人的许多例行事务,几乎都为宗教的规则所围范。宇宙间充满了神力,大小的神祇可以多至不可胜数。一般人对于神灵既然恐惧,又须依赖,有时敬爱的心理也能发生。无论是恐惧,或依赖,或敬爱,一概都要由崇拜的外仪来表现。

历史的第二个阶段,可称为贵族国家时代,前后约三百年,是一个以贵族为中心的列国并立时代。封建的晚期,当初本不太强的中央共主渐渐全成傀儡,有时甚至整个消灭。各国内部的卿大夫以及各级的小贵族也趋于失败。夺上御下,占尽一切利益的,是中间的一级,就是当初封建各国的国君。最后他们各把封疆之内完全统一,使全体的贵族都听他们指挥,同时他们自己却彻底脱离了天下共主的羁绊。天下的共主至此失位或者完全消灭,或者名存实亡。主权分化的现象已经不复存在。整个的天下虽未统一,但列国的内部却是主权集中的。社会上的士庶之分,在理论上仍然维持,在政治各部门辅助国君的也是贵族居多。但平民升为贵族,实际已非不可能,并且也不太难。在经济方面,井田一类的授田制尚未正式推翻,但自由买卖的风气已相当的流行。各国内部已统一,小的纷乱当然减少到最低的限度;至此只有国家间的战争,而少见封建时代普遍流行的地方战乱。贵族阶级在封建时代已经开始修养的侠义精神与斯文仪式,至此发展到最高的程度,在不与国家的利益冲突的条件之下,他们对待国界之外的人也是尽量的侠义有礼。国际的战争大致仍很公开,以正面的攻击为主,奇谋诡计是例外的情形。战时的死伤并不甚多,战场之上也有不可轻易破坏的礼仪。战争的目的只求维持国际的均势,没有人想要并吞天下。国际的战争虽然难免,但天下的大局是大致稳定的。

在精神方面,宗教仍占重要的地位。但唯理的思想已经开始,渐盛,最后发展到极峰。一个文化对于宇宙人生问题的伟大解释与伟大答案,都产生于此时。伟大的哲人与诗圣,也都是此时的人物。

文化的第三个阶段,是帝国主义时代,前后约二百五十年。第二第三两期之际,必发生惊天动地的政治,社会,与经济的大革命。革命的结果,贵族阶级被推翻,过去日渐得势的平民阶级,至此夺得政权。临时在表面上实现了一个全民平等的社会,最初的一百年间,政治社会生活的各方面,往往可谓大体美满,但社会的骚动与国际的大战很快的就把这种美满的境界毁灭。阶级既然取消,全民既然平等,大家就都有效命疆场的义务。当兵,在封建时代是贵族的权利,贵族国家时代的军队仍以贵族为主,平民的小兵完全要受贵族将官的指挥。进到帝国主义时代之后,全民皆兵的征兵制成立,大规模的战争,残酷无情的歼灭战,成了国际野心家所专研的战争方法。战场以

大量的屠杀为最高的目的，以便消灭对方的实力，最后占据对方的领土，灭掉对方的国家。前一时代的斯文战争，至此已不再见，列国的数目，尤其是强国的数目，日渐减少，最后只剩三两个大国，各自率领附属的小国，互作死拼的决战。

在不断的大战与大乱之中，文物开始遭受浩劫。战乱时无意的破坏，当然古今难免，但此时因战争的特别激烈，所以摧残尤厉。并且在无意的破坏外，还有由于各国政策所产生的故意的文化摧残。经过短期间思想自由的阶段之后，焚书坑儒一类的办法渐渐成为常事。与国家政策不合的文字，对于当权者不利的文人学士，轻则被弃，重则被毁，被逐，或被戮。在思想方面，这是一个回光返照的时代。短期之间，百家争鸣，在表面上似乎非常热闹。但思想趋于派别化，伟大的创造思想家并不多见。最后连派别化的思想也趋于消沉，只剩下毫无中心见解的杂家，东拼西凑的去写许多杂乱无章的大书。

文化的第四个阶段是大一统时代，前后约三百年。长期的酷战与大乱之后，一国独强，并吞天下，实现了封建时代可望而不可即的理想，就是整个文化区的大一统局面。至此，无论名义如何，政治必然是专制独裁的。此时人心已感疲倦，精神渐渐不支，不能再过从前那种紧张悲壮的生活，不能继续维持过去那种丰富复杂的文化。专制的皇帝与他的左右，现在替天下的人解决一切的问题，个人无需再过分的努力自苦。天下大致是太平的。内乱当然难免，边患也不能却除，但兵荒马乱的事，的确较前大为减少，一般人的物质生活大致安逸。但这只是更加增进心理的松懈与精神的涣散。社会的颓风日愈明显，最后一泻千里，不可收拾。尚武的精神急速的衰退，文弱的习气风靡一世，征兵制不能维持，只得开始募兵，最后连募兵都感困难，只得强征囚犯奴隶，或招募边疆归化的夷狄来当兵。但在最后的崩溃尚未来临之前，帝国疆域往往可以扩展到空前的程度。许多边外的夷狄，或因慕化，或因畏威，都归顺投降。帝国也自动的征服许多新土。但表面的庞大，并非内在伟大。毁灭的命运很快的必然来临。

思想学术与文艺，都急剧的退步。思想趋单调。政府受了潮流的影响，往往也推进思想一尊的趋势。或因政见的不同，或因文人的偏激，政府时常与思想界发生冲突，大规模的焚书坑儒都是此时所演的惨剧。局面稳定之后，思想学术定于一尊，真正的哲学消灭，文人全失创造的能力，只能对过去的思想与学术作一番解释，研究，与探讨的工夫，并且其中时常夹杂许多附会，误会，与望文生义的现象。一言以蔽之，文化至此已经前途若非很快的死亡,就是长期的凝结。

第五个文化阶段,最后的时代,是政治破裂与文化灭亡的末世。时间不定,可长可短。这是三百年大一统时代后无从幸免的一个结局。政治日愈专制,日愈腐败,日愈野蛮。社会的机构,一代不如一代;最后极端的个人主义,自私自利主义,变成社会生活的主要原动力。内乱迭起。外患也因而日愈严重。当初灿烂的文明帝国,往往被边疆的蛮夷侵占征服。古老的文化,从此可以一蹶不振,以致死亡。有时外族被同化,文化临时又有短期的生气,但同化的外族,不久也腐化,又被其他的外族征服。传统的政治文化,最后总有完全毁灭的一天。

这些是一般文化历程的梗概。现在让我们提出具体的例证。

一、埃及文化

埃及文化是世界上最古的文化之一,只有巴比伦可与它比拟。因典籍亡佚,哲学的发达无从稽考,但古老埃及的政治社会演变,从我们今日所能知的约略情形,可见其也不出历史形态的范围。

埃及的封建时代,普通称为旧王国时代,又称金字塔时代(公元前 2800 至前 2150 年)。王室为政治文化的中心,诸侯分立各地。王权有限,"法老"只为名义上的天下共主。

埃及的贵族国家时代,普通称为中期王国时代(公元前 2150 至前 1850 年)。王室衰微,诸侯独立,许多小国相互争衡。这就是许多西洋史学家所误认的"封建时代"。真的封建时代已经过去,此时最多不过只保留一些封建的痕迹而已。

帝国主义时代,称希克索斯(Hyksos)时代(公元前 1850 至前 1600 年)。希克索斯人是一种来历不明的外族。他们入侵埃及,很快的埃及化,临时成了埃及内部最强的势力,与旧日的埃及列国争胜。此时战事日烈,俨然一个具体而微的战国局面。最后,一个大一统的埃及帝国成立。大一统时代普通称为新王国时代,或新帝国时代(公元前 1600 至前 1250 年)。此时埃及大拓疆土,西至今日利比亚的沙漠,南达阿比西尼亚,东抵巴比伦之地。

公元前 13 世纪中期以下,埃及一方面内乱迭起,一方面又屡次被野蛮的外族征服。但因这些征服者文化幼稚,先后都为埃及所同化。公元前 525 年,波斯入主,这是埃及初次遭受一个已经开化民族的征服,埃及文化染上了不少的波斯色彩。公元前 332 年,亚历山大成了埃及的主人,埃及于是又与希腊同化。到公元前 30 年埃及变成罗马帝国一个行省的时候,在文化上已经完全是希腊的附庸了。不仅旧的制度文物荡然无存,连传统的语言文字也趋消灭,除了少数偏僻区域的人之外,所有的人都只说希腊语,读书的人也只读希腊书。埃及民族与埃及文化至此可说已经绝迹于天地间了。六七百年之后,公元 639 至 641 年间,埃及又被回教徒征服,就又毫无困难的阿拉伯化。今日所谓埃及人,无论血统如何,由宗教,语言,文字,风俗,习惯上言,其实大都是阿拉伯人了。

二、希腊罗马文化

希腊罗马文化的封建时代,历史上称为王制时代(公元前 1200 至前 650 年)。小国林立,各有国王;但王下有贵族,限制王权的行使。在众王之上,有一时期曾有一个最高的共主;关于此点,荷马的诗中仍留有痕迹,可惜史实已完全失传了。宗教盛行,后世流行的神话都是此时的产物。

贵族国家时代(公元前 650 至前 323 年)的历史,大致以雅典、斯巴达与罗马三国为中心,就是历来史书中所称道的希腊文化的极盛时代。内部统一的列国,罗布在地中海世界的大部,外交的关系甚为复杂,国际的战争也时常发生。但各国的内部,除罗马外,始终不甚稳定。天下的共主早已消灭,多数的国内已把王推翻,同时又无固定的新制替代。王制最少可说是一种安定力,王制破裂,各国的政局时常都在动荡中。但无论如何的变化,各国的政治可说是贵族性的,因为多数人或为奴隶,或为没有政权的农奴。所谓民主政治,或全民政治,也不过是全体人口中少数自由人的政治而已。哲学由兴起而渐盛,晚期出了三大哲人,苏格拉底,柏拉图,亚里斯多德。

帝国主义时代,普通称为后期希腊与罗马时代(公元前 323 至前 82 年)。此时地中海沿岸只余五大强国,就是希腊化的埃及,希腊化的叙利亚,马其顿,罗马,与制度罗马化的迦太基。此外尚有一些缓冲小国,以希腊半岛上为最多。五国中罗马最强,最少可说罗马的政策最为高明。它采取各个击破的策略,先毁灭了比较强劲的迦太基,然后并吞东方各国。迦太基之灭,甚为凄惨,不只国破,并且民族也全部被歼,仅剩下极少数的遗民,也遭流放异地的命运。至公元前 82 年苏拉(Sulla)独裁,可说是地中海世界第一任的实际皇帝。此时的哲学只有旧日思想的演述,与几种时髦一时的人生观。斯多亚派,伊比鸠鲁派,怀疑主义派,犬儒派,算是比较新颖的人生学说,此外则有柏拉图与亚里斯多德主义的信徒。最后调和一切的,也可说毁坏一切的,杂家出现,而古典的希腊哲学遂告结束。

大一统时代就是罗马帝国的盛期(公元前 82 至公元 180 年)。罗马的疆土不只扩展到整个地中海沿岸,并且在许多方面深入内地。今日意大利、希腊、保加利亚、土耳其、西班牙、葡萄牙、法兰西、比利时与瑞士的全部,德意志的西境,荷兰、南斯拉夫与罗马尼亚的大部,伊拉克与高加索的一部,埃及与沙漠以北的整个北非之地,都是帝国的疆域。此外并在海外征服了今日的英格兰、威尔斯与苏格兰的南境。但希腊罗马人的颓风日甚,公民渐都不肯当兵。起初还有内地的游民入伍,最后就只剩边地的日耳曼人与其他的外族还有执干戈的能力。颓废的人心,除物质的享乐外,往往又向东方传入的许多厌世宗教去求安慰。思想知识,只有以雅典与亚历山大利亚两城为中心的古代经典的研究。

盛世一个最后的伟大皇帝死于公元 180 年,帝国逐渐瓦解。不婚,婚而不育的现象,相当的普通。人口减少,品质似乎也退步。怠工与游手好闲成了社会的风气,许多人宁受国家的救济,而不肯从事正当的工作以自养。田地荒废,无人经营。整个的社会,呈显一种坐以待毙的征象。日耳曼人入侵,不过是用手指弹倒一个行尸走肉的帝国而已。传统所谓公元 476 年罗马帝国的灭亡,实际不能由日耳曼人负责。罗马民族与文化的消灭,更与日耳曼人无关。

三、欧西文化

欧西文化的封建时代就是普通所误称的西洋中古时代的大部(公元 911 至 1517 年)。名义上的天下共主,有两人争夺,就是罗马的教皇与神圣罗马帝国的皇帝。各国分立,国王无权,各级贵族分据国内各地。农业集中于佃庄,与中国古代的井田相类。精神生活全由基督教笼罩。每人由出生,直至临死,甚至死后,无不受教会的指导与约束。

贵族国家时代,历史上称旧制度时代(公元 1517 至 1815 年)。内部统一的列国成立,中央的共主失位。教皇只余宗教的地位,政权尽失;皇帝仅拥虚名,但他的傀儡权位直到时代末期才被拿破仑废掉。旧日独立的封建贵族,至此成为辅助王政的特权阶级。国际之间时起战争,普遍天下的大战,由 17 世纪起,平均每五十年一次。三十年战争(1618 至 1648 年),西班牙王位继承战争(1701 至 1713 年),七年战争(1756 至 1763 年),拿破仑战争(1799 至 1815 年),除末期的拿破仑战争外,所有的国际冲突可说都是以维

持均势为目的的。17 与 18 两世纪间,伟大的思想家辈出,末期的康德与诗哲歌德可说是集大成的哲学家。

1815 年以下,欧西文化进到帝国主义的阶段。北美合众国的地位日趋重要,所以我们可称此期为欧美文明时代。这个时代至今方逾百年,尚未结束,无从见其全貌,但大战国的景象已经非常明显。由大革命的法国开端,征兵制普遍于欧美的世界。英美因地理形势的安全,久想逃避现实,但今日也已被迫实行征兵。百余年来的战争中,歼灭战与屠杀战的形式,一次比一次的显著。纳粹所谓闪电战不过是最后为此种趋势找到一个动听的名词而已。炮炸弹火的威力,不分前方与后方。伤亡与俘虏数目的庞大,在人类史上真是空前。德国攻马奇诺防线后,法军被俘虏的在一百五十万人以上,除少数老弱残兵外,一般青壮的军士至今尚未解放。他们目前所遭的摧残,可以意度。至于他们将来的命运,谁敢设想! 白起对付赵国降卒的手段,虽未必不折不扣的重演在今日,但虽生犹死的遭遇,安知不会发生? 纳粹在占领各国,因一二德人被暗杀而竟大批屠戮"人质"的惨剧,这岂非新野蛮时代已经来临的明证? 这一切不过是开端而已,欧美世界未来的大流血与大悲剧,恐非今日仍未忘情于 19 世纪比较斯文的景象的人类所能想象!

文物的破坏,在欧美也已见端倪。相生相克的道理,在文物破坏中最为明显。欧美钢骨水泥的各种伟大建筑,甚至中世纪所传下的纯石块的大礼拜堂,都非一般的"刀兵水火"所能破坏。但欧美的人类又精心的制造猛烈无比的炮火与炸弹,数十世代千辛万苦所积累而成的文化标识,多在狂战中惨遭毁灭与损伤。到了大破坏的时代,文物的遭劫似为不可避免的命运。至于比较微弱的孤本古书,名贵雕绘,稀世乐器,无论如何的善为保藏,或大或小的损害更难逃脱。除了这种虽非故意而却似有命运存乎其间的文物浩劫外,焚书坑儒的事件也已由德国作俑。犹太人的著作或与国社主义相违的作品,都被有系统的焚毁。犹太学者与非犹太而反纳粹的文人哲士,重则丧命轻则被囚,幸运者得遭放逐或逃亡国外。此种焚书坑儒的风气,将来恐怕也有日趋猖獗之势。19 世纪百年间比较自由的思想与学术,恐怕只是暂时的现象。目前宣传已经取代思想的地位,不久的未来欧美人士或将不知精神为何物。伟大的思想家已少出现,思想已开始派别化:康德派,黑格尔派,唯实派,实际派,以及各种巧立名目的派别。新的宗教精神也已萌芽,奇形怪状的各种新宗教,流行在欧美的各大都市中。一种新的巫术,所谓灵学,虽有少数人用科学的方法与态度去研究,但对大多数问津的人却成了自我慰藉与逃避现实的一服精神麻醉剂。

所以,无论由国内政治与国际形势言,或由精神情况言,今日的欧美很显然的是正在另一种作风之下,重演商鞅变法以下的战国历史或罗马与迦太基第二次大战以下的地中海历史。欧美在人类史上若非例外,最后的归宿也必为一个大一统的帝国。但这或者仍为百年以后的事。历史的发展,自有其节奏与时限,速成班之类的办法在历史上是轻易不见的。时机未到,野心大于希特勒十倍的怪杰,也不能使大一统的局面稳定的实现。

四、独具二周的中国文化

除欧美的历史尚未结束外,一切过去的伟大文化都曾经过一度的发展,兴盛,衰败,而最后灭亡。唯一的例外就是中国。

中国的文化独具二周。由殷商西周至五胡乱华为第一周。由五胡乱华以至最近为第二周。

(甲)第一周的形态

中国的封建时代,就是殷商西周,由盘庚迁殷至平王东迁,前后五百余年(公元前 1300 至前 770 年)。中央有一个王,又称天子,当初是殷,后改周室。天子之下,各地有许多诸侯。诸侯之下,有卿大夫与各级的家臣。这是标准的封建金字塔。贵族与平民之间,界线森严。一切的农田,井田,都由贵族支配,分与平民耕种经营。殷周的宗教,虽多失传,但由甲骨文,铭刻,与仅存的一点古代文献,我们还可看出当时精神生活的中心就是宗教。

中国的贵族国家时代称春秋时代(公元前 770 至前 473 年)。诸侯多已统一境内,列国并立的国际局面成立。贵族阶级仍然存在。但只能在诸侯统制下操持国政,不似封建时代的随便自行其是。国家间列国争衡,天子已成了傀儡,只能承认最强的诸侯为霸主。齐晋秦楚是四方的四强,它们大致只求维持国际的均势,即或一国特强,也仅要作中原小国的盟主,并无吞并天下的野心,天下在理论上仍由天子统治。国际的战争虽多,然而并不酷烈,大家都服膺"适可而止"的道理。战场之上,有谦让客气的种种礼教,侠义之士无不遵守。战争并不是一种拼命的死争,而是一种有章有则的竞赛。在精神方面,宗教的形式仍然维持。但少数的哲士对宇宙人生的问题探索甚深。可惜早期或有的作品都已失传,我们今日所知的最早思想家是春秋末期的孔子与孔子早时的一些哲人。孔子是保守派,认为旧制破裂,人心不古,是一切困难的根源。若能恢复封建时代的先王之道,天下就可太平无事。与孔子相反的一派,可以邓析为代表。他是革命思想家,认为封建时代

与春秋时代的旧制都已陈腐不堪，必须彻底扫除，代以全新的一套办法，方可解决各国内部的问题与国际之间的纷争。这种说法当然要遭在位者的恨恶，所以他终究被郑国的执政借故杀掉。第三派是消极的隐士。他们认为世事已不可为，不如一了百了，遁世埋名，独善其身，最少还可赚得一心的清净。孔子周游列国时，遇到不少这种的人，如长沮，桀溺，楚狂接舆，晨门，荷蒉，荷蓧丈人等，都属于此种自私自利的思想学派。

春秋末期思想界的矛盾与复杂，预示帝国主义新时代的来临，就是战国时代（公元前 473 至前 221 年）。初期百年间，发生了政治社会的大革命。贵族阶级被推翻，国君独裁，最后都正式否认天子的地位，各自称王。战事日愈激烈，全民平等之后，各国都行征兵制。军队的数目扩大，战事的性质愈加残忍，在战场上奖励戮杀，对降卒与俘虏也时常加以不人道的大批屠杀，白起坑赵降卒四十万，是最惨的此种事例。许多古代的文献，有历史价值的建筑，恐怕都毁于此时的大战中。秦国已开始焚毁当政者所不赞同的书籍，别国有否同样的情事，可惜史籍失载。思想曾经盛极一时。杨墨庄孟，诸子百家争鸣当世。中期以下，阴阳五行与神仙的信仰兴起，是文化开始退步的明证。思想趋于派别化，成了后世所谓六家。最后杂家出现，《吕氏春秋》象征先秦思想的总结束。

中国的大一统时代，是秦，西汉，新，与东汉中兴的三百年（公元前 221 年至公元 88 年）。外表甚为辉煌，武功极盛，秦皇汉武奠定了二千年来中国疆域的规模，东北吞朝鲜，西北通西域，南达安南，西南并滇。天下太平，民生安乐，文景，宣元，明章之世尤为后世所称道。但征兵的制度到汉武帝时已不能维持，武帝的武功是靠募兵，囚犯兵，与外族兵完成的；真正的征兵，反处次要的地位。东汉中兴，对外作战时已到了几乎只有胡兵可用的地步。独立的思想消灭，先秦的思想学术真能明了的人可说无有。泛滥无归的经学训诂是当时学界唯一可能的工作。秦始皇大规模的焚书坑儒，必非文化退步的主因，只是时代作风与文化退步的一种自然表现而已。一种消极的宗教精神大盛，阴阳五行，黄老神仙，宗教化的儒学，与东汉初传入的佛教，是当世的主要精神食粮。

东汉中兴过去之后（公元 89 年以下），大汉帝国渐趋破裂，古代文化渐趋灭亡。接踵而起的内乱或边患、羌乱、党锢、黄巾贼、十常侍之乱、董卓之乱，使帝国的机构全部瓦解。三国的群雄割据与西晋的粉饰太平，都不能挽回已去的大势。最后五胡乱华，中原沦陷，中国面对全部覆亡的严重危机！

（乙）第二周与未来

中国发展到五胡乱华时,若按人类史的通例,可说已到灭亡时期。当时中国也确有灭亡的危险。但中国当亡不亡,经过几百年的酝酿后,竟又创出一个新的文化,可称为第二周的中国文化。

在政治上并无新的进展,大致只能墨守秦汉所定下的规模,但在思想文艺上,却各代都有新的活动,并且可与第一周的文化相比。

为清楚起见,可列表比较如下:

时代周	宗教时代	哲学时代	哲学派别化与开始退步时代	哲学消灭与学术化的时代	文化破裂时代
第一周	殷商西周(公元前 1300 至前 771 年)殷墟宗教周代宗教	春秋时代(公元前 770 至前 473 年)邓析、楚狂接舆、孔子	战国时代(公元前 473 至前 221 年)六家	秦汉与东汉中兴(公元前 221 至公元 88 年)经学训诂	东汉末至五胡乱华(公元 89 至 383 年)思想学术并衰,佛教之输入
第二周	南北朝隋唐五代(公元 383 至 960 年)佛教之大盛	宋代(公元 960 至 1279 年)五子、陆象山	元明(公元 1279 至 1528 年)程朱派、陆王派	晚明盛清(公元 1528 至 1839 年)汉学考证	清末以下(公元 1839 年以下)思想学术并衰,西洋文化东渐

表中所列各项,可以自解,无须再加赘述。讲到目前,我们这处在第二周末期的当代中国人士,一方面要面对欧美世界的现实,一方面要觉察中国文化的实况,才能明了我们今日所达的阶段与明日可走的途程。我们若能不自矜,也不自馁,平心静气的观察现局,大概对今日的中国以及与世界的关系,可得如下的几种认识:

(一)西洋世界今日正处战国的中间阶段。今日的大战虽然已够惊人,将来的战争恐怕只有更加酷烈,其程度、规模与情景必有吾人所不能想象的。

(二)中国文化的第二周诚然是人类历史上的一个奇迹,但现在已发展到末期,它的前途是结束旧的局面,创造新的世界,实现一个第三周的中国文化。过去的文化为何一定都要毁灭,我们不知道。中国为何能够独存,我们也不知道。我们只知其然,而不知其所以然;强为解释,虽不太难,但目前

可撇开不谈。若勉强作一个比喻，我们可说文化如花，其他的文化都是草本，花一度开放，即告凋死；中国似为木本花，今年开放，明年可再重开，若善自培植，可以无限的延长生命。第二周的文化虽在人类史上已为例外，但既有第二周，也就可有第三周。

（三）但由实力言，今日的世界是一个欧美重心的世界，这是无可否认的事实。所以我们不能完全摆脱欧美的影响与欧美的势力而独创自己满意的新世界与文化。此后日愈残酷的战争中，任何一次中国也无完全处身局外的可能。

（四）但由文化大势言，欧美已至开始下落的时期。目前西洋任何一种思想，主义，或学术的潮流，虽在中国都不免引起波动，但对我们的同化力恐将日渐降低。欧美的实力，在较近的未来我们虽仍不能漠视，但欧美思想信仰对我们的主动力或将日趋薄弱，我们对西洋文化中的一切可不至再似过去的崇拜盲从，而是自动自主的选择学习。然而这绝不是说我们将来可以松懈对于欧美的研究。盲从时可以不深知而不害事，选择学习时却非认真研究与彻底了解不可。我们将来需要更多更通的西洋学艺专家。

若对未来勉强拟定一个比较具体的方案，我们似乎可说：在实力方面，我们必须努力建起一个能够独当一面的军事机构，将来在欧美重心的国际上我们最少可不至完全被动，而能取得动不动由我而不由人的自由。此点如果能够做到，思想学术方面的前途就很可乐观。只要能有相当可靠的实力，政治上可以完全自由，则在国际上自由自主的空气中，相信我们此代与今后几代的中华儿女必能建起第三周的中国文化！

（原载重庆《大公报·战国副刊》1942 年 2 月 4 日、25 日、3 月 4 日。转录自林同济、雷海宗合著《文化形态史观》，上海大东书局 1946 年版，第 18—44 页。）

全体主义与个体主义
——中古哲学中与今日意识中的一个根本问题

　　人类自文化初开群聚而居以来,有意无意间就时常遇到一个很难满意解决的问题,就是个人与团体的关系的问题。到底是个人为团体而生存,或团体为个人而存在? 个人的利益高于团体的利益,或团体的利益高于个人的利益? 许多的哲学家,一谈到政治社会问题时,也不免要对此煞费心思。有的时代,甚至这是哲学界的中心问题。团体高于一切的说法,可称为全体主义;个人高于一切的说法,可称为个体主义。两种主义的竞争,在各国之内与国际之间,都是人类目前的切肤问题。共产主义与各形各色的社会主义,都是有全体性的;民主主义,自由主义,个人主义,都是有个体性的,但这些名词,今日都与入主出奴的情绪搅在一起,所以本文只能用全体主义与个体主义两词,希望可以少引起一点情感的联系作用。并且当局者总不免迷惑,为摆脱我们今日所难避免的局内成见,我们似乎可对从前一个相似的时代加以研究,虽不见得能使我们解决今日的问题,但最少可叫我们对当前的局面有比较客观而深入一层的了解。在整个的人类史上,于史料许可的范围内,我们可说欧西的中古时代是对全体与个体的关系最为注意的,当时的第一流思想家都费大部的精神去推敲这个问题。

　　中古哲学讨论这个问题时,采取的是一个非常抽象的方式:就是共相对特相的关系。"形而上者谓之道",共相是形而上的;"形而下者谓之器",特相是形而下的。古今世界有无数的马,各马之间无论颜色,身材,速率,性格,以及身心的一切琐碎之点,没有两匹马完全相同。每一匹马是一个特相,并且是很"特别"很"独特"的特相。每个"特相"的马都是我们能见能闻能触的形下之器。但虽无两马相同,我们却毫不犹豫的总称古往今来所有的坐乘为"马"。似乎在一切能见能闻能触的形而下的马之外与之上,还有一切的马所以为"马"的原理,一个不可捉摸而仍然非常实在的形而上之道。否则既然没有两匹马相同,我们安能总称所有类似而不相同的四足物为"马"? 一切的马所以为马的根本之理就是共相。

中古哲学家中，一派特别注意共相，认为形而上的道是唯一的实在，形而下的器只是偶然的外相，一切马所以成马的根本性质才是重要的；并且只有这个共相是实在的，一切个别的马不过是马的共相的临时表现而已。这一派的说法，在当时称为唯实主义：唯有共相是实在的。对立的一派，正正相反，所取的是一种常识的态度。具体的当然就是实在的，实在的当然就是具体的。并且只有具体的才能称为实在，只有一个一个的马古往今来实际的存在。虽然没有两匹马完全相同，但所有的马之间有许多主要的公同点，例如善走，可乘，特别是啸声，独有的鬃形等等。我们为便利起见，总称一切赋有以上各种特征的四足兽为"马"，这个"马"只是人类为自己的便利所定的"名"，本身并非实在。这一派称为唯名主义：一切所谓共相都是人定的名称，只有每个特相才是实在的。

这两派的思想，互相争辩甚烈。当初他们只谈一些不相干的例证，如马，狗，舟，车，花，木之类。但不知不觉间，他们就把注意力转移到比较切身的问题，如教会，上帝，国家等。按唯名主义的说法，教会只是许多信徒所组合而成的团体的"名"，实在的只有个个的信徒。教会属于信徒，教会可存可废，全听信徒的便利。教会为信徒的利益而存在，并不能绝对的支配信徒。这种推论当然是大逆不道，绝非当时定于一尊的教会所能接受的。再如教会对于上帝有所谓三位一体的信仰，上帝是三而一的，"三"虽然不能放弃，但当时特别着重于"一"。若按唯名的说法，所谓上帝的"一"只是虚名，实际却有三个上帝。但由正统教义的立场来看，否认上帝的"一"是荒谬绝伦的异端，必须彻底的扑灭。再者，中古时代虽尚没有特别清楚的国家观念，但当时有一个所谓神圣罗马帝国，在时人的政治意识中占很重要的地位。唯名主义也把它与教会同样的推翻，当然也非它所乐意承认。

唯名主义虽然是不合正道，唯实主义也不能负起卫道的责任，按唯实的说法，教会为唯一实在的主体，个个信徒只是属于教会而已，根本无足轻重。但当时的教会口口声声说是要解救所有的人，使每个人死后灵魂能升天堂，如何能说个人不重要？并且唯实主义讨论上帝的问题时，若推到逻辑的尽头，就成为泛神论。上帝是宇宙间最高最大的共相，至高无上，大而无外，于是上帝就与宇宙成为一体，宇宙间的一切，包括人类在内，都是上帝的一部分，都是上帝的表现，本身并无独立的存在。追根究底，只有上帝是宇宙间唯一的实在，因为上帝是无所不包的大共相。人类的灵魂即或存在，也不过是上帝神质之一粒的暂时射出，终久是要归还到上帝而失去独立存在的。既然如此，教会以及一切教会救人升天的信条典礼，可说都是庸人自扰，毫无必需的理由。

　　两派既然都不妥当，不久就有第三派出来，一个调和折中的说法。提倡此说的最早名人就是 12 世纪的巴黎大学教授阿贝拉。他认为特相与共相都是实在的，但特相很显然是具体而存在的，共相则不可捉摸，共相只存在于特相中。一个一个的马是实在的，但所以实在的原因，就是因为每个马都有"马"的共相贯乎其中，否则不能成马。似此，共相又属非常重要。但共相不可离特相而独立，不顾特相而只谈共相，共相就只为人心中的一种概念。所以阿贝拉的思想，当时称为概念论，这个说法，是否可以调和两极端的主义，是八百年来没有定论的一个问题。当时有许多人攻击阿贝拉，认为他的思想实际仍是一种变相的唯名论，与宗教的正道根本冲突。这种争辩，正在不得开交时，阿贝拉病死，问题也就不了了之的解决了。

　　共相特相的问题，到 13 世纪才得到教会所认为满意的解决方案。亚里斯多德的哲学全集由回教的世界输入欧西，13 世纪的许多哲学家就费全部的精神去吸收消化这位希腊大师的思想。此种潮流的代表人物就是 13 世纪中期意大利哲人圣多玛。他认为共相与特相是相对的。而非绝对的；两者都是实在的，并且是不可分的。宇宙万象，形似混乱，但由畴范与物质的观点去考察，一切却又非常清楚，任何器物都有它所以成为器物之理，就是它的畴范，就是前一世纪哲学界的所谓共相。但每一器物又有它所依据的物质基础，所谓特相的"特"点就是由物质而来。畴范虽然只有一个，但没有两匹马的物质基础完全相同，因而产生了理同器异的现象，个性个个不同的现象。再进一层，畴范与物质的关系并非绝对的。宇宙是金字塔式的，层次甚多，每级为物质，又为畴范，对下级为畴范，对上级为物质。物质为可能性，畴范为完成体；畴范是物质的目的，物质是畴范的依据。例如空气水分肥料推动一粒种子，一棵大树因而长成；种子空气水分肥料是物质，大树是畴范。把树做成门窗梁栋，树就又成为物质，门窗梁栋是畴范。门窗梁栋以及许多其他元素集合而成屋，门窗等又成为物质，屋是畴范。许多间屋合成一座建筑，屋又为物质，建筑是畴范。许多建筑合而成为一所庭园，校园，或公署，建筑又为物质，院署是畴范。许多庭园公署和各种类似的建筑集团总合而成一个城市，建筑集团又成了物质，城市是畴范。再往上推，可及于一区，一国，以至天下宇宙。这不过是根据圣多玛的思想所举的一串相连的例证。宇宙间事物就是这样一串一串的无数物质畴范层叠形。宇宙间只有上帝是特殊的，他超脱于宇宙间的一切，他是纯粹的畴范，不杂有任何的物质。但他并非与宇宙无关的，宇宙间各种的畴范都靠上帝而存在。它们存在于

上帝的思想中,上帝思想一物而其物存在。对于我们今日这个非宗教的时代,这个说法或者不免显得生硬,但由纯理论的立场来看,这至今仍不失为一种可以说得通的宇宙万象观。因为对于宇宙万象之所由来,我们除非是存而不论,否则非假定一个最后的无因之因不可。称这个无因之因为道,为太极,为太一,为绝对,为上帝,都同样的只是一个理所必有的假定而已。

圣多玛的思想,不久就被教会承认为正宗的哲学,历史上称他的思想为折中唯实论:他着重于畴范,但不认畴范为绝对的。他对于上帝问题所论的那一套,与我们的主题无关,可以撇开不谈。他对于畴范物质关系的一般说法,却非常重要。物质与畴范,特相与共相,两者间的绝对关系既被打破,所以绝对的唯实论与唯名论也都变成没有意义的论说。讲到教会与信徒,教会当然是畴范,信徒是物质。但教会之所以成为教会,就是因为有信徒,无物质则畴范失所依据。反之,信徒为要实现人类的最高可能性,必须进入教会,物质而无畴范则永远不能达到它的最高目的。物质与畴范,特相与共相,并不是对立的,可说是相依为命的。个体与全体是不可分的,个体主义与全体主义都不妥当。健全稳定的时代,个体不是全体的牺牲品,全体也不是个体的工具,两者相生相成,全体靠个体而成立,个体靠全体而实现。

13世纪是封建文化的最高峰,美满的哲学系统也于此时成立。任何稳定美满的时代,有形无形间实际都是服膺此种折中的哲学思想的。只有在变乱的时代,极端唯实的全体主义或极端唯名的个体主义才占上风。14世纪,封建文化渐趋破裂,哲学界唯名主义大盛。文艺复兴的运动也萌芽于此时,提倡人本主义,就是个人主义,到15、16两世纪间而变成意大利所风行的极端放纵的自私自利主义。同时,宗教改革运动兴起,以个人信仰自由相号召。这一切可说都是推翻封建文化与宗教文化的革命势力。到17世纪,这种革命运动大致已经成功,以教会以封建为中心的文化局面至此已经消灭,一个新的稳定局面又已成立,历史上称之为旧制度:对内各国完全统一,对外列国维持均势,可说是一个美满的国际局面。后世的人承袭法国革命时的标语口号,对旧制度每多误会。当时的政治是普通所谓专制的,路易第十四世的"朕即国家"一语,最为后人所误解。法国的神学家包隋与英国哲学家霍布斯是此种专制政体的代言人,他们的文字,我们今日读来,虽然有时不免觉得繁琐,但我们能很清楚的明了当时对于专制君主的看法。君主不过是整个国家的象征,国家的观念已经很强,但一般人还不能想象一个抽象而无所寄托的国家,他们只能明白以一人为中心的国家形。人民当然属于国家,所以也就当然服从国家的象征,君主。君主的专制就由此而来。同时,国家也不是绝对的,君主对人民的福利必须顾到,人民有上书请愿的权利,实际也有上书请愿的事实。这也可以说是一种折中唯实论的制度,国家与人民相依相成的局面。

旧制度的盛期,也不过百年左右。到 18 世纪,尤其是 18 世纪的晚期,卢梭一流的革命思想家又起,提倡人权,提倡个人的自由。不久法国的大革命爆发,以自由、平等、博爱为推翻旧制度的革命口号。星星之火,可以燎原,革命与战乱的狂潮一发不可收拾,直到 1870 年的普法战后,才算告一段落,欧西的世界渐有呈显小康之象。但一般讲来,法国革命时期的个人主义,势力仍然相当的强大,欧美各国无论表面上如何的安定,骨子里个人主义的地位则嫌太高,所以局面总不能完全的稳定。各形各色社会主义的日趋兴盛,就是对于个人主义的一种自然反响,第一次大战后兴起的法西斯主义,纳粹主义,共产主义,以及各种各类的极权主义,代表一种更激烈的反动。第二次大战后的今日,典型的纳粹国家德意志,典型的法西斯国家意大利,杂牌的极权国家日本,虽都已消减,但极权主义的根本潮流不仅没有减退并且有与日俱增之势,与民主主义对立的局面日趋尖锐化。今日以英美为主干的大西洋两岸的各民主国家,大致可说是代表唯名主义,个人主义,或个体主义的。今日以苏联为中心的东欧各极权国家,是代表全体主义或唯实主义的,并且其主义并非折中性,而是属于极端性的,人民完全成为国家的工具,毫无个人自由可言,个人人格的价值几乎全部被否定。这与民主国家的把个人捧得太高,一过一不及,两者都不是国家社会长治久安的基础。世界若求安定,无论是国内或国际的外界的安定,或一般人心的内界的安定,都必须先求这个根本问题的解决。过于轻视个人的极权主义与过于重视个人的民主主义一日不彻底变质,举世人心的惶惶无主的情境就一日没有解除的希望。

(原载《中央日报》(昆明版)民国三十年 3 月 10 日第四版"人文科学"第十期,又载《周论》一卷十五期,1948 年 4 月 23 日,略有修改。)

美帝"中国门户开放政策"的背景（上）

——美西战争与海洋政策

正如门罗主义,事实上等于说不许别国染指拉丁美洲,听任美国不慌不忙的用最便宜最省事的方法把整个新大陆细嚼烂咽消化净尽一样,所谓"中国门户开放政策",事实上等于说,别国不得把中国不可挽回的瓜分干净,好让美国利用它优胜的独占资本势力,静待良机把中国一口独吞。美国独吞中国的政策,远在资本主义发展到帝国主义阶段之前就已萌芽(见本刊第一期邵循正先生"美国对华侵略的作风和路线"),但使它有资格明目张胆宣布这个毒辣的政策,宣布后并且多多少少能够发生作用的,是前一年它对残破落后的西班牙进行投机取巧的战争的结果,这个战争使它由大体局限于北美大陆的一个国家,一跃而成兼跨东西两洋的海上国家。它在成为太平洋上一群帝国主义国家中的一员之后,才能具体的,而不仅仅是梦想的,推行雄霸东西大陆的政策。还有一层:无论此前或此后,它在中国都是一贯的戴上伪善的面具,然而它的真面目却在美西战争中暴露无遗;我们若要认识美帝自最初就特具的丑恶相貌,最好是参看一下美西战争。

进入帝国主义阶段的美国资本主义

到 19 世纪末期,各资本主义国家均已发展到帝国主义的阶段,美国只是其中的一个例。久不拓土的不列颠帝国,又开始夺取殖民地。法国开始大规模向北非发展,日本向中国谋出路,比较迟到的德国慌慌忙忙的向世界各地寻找侵略对象。总之,各国正在走向资本主义矛盾所必然产生的大火并——第一次大战。美利坚合众国的不肯落于人后,必然的要参与其盛,是无足为奇的。在整个的 19 世纪中,美国工业成品入口,逐年上升,但在 1876年以后,几乎没有例外的多年都是出超。我们把整个 19 世纪每十年为一单

269

位,以十年的最末一年为准,列"美国对外贸易表"①如下,就可一目了然(单位:美金千元):

年份	出口	入口
1810	66,758	85,400
1820	69,692	74,750
1830	71,671	62,721
1840	123,669	98,259
1850	144,376	173,510
1860	333,576	353,616
1870	392,772	435,958
1880	835,639	667,955
1890	857,829	789,310
1900	1,394,483	829,150

由上表我们可以看出,1880 年以前美国是入超的,只有 1830 与 1840 两次为例外,自 1880 以下即一贯的出超,出超的趋向并且逐年加深,等到进入 20 世纪后,出超之发展更有一往无前之势。此时再自然不过的,开始有各形各色的侵略理论出现,一部分是有意的,大部分是不知其然而然的为已经成熟的独占资本势力在海外寻求出路。美国在 19 世纪中期侵略墨西哥时就曾喊出一种口号,"显然的使命"(Manifest Destiny),认为向外发展是美国的天赋使命。这个旧名词现在又被拾起,成了帝国主义时代赋有新意义的口号,现在美国的"显然使命"已不再拘促于新大陆,而是有世界性的了,很多人又另称这个"使命"为"大政策"(Large Policy)。此类的喧嚷,声彻全美,我们只举九个人为例。

形形色色的帝国主义理论

一个海军军官梅汉(Alfred Thayer Mahan)是自封的海军至上哲学的理论家。他的作品很多,最重要的两本,一为《海权在历史的影响,1660——

---

① Thomas A. Bailey—*A Diplomatic History of the American People* (Third edition, 1946) p. 459.

1783》(*Influence of Sea Power Upon History*,1660—1783),1890 年出版，一为《美国对于海权的利趣，现在与未来》(*The Interest of America in Sea Power,Present and Future*)1898 年出版,他于这些作品中,一方面断定在历史上海权胜过陆权,一方面主张美国建设大海军,向世界各地寻觅海军据点与殖民地。

一位政治学教授贝杰斯(Jonn William Burgess),抄袭德国偏狭民族主义的高法,写了一本《政治学与比较宪法》(*Political Science and Comparative Constitutional Law*)1890 出版,认为条顿民族与盎格罗萨克逊民族是天赋的有建立民族国家的能力,因而也天赋的有开化全世界的"劣等民族"的使命。

一位社会学家基丁斯(Frank Henry Gidings),著有《民主与帝国》(*Democracy and Empire*),1900 年出版,认为"民主"与帝国主义的侵略是可以调和的。我们中国所有学习社会学的人,大概都读过这位先生的一些作品。

基督教的教士也不甘寂寞,作同类论调的颇不乏人。一位好出风头,因而也小有名气的教士斯特朗(Josiah Strony),写了一本书,简称《我国》(*Our Country*),初版 1886 年出版,扩大再版 1891 年出版,非常风行;他在这本书中断定盎格罗萨克逊人是被上帝选择的特殊人种,赋有开化全世界的使命,而美国人又是特殊人种中的特殊者,在这个有特殊使命的人种中负有主要的开化责任。

一位纽约州的中级资本家出身而当初尚不甚知名的政客罗斯福(Theodore Roosevelt),吸取了梅汉的主张,在政治活动中提倡大海军与扩张政策。后来他因意外的事故而任美国的总统,大事推行侵略政策。

一位波士顿的商家子劳治(Henry Cabot Lodge),出自因与中国通商而致富的家庭,先在地方从政,1893 年选为联邦议会的参议员。他与梅汉及罗斯福都是气味相投的侵略朋友,一旦登上华盛顿的政治舞台后,就开始鼓吹美国吞并整个北美大陆,挖掘中美运河,占领中太平洋的夏威夷群岛及大西洋的西印度群岛,特别是其中的大岛古巴。

至于报纸杂志上署名或不署名的提倡向外侵略的文章,到 1880 年以后,尤其 1890 年以后,几乎是每日都可见到。1890 年以后,由四面八方袭来的侵略理论,逐渐把美国全体人民,除了极少数头脑特别清醒的人以外,都已灌输成熟,认为向外侵略不只是天经地义,并且是美国人义不容辞的神圣使命。

271

牛刀小试——夏威夷群岛

在大事侵略之前,美国早已看中了太平洋中部的夏威夷群岛。这个 18 世纪末被欧洲人发现的群岛,进入 19 世纪后就成了美利坚商人航来中国路上的中间站与加煤站,美国人的数目急剧增加,到 1840 年首府檀香山,在外观上已具有美国城市的面貌。美国的商人,水手,捕鲸渔夫,满街都是;商店大半为美人经营,货品大部为花旗制造。早在 1842 年,美国国务院就已向岛国表示,美国不能容许夏威夷成为第三国的领土;1875 年美国与夏威夷正式订约,由美保障夏国对第三者的独立;1884 年夏国被迫割让珍珠港。至此在实质上夏威夷已在美国政治、军事、经济的绝对控制之下,所余的只有独立的空名。

夏威夷群岛是传教士的乐园,岛上的传教史也是使人可以清楚的认识传教事业与帝国主义之间血脉相通的一个绝佳范例。第一批进入群岛的美国传教士,1820 年开到,岛人的悲惨命运也就从此注定。传教的人数逐年增加,他们半劝诱半胁迫的叫当地的政府捐赠土地,以利传教事业的进展。这些教士很少再回美国,他们在岛上成家立业,他们的家属与子弟开始在岛上利用政府给他们传教用的土地种植甘蔗,经营糖业,到 1890 年左右,全岛地产的三分之二已都在各种方式下转入这批传教士家族的手中。这在历史上是最明目张胆的经济,政治,与宗教三位一体的一个典型;在全部帝国主义史中,也只有美帝做过如此无耻的表演。至此岛上的通商关系,几乎全部是对美国的,1890 年出口价值二千万美元的物品中,百分之九十九输往美国。

虽然如此,极端弱小的夏威夷人对美国仍然有斗争的勇气。夏国的末主是一位女王,1891 年即位后,决意排除美国的侵略。这使美帝分子拿出此前与此后都会惯用的致命手段:一年多之后,1893 年 1 月,在美国驻夏公使斯提芬斯(John L. Stevens)半公开的主导之下,传教士家族的一群人物发动了"革命",美国的海军陆战队马上登陆,口头上说是镇压变乱,实际却是包围王宫,向一个孤弱的女王示威要挟。这群宗教子弟组织了治安委员会(Committee of Safety),宣布废女王,设临时政府,政府中的人物是清一色的花旗人物,立即请求美利坚合众国合并这个"革命成功"的新夏威夷。美国一向所独有的内政外交时常纠缠不清的政治作风,适在此时发展到如此极其尖锐复杂的阶段,一顿乱吵之后,合并夏岛的阴谋暂时未能实现,美国只承认新的夏威夷为独立的共和国。又过了五年,到美西战争已经爆发之后,

美国才正式宣布群岛为美属的领土(1898年7月)。①

就东西讲,夏威夷是处在中太平洋,由南北而论,夏岛则属于北太平洋。美国除了吞并这个北太平洋的群岛外,一年之后,1899的年底,又把注意了几十年的南太平洋萨摩亚群岛的一部据为己有。

夏威夷与萨摩亚的侵占,只代表美帝国主义侵略的牛刀小试,大规模的两洋政策,在对西班牙的战争中才实现。

对西作战的口实——古巴问题

西印度群岛物产丰富的古巴岛,是美在独立以后不久就开始垂涎的一块领土,前后整整一个世纪之中,美人曾经制造了各形各色稀奇古怪的理论,作为古巴当归美国所有的论据,但美国内部的种种矛盾,使衰弱不堪的西班牙居然能继续把持此岛达一百年之久,到了19世纪末叶才成了美国跳上帝国主义舞台的一个机缘与踏脚石。

没落的,腐败的,半封建性的西班牙统治,使古巴人民不断地发起大大小小的反抗运动。1895年,岛上又起了大规模的反西班牙革命与民族解放战争,这给了美国侵略者一个绝佳的机会,由著名的黄色报纸开始,逐渐传播到几乎所有的美国报纸,大事渲染西班牙人作战的残暴。西班牙人诚然残暴,没落的势力有几个不残暴的? 但这只不过是美国侵略者现成的准备干涉的题目而已。从1895到1898年,三年的鼓吹已使蒙在鼓里的美国人民如醉如狂,一心一意的只想为解救古巴的苦难而对残暴的西班牙作战。除了帝国主义侵略的必然性以外,美国特别关心古巴基本的与真正的原因有二,一为经济的,一为军事的。就经济利益讲,美国资本家对古巴糖业与矿业的投资在五千万美元以上,当时古巴一岛的糖产就占全世界的产量之半。很自然的,1895年的革命爆发后,美国投资人认为机不可失,立即要求美国政府干涉。军事方面,美国此时已开始注意东西两洋上的发展,并为沟通两洋的军事设施,计划在中美挖掘运河,无论是为开运河,或为运河开出后的防守,军人中的帝国主义分子都认为整个的墨西哥湾与加勒比海的控制在军事上都属必要,所以围绕这片海洋的西印度群岛必须设法攫取,而在这些岛屿中,较大的古巴岛尤为冲要,所以美国必须寻找机会,制造口实,把古巴夺取到手。

---

① 关于夏威夷早期的历史,见 R. S. Kuykendall—*The Hawaiian Kingdom*, *1778 — 1854* (1938)。美国并夏,见 J. W. Pratt—*Expansionists of 1898* (1936)。

1898 年初，美国政府以"友谊访问"为名，派了一个海军舰队到古巴的哈瓦那港。2 月 15 日，舰队中的一只主力舰梅音号（Maine）爆炸沉没，死亡二百六十人，爆炸的原因至今不明，但美国就认定这是西班牙人所为，3 月 27 日下最后通牒：

（一）西班牙军与古巴革命军间立刻停战；

（二）西班牙停止拘禁古巴人于集中营；

（三）美国为双方调停。

这些条件，西班牙全部接受。但美国已决心作战，受了三年灌输的美国人民也多主战，教会人士也充分表现了好战心理。纽约有一种长老会的刊物，称《福音宣传者》（Evangelist），于 3 月 31 日的一期中有如下的论调："如果全能上帝的意旨是要以战争为工具而把这个人对人的残暴（按指西班牙人对古巴人的残暴）从西半球彻底根除，那我们就作战好了！"所以最后尽管西班牙人已接受一切条件，4 月 20 日美国仍然对西宣战。但在宣战书中却作了一个典型的伪善声明，说美国作战，完全出于对古巴的同情，唯一目的只是解放古巴，将来绝不占领古巴土地，而将听由古巴人独立自主。事后美国如何实践这个声明，下文自见分晓。

投机取巧的对西战争

美西战争，就是美国讲，在它一贯的侵小攻弱的战争史中，这个战争是最便宜，最顺利，甚至可说是"较传奇尤为出奇"的一笔投机生意。美国的陆军，空虚混乱到不可想象的程度，在当时实际没有对世界上任何一个二三等的国家作战的能力。它的正规军，包括军官，仅有二万八千人，尚勉强有可以作战的配备。志愿入伍的有二十万人，根本没有足量的与适当的武器。军部的库藏中没有夏装，夏季在亚热带的古巴作战，军士多穿冬装，与最近侵朝美军严冬穿夏装的奇景真可先后辉映！后勤总部紊乱不堪，军食往往腐烂。医药卫生设备全无，军士因病致死的抵战死的十三倍。在这种局面下乱动了两个月之后，到六月下旬居然有美军一万五千人在古巴登陆。没有资格对一个二三等国家作战的美国，所遇到的不是一个五六等的国家，而是一个根本不入流的国家。古巴岛上的西军当时有二十万人，大部是满可调动的，但及时阻止美军登陆的只有一千七百人。然而这一个小小的西班牙军，仍保有十六七世纪西班牙人勇武善战的传统，他们作战的英雄气概使美军大为吃惊，最后因众寡悬殊才被战败。西班牙的海军也措置失当，未正式作战即被歼灭。此外，美军又不费吹灰之力而占有西印度群岛的另一西属岛屿，波多黎谷。

　　以上是大西洋方面的战况。此外还有太平洋的一面。西属的菲律宾群岛，当时也在反西的民族解放斗争中，美国当然也认为这是可乘的良机。在宣战两月之前，海军部即已暗命美国的亚洲舰队集中香港待命。战端一开，这个亚洲舰队立即向菲岛进发，到5月1日冲入马尼刺港，西班牙舰队全部被歼。但美国在远东没有陆军，无法登陆。当时有一位曾经领导菲人抗西因一时失利而流亡香港的人，名阿根那斗（Emilio Aguinalde），统帅美国亚洲舰队的杜威将军（Admiral George Dewey）邀他回菲，号召菲人，助美攻西。迟至8月中旬，靠菲人的帮助，美军始得登陆，占领马尼刺。

（原载《进步日报》1951年3月2日。）

美帝"中国门户开放政策"的背景(下)

——美西战争与海洋政策

巴黎和约与菲律宾问题

西班牙一败涂地,只有求和。美国同意讲和的条件有三:

1. 西班牙放弃古巴;

2. 西班牙割让波多黎谷与太平洋上的另一岛屿;

3. 菲律宾问题,留待将来解决。

在法国的斡旋之下,双方在巴黎正式讲和。在和会中,西班牙对于古巴独立,割让波多黎谷与太平洋上的一岛(最后决定为关岛),都立即答应。因为美国已宣传了好几年要解放古巴,战败的西班牙知道古巴以及西印度群岛的其他岛屿都已无可挽救,只有听任战胜者支配。至于太平洋上富庶的菲律宾,美国在过去几乎向未提到,一般美国人,包括当时的总统,根本不知菲律宾在世界的哪一方位,所以西班牙人仍希望能保有这块东方属地。但美国的野心已到全部暴露的时候,在 1898 年年底的巴黎和约中,强迫西班牙放弃菲律宾群岛。

菲律宾人的想法如何呢?美军在靠菲人协助作战时,虽然始终回避作肯定明了的诺言,但言里言外的却给菲人一个印象,美军是来帮助菲人摆脱西班牙的统治而独立自主的。所以在马尼剌攻下之后,阿根那斗立即宣布菲律宾共和国成立,并要求美国承认。不料杜威将军向美国政府报告,借口这个共和国不代表全体菲人,而只代表菲人中的一派,主张美国不予以承认。也就在此时,在美国内部已开始掀起一个与战前对古巴一样的一个对菲律宾的宣传攻势,唯一不同的只是此次攻势的帝国主义色彩更为露骨而已。

美帝侵占菲律宾的宣传攻势

美帝对菲的宣传攻势有一特点，就是宗教气味异常浓厚，浓厚到使人感觉有碍呼吸的程度。《纽约先驱报》（New York Herald）于 1898 年 8 月 22 日发表了一位教授的言论："马尼拉向我们伸出她那破断流血的双手，我们必须紧握这双手，接受我们的解救责任；我们如此做并非一件政治野心的勾当，而是上帝所赋予我们的一个使命。"这类的话，绝非例外，大同小异的言论与情绪传遍全美，许多美国人糊里糊涂的俨然自居于世界上神命使者的身份。一位教会的主教窦柏尔（Bishop James M. Thoburn），在美军开始以武力平定菲人的反抗之后，公开宣称，他认为这个"不得已的流血斗争"是"上帝的意旨所加给我们的"。①

然而"替天行道"论的杰作，不出于这些二三等的角色，而是出于以宗教虔诚著称的当时美国总统麦金莱（William Mckinley）。据他事后向一群宗教人士的自白，他是于跪在白宫内向上帝不断祷告求助后，才得了神的启示，决定美国非占全部菲律宾不可的。他那篇上帝启示之下的谈话，大意如下：

（1）美国不能把菲律宾交还西班牙，因为交还不知如何统治他人的西班牙，是可耻的；

（2）美国不能听任菲律宾被其他国家占领，因为这将对商业不利；

（3）美国不能容许菲人自主，因为菲人没有独立自主的能力；他们如果自治，将较西班牙的统治尤为黑暗；

（4）最后，事出无奈，美国只有占领全部菲律宾，教育菲人，提高菲人，开化菲人，基督教化菲人。②

我们所要注意的，就是菲律宾人经过西班牙三百五十年的统治，大部早已皈依基督教。但那没有关系，因为西班牙式的基督教显然是没有美国式的基督教那样纯正的！

美国非占菲律宾不可，真正的理由究竟何在呢？那位虔诚的总统一时失检，在充满神圣词句的谈话里已无意中透露了一点消息。美国此时已开始计划东亚大陆上可能的大规模商业发展与政治活动，而菲岛正是实现这个政策的跳板。海军人士认为菲岛为维持西太平洋势力所必需，绝不能撤

---

① 见 *Congressional Record*，56 H. Congress，1st Session，*Appendix*. p. 430。

② 见纽约出版的教会刊物 *Christian Advocate*（January 22，1903）。

手。许多人沉不住气,把这些心里的话率真讲出。1898 年 8 月的《世纪杂志》发表了资本主义代言人,自命财政专家的范德利(Frank Vanderlip)的一篇论文,其中指出"世界人口的一半,都居在由菲律宾可以顺利到达的国家中"。很显然的,在这些"可以顺利到达的国家"中,中国是占有重要地位的。共和党的重要头目之一,参议员韩纳(Mark Hanna)于 1900 年 10 月,美国仍在强力平抑菲人的反抗时,发表他的意见:"如果说我们要一个适中据点,以便给美国人民在那个东方大国(按指中国)一个维持立脚地的机会,就算是唯利是图,那么上帝啊,我们就唯利是图好了!"①

美西战争后美帝的进而垂涎中国,极其显著。1898 年 12 月 15 日的《波士顿先驱报》(Boston Herald)声音:"菲律宾群岛是我们到中国的踏脚石。"此外尚有许多报纸杂志,都异口同声的说明,为向中国谋发展,必须占有菲律宾。

除了美国内部乌烟瘴气的一些侵略理论外,尚有外来的鼓励,为美帝打气,劝它必须紧抓机会。表面上处在极盛的顶点,实际已经开始就衰的大英帝国,此时也感到德国及其他欧洲大陆国家军事与经济的竞争日益强烈,很想拉这个新大陆的同文同种国家为同伙,以免自己在欧洲以及在全世界势力太孤。所以在美西战争中,联合王国一贯的对美国表同情,战后也仍继续鼓励美国向外侵略,尤其是向太平洋与远东谋发展。深谋远虑的不列颠帝国主义者,此时已开始盘算英美在太平洋与远东联合一起以抗其他帝国主义的方策。就在这种机缘之下,出现了有名的帝国主义诗品:

帝国主义诗品的代表作——《白人的负担》

19 世纪末 20 世纪初的几十年中,在文坛上象征帝国主义,特别是象征不列颠帝国主义的一位江湖诗人,就是吉卜灵(Rudyard Kipling)。他的作品,无论是韵文还是散文,很大一部分都是对殖民地人民直接间接的诬蔑,与对帝国主义鼓励或颂扬的作品。在他这类的文字中,最轰动一时,至今仍为人所讽刺传诵的,就是他的一篇《致合众国》的诗,首句为"背起白人的负担"(Take up the White Man's burden),后来普通都称这首诗为《白人的负担》。此诗在英美两国同时发表,在英初见于《伦敦泰晤士报》1899 年 2 月 4 日的一期,在美发于《麦克鲁杂志》(McClure's Magazine)1899 年 2 月号。

---

① F. R. Dulles—*America in the Pacific* (1932), pp. 227—228.

诗的大意说：统治劣等民族乃是上帝所赋予白人的使命，这个使命并非容易完成，因为劣等民族不知感恩，白人在责任感的驱使下费了很多心力去保护他们，增进他们的福利，但这些劣等民族非仅不感激涕零，反转来而对白人倒要愤恨指责；然而优秀的白人不可灰心，不可厌倦，既是上帝所赋予的使命，虽然对自己一无好处，统治劣等民族虽然只是一种痛苦，但是叹一口气之后，仍只有"背起白人的负担"！

好一篇《白人的负担》！此诗发表时，西班牙虽已被迫割让菲律宾，但菲人对于新的主人却已开始较当初对西班牙人尤为强烈的反抗。当时美国内部，主要的因政党对立的关系，少数人因正义感的关系，开始反对以强力征服菲律宾的行为，巴黎和约虽已签订，仍有人反对国会批准。吉卜灵的诗就在这种情势下问世，发生了莫大的打气作用，立刻风行全美，人人吟诵，使开始动摇的世界主人翁的心理又稳定下去。

菲律宾人的抗美战争

巴黎和约的签订，使菲律宾人不胜惊讶愤怒，1899 年 2 月他们就发动了反抗美国的战斗。至此美军已经过将近一年的作战，在数量与质量上已都有进展。至于菲人，无论武器、训练、或经验，均处劣势，所以只能作游击战。但菲人甚为英勇坚决，使傲慢的美帝侵略军吃亏不小。也正如今日在朝鲜一样，侵略军在战场失利后，就开始大量发泄兽性，无论俘虏或平民，都开始虐待屠杀，并又不分青红皂白的把能够捉到的菲人都关进大规模的集中营。这种办法，正是过去几年他们在古巴问题上引为干涉西班牙统治的借口。所以今日美国在朝鲜的这种暴行并不新奇，半个世纪以前他们已在菲岛训练有素，侵略性的美军只有在靠优势武器能够顺利取胜时，才对个别的俘虏与平民实行假仁假义的缓和政策；一旦优势武器不灵，他们就立刻原形出现。五十年前美帝的残暴，是真正爱国的菲人至今不能忘掉的。然而无所不用其极的残暴仍不能扑减菲人的反抗，最后美军利用少数的菲奸，才把领导抗战的阿根那斗于 1901 年俘获。领导的人虽然被俘，菲律宾的人民仍继续反抗，到 1902 年全菲方大体被暴力抑平。①

在这一段斗争中，有一件特别值得我们今日注意的事，就是在美帝侵略军的指挥官中有一位道格拉斯·麦克阿瑟将军（Arthur Macarthur），在这个

---

① 关于美帝征服菲律宾的经过，见 Charles Burke Eliott— *The Philippines to the End of the Military Regime* (1916)及 Moorfield Storey— *The Conquest of the Philippines by the United States*(1927)。

对平民与战俘虐待屠杀的战争中，曾作了不少为美国政府与军部所感到满意的事，他因此而得在战争期中不止一次的升官晋级。这位将军的一位哲嗣，名达格拉斯·麦克阿瑟（Douglas Macarthur），早年即入军校，1903 年以后也来菲岛服兵役。这就是四十余年后以第二次大战各战胜国盟军统帅的名义在东京作日本反动政府"太上天皇"的麦克阿瑟。也就是 1950 年 6 月发动侵朝战争，并在篡窃而来的联合国招牌之下对朝鲜人民进行最惨无人道的屠杀与破坏的麦克阿瑟。麦氏的作战方法，不仅是美帝的传统，并且是有家传的，他不过是把五十年前他的先将军大人在菲律宾所进行的侵掠屠杀惨剧在朝鲜照样表演一番而已，只可惜今日的对手已不是当日那样易与的菲律宾了！

殖民地傀儡政权的建立

作战期间，美已开始利用原与西班牙人合作的反动菲人，建立殖民地政府。待 1902 年军事结束后，它更进一步的培养反动势力。三四十年之后，就是由这种势力中产生了第二次大战期间与日本合作的菲奸；这批菲奸也就是原封不动的今日在美帝牵线下扮演"独立"丑剧的菲律宾傀儡政府中的一群。

在西印度群岛，美国所采取的也是同样的策略。波多黎谷势弱，没有反抗：1898 至 1900 年间为军管时期，1900 年改为文官统治，由华盛顿委任总督治理，与一般的殖民地制度相同。波多黎谷也是糖产区，全在美国资本的控制之下。

如此"独立"的古巴

但我们特别要关心的是古巴，这是美国曾明白宣布，只要解放，不要侵占或统治的。战后，在表面上美国诚然是听任古巴独立。1900 年，美军准许岛上的人召开一个傀儡的立宪会议，拟定宪法，完全照抄美国的。然而尽管奴颜婢膝的模仿美国，这个宪法仍不能为美国所接受，最后古巴人被迫加添了下列宪法修正条文，才得组织一个可怜的傀儡政府：

（1）美国对古巴一切对外之外交关系与财政关系，得控制干涉；

（2）为保障古巴之独立，美国得作必要的干涉；

（3）美国得于古巴政府不能保障生命财产与个人自由时进行干涉。

在许多意义极为含混广泛的"干涉"条款之下，虽然美军于 1902 年撤

退,所谓"独立"的古巴实际上完全是美帝的保护国。在第一次大战之前与大战期中,蛮横愚蠢的美帝利用这些条款,曾经进行过一系列的干涉,重要的军事入占就有过三次:1906至1909,1912,1917。美国经济帝国主义的发展更可不言而喻,古巴的公用事业,铁路、矿山、糖业、烟草业几乎全部转入美国资本家之手。如上面所言,在美西战争的前夕,美国在古巴的投资总额为五千万美元,三十年后投资额已增高到十五亿,大部分都直接间接的在几个大银行之手,操持最多的就是花旗银行(National City Bank of New York)。古巴人全部经济命脉都在纽约几个银行家的掌握中,美国独占资本对古巴的控制与对美国本国无异,古巴人民也就与美国人民一样的成了独占资本所奴役的人民。最大的差别,就是在美国本部,这些大老板多多少少还有所顾忌,在表面上尽量掩饰;至于在古巴,通过一群傀儡人员,他们可以毫不客气的榨取压迫。所以到第一次大战之后,军事干涉已不必需,因为经过经济与傀儡政治双管齐下的力量,已可达到整个的控制剥削的目的,何必要作招人反感的军事干涉?

海军政策前提下的自然结论——"中国门户开放"

以上所列的历史事实,如果作为前提的话,结论就可不必多说了。只就太平洋而言,由美国西岸而夏威夷,由夏威夷而菲律宾,由菲律宾而何地呢?当然只有中国了!不过当时中国的情形,不是美国所能称心如意的摆布的。日本方把腐败满清统治下的中国打败,并已夺取了台湾,控制了朝鲜,开始视中国为禁脔。欧洲各国虎视眈眈,德占胶州,俄占辽东,法占广州湾,英占威海卫,有再进一步把中国瓜分的趋势。比较迟到的美帝,一时不知如何下手去捞一把。意外的机会,由不列颠方面送来。大英帝国此时虽也参加了中国沿岸据点的夺占行动,但对此种办法并不太感到完满。本来控制中国市场大部的不列颠,希望中国不要过度的支离破碎,以免妨碍英国商业的流通与发展。美利坚的想法正巧相同,它的工业生产力过去逐渐上升,自1880年以下已开始居世界第一位,它相信它自己终究可以独占中国的市场,在实质上控制全中国,唯一的条件就是中国不要一块一块的分裂为各国的禁地。英美两国既然根本的看法相同,所以经过一番正式的与非正式的磋商之后,因为美帝在中国尚无领土,讲话容易显得冠冕堂皇,最后于1899年9月由美国国务院向与中国有关的各国提出了"门户开放"的建议:

(1)承认原有的势力范围;

（2）但在各国的势力范围之内，要维持中国的统一的关税与一律的港租及铁路运费。

这里可说只有"门户开放"，尚无"领土完整"。一年之后，美国又进一步解释"门户开放"中包括"领土完整"的原则，等于将各国原有的势力范围也加以否认，至少是加以漠视，留出一个囫囵的中国，待美国慢慢侵蚀，最后寻机一口吞下。①

此后四十年，虽然曲折甚多，美帝也时常举棋不定或步骤错乱，但基本上它始终是奉行这个所谓"门户开放"的政策。第二次大战后，日本失败，欧洲各帝国主义国家等于退出中国，美帝认为"门户开放"最后的一着，就是由它自己大步进来，然后把门紧紧关闭的一着，已到成熟的阶段。它当初所想采取的也就是它巧占古巴与明吞菲律宾时所采取的政策，就是扶植培养反动政权，经过这样一个政权而压抑人民的力量，使美帝可在殖民地保有万年的江山。美帝所不了解的，也不可能了解的，就是十月革命后的世界已经根本改变，过去局部与暂时或能成功的侵略政策，今日连暂时局部成功也不能达到。美帝在中国的失败，是它第一次大的失败，继之而来的侵朝战争的失败，仅是它对华政策失败的当然结果，也是它今后一连串的失败的明显预示！

（原载《进步日报》1951 年 3 月 9 日。）

---

① 英美商谈"门户开放"事，见 A. W. Griswold－*The Far Eastern Policy of the United States* (1938)，Chap. 2。美国与其他各国关于"门户开放"政策的来往文件，见 *Papers Relating to the Foreign Relations of the United Sates*，1899，pp. 128－142。

有关马克思的两篇文件

1927 年纽约"国际书店"出版了一本《马克思：为人，思想家，革命家》(Karl Marx：Man，Thinker，and Revolutionist)一共汇集了十七篇文字，对于马克思的为人，思想，与活动作了一个概括的介绍。其中有两篇，我们下面准备译出，即达尔文给马克思的一封信，和恩格斯报告马克思病况及逝世的一封信。第二篇是恩格斯在马克思逝世的次日对他的历史地位的经典论断。

两篇文字前我们各加引论，第二篇有几处也附加注释。

一、达尔文致马克思书

达尔文生于 1809 年，比马克思年长九岁，两个人是同时代并且同辈分的人。达尔文死于 1882 年，次年马克思逝世。自 1848 年欧洲大陆上的革命失败之后，由 1849 年起，马克思就长久地流亡于伦敦，此后三十余年的时间，马克思写他的最重要的有全部历史意义及世界历史意义的革命作品的时候，同时也是达尔文在他自己局部的范围之内，在生物科学的领域之内，写他的带有革命性的作品的时候。马克思的《政治经济学批判》与达尔文的《物种原始》，于同一年(1859)问世。《资本论》第一册出版的时候(1867 年)，达尔文正在准备他的第二本经典《人类原始》，此书四年后(1871 年)也与世人相见。五年之后(1876 年)恩格斯写《从猿到人》，主要地就是根据这本书中的资料。马克思无书不读，并且都能取其精华，他在《资本论》中也提到达尔文，他显然是曾经读了达尔文的全部著作。

自 1859 年达尔文的第一本经典一出，立刻在英国以及全欧洲，甚至包括美洲，引起翻天覆地的论辩。马克思虽然没有参加这场论战，他对于论战的发展必定密切注意，所以达尔文在他的心中必定印象很深，然而他们两人似乎向未见过一面。他们只有过一次人与人间的接触。当 1873 年，《人类原始》出版后的两年，《资本论》第二版印出时，马克思曾赠予达尔文一本。

达尔文收到赠书后立即写信致谢，这封信是我们今天所仅有的两人之间直接交往的一篇历史文件。下面是原信的译文：

> 一八七三年十月一日。
>
> 阁下：承你惠赠你的大著《资本论》，谢谢；我衷心希望我能更多地了解政治经济学这一深奥重要的科目，使我更有资格接受你的赠书。虽然我们所研究的是如此的不同，我相信我们两人都热烈地希望知识领域的扩展，长久看来，这是一定会增进人类的幸福的。
>
> 查理·达尔文

这本必有马克思亲自署名的《资本论》，今天应当还在人间，但我们向未听说达尔文的子孙或英国任何方面提到过这有种种不同的历史意义的整整八十年前的一册经典。

二、恩格斯致索盖书

腓德烈·阿·索盖（Frederick A. Sorge）是一个由德国移植美国的人，在纽约组织了美国一个早期的革命团体"共产主义俱乐部"（1852 年），自第一国际成立后（1867 年），他就领导美国方面的支部。第一国际总部移到美国后，索盖任总部的书记。索盖生年待考，他大概比马克思恩格斯都要年轻，他死于 1906 年。马克思恩格斯对索盖都很重视，双方时常通信。马克思最后一次生病，索盖非常关心，有时认为写信太慢，甚至打电报讯问病况。马克思逝世的次日，恩格斯就给索盖去了一封长信，把马克思最后一次生病的前后经过与逝世时的情况，详细报告一番，在信中并对马克思在当时工人运动中的枢纽地位，予以透彻的说明，同时在信的末尾对于马克思死后工人运动可能发生的错误路线，他也有一针见血的预见。恩格斯尽力抑制自己心中的沉重感，不因个人的悲痛而忘劳动人民的大事，然而字里行间我们仍可体会到恩格斯沉痛万分的心情。我们下面把这封信译出，其中纯讲病况的一长段从略：

> 伦敦。一八八三年三月十五日，下午一时四十五分。
>
> 亲爱的索盖：
>
> 你的电报已于今日晚间收到。

多谢你。

我过去无法寄给你马克思病况的经常报告。病势忽好忽坏，不可能经常报告。现在把全部经过的要点告诉你。

（以下讲一八八一年十月至马克思逝世前的一年半期间的病况一段，从略。）

所以在过去的六周，每日清晨当我转弯踏上他所住的那条街道时，我总是心怀恐怖，唯恐看到外窗拉下。① 昨日下午（下午是看望他最合适的时候），当我二时半到他家时，我发现大家都在哭，认为最后的时限已到。我问病情如何，并想叫他们多注意有希望的方面。他只有一次轻微的冲血，②但病势恶化的很厉害。我们那位忠诚的老伦姗③——她曾一直像慈母维护生病的子女那样无微不至地维护马克思——走上楼去，下来告诉我，他已入睡，但是我可以上去看看。我上去看见他靠在那里，的确是入睡了，是那个永不再醒的入睡。他的脉搏已停，呼吸已停。在伦姗离开他的两分钟内，他已安安静静地，并且没有痛苦地逝去了。

凡是按照自然规律发生的事，不管是如何不幸的事，都带有令人慰藉的因素。现在也是这样。医学的技巧可能叫他再度几年拖生的生活；可能——为提高医生们的威名——叫他一寸一寸地死去，而不是一下从他们的手中溜去。但是我们的马克思绝不会愿意忍受这样的一个结局。继续生活而望着许多没有完成的工作，老在无望地想着完成它们，那对他将远比安然地急速地死去为痛苦。他很欣赏伊比鸠鲁④的一句名言："死亡不是死者的不幸，而是生者的不幸。"我们怎能希望这个巨人，这个天才，作为一个废人去生活下去，成为医学的一个点缀，但是也成为庸俗之辈的一个讥笑对象，这些庸俗之辈是在他强健的日子里他曾经时常无情地打击过的呢？不！结局如此是再好不过的；两天后我们就把他送到他的夫人长眠的墓中，是再好不过的。

的确，由于已往全部的经过（对这些，我比医生们知道地还要清楚），我确信其中只有一死与残生之间的选择。

---

① 西洋风俗，宅中死人，外窗即拉下。
② 马克思因肺部冲血致死。
③ 伦姗，德文 Lenchen，为女名 Helene（海伦娜）的昵称，海伦娜·德慕特（Helene Demuth）为马克思家女仆人，人极忠诚，等于家庭的一员。
④ 伊比鸠鲁（Epicurus），公元前四至三世纪间希腊哲学家。

　　但是无论如何,人类从此短了一头,丧失了我们这一世代最伟大的头脑。

　　无产阶级的运动仍要继续进展,然而我们已经不再有法国人,俄国人,美国人,和德国人到紧要关头不知其然而然地要请教的那位中心人物,并且是从而总可获得清楚的和无可置辩的见解的那位中心人物,这种见解是只有天才和全学才能提供的。

　　各地的头目,那些小有才的次等角色——更不必提那些招摇撞骗的人了——现在可以为所欲为了。最后的胜利是确有把握的,但是弯路的现象,暂时的和地方性的错误(在此前已经是无可避免的)今后就更要屡见不鲜了。

　　咳,我们尽我们一切可能的努力就是了! 否则,我们活着是作什么呢? 当然我们不会灰心。

佛·恩格斯。

(原载《历史教学》1953 年第 5 期。)

关于世界上古史一些问题及名词的简释

一、埃及

[**自然环境**]埃及在地理条件上，可以说就是尼罗河，如果没有尼罗河，埃及地方将与北非其他地方一样，除沿海一带外，基本上是沙漠，只个别绿洲的地区可有水源和土著的生活。在生产工具生产技术仍然低下的上古时代，人类还不能克服沙漠；是尼罗河把埃及变成一个大的绿洲，埃及可以说是过去世界沙漠地带的最大绿洲。依靠尼罗河水季节泛滥的自然条件，几千年前的人类在他们已有的生产技术的基础上，才在埃及建起世界最古的国家之一。

无论过去或现在的埃及疆土，大部是沙漠，如把河水冲积的三角洲除外，埃及实际是一个蛇形国家，只沿河的一条是可耕地与人烟之区。例如今日埃及的面积，估计为一百万平方公里，但是耕地及人烟之区仅有 35,168 平方公里，占全部面积的百分之三点五强。沙漠中有一些游牧为生的人，但为数极少。

[**埃及人**]古埃及人在种族上属于含族（Ham），接近闪族（Shem），闪族在上古的西方曾建立过许多国家，今日世界的闪族以犹太人及阿拉伯人为代表。自公元 7 世纪伊斯兰教兴起，埃及成为大食帝国的一部后，当初的埃及人逐渐阿拉伯化，埃及语逐渐消灭，今日埃及人所说的是阿拉伯语，所以埃及在今日是中东及北非阿拉伯国家中的一员。

[**诺姆**]为一个希腊文的名词（nomos），古埃及文另有专名，今日一般的书中不用。诺姆为埃及地方最初具有国家形式的政治组织，后来整个埃及统一，这些诺姆就成为统一国家的州郡。诺姆取名，多用禽兽，乃是原始时代图腾的遗迹。

[**上下埃及**]古代埃及人称埃及北部尼罗河三角洲为"下埃及"，称埃及南部尼罗河中游为"上埃及"，"上下"的概念来自由南向北而流的尼罗河。

[孟斐斯]城已不存，遗址在今日埃及首都开罗之南约二十公里。

[木乃伊]原为阿拉伯文所借用的一个波斯字 mumiya，六百年前中国的学者把它音译为"木乃伊"，近年又有人根据英文的 mummy 译为"木默"，按原音当译为"木蜜亚"。

有一种误会，以为"木乃伊"是古代埃及人所用的名称；这个误会甚为普遍，并且不限于中国。古埃及人没有"木乃伊"一词，并且也没有与它意义相等的一个名词。埃及当然也与其他的古族一样，关于死人有许多的迷信及迷信术语，正如中国过去称死的人为"灵"，埃及也有与"灵"相类的不只一种的富有迷信含义及感情含义的名词，但像我们今日意识中"薰香保存长久的枯尸"的"木乃伊"一类名词或一类概念，古埃及人根本没有。薰制是古代埃及装殓死人当然手续的一部，所以对于薰制后的尸体并没有特别的专名。"木乃伊"是一个晚出的名词，与古埃及人无关；名词本身也有一段很曲折的历史。因为历史太曲折，所以一般的书，包括比较专门的书，都不予说明，以致造成今日世界上相当普遍的一种误会。

中古时代，先是埃及及中近东其他地方的阿拉伯人，后是欧洲人，相信由古埃及薰尸中熬炼出的一种"蜡质"或"胶质"可以治病，一时成为一种贵重的药材。这种蜡质或胶质，阿拉伯人借用一个波斯字，称为"木蜜亚"，"木蜜亚"就是蜡质的意思。这种纯属迷信的伪科学说法，在欧洲一直维持到 18 世纪，欧洲各国也都援用阿拉伯人的名词，各用大同小异的拼法把此字吸入自己的语汇（在今日欧洲几种重要的文字中，只有俄文的拼法与原音"木蜜亚"完全相符）。古埃及的不知多少尸体，几百年中都被人当药材吃掉。后来供不应求，用近人的尸体（特别是死罪囚的尸体）炮制的假木蜜亚开始在市面行销。"木蜜亚"本是药名，后来又引申为此药来源的薰尸的名称，最后无人再相信此种江湖药材，于是"木蜜亚"就成为薰尸的专名。今日此词在欧洲各国的文字中特指古埃及的枯尸而言，但扩而大之，也可作为任何时代任何地方用科学方法保存长久的尸体的名称。

至迟到六百年前，就是元朝末期（14 世纪中叶），中国已知道西方的这一医药现象，元末陶宗仪著《南村辍耕录》，第三卷有"木乃伊"一条，是根据半正确半错误的传闻而附会写出的，但此条文字抓住了此事的中心环节，即以尸体为药材的一点。陶氏用"木乃伊"一词，究是他自己拟译，或是元代原有的汉译名，待考。这个译音与我们今日所知道的任何一种语言都不切合，大概是在横亘亚欧两洲多民族多语言的大元帝国中，经过再译三译以致多次的辗转翻译而发生的音讹的结果。

[**金字塔**]此词也与"木乃伊"一样，一般是对它有误会的。我们如果说"古埃及人称王公贵人的陵墓为金字塔"，那将是不合乎历史事实的。此词原为一个希腊字 Pyramis，这个字经由希腊文而传给欧洲所有的语文。这个希腊字虽来自一个古埃及字，但在古埃及文中此字是指陵墓的"高度"而言。至于整个的陵墓，并无专名，因为陵墓都当然为此种形式，所以不会有专名发生。是古希腊人最初把埃及陵墓"高度"一词用为全部陵墓的专称，今日欧洲各国的文字中都沿袭了这个用法。

中文把这个希腊字创译为"金字塔"，取义甚为清楚，是由此种陵墓的形状有似中文的"金"字而来。

[**底比**]城已不存，遗址现有两农村，一名卡纳克（Karnak）一名艾尔库苏（El Kusur），欧洲文字多把第二村的阿拉伯名称改写为鲁克苏（Luxor）。这两个农村是今日埃及两个有名的考古场所。

[**努比亚**]为今英埃苏丹之地，北部进入今埃及南境。

[**莫利斯湖**]此湖在埃及北部尼罗河以西的利比亚沙漠中，现已枯竭，但湖址及附近建筑的遗迹仍很清楚。考古学家发现的埃及古卷中，有此湖的平面图。

湖名为希腊文 Moeris（米利斯），古埃及文为 Meri，当译为"米利"。

[**喜克索人**]来历不详，大概是原来度游牧生活的一种人。埃及人称他们为喜克沙苏（Hikshasu），希腊文把它写成"喜克索"（Hyksos），今日欧洲各种文字的书中都用这个希腊字。

[**利比亚，利比亚沙漠，阿拉伯沙漠**]利比亚为古代希腊人对整个非洲的称呼，但古代西方只知此洲的北部，所以利比亚实际就等于北非洲。到近代才专称埃及之西的一块地方为利比亚。"利比亚沙漠"是近代地理学上的一个名词，指埃及西境及西境以外一部分的撒哈拉沙漠而言。埃及东境的沙漠，今日称"阿拉伯沙漠"，与阿拉伯半岛无关。

[**赫梯人**]为古亚美尼亚（今日苏联的亚美尼亚加盟共和国，土耳其东部的一部，及伊朗北部的一部之地）及更南的地方活动的一个古埃及古国，强大时曾向各方侵掠。他们在西亚是最早大量用铁的人，可能也是全世界最早大量用铁的人。

[**赫梯**]为古犹太人对此种人的称呼（Khitti），此种人自称"哈梯"（Khatti）。欧洲各种文字较旧的书中都援用由犹太文传下的名词，近年新出的书中往往两个名词混用。

[**舍易斯**]城已不存，遗址在北纬三十度五十七分东经三十度四十八分。

二、两河流域

[美索不达米亚]这是一个希腊文的名词（Mesopotamia），是此地的上古史已发展到晚期，古文化的盛期已经过去之后，希腊人所拟的，意即"河间之地"，我们中国一向译为"两河流域"，甚为恰当。当地的任何一个古族，对于整个两河流域并没有一个通名。

底格里斯和幼发拉底两河，古今的形势不同。上古时代两河一直并行，在波斯湾上各有河口。后来逐代冲积，陆地南伸，在新的冲积地两河合流，所以今天两河在波斯湾上有一个共同河口。

两河流域的下游，南部，是上古的巴比伦之地；上游，北部，是上古的亚述之地。就今天的政治地理讲，除尽上游进入土耳其及叙利亚国境外，整个的两河流域基本上就是伊拉克国。也与埃及一样，两河流域自公元七世纪成为大食帝国的一部之后，逐渐阿拉伯化，所以伊拉克今天也是阿拉伯国家之一。

[苏末人]所属的种族不详，在血统上及语言上与古今任何其他的人尚联系不上。

[亚摩来人]当初是来自沙漠地带的闪人。

[巴比伦城]现已不存，遗址在今伊拉克首都报达（巴格达）以南约九十公里。

[喀西人]种族及语言都不详。

[亚述城和亚述人]亚述人属于闪族，最初大概也来自沙漠地带。亚述国发祥之地的亚述城位于底格里斯河西岸，现已不存，遗址约在北纬三十五度东经四十三度。

[尼尼微]在底格里斯河上游的东岸。此城自亚述帝国灭亡时被毁后，始终未再恢复。近代的考古学家已发现城的废墟，考古的收获甚丰。

[迦勒底人]为巴比伦地闪人的一种。

[米太人]是一种印度欧罗巴人，上古的居地在里海以南，即今日伊朗北部之地。

[楔形文字]是近代考古学家为两河流域的文字所拟的名称，名称原字是一个近代晚出的拉丁字，被考古学家所借用。这个名词是专指两河流域各种古文字所共有的字体而言，与文字结构语法一类的法则问题无关。

[五行星]即人的眼睛从地球上不靠科学工具的帮助就可看见的太阳系

中的水星、金星、火星、木星、土星。这是近代以前世界各地的天文学所知道的五个行星。

[阴历,阳历,农历]古代的巴比伦和亚述的历法,一年十二个月,月按月球的转动而定,每隔几年有一次闰月。在一般言谈的习惯上称此为阴历或太阴历。埃及当初也采用这种所谓阴历,后来天文知识发达,埃及的天文学家改变办法,定为一年十二个月,不再闰月,每月三十天,月与月球的运行无关,每年终附加五天,为全国的节庆与假期。后来他们又知道一年不是整整齐齐的三百六十五天,规定每四年闰一天。这是完全依照地球与太阳的关系而定的历法,"历法年"尽可能地符合地球绕日运行一周的"天文年",月的制度至此纯属旧习惯的延续,与月球对地球的转动已完全脱离关系。这就是阳历或太阳历。埃及的这种历法,经过罗马,加以无关重要的修改后(主要是把年终的五天或六天分与个别的月),传到全欧洲,近代又由欧洲传到全世界,只在十六世纪晚期曾根据更精确的天文知识,在闰年制度上加以修正。除此之外,今日世界通行的公历,基本上就是古代埃及的历法。

古代巴比伦的历法与我们中国旧日的历法,原则与制度几乎完全相同。我们今天称它为"阴历"或"农历"。这两个名词,实际都不妥当。古巴比伦与旧日中国的历法,一年十二月的制度是根据月球的转动,但闰月的制度是要叫年制与季节配合,纠正以月球为依据的十二月制度的不足;那就是说,在闰月制度下,年是按照地球与太阳的关系来订定的,所以这种历法实际是"阴阳合历",月为"阴"的系统,年为"阳"的系统。只有回历是纯粹的阴历,一年十二月,月按月球而定,没有闰月,一年三百五十四天或三百五十五天。所以回历的季节与月份无关。

"农历"一词如解释为农民因习惯关系而喜欢沿用的历,那可以说是正确的;但如果解释为便利于农民的生产活动的历,那就与事实不合了。所谓"农历",就农业论,是不很合用的历法。闰月是一种不得已的办法,并不十分科学,而且非常不方便。平年十二个月,三百五十多天,闰月之年十三个月,三百八十多天。平年也好,闰年也好,月份与季节都不能配合,农民不能按照月份去从事生产活动。就是因为这个原因,并且完全是因为这个原因,才在月份之外又定出二十四节气,作为农民劳动生活的指标。如用阳历,节气的制度就可废除,因为阳历的月份与季节是完全配合的。例如立春总是二月四日或五日,其他的二十三个节气也只会有一天之差。如用阳历,农民只记得何月何旬应作何事即可,不必再记在月旬之中流动不定的节气。我们教师,特别是农村中或接近农村的学校中的教师,可以配合教学,使学生

彻底了解这个历法的道理。

三、两河流域以外的亚洲西部国家

[**叙利亚**]此词所指的范围,历代极不一致,最广泛的意义包括整个地中海东岸的陆地,最狭的意义则专指东岸北部的内地与尽北部的一点海岸,北部海岸的主要部分为腓尼基。今日的叙利亚国国境,就是限于最狭义的叙利亚范围之内,也是一个阿拉伯国家。

[**腓尼基与腓尼基人**]上古时代的腓尼基,大体上就是今日的黎巴嫩国之地。腓尼基人也是闪人。自公元 7 世纪后,这个地方也逐渐阿拉伯化,所以今天的黎巴嫩也是阿拉伯国家之一。

[**推罗和西顿**]两城现存,为黎巴嫩国海岸南部的两个小海城,已无古代的重要性。推罗城今日称苏尔(Sur)。

[**迦太基**]城已不存,遗址在今突尼西亚东北角,距今突尼斯城不远。

[**巴力斯坦——以色列人和犹太人**]以色列人和犹太人都是由阿拉伯半岛北移的闪人,种族语言都极接近。

巴力斯坦就是历史上的犹太国,即广义的叙利亚的南境。今日此地的沿海部分及北部为 1948 年新成立的以色列国的国境,东南部已为约旦国所并。(约旦国,一般报刊上仍沿用旧称,称为"外约旦"。)约旦为一个阿拉伯国家,以色列为一个恢复了犹太古语的犹太国家。

[**耶路撒冷**]古犹太国的首都;犹太教、基督教、伊斯兰教三教的共同圣城。今日此城位于以色列及约旦两国的交界处,为两国自 1948 年以来争夺的对象。此城法律地位的问题至今仍为悬案。

[**波斯和波斯人**]波斯人是一种说印度欧罗巴语的人,与古印度的印度欧罗巴人很接近。与印度的印欧人一样,他们也自称"雅利安"人(Arya),就是"贵者"的意思。他们的国土于是称为"贵者"之国,就是伊朗(Iran)。他们对人对地又都自称"波斯",古波斯文拼音为 Parsa。同时,波斯尽西南角临波斯湾上的一州,又特称"波斯"。

[**帕赛玻利**]为波斯州的大城。此城现已不存,旧址在今波斯州州会施拉兹(Shiraz)东北约五十公里,古建筑的遗迹仍然甚多。

帕赛玻利为希腊文拼音的写法(Persepolis),意即"波斯城",按中国一向翻译的惯例,可以译为"波斯堡"。今日欧洲各国文字都用希腊文的拼法,古波斯文的拼法已失传,大概是"波斯卡达"(Parsakarta)。

四、印度

[**印度国名**]在过去历史上因为分裂的趋向强过统一的趋向,所以印度没有一个概括的国名或地名,"印度"一词是外国人拟定的。印度西北的那条大河,当地人称为 Sindhu,后来波斯人就用此河名称它这个邻邦。这个办法向西传到希腊罗马,向东传到中国,我们中国两千年来把这个名词译为"身毒"、"天竺"、"天笃"、"信度"、"印度"。近代印度已接受了这个外来说法,自称印度。

[**恒河**]梵文为 Ganga,中国佛经中译为"恒河"。"恒"字当读如"亘"。

[**达罗毗荼**]梵文 Dravida,为入侵的雅利安人对古印度原来居民的称呼。后来这种人都被驱逐到印度半岛的南部,所以南部之地就也称达罗毗荼。

[**吠陀**]梵文 Veda,意即"智慧"。《吠陀经》的内容为颂神或祷神的诗歌、咒文,及宗教仪式的文字。因为印度早期没有历史文献传下,我们今日只从《吠陀经》中看到一点古印度的社会及一般情况。

[**摩拏**]为神话人 Manu,不只一人,可说是"制礼作乐"的神话人物。

[**佛**]梵文 Buddha,中国过去音译为佛陀、佛图、浮屠、浮图等,后来习惯只简称为"佛"。

[**摩揭陀**]即今日印度共和国的比哈州(Bihar),今日的州会帕特纳(Patna)即古摩揭陀国的旧都"华氏城"。

[**梵文**]为古印度的经典文字,统治阶级故意把它神秘化,说它是最高的天神跋滥摩(Brahma)所创。跋滥摩一词,我们中国在过去又简译为"梵摩",再简称"梵",于是就称这种文字为"梵文"或"梵书"。但这个名称是我们中国所定的,印度人自己称这种文字为"萨姆斯克尔达"(Samskrta),意即"雅文",或"经典文字"。今日印度许多种语言及方言都直接或间接与梵文有关。

[**印度数学**]现在全世界通行的阿拉伯数目字,是由古印度的数学家所首创,其中"零"及相关的数字位的制度尤其是重要的贡献(数字位制度即依部位而定个位、十位、百位、千位……的制度)。

五、希腊

[**伊利亚特**]希腊人所攻毁的小亚细亚西北角的古城特累,又名伊利昂,

歌咏此事的史诗称《伊利亚特》。

[**斯巴达与弃婴的风气**]弃婴是许多古代国家都曾有过的风气,斯巴达因特别提倡尚武精神,弃婴的风气尤为发达。

[**柏里奥克人与希洛人**]是斯巴达的两种非公民的人。柏里奥克,原词为"周围的人"的意思,因为他们居住在斯巴达国家的边地。他们都是被征服的部族,他们仍保有人身的自由,并保有土地财产,但他们须向斯巴达人交纳贡赋,在对外作战时他们须出兵。他们不能参加斯巴达国家的任何政治生活。希洛(Helos)原为一独立的城邦,此邦的人为斯巴达征服后,沦为奴隶,此后还有其他地方的人同样地沦为奴隶,这些人统称为"希洛人"。他们是国家的奴隶,不属于私人,由国家分配予公民,代公民劳作,经营公民土地,每年纳租,约为产量的二分之一。这些人,在身份上是奴隶,但就剥削关系而论,他们近似农奴,所以恩格斯在《家庭、私有制和国家的起源》中称他们为"希洛农奴"。

[**僭主**]僭主就是乘着阶级斗争剧烈的机会,用武力或其他方法夺取政权的人。这种人的政权没有当时贵族阶级典宪规章所正式承认的地位,希腊人(当初大概是贵族,后来是所有的人)于是称他们为 Tyrannos,意即"无合法地位的统治者",即"僭主",称此种统治为 Tyrannia,即"僭政"。这两个名词在当时是有浓厚的法理意味的,取名的原意特别着重其"不合法"性,与其人取得政权后作风的"好"或"坏"无关。这些僭主,对于缓和阶级矛盾,"安定国家",多作了一定的努力,并且他们一般的是比较重视平民的利益的。但如可能时,他们总是把地位传给子侄,这些第二代的僭主因为往往都曾度过一段处尊养优而无所用心的生活,所以大位临身后时常表现为昏庸,甚至残暴,因而被驱逐以至被杀。原来意为"僭主"的那个希腊字于是在人心中发生变化,开始意为"暴君",原意为"僭政"的那个字开始意为"暴政"。这两个字,经由拉丁文,传给今日欧洲多数的语文,在这些近代语文中并且只有"暴君"及"暴政"的晚出意义。今日一般欧洲文字的历史书中,往往对此没有清楚的解释,使读者容易发生"以今说古"的误会。我们中国过去有些"西洋史"作品中也把这两个名词译为"暴君"及"暴政",那是不合古代希腊此一段历史的主要阶段的实际情况的。中国旧的"西洋史"书中也有把两词译为"霸主"及"霸政"的,也不妥当,中国春秋时代的那些霸主,除性质与希腊的僭主完全不同外,他们都是有"合法"地位的,他们是周天子所正式任命的"诸侯之长",而希腊的僭主是自建自立的一邦之主。若把"霸"字理解为战国以下特别是秦汉以下"横行霸道"的意思,那就与"暴君""暴政"相同,

尤为不当。

[贝壳放逐法]此法当初的用意是在防止僭主的出现,多数公民如认为某人有作僭主的野心,就可把他放逐。后来此法成为党派之间政争的工具,占多数的党派往往把少数党的首领用此法放逐。

[米利都]在小亚细亚(土耳其)西南岸,今日其地仍有古城遗址,称帕拉提亚(Palatia)。在波斯侵略前,米利都是希腊世界工商业最发达的一个城邦,也是科学、哲学、文学的中心。在小亚细亚的希腊城邦被波斯征服后,米利都首先起义,希波大战爆发,最后希腊大败波斯,未为波斯所奴役。

[土地和水]是波斯统治阶级对国家领土的一种称呼,正如中国过去的帝王将相称他们所统治的国家为"江山"或"河山"或"山河"一样。

[色雷斯]大致等于今日的保加利亚国境。

[马拉松]今城同名,古城在今城稍南。

[狄萨利亚]为今日希腊东北国境。

[德摩比利隘口]在今希腊拉米亚(Lamia)城东南约十四公里。

[萨拉米]有两地同用此名。一为海岛,就在雅典岸外不远的地方,公元前 480 年希腊的海军在此岛之外的海上大败波斯的海军,是希波大战中一次有决定性的战役。另外,在地中海东端的大岛塞浦路斯的东岸有一座城,也名萨拉米,并且事有凑巧,公元前 449 年希腊海军在此城附近的海中又大败波斯海军,使波斯海军从此不能再在东地中海威胁希腊人的活动。这个萨拉米城,今天已为废墟。雅典岸外的名岛,今日除仍沿用"萨拉米"古名外,又称库鲁雷(Kouloure),在现行的地图上两名都可见到。

[普拉提亚]此城今日已为废墟,在今希腊东境之比奥提亚(Boeotia)州。

[米卡尔]为米利都以北海岸上小山的名称。此名现已不用,在今日一般地图上此山无名。

[狄洛岛]爱琴海中的名岛,岛上有全希腊所特别尊重的太阳神庙,所以称为"圣岛"。希波大战后,雅典组织"狄洛同盟",自为盟主,主持爱琴海上的商业活动,同盟的盟址当初就设在岛上的太阳神庙中。

[埃比唐]希腊原名为 Epidamnus,乃希腊人在希腊西北边外的伊利里亚(Illyria)人居地的海岸上所建的殖民地城邦。古代的伊利里亚即今日的阿尔巴尼亚之地,古伊利里亚人即今日阿尔巴尼亚人的祖先。此城在罗马统治时代改称狄拉基英(Dyrrhachium),近代阿尔巴尼亚人称它为杜列西(Duressi),中国一般地图上采用英文及一些其他西欧语文的拼音,译为都拉索(Durazzo)。二千五百年来,此城向未完全丧失它的重要性,今日它为阿

尔巴尼亚首都地拉那的港口,也是全国最重要的港口。

公元前 435 年埃比唐内部的党派之争,是引起伯罗奔尼撒大战的一个主要导火线。

[克里昂]这位在对斯巴达作战中的雅典主战派首领,各种文字的许多历史书上,包括一部分比较专门的书,都称他为"制革匠",这是把当时政争中所用的"政治骂名"不予深入了解而即贸然引用所发生的错误。他是一个制革手工工场的主人,是一个代表工商业利益的大奴隶主,不能称为"匠",因为"匠"字所给人的印象是一个"劳动者",克里昂绝对不是一个劳动者。奴隶主国家的雅典轻视一切体力劳动,克里昂的政敌骂他为"制革匠",在当时的思想意识中是一种大的侮辱。

[叙拉古]城现存,仍为西西里岛东岸的名城。

[科凯拉岛]在希腊西岸外,今日名科孚(Corfu)。公元前 435 年埃比唐发生政争后,科凯拉进行干涉,引起伯罗奔尼撒大战。

[帕德嫩庙]意即"童女庙",庙中所供奉的"雅典娜"女神是一个童女。庙在雅典的卫城上,是雅典人所特别尊重的一座神庙。另外,罗马有一座"群神庙",拉丁文的名称为 Pantheon(潘提昂)或 Pantheum(潘提英),字形字音都与雅典的帕德嫩(Parthenon)相近,但性质不同,此庙所供奉的不只一神,在罗马也没有帕德嫩庙在雅典的那种政治活动及宗教活动的重要地位。

[底比]在中希腊,现存,已为小城。与埃及古都"底比",在希腊文中是同一个字。

[特尔菲]现存,在中希腊,为小城。今日仍用古名,但又称卡斯特利(Kastri)。

[喀罗尼亚]在中希腊,今日为废墟。

[易普斯]在今土耳其国境中部,其地今日情况不详。

[安提俄克]为古叙利亚西北角大城,现存,属土耳其,在土耳其领土伸入大叙利亚土地范围的那一个土耳其东南端角落。

[萨摩斯岛]为小亚细亚西南岸外较大海岛,现属希腊。

[西奥斯岛]为雅典东南爱琴海中较大海岛,现属希腊,古名(Ceos)与今名(Kea 基亚)音稍异。

[大夏]为古巴克达利亚(Bactriana)地方立国的种族的名称(Dahae),我们中国在汉代把它用为国名。

[安息]在帕提亚(Parthia)地方自立为王的那个人,名叫 Arsaces,以后

历代的王都沿用此名。我们中国在汉代译此字为"安息"，并用为国名。

六、罗马

[罗马共和国的阶级矛盾与对外侵略]过去一切统治阶级，是惯于以对外侵略来转移人民的视线，麻痹人民的思想，缓和阶级的矛盾的。罗马共和国时代的对外侵略，到布匿战争为止，几乎都是属于这一类型的。为使人民忘记国内的阶级不平和阶级压迫，罗马贵族所控制的政府不断地发动对外的侵略战争，每次胜利后也分给人民一点土地及小恩小惠，但大部的土地及利益都为贵族所占有。

[布匿]迦太基人是腓尼基人，罗马称腓尼基人为"匹匿"（Poeni），此字拉丁文的形容词式为 Punicus，近年我们中国一般的历史书中多译为"布匿"，称罗马迦太基之间的大战为"布匿战争"。

[布匿战争中罗马战船的吊桥]迦太基为海军国，善于海战。罗马在开始与迦太基作战时仍为陆地国家，航海及海战的经验都很差。罗马人于是发明了"吊桥"的办法，每只船上装一吊桥，接近迦太基战船时就把吊桥放下，紧紧钩住敌船，士兵一拥而过，与敌人在敌船上短兵相接，等于在陆地上作战。这是罗马利用自己的长处，强迫敌人在不习惯的情形下仓促应战的例子。

[亚历山大利亚的图书馆]在希腊化及罗马时代，这个埃及的大商埠及文化中心有两个大图书馆。第一个是较早的图书馆，也是当时地中海世界最大的图书馆，最盛时藏有写本四十万卷，在公元前 48 年凯撒率罗马军队攻城时全部焚毁，一卷无存。第二个是较晚较小的图书馆，上古西方世界的第二个大图书馆，在公元 389 年被信基督教的罗马皇帝下令毁掉。因为图书馆就设在旧的神庙中，在毁庙时，图书也大部失散或被毁。后来到五世纪中期，有一次城中仍信旧日宗教的人与基督徒发生冲突，基督徒进入这个藏书的旧庙中，把书卷全部搬到街上焚毁。

以上的焚书代表世界史上两次大的文化浩劫，本身就值得注意。我们特别提出，又因为在各种欧洲文字的历史书中，无论是大书或小书，专书或课本，一直到很近的时期，都时常列入一段对伊斯兰教的诬蔑，说亚历山大城的图书馆是公元七世纪中期阿拉伯人征服埃及时故意焚毁的。这是基督教教会对回教所造的谣言，没有一丝一毫的事实根据。

[罗马帝国与拉丁语]罗马帝国的长期统治把拉丁语的使用推广到整个

的地中海世界,特别是地中海西部的世界和中欧西欧。到中古时代,拉丁文仍为中西欧的官方用语和学术用语。世界史发展上的资本主义先在中西欧出现,在资本主义的历史阶段中西欧在世界上比较占优势,所以他们所公认的欧洲国际学术语的拉丁文就无形中变成世界的国际学术语。今日各种自然科学中的术语几乎都是用拉丁文,国际法中的术语也以拉丁文为主,社会科学中也夹杂了不少的拉丁术语或由拉丁文转化而出的术语。

[**耶稣——有无其人的问题**]这是在谈论中及通信中时常遇到的一个问题。简单地解答这个问题,可说承认历史上有耶稣其人,远比否认他要恰当些,要科学些。这个问题是 19 世纪中期所遗留下来的问题,实际上是一个已死的问题,不应当再认为是一个活的问题。这个问题非常复杂烦琐,今日没有再详为解释的必要,我们只把问题的意义予以简单的说明。

这个问题的来源有二:一为 19 世纪资产阶级历史学及历史批评的发展及发达,一为 19 世纪中晚期科学与宗教的思想斗争。西方的历史学到资本主义阶段,特别是到 19 世纪,才基本上跳出文艺的领域,进入科学的园地。但因立场观点的关系,它的科学性是有限度的:其中一种表面非常科学而实际极不科学的发展,就是在对史料的批评中怀疑过度,最后成为思想方法上的虚无主义,历史上许多的大事和人物都被"证明"为子虚乌有。在大事上,一个最突出的极端例证,就是有人费毕生之力,写了长文和大书,"证明"全部关于欧洲中古时代的史料都是伪造,并且也根本没有中古时代那一回事,19 世纪距离古罗马帝国只有几百年的时间!在历史人物问题上,专就宗教人物而论,波斯教的创立人,佛教的创立人,基督教的创立人,都曾被认定为虚构。今日资本主义国家的历史学仍然有虚无主义的一面,但这种轻率的论断已不时髦,今日资本主义国家中也没有一个比较严肃的历史学者再说波斯教或佛教的创立人为整个出于伪造。但实际上,依照资产阶级历史学的批评方法,关于这两个创教者的历史记载,远比关于耶稣的历史记载要更有问题。今日如仍有人对耶稣的问题发生疑问,那是另有原因的。

19 世纪中期达尔文的《物种原始》一书发表后,引起反动的基督教教会的嚣张诬蔑,科学界以及一般有进步思想的人士于是对教会群起而攻,根据科学,根据哲学,根据历史,尽量向反动堡垒的教会开火。说耶稣根本为无其人,也就是此时发生的一种历史方面的说法。这在当时的思想斗争气氛中,在资产阶级历史学的领域内,是很自然会发生的一种说法。但今日时代已变,尤其是一个已经掌握马克思主义思想武器的人,无论是在研究历史时,或是在批判宗教时,都不再需要此种在科学上成问题的论点。

[**基督**]原为希腊名词 Christos，是希腊文对犹太文 Mashiakh（弥赛亚）一词的翻译，就是"救主"的意思，耶稣的信徒认为他是降世的"救主"。此词明末天主教传入中国后，译为"基利斯督"。19 世纪初年西欧基督教新派（普通所谓耶稣教）也有传教士进入中国，他们把此词简化为"基督"。但中国的天主教一直到民国初年仍沿用"基利斯督"的全名，近年来才开始用"基督"的简称。

[**耶稣纪元——公元**]西方世界当初并无统一的纪年法。罗马人以传说中的罗马建城之年纪元，建城为公元前 753 年，这一年就是罗马的纪元元年，他们使用意为"建城之年"的三个拉丁字的字首的字母为纪元的符号，即 A. U. C.。罗马帝国成立后，这个纪年法传遍地中海世界及欧洲的大部。一直到中古时代的早期及中期，此法仍在欧洲通行。公元 6 世纪基督教的一个修道士推算耶稣的生年，他断定耶稣生在罗马纪元 754 年，并开始以此纪元，称此年为元年。后来的习惯，用两个拉丁字 Anno Domini（简写 A. D.）称此年，即"救主降生之年"的意思。自此"救主纪元"就与"罗马纪元"在欧洲并行，新的纪年法压倒旧的纪年法，各地先后不一，经过了几乎一千年的时间，到公元 15 世纪罗马纪元才在欧洲完全停止使用。

耶稣以前的年份，很早也用两个拉丁字标明，即 Ante Christum（简写 A. C.），意为"基督之前"。英文把此两字译出，为 Before Christ（简写 B. C.）。我们中国过去依欧洲的惯例，公元纪元用 A. D.，因为英国是如此用法；公元前也就照抄英文，用 B. C.。至今仍有人如此做法。用两个字母，诚然较比写"公元"或"公元前"为简便，但原则上我们仍应使用自己的文字，在必须用字母符号时，似当使用有国际学术语性质的拉丁符号，不当使用英文的符号。

到耶稣纪元制度已在欧洲流行之后，才有人发现 6 世纪时那位修道士的推算有误，耶稣实际大概是生在罗马纪元 750 年，即公元前 4 年。但至此若再更改，牵动太大，于是也就将错就错，继续以罗马纪元 754 年为耶稣纪元元年。这个纪年法，在资本主义时代传遍全世界，就是今日的"公元"。

[**安息日，礼拜日，星期日，日曜日**]为商品交换期的划定，为结合宗教的祭祀祷祝，而把一个月再分为几段，是几乎所有的民族自古即有的办法，最普通的是三分（十日一周）、四分（七日一周）和六分（五日一周）。这三种办法，我们中国都有。十日一旬的制度，至迟到殷代已经流行，并与宗教已有密切的关系。五日为半旬，大概与旬制同时出现，中国今日许多小的城镇，每五日为市集之期，可能来源甚古。《周易》文字最早部分的《卦辞》中已有

"七日来复"之句,可见每月四分的观念在中国也是很早就有的。后来每月又按二十八宿分配,二十八宿又予以四分,正是七日一周的办法。我们今日译西方的"周"为"星期",仍是二十八宿制度中原有的名词。但这一切在中国过去都没有成为硬性的办法,今日中国以及世界的七日一周的制度来自基督教,基督教承自犹太教,犹太人又取法巴比伦。

古巴比伦原有七日一周的制度,似乎也未硬化,犹太人学来之后,把它与宗教密切结合,成为一种牢不可破的制度。他们说上帝用六天的工夫创造宇宙万物,第七日休息,所以就规定每第七日为"安息日",不准从事劳动,只准礼神拜神。基督教兴起后,最初的基督徒都是犹太人,仍守安息日,在安息日举行新的宗教礼拜。但据传说,所谓耶稣死后复活是在一个周期的第一日,就是现在的"星期日",于是就又在那一天礼拜。早期的基督徒实际有两个接连的"礼拜日":一为周期的第七天,即旧犹太教的安息日,即现在的星期六;一为周期的第一天,即所谓耶稣复活的那个周期日,即现在的星期日。这个新的"礼拜日",他们称为"主日",即纪念救主复活的周期日期的意思。公元四世纪罗马帝国承认基督教为合法宗教后,第一个信基督教的皇帝君士坦丁在321年规定以"主日"为基督徒的唯一"礼拜日",自此这就成为基督教的定制,一直到今天。今日的星期日是基督教的礼拜日,犹太教的礼拜日仍为星期六,即自古未断的七日一周的每周第七日(近世基督教有几个小的派别,以犹太教的安息日为礼拜日)。在世界史上,唯一可与由犹太人传下的几乎三千年来未断的七日周期制相比拟的,只有中国的干支纪日制,比西方的七日周期制的历史还要久远(巴比伦的七日周期制,详情无考,西方的周期制只能由犹太人受巴比伦影响后算起,那是公元前六世纪的事)。

后来回教兴起,参照犹太教及基督教的办法,强调犹太教圣经中已有的上帝创造宇宙中第六天造人类始祖的故事,规定以每周的第六日为回教的礼拜日,即现在的星期五。所以在回教徒、基督教徒、犹太教徒人数比例相差不太大的近代都市,例如埃及的亚历山大利亚,就有银行每周休息三天的奇特景象。因为一教的银行停业,其他两教开业也不方便,索性大家就休息三天了事。

清末中国经由英国的文字而采用了西方的这个制度。英国为日耳曼民族的国家,日耳曼人在未信基督教以前也有七日的周期,每日纪念一神,信基督教后仍用旧名,称基督教的礼拜日为"太阳日",即太阳神的纪念日。(今日欧洲凡是日耳曼国家都称此日为"太阳日",拉丁国家称它为"主日",

斯拉夫国家称它为"复活日")。我们中国就参照旧有的天文学名词,译这个"太阳日"为"日曜日",其他六天也按英文中的神名译出,但为简便起见,又译"日曜日"为"星期日",此后六天按数位排列。后来这个简便的制度很快地流通,日本则采用了较为繁复的"日曜日"等的制度。

这以上是我们所自拟的译名。基督教的传教士则参照我们的"星期"制度而称"星期日"为"礼拜日","星期一"为"礼拜一"……今日的习惯,行文都称"星期",但口语深受了基督教教会的影响,多称"礼拜"。这虽是小事,事实上确不妥当。"礼拜日"是宗教制度的名词,"星期日"只是计日的名词,我们中国既不是基督教的国家,似乎以不用"礼拜日"一类的名词为宜。况且我们国内虽无犹太民族,却有不少的信回教的兄弟民族,他们的"礼拜日"是在星期五,所以我们在口语上似乎可以考虑改变习惯,与行文一样,只说"星期","星期日"……

[**君士坦丁与基督教**]基督教因为起初是人民的组织,深遭罗马政府的敌视,基督教不只一次地被宣布为非法团体。到公元313年,罗马皇帝君士坦丁才正式承认基督教的合法地位,与其他的宗教同受法律的保护。这件事后来被教会的历史家渲染夸张,把它说成为定基督教为罗马帝国国教的措施。一般的历史学者不察,一直接受教会的这个歪曲事实的说法,连20世纪初年的权威史著中仍多沿袭此说,至今此说在史书中也尚未完全肃清。313年后基督教发展甚速,皇帝日愈利用它为统治工具,但正式禁止一切其他"异教",承认基督教为帝国的唯一宗教,为"国教",是392年才发生的事,距离君士坦丁承认基督教为合法团体已有八十年。

[**所谓"罗马帝国灭亡"**]一般的历史书上说公元476年"罗马帝国灭亡"或"西罗马帝国灭亡"。第一个说法是完全错误的,罗马帝国于476年后在君士坦丁堡又维持了将近一千年,绝不能说476年罗马帝国灭亡。说"西罗马帝国灭亡",也只是历史书上一种便利而不恰当的说法。在法理上,罗马帝国始终是大一统的,并无所谓东西。不过自476年意大利的罗马皇帝被废后,西部即不再有皇帝,却是事实,我们如理解为自此西部无皇帝,西部的领土为蛮人所占有,那是可以的。但连那些蛮人仍然长期地认为他们是居住在罗马帝国之内,是在替罗马帝国守土,所以"灭亡"一类的观念,在当时以及此后很长的时期内,是在任何人的心中都没有发生的。

我们以上是讲"法统"和当时及后世的观念意识。但从另一方面看,476年的变化确有它的重要性,就是社会阶段的转变。前此欧洲为奴隶社会,自此欧洲转入封建社会。此点虽然重要,但也不可过度强调,因为封建制度,无论是在罗马帝国内部,或在帝国边外的日耳曼人地区,都于公元 1、2 世纪间就已萌芽,并非 476 年或 476 年前后才骤然出现。至于封建制度的确切建立,在欧洲各地先后不一,也不能以 476 年为枢纽。我们只能说,476 年的变化,是欧洲特别是西欧由奴隶社会转入封建社会过程的诸种有关大小事件中的一个对后日历史家比较醒目的事件而已。

注:

一、撰者没有中学教学的经验,所供的资料可能不适合需要,请读者多提意见。

二、这些"简释"的目的,是供教师作教学的背景资料,并不一定需要课堂上全部应用。

（原载《历史教学》1953 年第 10—12 期。）

世界史上一些论断和概念的商榷

在世界史作品中,有时只是一般的作品,有时也包括专门的作品在内,往往有一些论断或概念,辗转传抄,视为当然;但若一加具体地及细致地钻研,就可发现其中颇有问题:有的是事实认识的问题,有的是立场观点的问题。无论问题是大或小,都或多或少地足以妨碍我们对于历史的正确了解。笔者就近来自己在这方面学习中的几点不甚成熟的体会,写出下面几条读书笔记,请大家多予指教。

蚕桑业由中国传入欧洲的问题

6世纪中期,拜占廷帝国由中国学会了养蚕的方法。在此以前,西方人所用的丝帛都运自中国,此后即能自养自制,西方对于中国的贸易就少了一大笔开支。就西方讲,这是一件重大的事。但关于蚕桑传入西方这一重大事实的具体经过,我们可说是几乎完全不知。当时拜占廷方面关于此事的记载,有如传奇,纯出捏造。据说,两个曾到过中国并注意到中国养蚕法的波斯的基督教传教士,受了拜占廷皇帝的委托,再度回到中国,把蚕卵用竹筒由中国偷运出境;他们偷运,是因为中国一向对养蚕法保守秘密,不准外传,以便在世界专利。这个故事,今日在所有欧洲文字的历史书中仍然在互相传抄,对中国实际是一种以怨报德的诬蔑。中国向来对养蚕法没有保守过秘密,日本以及所有远东国家的蚕桑业,都是传自中国,今日全世界的养蚕技术,也无不直接或间接导源于中国。至于拜占廷在6世纪中期如何由中国学得此术,在当时中国并未注意及此,中国任何方面不反对外人学习养蚕法,也无人主动地向外传播养蚕法。此事在拜占廷恐怕也只有少数人知其内幕。这少数人编造这样一个故事,一方面是故意神秘其说,以便抬高蚕桑的地位,一方面是贼人喊捉贼,是他们自己一个不可告人秘密的恶意反射,因为他们学得饲蚕术后,立即定为国家的秘密,禁止外传,以便拜占廷政府可以垄断。拜占廷统治集团中少数人编造的这样一篇彻头彻尾的胡诌,欧洲的历史学者不假思索地传抄了一千四百年,时至今日,我们中国的历史学者对此应当予以无情的驳斥。

这种企图垄断他人发明的卑鄙伎俩,并没有达到目的,养蚕法仍然是传播出去,今日欧洲各国的蚕桑业都是经过拜占廷的不自愿的媒介而成立发展的。

所谓土耳其人阻塞西欧人东方贸易的商路问题

西欧人的急于寻求由海洋上直达远东的航路,是由于土耳其人征服近中东后对于原有东方贸易商路的故意阻塞——这是一般世界史书中的说法。实际这个说法完全是捏造,并且还不是凭空的捏造,而是反咬一口的颠倒事实的捏造:阻塞原有东方贸易路线的正是西欧人,而是土耳其人想要继续维持旧商路反被西欧人所阻挠。

事实很简单。只把前后的经过依照年代的顺序叙述一遍,问题就全部清楚了。

以葡萄牙人为首的西欧人开始向非洲西岸探险,希望绕非洲而直达远东,是13世纪中期的事,那时土耳其人还根本没有出现在历史的舞台上,一般称为"土耳其人"的那一支突厥人,是13世纪末14世纪初才成为一个被人注意而仍然微弱的势力的。一直到葡萄牙人已到达印度的那一年(1498年),已经强大的土耳其的势力尚未发展到西欧人东方贸易旧路的主要路线所在的地方即埃及。远东商品运往西欧,亚洲大陆的路线虽也有一定的地位,但自横亘亚欧非三大洲的大食帝国成立后,也就等于说自中古初期以后,经由印度洋及红海而达埃及的海上交通线,就成为东西贸易的一个日愈重要的商路。中国的商品西运,海陆两种交通线始终各有重要性。但西欧人所急于取得的远东商品是印度和南洋的香料,这主要地是靠印度洋红海的海路运到埃及。另外一个较为次要的半海半陆的交通线,是由印度洋进入波斯湾,再从波斯湾经由驼运而达叙利亚沿岸的各港口。香料到达埃及或叙利亚以前,商运操持在回教商人的手中;再往西运,就为意大利北部各城的商人所专利。葡萄牙人对于这项一本万利的生意不能染指,所以他们很早就想寻求一条直达远东的海路。一旦达到这个目标,他们第一件所注意的事就是割断旧的商路,以便他们自己垄断东西之间的贸易。

到达印度后的三年,1501年,葡萄牙的一个舰队就开到红海口,破坏大食人的商业活动,割断印度及南洋直达埃及的海上航线。1507年葡人又占

领了波斯湾入口处的沃穆兹岛，堵死了香料西运旧路的次要路线，使香料不再有一粒能由回教各国的商人运往地中海。这个剧烈的商路斗争前后继续了八年之久，到 1509 年双方在印度西北岸外的海上打了一个大海战，大食人战败，从此葡萄牙人就垄断了东西的贸易，割断了旧日东西贸易的交通线。

又过了八年，1517 年，土耳其人的势力才达到埃及，他们并且立即想要重开旧的商路，但始终为葡萄牙人所阻。所以一般史书中所谓由于土耳其人阻塞旧商路而西欧人才开辟新航线的说法与事实正相反：实际是西欧人开辟了新航路后有计划地堵塞了大食人的旧商路，而大食人及土耳其人一切重开旧路的努力，都因西欧人的阻挠而未能成功。

从中古一直到近代，西欧各国曾经不止一次地歪曲历史，诬蔑伊斯兰国家，以上所论商路的问题，不过是其中流传特广蒙蔽世人特久的一个歪曲例证而已。这是西欧封建统治阶级以及资产阶级一贯相传的所惯于采用的一种精神上的对外侵略武器。至于西欧各国的一般历史学者，他们或者自愿地为统治阶级服务而有意地传播这一类的歪论，或者由于疏忽而人云亦云地为统治阶级的歪论所骗。我们今日学习马克思主义的历史学者，都当嗅觉灵敏，揭露一切此类的谬论，彻底予以肃清。

关于"地理大发现"

"地理大发现"一词，是欧美各国资产阶级历史学者的一个惯用名词，后来在殖民地化或半殖民地化的大部世界也不假思索地予以援用，但今日对于这个名词似乎有深入分析并考虑是否仍然继续使用的必要。所谓"发现"，当然有对象，对象为土地及人民，即欧洲及地中海沿岸以外全部世界的土地人民。这些土及人原皆存在，只是欧洲人不知或不确知而已。所以"发现"一词乃纯欧洲立场的名词，其中并且含有浓厚的侵略及轻蔑的意味，把欧洲以外的地方看为发现、开发、剥削的对象。我们如果读 15 世纪以下欧洲航海家的游记，这种意识跃跃纸上，丝毫没有隐讳。

并且笼统地说"欧洲航海家"，还不够正确，实际当说"西欧航海家"，因为地中海沿岸以外的东欧也包括在被"发现"之列，在游记中也同样地被称为"野蛮人"的地方。至于中国，当然也是被"发现"的对象，过去西欧人虽知中国，但始终不够明确，进入 16 世纪，才真正"发现"了中国。

或者有人可以提出，西欧为新兴的资本主义社会，在当时世界为最先进的社会,所以对落后的地区可以称为"发现"。先进地区对于落后地区,是否可以用"发现"一类的词句,本身就是深堪怀疑的问题。但此处并未发生这个问题。西欧最早的资本主义国家,是 17 世纪中期革命以后的英国,西欧其他各国完全进入资本主义,是 18 世纪末法国资产阶级革命以后的事,而所谓"地理大发现",基本上是 15、16 两世纪的事,当时的西欧也还是封建社会,并不比世界多数其他的地方显著的先进,所以我们也不能用先进与否的观点来决定"发现"一词的是否正当。笔者个人认为,无论是何种社会,人民都是历史的主人,所以在世界史上,即或是先进的地区对于落后的地区,也不当用"发现"一类的词句。若用此类的词句,那就等于在世界上的国家及人民间,定出宾主之分,有的居主位,是"发现者",有的居宾位,是"被发现者",在未"被发现"前,等于不存在。分析到最后,这仍是世界史中未加批判的"西洋史"意识残余。今日一般世界史作品中,恐怕这一类的残余还多得很,"地理大发现"不过是比较刺眼比较刺耳的一例而已。

建议今后在世界史中只用"新航路的发现"或"新航路的开辟"一类的词句,而不用"地理大发现"。海洋上的航路原本无有或不发达,15 世纪以下开始草创或成熟,说"发现航路",既合事实,又可避免在世界史中加进不科学并且不合乎国际主义的宾主之分的意识的现象。

以上所论,只是要纠正思想意识,并非要机械地取消"发现"一词的使用。例如讲到科伦布想到达远东而无意中到了美洲的事,恐怕只是说"科伦布无意中发现了新大陆",但"发现"二字当加引号,表示那只是在讲科伦布当时的主观意识,而不是在世界史的整个范围中来下断语。① 如把"地理发现"一词作为世界史中一章一节的题词,或在一般的叙述中用此名词,那就是极成问题的断语了,今后不当再如此做法。

"法兰克"与"法兰西"

把"法兰克"与"法兰西"两词基本上等同起来,把法兰克国特别看为法兰西国的前身,是在一切世界史作品中甚为普遍的一种概念。这个概念并不限于中国,欧洲的历史书上也都如此说,法国的历史学者尤其是故意地培植这种不正确、最少是不恰当的意识。那是 19 世纪资产阶级民族主义高涨时代的意识产物。法德两国都自称为中古时代法兰克族大帝国、亦即一般

---

① 此处假定科伦布知道那是新大陆。有人认为科伦布至终相信他所到达的是过去所不确知的远东的一部分。

所谓查理曼帝国的正统继承者，而法国的历史学者抓住这个名词上的意外恰合，特别倡导这个说法，而这个说法也就为一般外国的历史学者所接受，甚至连德国的历史学者对此问题也感到莫可奈何，作不出切合实际的逻辑分析。例如 19 世纪末德国许多历史专家合撰的一部十九巨册的《世界通史》，曾经几十年间成为德国以及所有欧美国家历史学界公认的权威专著之一，其中除当然地说德国是查理曼帝国的继承者外，对于法国历史学者的说法，在当时流行的客观主义方法的支配之下，也只有承认，说法兰西就是当初的法兰克。

德国人都如此表示，别国的人就更可想而知了。例如在贯通英文与其他文字最有权威的《牛津大字典》中，关于"法兰克"（Frank）一词的解释如下："6 世纪征服高卢的那个日耳曼民族的人，高卢由此得名为法兰西。"不仅英文的权威字典如此，其他欧洲文字的权威字典也都有同样的解释。

实际上，就历史发展的线索讲，德法两国是同样地渊源于查理曼帝国的，在两国间很难有所偏依。但后世的国名则与此种发展没有有机的联系，今日法国国名之与前代查理曼帝国国名的吻合，乃纯属偶然的现象，而没有必然的因素存乎其中。因为资产阶级学者往往分不清楚历史中的必然因素与偶然因素，时常误把偶然看为必然，把表面现象看为基本实质，所以连有切身关系的德国历史学者在此问题上对于法国人的说法也提不出确切有力的反驳。

在尚未完全由古日耳曼语分化出的最早德语中，所谓"法兰克人"称 Franko，这个字拉丁化为 Francus。这种始终以莱茵河流域为主要根据地的日耳曼人，征服高卢之后，移植巴黎一带地方的人特多。这个地区后来成为一个公爵邦，拉丁文称 Francia，后世的法文为 France，意即"法兰克公爵邦"。虽然整个的法兰克帝国（包括今日的德、奥、法、比、荷、卢、瑞士、意大利的一部，西班牙的一部）有时也称 Francia，但意义完全不同，那是指的此种人的统治所达到的疆域。在当时这两个名词，或一个名词的两种用法，并没有被混同起来。同时，我们要特别注意的，就是在帝国的东部（后日德国部分），莱茵河中游的地方，另外一个法兰克人比较集中的地方，也以族名为地名，拉丁文为 Franconia，乃 Francia 的另一写法，后来成为帝国东部的一个公爵邦，德文 Franken，是又一个"法兰克公爵邦"。所以帝国东西二部都有一个族人集中的地区，都以族名为地名，同时全帝国又泛泛地以族名作为总的称谓。因此后日发展而出的东国或西国都没有根据说自己是可以排除对方而自称为查理曼帝国的继承者的。但在中古时代，东西两国的历史发展不同,也就决定了国名的歧异,最后也就造成了一般人对国名认识上的思想混乱。

最后分裂为东西二部的法兰克帝国,西国的查理曼子孙的王朝在 987 年绝灭,西部的五十多个封建公侯开会选举新王。当时竞选者甚多,但一般诸侯对于太强大的候选人都不愿拥护,唯恐实力太大的人在获得王的名分后对他们要名正言顺地统治干涉。最后巴黎地区的那位"法兰克公爵"当选,因为他比较贫弱,只能作傀儡王。所以自 987 年起,西国的王畿就是 Francia 或 France,即今日我们所译的"法兰西",但全国仍无定名,而称为"法兰西"的王畿只是全国土地很小的一部分。一般人用"法兰西"一词时,是专指王畿而言,每个诸侯领地自有专名,绝不称为"法兰西"或法兰西的一部分。一直到 15 世纪英法百年战争末期,贞德女杰由东向西到王畿去勤王时,她仍然自称是"到法兰西去"。但在 987 年后的几个世纪中,王的力量逐渐加强,经过征服,经过交涉,或经过联婚,王把许多诸侯领地都并入王畿,成为"法兰西"的组成部分,最后到了 16 世纪,诸侯全消,领地都成了王的畿地,至此全国才整个地称为"法兰西"。所以假定 987 年当选为王的不是"法兰西公爵"而是法国西北角的"不列颠伯爵",今日法国的国名就要成为"不列颠"(若果如此,由于国名的混淆,很可能在人们的意识中又要造成一些与英国的历史纠缠不清的问题)。

帝国东部的发展不同,自 962 年后国王称"罗马皇帝",自认为古罗马帝国及查理曼帝国(查理曼的正式帝号也是"罗马皇帝")的继承者,从此东国的正式国号就是"罗马帝国",后来又半正式地称为"神圣罗马帝国"。当初东国远较西国为统一,在西国的人尚无总名之先,东国的人自 10 世纪起就已自称为"德意志人",但由于"神圣罗马帝国"的一长段插曲,到 19 世纪"德意志"才成为正式的国名。我们如果假想东国没有改称"罗马帝国",而由东国的法兰克公爵把它统一(中古时代有一段时期法兰克公爵确曾在东国建立王朝),那么今日德国的国名很可能就要成为"法兰克"或"法兰西"。

我们费了相当多的篇幅来解释这一个国名问题,好似是小题大做。但这个问题似小而实大,其中有一个非常复杂的由于机械看问题及表面看问题而发生的思想混乱问题,而这个思想混乱问题又是有普遍性的,当予纠正。为能了解西欧自中古到近代全部历史的某一方面,弄清这个问题,对我们可有很大的帮助。我们上面只谈到德法两国的国名与德法两国历史学者根据名词所下的论断。所有学习西欧史的人的头脑都被这两国的历史学者所搅乱,纠缠在这个充满了似是而非的概念的问题里边,而更大更广泛的问

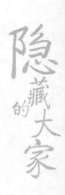

题反倒时常被忽略，无意中容易认为这个问题只是德法两国之间的问题。实际上，今日西欧大陆所有的国家，就政治发展的线索来讲，都直接或间接地导源于法兰克帝国。德、奥、荷、瑞士、比、卢、法等国都全部由法兰克帝国蜕化而出。意大利和西班牙两国，无论就法统讲，或就更重要的政治发展讲，也部分的建基于法兰克。德法两国并不能垄断"法兰克的继承权"。肃清这种由德法两国历史学者所造成的"垄断"思想后，对于西欧历史一千年上下的政治发展线索就更容易辨认清楚了。

以上所论的这一个国名问题已够复杂，但"法兰克"一词在世界史上的复杂性还不止此。"法兰克"就是我们中国明代的所谓"佛郎机"。不仅在今日世界史的作品中，在亚欧非三洲的大部地方，在过去一千年以上的时间，这个名词曾在说各种不同语言的地区在各种不同的译音下流动出现，直到今日这个名词，在许多地方仍为现代的取名，而非史书上的专名。

在8、9世纪间法兰克人统一西欧大部时，也正是跨亚欧非三洲的大食帝国最盛的时期，两大帝国间政治文化的关系颇为密切，自此大食（回教世界）就称西欧为"法兰克"，称西欧人为"法兰克人"（阿拉伯人拼音为 Faran-ji）。这个用法一直传到今天，今日近中东所有回教国家的人仍称所有的西欧人为"法兰克人"。大食人把这个名词在中古时代很早就传到中国，后来当中国成为横贯亚欧大陆的蒙古帝国的一部时，对西欧的知识相当丰富，称西欧为"佛郎"（见《元史·顺帝纪》至正二年秋七月），西欧各国的商人不断地来到中国，也随中国的习惯，以"佛郎"人自称。印度人也是经过回教徒而知道西欧，所以无论中古或近代都称西欧人为"法兰克人"（印度各地的方音对此词拼法甚多，大致都与阿拉伯或波斯拼音相近）。由于西欧人对印度人压迫的惨酷，"法兰克"一词在最近一百年间已开始有恶劣的含意，印度人对西欧人恶意指称时，特别称之为"法兰克人"。

在明代，西欧的葡萄牙人经由印度而到中国，就是当时的所谓"佛郎机人"。这个名词很显然地是由大食或印度的用名音译而来的。葡人初到中国时所带的通译员，一定是与中国久有通商关系的印度地方的商人：或大食人，或波斯人，或印度人。到中国后，他们当然称他们的雇主为"法兰克人"，按阿拉伯、波斯或印度的拼音，更接近地译为"佛郎机人"。中国当时已不知道，这就是元代大家所熟知的"佛郎人"。近年来学习西欧史的人，又不知道历史书中所遇到的那种人就是"佛郎机人"，于是又新译为"法兰克"。"法兰克"又与在近代中国比较早出的"法兰西"一词非常容易联系起来，而欧美的历史学者也确是把这两个名词不正确地、最少是不恰当或非分地联系起来，这就特别加深了我们对此问题的混乱思想。当初学习西欧史时如用中国旧有的"佛郎机"一词,误会的可能就可减少许多。今日或者无需再废"法兰克"而用"佛郎机",但这个名词一千多年间的错综复杂的游程,确需我们在学习西欧史及世界史时摸索清楚。

(原载《历史教学》1954 年第 5 期。)

欧洲人的"教名"及一般取名的问题

有读者问：欧洲人所谓"教名"是什么意思；对欧洲人一般的取名制度的问题也时常有人口头上或书面上提出，现在作一综合性的解答。

我们中国旧日一个人有名又有字，欧洲人只有名而无字。从这一点讲，欧洲人取名的制度比我们简单。但专就"名"来讲，欧洲又较中国为复杂。

在过去欧洲人都信基督教，儿童生后都要到教堂去受洗礼，受洗礼时正式命名。这个名当然是事先由父母或监护人所取定的，不过须要经过洗礼的仪式才算正式的定名。在最简单的情况下，一个人只有此名，连名带姓只有两个字。我们一般所知道的一些西名，无论是出自基督教的圣经的，男名如彼得、约翰（拉丁语及多数西欧语音；俄语为"伊凡"）、保罗、约瑟夫、摩西、犹大，女名如玛利亚、伊丽莎白等等；或出于欧洲各族的原始社会时代的，男名如威廉、查理（即"卡尔"）、罗伯特、亨利、路易（法语音；德语及俄语为"路督维克"）、菲德烈，菲迪南，女名如莎罗蒂等等；或宗教史及一般历史上浮出过而成了定型的名称，男名如尼古拉、乔治、巴西路（拉丁语及多数西欧语音；俄语为"瓦西里"），女名如加特林娜等等——这些名称都可作为儿童受洗时的命名。今日欧洲各国，信教的人愈来愈少，许多儿童都不再受洗，但所取的名仍与过去大致相同。因为此名在历史上为受洗时的取名，所以称为"洗名"（Baptismal name）或"教名"（Christian name）；因为这是世传的"姓"以外的每人特命之名，所以又称"命名"（Given name）；因为此名在习惯上是每人全部姓名的第一个名，所以又称"首名"（First name）。这以上是英文中比较复杂的分别称谓。俄文在此方面比较简单，只用很短的一个字，称之为 имя。

但无论是欧洲历史上的一个人物，或今日的一个欧洲人，我们时常会发现他的"姓"前面有两个或两个以上的"名"。这种情形在家族比较大，亲友比较多，或社会关系比较广的家庭中特别容易发现。这是因为儿童出生后，意见太多或关系太杂，取名时不能集中于一字的原故。这又有两种不同的情况。一是意见庞杂，两个或两个以上的"名"都有人坚持，有非接受不可之

311

势，那就爽性来者不拒，儿童就有了两个或两个以上的"名"。另一种情形，不是由于亲友意见庞杂，而是由于父母或监护人要对现在的或已故的一位亲友或名人表示尊敬，把那个人的"姓"或"名"也加予初生的婴儿，有时甚至要对两个或两个以上的人表示敬意，儿童的"名"就相当长了。这最后一种情况，"名"可多到三五个以至上十个，在各国王族及贵族的子弟中尤为常见。遇到以上的情况，最后总要决定哪一个为受洗时所用的"名"；如不受洗，也要决定哪一个为"首名"，这是家人亲友呼唤时一般所习用的"名"。

在"名"为两个或两个以上的时候，"首名"以外的"名"很少被亲友呼用。自写姓名时，习惯很不一致。有人不怕麻烦，一个字母不漏地全部写出。有人除"首名"写出外，其他的名缩写，只写第一字母（有人连"首名"也缩写，那是另一种习惯，与我们目前所谈的问题无关）。也有人更精简，根本不用"首名"以外的名，只写姓和"首名"两字。例如达尔文的全部姓名为"查理·罗伯特·达尔文（Charles Robert Darwin）"。但他不喜欢用他那第二个名，普通连缩写的方法都不采用，只自写"查理·达尔文"。

取名，当初都有所指。我们中国自古如此，至今未变，儿童出生后，总是选定一个或两个有所取义的字为名。在西方及欧洲，最初也是如此。例如"约瑟夫"原意为"不断长进"，"查理"或"卡尔"原意为"雄健"，"巴西略"或"瓦西里"原意为"王者气魄"。但到后来，取名所用的字渐渐定型化，原意也不再为一般人所了解，只是"人名"而已。今日我们如果向一个欧洲人问他的名何意，他将瞠目不知所答。今日欧洲也间或还有不用定型化的旧名，而另选一两个仍为人所了解的通用字为儿童命名的，但那是极端例外的事，一般人对这样的父母会认为古怪。

（原载《历史教学》1954 年第 9 期。）

关于公元纪年各种西文名词的意义
及中文译名问题

　　俄文的 Bek，英文的 Century，译为"世纪"，以及"世纪"一词的具体含义，都已为人所共知。此外在公元纪年中还有不少其他的制度、名词、和计算方法，有的在中文中已有比较固定的译法，有的尚无固定的译法，但无论译法如何，在认识上尚多有未清楚交代的地方。我们现在拟把与此问题有关的名词和概念——提出，无译名或译名未定的名词也拟出译出，是否有当，请大家指教。

　　今年是公元 1956 年，我们时常说我们是处在 20 世纪的 50 年代中；但也可能有人怀疑如此说法是否正确，因为 20 世纪的前 50 年已经过去，我们现在是处在 20 世纪的第六个十年之中，为何不说是 60 年代，而说是 50 年代？这种疑问是有根据的，实际在欧洲各国的文字中，对于一个世纪的每个十年，有两种不同的说法，而这两种不同的说法，不仅在字面上容易混淆，并且两者之间又交错着一年，为避免误解或误译，这两种说法是应当分辨清楚的。例如 1950 年，就所谓"50 年代"的说法来讲，是 50 年代一词所表示的十年中的第一年，而就另一种说法来讲，却是一个十年单位中的最末一年。为清楚起见，我们列表如下，在西文中举英俄两种文字，与中文排名并列，并在第（1）类的英文名词前附列各种欧美文字所同有的阿拉伯数目字的写法，以醒眉目：

公元年份 （二十世纪）	英　文	俄　文	中文译名 （或拟名）
（一）{(1)1900—1909	1900's：The nineteen hundreds	［Тысяча］ Девятисотые годы	一千九百年代 1900 年代（拟名）
(2)1901—1910	The first decade ［of the twentieth century］	Первое Десятиѣетие ［двадцатого века］	［二十世纪的］ 第一旬纪（拟名）
（二）{(1)1910—1919	1910's：The nineteen tens	Десятые годы ［двадцатого века］	［二十世纪的］ 一十年代（拟名）
(2)1911—1920	The second decade ［of the twentieth century］	Второе десятиѣетне ［двадцатого века］	［二十世纪的］ 第二旬纪（拟名）
（三）{(1)1920—1929	［19］20's：The twenties ［of the twentieth century］	Двадцатые годы ［двадцатого века］	［二十世纪的］ 二十年代（拟名）
(2)1921—1930	The third decade ［of the twentieth century］	Третье десятиѣетие ［двадцатого века］	［二十世纪的］ 第三旬纪（拟名）

　　关于上表中所显示的问题，我们下面可依表中的次序逐条讨论。但在逐条讨论之前，我们先谈一个概括的问题，就是"中文译名"栏下所列的"旬纪"一词的问题。这是笔者暂拟的中文译名。俄文中的 Десятилетие，英文中的 Decade，以及其他欧洲文字中相等的字，指的是每个世纪整齐均分的十个十年。这个用法，就是上表第(2)类的用法，在欧洲文字中虽不像第(1)类用得那样普遍，但在各种欧洲文字中仍是会时常遇到的。但这个名词似乎至今尚未为中文所确切袭用，在近年的译文中有两种情况：有的人不知此一纪年制度，把它与"几十年代"的制度混而为一，当译为"第二旬纪"的地方译为"二十年代"，结果是前后相差了九年，交错了一年；又有的人知道此一纪年制度，但把欧洲文字中的此一名词简单了当地译为"十年"，于是我们就有时读到"第一十年"或"第一个十年"一类的译文。以此类推，到 20 世纪将要结束时，我们就会要读到"第十十年"的中文字句；当然我们可以加"个"字而说"第十个十年"，使它成为可通的中文，但似乎仍不是好的中文。并且在欧洲文字中，这个名词是一个纪年代的特用名词，而不是一个纪年数的一般名词，我们译为"十年"，等于把一个纪年代的名词译成纪年数的名词，在概念上等于误译，尽管在字面上好似是可通的。

　　以上把"旬纪"一词略作说明，下面我们可以一一解释上表所列各条。

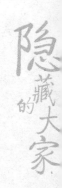

第（一）（1）——世纪最初的十年，若用数字的说法表示，在所有的欧洲文字中都感到困难。因为若用阿拉伯数目字，两个关键的数目字都是"零"，叫人有无从下手之感；若用大写，关键的字只是一个"百"字，也不知当作如何说法。这都是令人无计可施的难题，所以无论是用阿拉伯数目字也好，是用大写也好，都只有采取和盘托出的办法（但俄文在习惯上仍有较英文或其他西欧文字为简便的办法，如"一千九百"只简称"九百"；当然如说"一千九百"，也不算错，不过在习惯上"一千"可以略去）。译为中文，也有同样的困难，就我们20世纪的最初十年来讲，也只有译为"一千九百年代"或"1900年代"，此外想不出更简便而明了的译法。这个名词，在今日的报纸杂志上，很少再有用到的机会，因为那十年早已过去；但在各种西文现代历史或国际政治的运作中，还时常遇到，当有公认的译法（严格讲来，公元1900年是属于十九世纪的，是十九世纪的最末一年；关于此点，下面再讲）。

第（一）（2）——这个问题比较简单，无可多论。提到本世纪的第一旬纪时，若由上下文就可清楚地知道是讲的目前的世纪，而非过去的某一个世纪，"二十世纪的"形容词句就可省略。在意义不太分明时，这个形容语句必须加上，以免使读者发生误会，或作不必要的反复阅读。

第（二）（1）——这又是一个比较复杂的问题，英文与俄文的语法稍有不同。在英文中没有"The tens"的说法，必须把全部语句说出，用阿拉伯数目字也必须四个数字齐举。俄文的语法比较灵活，可有英文中所无的省略办法。在此处，中文不必依从英文，而可按照俄文译为"一十年代"，与此后的"二十年代"、"三十年代"等等一气直下。"一十年代"或与它相等的词句，在过去中国的书报上似乎没有用过，因为在公元1920年以前，中文中还根本没有袭用这种纪年的说法。但这也与上面所讲的"一千九百年代"或"1900年代"一样，在现代史或国际关系史中还时常应用，在中文中当有确定的译法。

第（二）（2）——无论在欧洲文字的说法，或是中文的译法上，都与第（一）（2）道理相同，无可多论。

第（三）（1）——这里有上面尚未论到的两点。由此开始，各种欧洲文字就都有简单化的说法，就是等于中译"二十年代"的说法，"二十世纪的"形容语句只有在上下文意义不清时方有加上的必要。在欧语中，若用阿拉伯数目字，前面那表示世纪的"19"两字普通也都省去。中文今后也可袭用这种简便的办法，除了大家习惯已久的"二十年代"外，又可采用"20年代"的写法，读为"二十年代"或"二零年代"，都无不可。

第（三）（2）——与上面第（一）（2）及第（二）（2），同理同法，不论。

上表只列到第（三）为止，因为自第（四）以下，（1）（2）两种纪年法，都与第（三）理同法同，不赘。此处唯一或者值得提上一句的，就是假定此表由（一）到（十）全部列出，第（十）（2）当然是"第十旬纪"，第（十）（1）则是"九十年代"，在第（1）种纪年法上，到"九十年代"就结束了，并无"十十年代"或"一百年代"。这种理所当有的纪年词句，要转过下一个世纪才能遇到，那就是21世纪的"二千年代"或"2000年代"。

以上所论，是以十年为单位的纪年法及有关名词的问题。另外，欧洲文字中还有一个以千年为单位的纪年名词，在俄文为 тысячелетие，在英文为 Millennium（实际是一个拉丁字）。这个名词在过去没有介绍到中文中来，近几年在翻译或编译的上古史和考古学的作品中，遇到了这个名词，有人就把它简单地译为"千年"，于是我们就时常读到"第一千年"、"第二千年"一类的词句。这与上面所论到的"十年"一样，不仅不是好的中文，并且是概念混淆的一种语法，"千年"给人的印象是年数，不是年代，而此词原意所指的是年代的先后远近，不是年数的多少大小。为避免概念上的混乱，此词在中文中似乎可以译为"仟纪"，与"世纪"和"旬纪"协和，三个纪年专词一致采用中国自古以来纪年时所最通用的"纪"字。

"仟纪"和"旬纪"是我们暂拟的译名，目前尚未通行。"仟"与"千"意义可通，但不完全相等，为避免数字的印象，所以采用不常使用的"仟"字。"旬"字最古用为纪日的专词，但很早纪月或纪年时就已用"旬"，所以我们拟议的"旬纪"一词是在中国文字原意的基础上制定的，并非新创。

以上我们把公元纪年的各种概念和名词，作了一个简单的介绍。另外，在具体的用法上还有一些习惯、特例以及容易被人忽略的原则问题，此处可以附带一提。

首先，关于一个世纪的起讫年份，是时常使人模糊的一个问题。仍举我们身处的20世纪为例：20世纪的第一年为1901，20世纪的末年为2000；严格讲来，写二十世纪的起讫年份时当写作1901—2000。但在一般的作品中，为得整齐简单，都是写为1900—2000。若咬文嚼字，这当然是错误的，因为1900是19世纪的最后一年，不是20世纪的最初一年，并且如此写法，其中包括的已不是一百年，而是一百零一年。但这已是公认的习惯写法，没有再从严改正的必要。

以上所讲的是公元后的世纪，公元前的世纪就又稍有不同了。例如公元前6世纪的第一年是600年，末年是501年，起讫当写为600—501，习惯

上写作 600—500，侵用了公元前 5 世纪第一年的年份。所以，在写公元后每一世纪的起讫年份时，习惯上侵用上一世纪的末年；在写公元前每一世纪的起讫年份时，习惯上侵用下一世纪的初年。

这是一般的世纪；第一世纪的问题中则又有了新的因素。公元 1 世纪的起讫，当然是 1—100；公元前一世纪的起讫，当然是 100—1。有的作品中也就这样写法，这是既严格又正确的。但在习惯上往往写作 0—100 和 100—0。在实际历史上，公元前元年过去之后，就是公元元年，当中并没有一个"零"年，在历史学的纪年法中也没有一个"零"年。这在计算公元纪元前后两个世纪间任何两年当中的年数距离时，是会错着一年的（例如公元 198 到 202 年，两数相减，切头去尾，为四年；公元前 2 年到公元 2 年，两数相加，也是四年，但如按上面切头去尾的原理则当为三年。所以因为没有零年，割着公元纪元前后而计算任何两年之间的年数距离时，就会多出一年来）。天文学家为补救此种年数计算上的缺陷，在天文学作品中应用公元纪年法时，在公元前元年和公元元年之间就添上一个零件，并且假定真有如此一年。这样，问题就解决了：由公元前 2 年到公元 2 年共经过了五个年头，切头去尾为四年，年数计算上不调协的问题就不存在了。但历史上实际并没有一个零年，所以历史书上不能添上如此的一年，然而在写公元前后两个第一世纪的起讫年份时，历史学家却经常借用天文学家的办法，写上一个假想的零年。这只是为简单醒目，并与其他世纪划一而如此做，我们不必在逻辑上过事推敲。

与上面所讲同一原理的一点，就是在谈到跨着两个或两个以上的世纪的一种长期历史发展时，要注意世纪的正确次序，公元前与公元后是不同的。例如唐朝是公元 7 世纪到 10 世纪的一个朝代；但对于战国我们就必须说那是公元前 5 世纪到前 3 世纪的一个时代，而不能先三后五。如果那样，就是把时间先后倒置了。

以上关于世纪的一切习惯、特例和原理，也同样地适用于旬纪和仟纪。公元第二仟纪为 1001—2000，公元前第二仟纪为 2000—1001；但在习惯上则写作 1000—2000 和 2000—1000。旬纪也是一样，公元 19 世纪的第二旬纪为 1811—1820，但习惯上则写作 1810—1820，公元前 19 世纪的第二旬纪则把数字都倒过来写。跨着旬纪或仟纪而谈历史发展时，也是公元后先小数而后大数，公元前先大数而后小数。

最后，再说明一个问题，就是本文所讲的这一套计年法和计年惯例，是近代的产物，中古以上是没有的，在中古以上的文献中是不会遇到这些纪年法的概念和名词的。近代历史学家所写的上古或中古史的著作中,当然采用这种纪年法,但实际只有世纪和仟纪时常提到,旬纪和几十年代是很少使用的机会的。这是由于上古中古的历史步调比较缓慢,同时也可能最少是部分的由于史料不全,所以数年或十数年之间就发现重大变化的机会是不多的,因而旬纪一类的名词一般地没有使用的需要。只在特别详尽专门的作品中,在谈到变化较大而史料丰富的年份时,才间或会遇到旬纪或几十年代的词句。在这里可以附带提一个问题,就是在上古时代有一个十年单位是只能采用旬纪的说法,而无法使用几十年代的说法的,那就是公元第一世纪开始的十年:我们既不能说"零年代",也不能说"公元前元年年代";文字是有穷的,无论在中文或在欧洲文字,都无此一格。在必须对这十年特别提出时,只能说第一旬纪,没有其他的说法。

(原载《历史教学》1956 年第 6 期。)

关于公元纪年问题的补充说明

　　在本刊六月号刊登的有关公元纪年问题的一文，我们曾说要把一切有关的名词和概念一一提出讨论，但由于笔者疏忽，其中有一个概念未予说清，一个概念忘记交代，现在特予补充说明，并向读者致歉。

　　未予说清的概念，就是关于公元前的旬纪的问题，我们只说公元前某一旬纪的起讫年份要按公元后旬纪的年份来倒写。这句话有语病，很容易引起误解。例如公元后五世纪的第二旬纪当写为 411—420，但这不等于说公元前五世纪的第二旬纪就可写作 420—411，而应当是 490—481。那也就是说，公元前世纪第一旬纪的起讫年份是公元后 5 世纪第十旬纪迄年份的倒写，第二旬纪是第九旬纪的倒写，其他以此类推。

　　忘记交代的概念就是几十年代纪年法与公元前纪年的问题。公元前每一世纪的几十年代纪年法，当然是由九十年代开始。例如公元前 5 世纪的九十年代就是 499—490；由此下推，公元前 5 世纪的"四百年代"或"400 年代"就是 499—400。

　　　　　　　　　　　　　　　（原载《历史教学》1956 年第 7 期。）

历法的起源和先秦的历法

　　历法是结合农业生产而起的一种系统知识。渔猎采集时期的远古人类，正如近代仍无农业或农业仍太幼稚的少数落后部族一样，没有与我们的历法相等的一套知识。他们的生活条件尚不要求他们有系统地观察天象，他们只注意地象如风向、雨来、某种花开、某种鸟来之类就够了。这些就足以帮助他们安排渔猎采集的活动或简单的农作活动。但近代有些落后的部族，已知道注意几个特殊星宿的出没，作为他们农事季节的标准。这是由于他们从经验中发现地象的规律性往往不甚准确，而天象的规律性是固定不移的（最少在他们的经验中是固定不移的）。渔猎生活的伸缩性较大，农作生活却是有严格的节奏性要求的；由长期的摸索、苦与乐、失败与成功的体验中，从事农艺的初民发现了天象是指导他们生产活动的最可靠的标准，地象只能作为辅助的标准。至此，历法就萌芽了。

　　人类最初集中精力观察的天象是月亮，其次观察的是星辰，最后观察的是太阳；一般地讲，世界各地历法发展的步骤都是如此。

　　初民不知有年。他们只有模模糊糊的季节循环的感觉，而没有固定时限的年的概念。他们只有"月"的认识，即月球盈亏一周所需时限的认识。他们所要知道的，主要是由播种到收获，月轮旋转几周。同时，这又与技术和科学都不成熟的初民社会的巫术和宗教相结合，在某几个月某种月象之下（如盈亏、晦明之类）要进行一定的祭祷：一般地，春耕时有祭，下种时有祭，秋收时有祭。

　　最初阶段的历法仍甚粗糙，尚未照顾到完整的一周年，一次的季节循环往往只有八个月或十个月，即与农事有直接关系的八个月到十个月，与农事无关的两个月到四个月就无人过问了。至于多少天为一年——那个概念太复杂，并不是初有历法的人类所能掌握的。一般地都是由与某种天象或其他自然现象相配合的新月或满月之祭开始，由此下计到八个或十个月就停止了；等到下次某种天象出现，再开始一度的季节循环。例如拉丁人（包括罗马人）当初的历法就是如此，他们只有今日公历中三月到十二月的十个

月，一、二两月是到历法进一步发展时才加上去的。

　　观月之后不久，人类又开始观星。彻底的、有较高科学意义的观月必须与观星配合。天空的星球，有的特别明亮，很容易惹人注意。行星中的金星，光度特强，自然成为观测的对象。此星清晨在东天，初昏在西天，就是《诗经·小雅·大东篇》所谓"东有启明，西有长庚"，在东在西有两个不同的名称，后来又称为太白星。在恒星中，天狼星（Sirius）为由地球上所见光辉最强的星，是古埃及人的一个特别观测对象。五车星（Capella）的光度稍次于天狼，是巴比伦人观测较多的一个恒星（实际为双星）。特明的星团也被人集中观测，昴宿（Pleiades）就属此类。各地都是先就一两个星精心观测，但观测面总是逐渐扩大，最后凡肉眼所能见到的星球，或多或少地都成为观测的对象。以中国而论，不只金星，以上所讲的恒星和星宿在很早的古代就已为我们的祖先所注意，上列的中文星名都是古代就有的名称。

　　观星法都是观测某星与太阳出没的关系，以日出前或日落后某星的方位来测定季节。古人有的注意晨星，有的注意昏星，只是习惯而已。巴比伦、埃及观测晨星较多，中国观测昏星较多；但实际只是偏轻偏重的不同，各地都是晨昏兼顾的，所以中国才有"东有启明，西有长庚"的诗句。这种观测，后来虽成为专职，但在古代始终是几乎每个人都自动从事的一种当然活动。初民与今日生长在都市的人不同，他们经常密切地与大自然接触。他们缺乏灯火；即或有灯火，也是既简陋而又贵重的，既不合用，又不敢多用。他们黄昏后所过的不是灯烛辉煌的生活，而是在昏暗中摸索的生活。再者，他们的夜生活一般是半露天的生活，农村的人尤其如此。夏秋之间，他们许多人根本睡在田间；即或睡在室内，简单的营建方式也叫他们每一外望就立刻见到海阔天空的星天世界。由长期的经验中，他们知道了某些星位与他们生产劳动的节奏联系，于是对于星天感到亲切，每个人对一些有关的星都能指名称呼。我们今日都市的人须由书本中学习的一些天文知识，在古代几乎是尽人皆知的常识。

　　观象的最后一步为观日。太阳出没的方位经常移动，这对于"日出而作，日入而息"的初民是很容易察觉到的一种现象，而这种移动之直接牵涉到昼夜长短的比例和寒来暑往的节奏也不难于察觉，太阳的旋转显然包含着许多问题。日光太烈，肉眼不能正视。但日光之下的人影以及一切物体的射影是人类一直注意到的，于是经此联想，就创出观日影的办法。最初的办法，无论古代各国或近代落后部族，都是一致的，都是在平地建立直木，一方面测量一日之间日影的长短变化，一方面比较逐日之间日影的变异，特别注意日正南时日影的长度。经过一定时期的测量后,北温带的人发现太阳极北时,木影最短,这就是夏至;太阳极南时,木影最长,这就是冬至。另外发现有两天木影长短适中,这就是春分和秋分。二至二分的发现,是历法史上的关键性发展,至此才算是掌握了季节循环的基本规律。这在世界各地都是原始社会已过和阶级社会已经成立之后的事。

这种简单的测日器,中国古代称为"土圭"或"圭表",希腊古代称为 Gnomon,拉丁文和近代欧洲文字都承袭了这个希腊字。

在没有讲阶级社会出现后的历法发展之前,还有一个问题应该交代,就是一年的日数问题。我们上面已经说过,初民没有年的概念,自然也就不会有一年的日数的概念。日数的认识是相当晚出的事。首先,初民根本不能计数,尤其不能计大数。我们视为当然的几十、几百、几千、几万以及更大的数目,在初民是不可想象的,在他们的经验中根本遇不到与实际生活有关的这样大的数目。直到近代,仍有个别特别落后的部族,只知有一、二,超过两个就是"多"。每人的双手虽有十指,但由一计到十仍不是轻而易举的事。最初的历法,季节一度循环能有十个月,在当时已经很不简单。再进一步,人们开始计算每月的日数,知道一月有二十九日或三十日。在没有文字以前,这就是历法中计数的极峰了。有文字有国家后,才有了更大的数字。

人类最初的历法都是纯阴历,甚至可说只有月而无年。但到国家成立时,上古早期的各古国都已有了一年十二月的历法,每月二十九或三十天,全年三五四天。但很快就发现这个历法与自然季节的循环不能相互配合。此时人们已开始用圭表观测日影,在观测中发现了二至二分,并发现了二至二分的一度循环为三六五天,比十二月的天数多出十一天。至此遂开始置闰,每过几年,普通是两三年,加一个闰月,使月份与季节始终可以大致符合。但这只能是大致的,而不能是精确的,因为年月日根本不可能精确地配合。试看下面所列年月日的实际长度,这个道理就一目了然了:

月绕地球一周(一个月):29.53059 天,即 29 天 12 时 44 分 3 秒。

纯阴历十二个月:354.36708 天。

地绕太阳一周(回归年):365.242216 天,即 365 天 5 时 48 分 46 秒。

我们看上面阴历一个月的天数和阳历一回归年的天数都包含极复杂的小数,互相不能除尽,所以以月球为准的"月"与回归年之间是永远无法齐齐整整地协调的,古今一切历法的根本困难都由此而出。我们今日凭着精确的观测和科学的推算,只是尽可能地把困难缩小,并不能把困难消除。没有我们今日科学条件的古人,困难当然要大多了。

究竟如何置闰,最为理想,是古人长期不能解决的问题。我们现在只看历法发展最早的三个古国的情况,即巴比伦、埃及、中国。巴比伦长期随意置闰,见季节有问题即加一月,根本没有科学的制度。未统一前,各邦在置闰上各自为政,情形混乱至极,统一后开始统一置闰,但仍是没有定制。固定而基本上正确的置闰法是到公元前 380 年左右才发现的,就是十九年七闰法。在此方面巴比伦尚落后于后起的希腊,半个世纪以前,即公元前 432 年,雅典天文学家梅唐(Meton)已经发现同一置闰法。中国古代称此十九年置闰的周期为"章",西方天文学史上称它为"梅唐章"。

埃及与巴比伦一样,也是以阴历的月配合阳历的年,加置闰月,造成阴阳合历。埃及一直到公元前 1 世纪被罗马征服时,仍无固定的置闰法,远落后于巴比伦。但埃及因为条件特殊,古代就有了阳历,长期二历并行。尼罗河河水的涨落关系着全国的生命,埃及人很早就发现约三六〇天水来一次,后来又进一步精确化,改为三六五天。以此为据,不管月转,把全年分为齐齐整整的十二个月,每月三十天,其余五天放在年尾,不计入月内。这个阳历(当然不准确,每年少了约四分之一天)是政治历,国家的公事都以此历为准;宗教活动和农事则始终依照阴阳合历。在这个阴阳合历的使用上,埃及到罗马帝国时代才发现了二十五年九闰的周期原理。西方这两个古国的"章"制,可以以公式表列如下:

巴比伦:$(19 \times 12) + 7 = 235$ 月(十九回归年的阴历月数)

埃　及:$(25 \times 12) + 9 = 309$ 月(二十五回归年的阴历月数)

巴比伦:$235 \times 29.53059 = 6939.68865$ 天

$\qquad 19 \times 365.242216 = 6939.602104$ 天

埃　及:$309 \times 29.53059 = 9124.95231$ 天

$\qquad 25 \times 365.242216 = 9131.0554$ 天

我们可以看到,巴比伦的"章"法基本精确,埃及的"章"法中仍包含相当大的错误;但是连在巴比伦的"章"法中,二三五个阴历月与十九个回归年的天数之间仍有小的差别,不能天衣无缝地协调。

中国由于考古资料缺乏,盘庚迁殷(公元前 1300 年)以前的历法史无考,但自有材料可考之后,中国历法的发展是比西方两个古国都要快的。殷已开始置闰,最初也是没有定制,有时甚至再闰,一年十四个月;间或三闰,

一年十五个月。再闰或三闰的办法,进入春秋就不再见,并且由《春秋经》及《左传》的闰月纪录中,可知进入公元前 6 世纪后中国已有了十九年七闰的"章"法。究竟何人何年最后解决了这个问题,已难稽考。但中国在世界上是最早解决了这个古历发展史上最棘手的问题的。

在春秋时代历法高度发展的基础上,历法对于农事节奏的指导性当然更加提高了。此后三百年的历法史,我们知道得不多。到战国末年,公元前 3 世纪后期,在秦相吕不韦的主持下,由各派各家合撰的《吕氏春秋》中,一部为"十二纪",各纪的篇首为"月令",总结到当时为止的中国全部历法知识及结合历法的农事经验。汉代儒家的经师把这十二篇首抄合为一,成为《礼记》中的《月令篇》。一年十二月,由孟春正月到季冬十二月,每月都列举太阳的位次,晨昏的星中(清晨何星在南方之中,黄昏何星在南方之中),植物和动物的生长动态,恰当的农事活动。如此紧凑完备而又富于指导意义的"农事劳动月历",在当时的世界是没有第二份的。经过大一统的汉代许多历法专家进一步钻研天文和进一步总结农民经验之后,这个月历就成为此后二千年黄河流域基本上精确合用的农事历法。

(原载《历史教学》1956 年第 8 期。)

上古中晚期亚欧大草原的
游牧世界与土著世界
（公元前 1000—公元 570）

在本年一月高等教育部委托复旦大学在上海召开的世界上古史教学大纲讨论会中，曾谈到大纲中是否需要亚欧草原游牧部族与土著世界关系一章的问题，主张要此一章的理由有二：

（一）世界史应当是全世界的历史，由于史料的关系，我们不得不侧重土著国家的历史，但游牧世界大约在公元前 1000 年以后，最少在个别地方，已开始超越了原始社会的阶段，已开始有了初步的阶级分化，已开始有了国家的雏形。既然如此，我们在名为"世界史"的课程中，就不当把它漏掉。

（二）上古史的一个重大问题，就是难以捉摸各国各区之间相互联系的问题，由于当时生产力的低下和交通工具及交通方法的简陋，恐怕在很大程度上又由于史料的缺略，最少从表面上看，各国各地似乎主要地是在各自发展，不仅没有近代交往频繁、世界基本上一元化的现象，连中古时代那种比较密切的相互联系也不容易发现许多。但即或是在上古时代，世界的发展在很高的程度上仍然是脉络相通的。关于这个问题，我们已另文论及，此处不赘，见《南开大学学报》（人文版）1956 年 1 期《对世界上古史改分区教学法为分段教学法的体会》。除根本原则问题外，我们又有把整个旧大陆的所有重要部分联系为一体的一个现成媒介，就是游牧部族，尤其是公元前 1000 年以下开始特别活跃的游牧部族。土著国家的居民一般的是固定不动的，相互之间的征伐也往往局限于世界的一隅。只有游牧部族是自由自在地东西驰骋，同一个部族可以在先后不远的两段时期与中国和欧洲都发生直接关系，东西的交通路线也在很大程度上经过这个游牧世界。所以我们如果以游牧世界为主而观察全世界，会发现永远站在土著立场所不能见到的许多历史景象和历史关系，这对于全面掌握历史是有帮助的。因而，以此为内容的一章，应当列入上古史的教学大纲中，最好是编为最后的一章，在某些方面使它有概括全局的性质。

会中经过讨论,承认这样的一章是需要的,但由于资料缺乏,认为目前就把这一章列入,会造成实际教学中的困难,最后会中决定把与此章有关的内容定为"参考资料",并建议在此方面曾作尝试的教研组把已经掌握的资料撰成论文,提供大家参考。南开大学在过去三年中曾就此问题作过初步的试探,会中委托南开先行撰写。我们接受了这个任务。我们的经验仍然极不成熟,没有把握的地方很多,下面勉强写出,无论在思想性方面,在整个的结构和取材方面,或在任何细节细目方面,都诚恳地希望能够得到大家的帮助和指教。

一、性质与目的

本章以游牧世界及游牧土著之间的关系为主题。前此的学习都是以土著世界为主,对于游牧部族最多是附带论及。现在我们要换一个方向,要试图站在游牧部族的立场来看土著世界以及整个世界。这个问题是有它一定的复杂性的。土著居民都在固定的国家疆界之内生活活动,一国一地的历史有它比较分明的轮廓。国界当然不是长久不变的,居民当然不是永世不移的,但土著世界的变动面和固定面之间可说是有比较容易捉摸的辩证统一性可寻的。游牧世界的历史则不然。它当然也是有规律性的,但它的规律性最少在表现的形式上是与土著世界不同的。要全面地了解游牧部族的历史,我们就必须随时东西穿插,由中国经中央亚细亚、印度、波斯而达西亚及东欧的这一个广大的原野,这是大大小小的游牧部族出没无定、相互激荡、由极东到泰西往往形成牵一发而动全身的一个整体世界。不仅各游牧部族内部的关系如此,它们与土著世界的关系也往往是如应斯响地东西呼应,往往在东西相隔万里以上的两端先后同时形成土著国家的严重威胁。这恐怕不是偶然的巧合,其中必有根本的原因在;只是因为游牧部族没有文字的记载,我们仅能由土著各国的内部情况解释这个问题,而无法通过掌握双方的情况而全面地了解这个问题罢了。

我们今天实际只是通过游牧土著的关系而认识游牧部族的历史,游牧部族本身的历史我们是所知甚少的。这种关系史的意义极为重要,它帮助我们体会远在上古时代世界各国各地之间的密切联系。

本章特别着重上古时代中期以下的一段历史。公元前 1000 年以前的游牧土著关系,我们所知更少,可在土著国家有关的各章中附带论及,无需另辟专章。但自公元前 1000 年左右起,游牧世界内部开始发生比较根本的

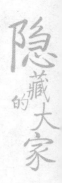

社会变化,阶级对立和国家机器开始出现,自此不再是较小的游牧部落与土著国家发生接触或冲突,而是具备国家雏形的较大部族联盟在漫长的疆界上与土著国家对立斗争。这个局面,一张一弛,前后延续了一千年以上,到公元4、5世纪间而土著世界的堤防全部被突破,由中国到西欧形成了一个世界性的游牧部族大迁徙,在这个大迁徙的过程中也就在全世界范围内结束了世界史的上古阶段。

二、游牧地带在世界史上的地位

由蒙古到乌克兰的草原地带,其中包括干燥的平原、高原和一些错综复杂的山岳丘陵,但大体上是一望无际的深草原野,就是上古时代的游牧世界;以今日的政治地理而论,其主要部分都在中国和苏联两国的国境之内,另外又包括蒙古人民共和国的全境、阿富汗的大部和伊朗的一部。

这一个大的世界,没有固定的和清楚的名称;如有名称,一般地也是土著国家为它起的。中国自汉代起,称它为西域。西域一词有广狭的两种含义:狭义的西域是由河西走廊到葱岭以东之地,大致等于今日的新疆,广义的西域意义不定,随着中国政治势力、文化影响、对外贸易关系的时伸时缩,一切中国以西的地方都是西域。①

印度对游牧世界,似乎没有定名。希腊罗马称它为塞其提亚(Scythia),称其人为塞其提人(Scythae),"塞其提"可能是当地人的自称,希腊人不过是模仿当地的发音而把它希腊化而已。中国也知道这个名词,特称葱岭以西的许多部族为塞种或塞人。希腊的所谓塞其提亚也有广狭二义:狭义所指,限于喀尔帕提山(Carpates)至顿河(Tanis)之间的草原,广义的塞其提亚东延无定,正如中国的西域一词的广义范围西延无定一样。②

以上是地名。关于族名,中国历代所接触的游牧部族甚多,各有专名;希腊当初虽然泛称一切游牧部族为塞其提人,但到晚期,特别到罗马兴起之

① 《史记》中有《大宛列传》而无《西域列传》,《大宛传》中提到西北诸国时称为"西国"或"西北国"。宣帝时,初置都护,任都护的为郑吉,宣帝嘉勉郑吉的诏书说:"都护西域骑都尉郑吉,拊循外蛮,宣明威信……"(《汉书》卷七〇《郑吉传》),这是西域之名初次见于官书,据《汉书》卷九十六上《西域传上》,此为神爵三年(公元前59年)的事;正式或非正式的西域之名可能尚早于此。待考。
② 塞其提亚的名称,见于希腊最早的成套史著,即希罗多德(Herodotos,公元前484—前425年)的《波斯大战史》(Historia)。在中国文献中,《汉书》卷九十六《西域传》屡次提到塞人:"罽宾国"条:"昔匈奴破大月氏,大月氏西君大夏,而塞王南君罽宾。塞种分散,往往为数国,自疏勒以西北休循捐毒之属,皆故塞种也。""乌孙国"条:"乌孙国……本塞地也。大月氏西破走塞王,塞王南越县度,大月氏居其地。后乌孙昆莫[王]击破大月氏,大月氏徙西臣大夏,而乌孙昆莫居之,故乌孙民有塞种大月氏种云。"

后,也是不同的部族各有专名。这都待下面交代。

游牧部族在历史上的重要性,主要地可说是在于它们入侵土著世界后而引起的世界历史变化。史学研究的对象,以土著地带为主,自新石器时代晚期以下,土著地带是人类历史发展的中心,历史的主要发展和文化的主要贡献均在此地带。此一地带的发展虽然也不平衡,但最前进的社会都在此出现。最早进入阶级社会的,是土著世界的一些地方,而游牧世界此后仍然长期地处于氏族社会的阶段。

公元前 3000 年左右,可作为土著游牧两大世界最后分化对立的时限。中国、印度、两河流域、埃及四大河流地区,至此都已进入以农业为主的氏族社会晚期或阶级社会初期的阶段,而同时亚欧大草原的自然景象也确切出现,个别孤岛式的地方虽然仍可保留一点农业,但基本上农业生产已成为不可能,旧有的畜牧也不能维持,唯一的出路就是改为逐水草而居的生活方式。游牧世界出现了。

随着游牧世界的出现而来的,就是游牧土著的对立和斗争,游牧部族是经常要侵掠土著国家的。游牧世界生活较苦,部落之间惯于互相侵掠,对于在它们看来是特别富庶的土著国家进行掠夺,那更是当然的事情了。除了经常的边境纷扰外,在上古时代游牧对土著的侵伐曾经出现过三次高潮:第一次在公元前 2000 年左右以下的几个世纪,第二次在公元前 1500 年以下的几个世纪,第三次在公元 300 年以下的几个世纪。前两次是否曾影响到中国,待考,但由印度到欧洲都曾引起了翻天覆地的变化。这两次部族移徙,可与由印度到欧洲各土著国家的历史合讲。第三次的移动,并且上溯到公元前 1000 年左右阶级开始分化时期以下的游牧部族发展史及其与土著地带的关系史,是本章所要说明的主题。

游牧地带,就自然条件言,是自成一个世界的,南北都有屏障:往北不是难以穿过的原始森林,就是令人难以为生的苔原,往南则是延绵不断的山脉。过了南界的大山,就是富于诱惑力的土著世界。由东而西,沿着山脉有一些隘口可以通过,也是历史上游牧部族侵入土著国家的必经之路。在中国的北边,经过阴山,通过雁门,可以进入晋北;在西北,通过玉门、阳关,可以进入黄河上中游以及一部蒙古平原的地方。经过今日阿富汗境内的兴都库什的各山口,可以进入伊朗高原和印度河流域。经过高加索山,可以进入亚美尼亚高原以及更南更西的地方。最后,经过多瑙河下游的河谷,可以进入巴尔干半岛,由巴尔干又可以很容易地转入小亚细亚。在上古时代,以至到了中古时代,这都是游牧部族不只一次地向土著世界涌进的通路。

　　使游牧部族能够经常在边境向土著世界侵掠的,主要地是它们牵挂较少的来去自如的生活方式,他们可以主动地选择比较弱的据点进行袭击,所以也就可以以少胜多,小股的人甚至可以一掠而逃,使土著国家较大但是也较集中的队伍处在措手不及的被动状态之下。除了这种生活方式的基本情况外,马的使用更加增强了游牧部族的袭击能力。

　　草原世界的文化,由一个重要方面言,即由交通动力方面言,可称为"马的文化"。马为游牧世界驯服的畜种。马的使用,可能在游牧生活方式出现之前已经开始,但马的潜在力量的彻底发挥,则是公元前 3000 年后游牧部族的贡献,土著世界的各国当初似乎都未驯马,土著国家的用马都是先后由游牧部族学来的。①

　　野马本是人类渔猎采集生活阶段的一个猎取对象,后来到了驯畜时,驯马在最初也只是为吃马肉,不久又发现马乳可食。马既已驯服之后,就又成了一个重要的劳动力,可以驮物载重。有车后,马又挽车。但在上古时代,马仍是特别贵重的畜类,土著地带一般的车辆,用牛或用驴拉的较多,只有在中国用马拉车是比较普遍的。至于在游牧世界,用马挽车是当然的事。游牧部族居住营幕,移动时一般是把整个的营幕驾在车上,成为"行屋"。

　　游牧部族又用马拉一种轻便的车辆,上阵打仗,就是中国所谓"戎车"。这似乎是大草原西部各族于公元前 2000 年左右发明的,此时它们开始入侵西亚各土著国家,战车一时成了他们所向无敌的一种武器,许多大大小小的土著国家都被征服。中国同时或稍晚也有了战车,似乎是自制的,并非学自游牧部族。中国在上古时代大概是独自发明战车的唯一土著国家。②

　　最后,游牧部族开始骑马,并且骑在马上作战,就是中国所谓"骑射"。这也是西方游牧部族、特别是塞人的一种发明。骑射大约是公元前 1000 年左右出现的一种新的作战技术。在此以前,一般地无人骑马,骑驴的也不多

---

① 作为生物学的一个研究对象,马种、马属、以至马科的发展史是知道得特别清楚的;但作为人类使用的一种驯畜,马的历史至今仍有许多的缺页,本篇只就已经确定的重要部分,加以论列。关于驯马史的各种问题,可参考以下各书:

Duerst,J. U. :"Animal Remains from the Excavations in Anau,and the Horse of Anau in its Relation to the Races of Domestic Horses",*Carnegie Institution Publication* 73,pp. 339—442. (Washington,1908)

Antonius,O. :*Stammesgeschichte der Haustiere* (Fischer,Jena. 1922)

Hilzheimer,M. :*Naturliche Rassengeschichte der Haustierwelt* (De Gruyter,Berlin. 1926)

Thevenin, R. :*L'Origine des animaux domestiques* (Presses Universitaires de France,Paris. 1947)

② 《诗经·大雅·大明篇》歌颂周灭殷的牧野之战,有:"牧野洋洋,檀车煌煌"之句。"檀车"就是作战的戎车。此时及此后与中国斗争的匈奴并无战车,中国的战车最少不是从东方的游牧部族学来的;至于究竟是完全出于自创,或间接地与西方游牧部族有关,根据现有的资料尚不能断定。

见。至于牛,由于躯体构造的关系,根本难以乘骑。到公元前 1000 年,塞人初次解决了乘骑的一切技术问题,除作战外,马从此成了游牧世界有革命性的一个交通工具。在近代科学交通工具发明以前,马是人类最快的交通工具。善骑的人骑着良马飞跑,在短距离内是可以与火车竞赛的。生产力低下、地广人稀的游牧世界,生活中一个严重的问题就是交通问题,人们经常地相互隔绝;虽然可以相互侵扰,但若要大规模地组织联系,那就极为困难了。交通问题的解决,是在广阔范围内组织联系的一个先决问题。自从骑马之后,游牧的人们可以在一望无际的草原上自由驰骋。至此,游牧部族才有可能建立具备国家雏形的较大部落联盟,最少在西方塞人的地方此时开始见到阶级的分化和早期国家的建立。游牧世界建立国家,是比土著世界最先进的地方要晚两千年以上的。

已是土著世界经常威胁的游牧部族,至此成了土著各国防不胜防的大患。现在他们骑在马上,来去如飞,土著军队的被动地位更为加深了。

以下我们先讲西方的游牧部族,就是与希腊人接触较多的塞人或塞其提人。

三、塞人与希腊

塞人的语言属于何一体系,不详;他们内部的语言是否统一,甚至是否属于一系,也待考。我们只知道由中央亚细亚到黑海北岸,称为塞人的部族甚多,各部相继得势。与希腊人最早接触的一种称为其美里人(Cimmerii),至公元前 7 世纪又称为塞其提人,到公元前 3 世纪开始盛强的部族又称为萨马提人(Sarmatae)。三种人都泛称塞其提人或塞人。[①]

由希腊人的记载中,我们可以知道塞人生活的轮廓。他们的物质生活主要靠牲畜,马牛羊是他们主要的财富。由于树木缺乏,畜粪就是他们的燃料。衣服为皮制或呢制,营帐也是如此,原料都来自牲畜。

他们的军事生活也以牲畜、特别以马为主要物质条件。他们吃马肉,饮马乳,但马的关键地位是它的军事工具资格:先拉战车,后备乘骑。塞人作战的武器,以弓箭为主:车战阶段已是如此,骑战阶段更是如此,飞马急驰时

---

① 关于西方塞人的历史,古希腊文献中记载最详细的为希罗多德的《波斯大战史》卷四,第 1—142 章(此书近代欧洲的重要文字都有译本)。关于近代作品,早期的可参考 Gibbon, E.: *The Decline and Fall of the Roman Empire*,第 26 章(此书版本甚多);较近的书有 Minns, E. H.: *Scythians and Greeks* (Cambridge, 1913)。

而准确发箭,成了塞人以及其他游牧部族的一种特殊技能。另外,他们有短刀、长矛、斧钺,供作交战之用。

塞人的服装与他们的军事生活密切相关,特别是到有了骑射之后,服装的制造原理完全是为了适应马上作战的要求。绔、长靴、马褂、尖帽或风帽构成塞人的全套戎装。头饰或是高而尖的小帽,或是紧护头部而披于背后的风帽,两者都不兜风,没有阻力,利于马上奔驰。马褂护卫上身,保持温暖,同时又不阻挠两腿的动作。长靴为两脚及胫部御寒,同时又挡住了内胫与马腹的摩擦。绔为骑射战术所必需;一般的骑马可无需有绔,经常骑在马上急驰的生活则要求穿绔。

人类服装的历史,看似复杂,原理实际甚为简单。较宽的一条腰带,是有了编织技术之后遍世各地的普遍服装及基本服装,冬季在寒冷的地区或者再披上一件兽皮。这种最原始的衣服,进一步发展,或者成为整体的长袍,或者成为上下两分的衫裙,就是中国古代所谓"上衣下裳。"服装不分男女,基本上是一致的。在热带和温带,服装长期停留在这个阶段上。在较寒之区,就亚欧大陆而言就是温带的北部及接近或进入寒带的地方,两腿后来加上胫衣,左右各一。胫衣,中国原称为绔,就是后日所谓套裤。再后,套裤加腰,连为一体,成为开裆裤。较北的土著地带,下衣的发展到此为止,再进一步的发展就是亚欧草原游牧部族的事了。大约在公元前 1000 年左右,塞人在骑射的同时又制成了合裆裤,就是中国古代所谓裈或穷裤。这当初虽是一种军事性质的发明,塞人当然很快就发现穷裤的高度御寒功用。穷裤和骑射不久就传遍了整个的游牧世界。①

以上是塞人物质生活各方面的情况。在政治方面,我们只知道与希腊人接触的塞人的政治中心在后日俄罗斯南部的地方,即黑海北岸的乌克兰一带。公元前 8 世纪他们已开始与希腊通商。他们是纯游牧部族,但同时他们又征服了当地一些经营农业的土著部族,并向他们征贡。塞人活动的范围向西达到匈牙利高原,向南虎视希腊,马其顿人经常在边境上与他们斗争,特拉其(Thrace)东部是双方主要的争夺对象。

在社会性质上,塞人已进入氏族社会末期,阶级分化已经开始,部落联盟的管理机构已开始转化为国家机器,对于土著部族的征服和征贡更加强了这种发展的趋势。但与土著国家的希腊各城邦比较起来,他们仍是落后

① 关于塞人以及全世各族的服装史参考:Racinet, A. C. A. ; *Le Coutume historique* (Paris,1877－1886)。此书的著者 Racinet(1825－1893)为服装设计专家兼服装史专家,理论和实践是密切结合的。全书六巨册,彩图五百种,在七十年后的今日仍为此方面的权威作品。

的,所以与希腊的商业关系是一种不对等的贸易。他们由希腊输入纺织品和其他奢侈品;他们自己只有皮料和呢料,所以贵族特别欢迎希腊的纺织成品。作为向希腊交换的,以麦为主,这都是被征服的土著部族所纳的贡粮。他们自己所养的牛马,也输往希腊。塞人世界经常见到希腊商人的足迹,远达里海以东也有发现。

较东的塞人,我们知道得很少。有一批塞人曾穿过高加索山脉,进入小亚细亚东北部,在公元前 300 年左右建立了滂陀国(Pontus)。他们改游牧为土著,但主要地不是从事农耕,而是从事畜牧,以养马为生。

在里海以南也有一些塞人,与波斯人接触,成为波斯的一个边疆问题。在波斯历史和印度历史上,塞人称为塞卡(Saca),与希腊文的塞其提是同一个名词。

再东的一批塞人,部族的名称为大夏(Daha),于公元前 3 世纪中期占领了中央亚细亚药杀水(Jaxartes)及乌浒水(Oxus)流域的地方,建立国家,就是中国史籍中的大夏国。此地原为最东的希腊化地区。公元前 2 世纪是大夏的最盛时期。但到该世纪的后期,原处在当时中国西北的边外、被匈奴驱逐而辗转西迁的大月氏人最后到了这个地方,征服了大夏。这就是不久之后张骞所到的大夏。这个大月氏的大夏后来发展到印度河流域,公元 1 世纪中期建立了印度历史上的贵霜王朝。

在公元前 3 世纪,以南俄为中心的塞人国家内部发生了政变,同种的萨马提人攻败了塞人,建立了新的政权。失败的塞人,一部南逃到克里米亚半岛。此后数百年此区的历史不明,经过日耳曼人一度占领后,到上古末期和中古初期它成了斯拉夫世界的一部,塞人和萨马提人都成了斯拉夫人,特别是东斯拉夫人的组成部分。

四、中国上古史上的游牧部族

在上古时代与中国接触最多的游牧部族就是匈奴。正如塞人的种族和语言体系问题,今日仍难解决,匈奴人的种族和语系我们也仍不能判明。在生活方式上,他们基本与塞人一致,只在有些方面较塞人发展得稍为迟缓。

自中国有文字记载以来,匈奴就在北方和西北方与中国接壤,由殷商到两晋,前后一千五百年以上,双方的斗争始终未断。殷代称匈奴为鬼,称其地为鬼方,殷高宗武丁(公元前 1250 年左右)曾与鬼方大战三年。周当初在西北,称匈奴为昆夷、混夷、串夷、犬夷、畎夷,有时也用殷名称为鬼方或鬼

戎；殷周之际，周人在西北也经常地与匈奴作战。周太王（公元前1125年左右）大概一时曾为匈奴所败，王季继续作战，到文王时周人才开始占上风。①

西周时代（公元前1027—前771年）中国称匈奴为猃狁、犬戎、西戎。穆王曾败匈奴（公元前900年左右）。厉王时（公元前850年左右）匈奴入侵，一部诸侯及卿大夫乘机把王驱逐。宣王（公元前827—前782年）曾与匈奴发生过剧战。幽王时（公元前781—前771年）匈奴卷入了中国内部的斗争，最后与一部诸侯战败并杀死了幽王，结束了西周时代。②

以上的这些名词，如鬼、昆、混、犬、畎、串、猃狁，实际都是同一名词的音转，只是汉字的写法不同而已。西戎的西字，当然是就方位而言，不牵涉到音转问题。这些同一名词的各种音转，就是战国以下的匈奴。

春秋时代（公元前771—前473年），在中国匈奴的关系上，秦晋成了首当其冲的国家。秦仍用旧名，称匈奴为戎或西戎，秦文公败匈奴，收复了西周末年被匈奴侵占的岐西之地（公元前753年）。秦穆公（公元前659—前621年）降服了西北的许多匈奴部落，这就是历史上所谓秦穆公"霸西戎"。③

晋国在习惯上开始采用匈奴各部族的专名而分别称呼，如鲜虞、狄、无终等等。春秋时代三百年间，晋国屡屡与遍布在今山西省北部的匈奴作战，其中一次战役的经过，特别帮助我们了解殷商到春秋八个世纪间中国匈奴关系的一个关键问题，我们此处可具体交代一下。公元前541年，晋与匈奴在大卤（今山西中部，包括太原在内）作战，战场狭隘，匈奴只有步兵，而晋军以戎车为主，在狭隘的战场上施展不开，晋军的主帅于是临时变通，叫所有的人都下车，编为步兵，结果大败匈奴。④

在战国以前，无论是在当时中国的边外或畿内与匈奴作战，中国的记载中没有一次提到匈奴以戎车或乘骑作战，而由春秋晚期的大卤之战中，我们知道匈奴只有步兵。这是匈奴与草原西部游牧部族大不同的一点，西部的

① 殷高宗伐鬼方的事，见《周易》既济卦九三爻词："高宗伐鬼方，三年克之。"未济卦九四爻词："震用伐鬼方，三年有赏于大国。"（现存《周易》一书中最早的文字就是卦爻词部分，都是根据殷代和殷周之际的重要卜辞编写而成的，保存了一些当时的史料）殷周之际周三王与匈奴的关系：关于周太王，《诗经·大雅·绵》："混夷駾矣。"（《说文》"㖾"下引作"犬夷㖾矣"，本今文家齐鲁韩三家诗）关于王季，《竹书纪年》说他曾"伐西落鬼戎。"关于文王的记载，不只一处：《大雅·皇矣》："串夷载路。"《大雅·荡》："覃及鬼方。"《孟子·梁惠王》："文王事昆夷。"《史记·齐世家》："文王伐犬夷。"《史记·匈奴传》："周西伯昌伐畎夷氏。"

② 西周时代，穆王伐犬戎，见《国语·周语》；厉王、幽王与西戎或犬戎的关系，见《史记·周本纪》及《匈奴列传》。宣王伐匈奴的事迹，除《史记》外，又见当时作品的《小雅》各篇：《采薇篇》（猃狁）《出车篇》（猃狁，西戎）；《六月篇》（猃狁）。

③ 见《左传》及《史记·秦本纪》。

④ 见昭公元年《春秋》及《左传》。

人在一千多年以前已经车战,并且把车战法传入西方的土著国家。而在东方,至迟到殷周之际,中国已有车战法,而与中国接触的游牧部族反倒长期仍只步下作战。此中的原因仍待研究,但它的影响却是极端重要的。由殷到战国初期,将近一千年的时间,中国基本上处在铜器时代,生产力不高,对于适于农耕的边远地区无力开发,所以雁门以南,玉门和阳关以东的大块土地并未成为中原国家的田园,而是匈奴部族的牧地。只能作为牧地的干旱之区不能改成田园,田园之区却是可以作为牧地的。此时匈奴深入田园之区的内地,中国可说是处在劣势的。但反过来讲,中国善于车战,在一般的战场上中国的军队总是处于优势的。所以匈奴尽管深入田园之地,却不能形成生死攸关的威胁,大部的时期主动仍然操在中国手里。假定匈奴也有车战法,特别假定在公元前 1000 年后匈奴也开始骑射,历史的局面就会大有不同了。下面讲到战国时代,我们更可明了此理。

进入战国,中国开始用匈奴或胡的名称,两词也只是不同的音转。匈奴问题的严重化,是进入战国以后的事。匈奴没有经过一个车战的阶段,在春秋战国之交,或战国初期,匈奴开始骑射。关于此事的年份和经过,我们完全不知道,一定是公元前 500 到前 400 年之间的事,大概是由西方游牧部族学来的,匈奴骑射,中国的边疆从此就多事了。中国现在不仅在地势上处于劣势,在军事技术上也处于劣势了。过去匈奴徒步,行动迟缓,尚可防御。现在胡骑倏来倏往,行动如飞,边防几乎可说已成了不可能的事。唯一的出路,就是中国在军事上也匈奴化。

中国胡服骑射,何时开始,何地开始,已难稽考,所谓赵武灵王胡服骑射,其中必有误会。赵王改制,据传为公元前 307 年事,但《战国策》前此已屡次提到各国的骑兵。中国的胡服骑射,当在公元前 400 年左右,最初必是北方近胡的国家倡导的,后来遍各国。骑射必须胡服,胡服就是匈奴学自西方部族一整套马上作战的装束。[1]

所谓赵武灵王胡服骑射,大概是公元前 307 年赵国大规模扩充骑兵的误传。此后不久,赵就以强大的骑兵进攻匈奴,占有了今日晋北及一部更北的土地。[2]

---

[1] 军队中胡服骑射之后,胡服逐渐成为一般的服装,到汉代,女子也开始穿穷绔。《汉书》卷九十七上《外戚上》"孝昭上官皇后"条:"光欲皇后擅宠有子。帝时体不安,左右及医皆阿意,言宜禁内,虽宫人使令皆为穷绔,多其带。后宫莫有进者。"

[2] 赵武灵王胡服骑射,见《战国策》卷十九《赵策二》;赵王破胡拓土,见《史记》卷四三《赵世家》,卷一一〇《匈奴列传》。

　　但中国终究是土著国家,虽有骑兵,在漫长的疆界上对于胡骑仍有穷于应付之感。平坦之地不必说,即或是山地,也仍有路可通,胡骑仍可入袭。北边的秦赵燕三国于是又采取了第二种措施,就是修筑长城。步步驻军为不可能,只有步步设防,长城就是延绵不断的防御工事,在一定的距离间设立防哨。马不能逾墙而过,胡骑近墙时,哨兵总可见到,有足够的时间调集相当的兵力抵御或反攻。

　　胡服骑射对中国内部的战术也发生了反作用,列国间的战争也成了闪电式的,不再像过去那种比较慢条斯理的战争。国与国的交界处也必须设防。春秋时代,列国间的疆界上,除少数重要据点外,根本空虚,国境线也不十分清楚。现在不同了,内地各国的国境线上也都筑起了长城。①

　　公元前 221 年,秦并六国,中国初次出现了真正大一统的局面。秦始皇计划彻底解决边疆的问题,公元前 215 年命蒙恬伐匈奴,占取河套,就是当时所谓河南之地。次年,增筑长城,就是把过去秦赵燕三国防胡的长城连而为一,并相应地增修,把河套也圈入长城之内。这就是所谓万里长城。同时,秦始皇又销毁了战国时代内地各国间的长城。

　　秦代中国对匈奴尚能采取主动,但秦末和楚汉之际情况大变,中国的大一统之局出现后不久,匈奴也初次实现了内部的统一。匈奴的单于冒顿(约公元前 209—前 174 年在位)西并大月氏,占西域,压迫月氏人西迁;东灭东胡;北吞漠北;南向夺回河南之地,由辽东到河西建立了与中国并行的一个游牧大帝国。公元前 200 年,方才又把中国统一的汉高帝攻匈奴,失败,在平城(今大同)被困七日。此后六七十年间,中国无力解决边疆问题,虽经常与匈奴和亲,边境之上始终得不到安宁。

　　经过七十年的休养生息,到汉武帝时中国才有反攻的能力,十年之间(公元前 129—前 119 年)屡败匈奴,又占取了河套(公元前 127 年),夺匈奴右地,即原大月氏之地,并进而经略西域(公元前 121 年),最后又断匈奴左臂,即原东胡之地(公元前 119 年)。至此中国方有在安靖的环境下发展生产的可能。②

　　匈奴的问题至此可算解决,公元前 53 年单于正式降汉。王莽时(公元 9 至 23 年)匈奴又与中国对立。但不久匈奴内乱,分为南北,公元 50 年南匈奴又降汉,自此就经常驻防在今日晋北及呼和浩特一带。此后中国又经略

---

① 顾炎武《日知录》卷三十一"长城"条,对战国时代有关长城的资料,辑录甚详。
② 秦及西汉时代中国与匈奴的关系,见《史记·秦始皇本纪》及《史记》、《汉书》的《匈奴传》和有关的帝纪及列传。

西域,并会同南匈奴合攻北匈奴,公元89至91年间北匈奴彻底失败,逐渐西迁,从此就不再见于中国的史乘了。[①]

此后二百多年间,经过汉末、三国、魏和晋初,南匈奴大致驻防原地,大概是度一种半游牧半土著的生活。3世纪末,中国由于阶级矛盾尖锐化,全国动荡,统治阶级内部形成了八王之乱。公元304年南匈奴乘机南下,引起了中国历史上所谓五胡乱华。[②]

北匈奴西移经过的详情,无考。他们部族复杂,分合无定,沿路时常作或长或短的停留。有些部族到达中央亚细亚后,长期未再移动,后来与印度和波斯发生了严重的冲突。继续西进的一支,4世纪晚期,即中国方面南匈奴南下中原之后的七十年,到了黑海北岸和西北岸,就是当初塞人以及萨马提人政治中心所在的地方。此时此地已为哥特族(Gothi)的日耳曼人所占。375年匈奴战败并吞了偏东的东哥特,进而威胁隔多瑙河与罗马帝国为邻的西哥特。

西哥特及罗马帝国都对匈奴深怀恐惧,经过磋商,376年罗马容许西哥特人渡河,入居帝国境内,说是双方合同抵御匈奴。但罗马官吏贪污腐败,对西哥特人欺压奴役,结果到378年引起西哥特人的起兵反抗,在君士坦丁堡附近的哈吉安诺堡(Hadrianopolis)大败帝国的军队,皇帝也阵亡,帝国的弱点整个地暴露。此时沿着多瑙河和莱茵河的帝国国境线上,满是不同部族的日耳曼人,他们看到有隙可乘,于是蜂拥而入,引起了与五胡乱华相似的日耳曼人大闹罗马。

五、科尔提人、日耳曼人、匈奴人与罗马帝国

科尔提人(Celtae)大概属于公元前1500年以下向外迁徙的游牧部族的一种,他们进入欧洲,逐渐西移,到公元前900年左右已到了高卢(Gallia),即今日法兰西、瑞士、比利时三国的国境。他们向南越过高山,一方面进入意大利,占有了半岛的北部,一方面进入西班牙,蔓延到西境各地。公元前5世纪,又逾海入占不列颠南部,并由此发展到北部的苏格兰山地和又隔海水的爱尔兰。在罗马强大以前,科尔提人已成为西欧大部土地的主人,进入意大利北部的科尔提人并曾长期与罗马斗争,但到公元前3世纪初期他们已基本上被罗马人打败了。公元前1世纪中期,高卢和西班牙都并入罗马的

---

① 东汉时的中国匈奴关系,见《后汉书·南匈奴传》及有关的帝纪列传。
② 五胡乱华,见《晋书》有关各帝纪及载记各篇。

疆土,公元 1 世纪罗马又征服了不列颠的大部,至此科尔提人的世界只剩下苏格兰和爱尔兰了。①

移入西欧之后,科尔提人已成为农业土著的部族,但生产和文化仍然比较落后,没有能够超越国家雏形的部落联盟阶段,所以当他们为罗马所并后,很快地就接受了罗马的生活方式;那也就是说,在文化上,在语言上他们不再是科尔提人,而已成了与罗马人同化的拉丁人了。

紧随科尔提人之后而向欧洲移动的就是日耳曼人(Germani),到公元前 1000 年稍前,他们已到了斯堪的那维亚半岛南部及易北(Albis)、奥得(Viadus)两河之间,易北河以西此时仍为科尔提人聚居之地。此后一千多年之间,日耳曼人不断向外发展,最后形成西、东、北三支。西支就是自公元前 1000 年左右开始渡过易北河与科尔提人争土的一支,此支特称为条顿人(Teutones)。他们的势力后来达到莱茵河,到公元前 100 年已占领了后日德意志的南部,并已开始与罗马人争夺高卢。西日耳曼人当初为畜牧及农业兼营的部族,但进入公元 1 世纪,也就是罗马帝国成立后,他们已完全为农业部族,政治组织仍为部落联盟的形式。

东日耳曼人于公元前 600—前 300 年间越过波罗的海,沿着维斯瓦河逆流而上,发展到喀尔帕提山地一带,成了后日的伯根第人(Burgundi)、哥特人(Gothi)、汪达里人(Vandali)、朗巴第人(Longobardi)和一些其他名称的部落联盟,其中的哥特人在公元 214 年前不久移植到黑海北岸和西北岸,取代了当地萨马提人的地位。这就是一百六十年后首当其冲地为匈奴所败的那一种日耳曼人。东日耳曼人的社会情况大致与西日耳曼人相同。

最后,北日耳曼人未向大陆移动,他们除仍居斯堪的那维亚半岛南部、即后日丹麦地方的以外,又向北填满了整个半岛及冰岛,形成了历史上的丹麦人、瑞典人、挪威人、冰岛人。这一支日耳曼人特别落后,到中古初期之末才开始建立国家。②

罗马帝国成立后,创业皇帝奥古斯督(Augustus)计划征服日耳曼人,正如在帝国成立的前夕曾经征服了科尔提人一样。但他这个计划失败了,公元 9 年在今日德国西北角的地方日耳曼人给予入侵的罗马大军一个歼灭性

① 凯撒(Julius Caesar)为罗马征服高卢后所写的《高卢战争史》(Belli Gallici)是现存有关科尔提人最详细的史料。此书欧洲各国学者校订的版本甚多,重要的欧洲文字也都有译本。关于科尔提人早期的历史,只有考古学的资料,散见于多种考古学杂志和考古报告中。

② 关于进入罗马帝国以前日耳曼人的社会情况,公元 1、2 世纪间塔其屠(Tacitus)所著《日耳曼纪》(Germania)为最重要的文献。此书也是版本和译本甚多。早期日耳曼人的历史,也只有考古学的资料。

的打击,自此罗马就放弃了并吞日耳曼世界的计划,在与日耳曼人交界的地方,甚至后来在不列颠岛与科尔提人交界的地方,也如中国北疆一样地修建起长城(Limes)。而与中国大不相同的一点,就是中国后来有能力越过长城,使边防更为稳定,而罗马基本上未能踏过长城线,始终处在防守和挨打的境地。恰巧再经过在东方失败而移到西方的匈奴一冲,罗马帝国的边防一时就整个土崩瓦解了。

公元 378 年,西哥特人战败罗马皇帝亲自率领的军队之后,由于人民起义,由于日耳曼人侵扰,由于统治阶级内部的争夺,罗马帝国又混乱了十几年,至 394 年才由皇帝提沃窦舍一世(Theodosius Ⅰ)把帝国再度统一。次年他自己就死掉,临死前指派两个儿子在东西两部分别即位为皇帝。此次的分立,事实证明为最后一次和永久性的分裂,帝国东部自此较为稳定地建立起封建局面,帝国西部则不久全为日耳曼人所占,通过了几百年的氏族社会转入阶级社会的过渡时期,封建社会才开始成立。

第一种在帝国内部建国的日耳曼人就是西哥特人。他们 378 年在东方败杀罗马皇帝后不久,就转向西方,最后于 410 年 8 月在亚拉利克(Alaricus)的领导下攻陷了罗马城。罗马城的攻陷,除了日耳曼对罗马斗争的一面外,尚有奴隶起义的一面:城不是直接攻破的,而是由于城内的奴隶打开城门而被冲入的。在罗马城抢劫一阵并在意大利继续游掠后,412 年西哥特人进入高卢,并越山与早几年到达的汪达里人争夺西班牙(415—419 年)。最后他们在西班牙和高卢的西南部建立了自己的国家,419 年罗马皇帝正式承认它为帝国国境之内的一个附属国家。这是第一个如此合法化的日耳曼王国。

汪达里人于 400 年后渡过莱茵河,侵入高卢,转西班牙。不久又被西哥特人所逐,逾海而入北非,立国(429—431 年),到 435 年也得到罗马皇帝的正式承认。439 年,他们攻取了迦太基,定为都城。他们以北非的港口为基地,在西地中海从事海盗的生活,455 年越海攻劫罗马城。他们此次对罗马城的搜劫,特别对建筑文物的破坏,远较四十五年前的西哥特人为粗暴彻底,帝国的古都从此就开始呈显中古初期的残破景象了。①

伯根第人也于 400 年后侵入高卢,在东南部的罗丹诺河(Rhodanus),即今隆河流域立国。

---

① 各种日耳曼人实际都因无知而破坏文物,但汪达里人大概是由于此次对罗马的破坏,在后世特别背了恶名,各种欧洲文字中都有了"汪达里作风"一词,意即对于文物的野蛮破坏。此词在法文为 Vandalisme,其他欧洲文字写法相同,只字尾稍异。

　　东哥特人,最后在帝国境内立国的一种东日耳曼人,所占领的是意大利半岛。进入 4 世纪后,罗马城实际已不再是帝国的首都:凡只有一个皇帝时,他总是在东方;如有两个皇帝,西帝开始坐镇米丢兰依(Mediolanum),即今日的米兰,这个阿尔卑斯山脚下的城镇是较罗马更适于作为指挥西部边防的神经中枢的。进入 5 世纪,自 402 年起,西帝的大本营又迁往临海的拉分那(Ravenna)。所以当 410 年罗马城被日耳曼人攻下时,皇帝本人根本不在城内,整个的军事政治机构实际都在拉分那,5 世纪的一些皇帝都是傀儡,实权操在武人手中,并且都是投降罗马的日耳曼武人。皇帝由他们自由废立,意大利实质上也等于一个日耳曼王国。476 年日尔曼军人奥窦瓦卡(日耳曼拼音:Odovacar;拉丁音转为 Odoacer)废掉最后的一个幼帝罗穆卢·小奥古斯督卢斯(Romulus Augustulus),干脆决定不再立有名无实的皇帝。他通过元老院请求东帝承认他为罗马主(Patricius),实际上就是意大利王。现在等于又添了一个帝国正式承认的国境之内的附属国。这就是 19 世纪资产阶级历史学者在思想上是形式主义地、在事实上是错误地夸大为罗马帝国灭亡或西罗马帝国灭亡的那件纯粹幻想的"惊天动地"大事。实质上无论在当时或对后世,它的意义和影响都是微不足道的。①

　　奥窦瓦卡所建立的小朝廷只维持了十三年,489 年原被匈奴人征服吞并而现在又恢复独立的东哥特人攻入意大利,到 493 年占领了整个的半岛,此后半个多世纪之间意大利就形成了东哥特王国,它的国王对帝国仍沿袭罗马主的称号。

　　以上这四个国家都是东日耳曼人建立的,另外,西日耳曼人也在罗马帝国境内开辟地盘,创设了两个王国。

　　盎格娄、萨克森、犹提(Angli,Saxones,Jutae),三种原处在今日德国北中部的西日耳曼人,于 5、6 世纪间占领了不列颠岛的大部。到 400 年左右,多瑙河和莱茵河上的帝国门户大开,到处都是日耳曼人打开的缺口,帝国开始有穷于应付之感,对于边远而隔海的不列颠无力照管,决定自动撤守。前后三十五年间(407—442 年),罗马驻军和拉丁移民都陆续撤回大陆。至此,不列颠岛上已经没有强大的有组织的政治力量,政治上形成真空状态,441年,罗马人撤净的前一年,萨克森人开始渡海移入不列颠岛。此后一百五十年间,直到 6 世纪末,三种生活语言相近的西日耳曼人一批一批地移植岛上,一方面夺占原来科尔提居民的土地,一方面相互争夺,混战状态长期地

---

　　①　这个问题,此处不能深论,将来拟专文探讨。

笼罩岛上,没有统一的王国出现。

到 5 世纪末,西方只剩下高卢北部在名义上仍然直属于罗马帝国(当然是属于拜占廷的皇帝,西方此时已无皇帝),但这块地方也不能维持很久。486 年原在莱茵河下游的法兰克人(Franci)西侵,一鼓而占此地,并且很快地把势力扩充到高卢的大部。①

总结以上,到 500 年时,罗马帝国西部的全部领土已经被六种日耳曼部族所夺占:在非洲的为汪达里人,在西欧大陆的为西哥特、东哥特、伯根第、法兰克人,在不列颠岛上混战的为三个相近的部族。拉丁语部分的帝国土地已经全部陷落了。但希腊语部分的东方则基本上仍然完整,正如五胡乱华后的中国淮水流域以南仍然完整一样。

六、游牧部族的结局

公元 300 至 500 年的两个世纪间,由太平洋岸到大西洋岸亚欧大陆的所有土著帝国都遭受到游牧部族或半游牧部族的严重破坏,远东的中国和泰西的罗马并且丧失了大量的土地。暂时地看,由表面现象上看,游牧部族的威力是锐不可当的。但游牧部族有它基本的弱点,决定它在与土著国家的斗争中最后往往要沦入劣势。

游牧部族的根本弱点就是人口太少、生产力太低,整个的经济基础过度脆弱。以游牧或畜牧为主或仅有初步农艺的部族由于生产低下,与土著国家相较,人口根本不成比例。它们唯一的优点是牵挂较少、流动性较大,所以当土著地带由于内部矛盾尖锐化而各种力量互相牵制、互相抵消,以致不能团结对外时,甚至一部力量联合外力而对内斗争时,游牧部族才可比较容易地乘虚而入,征服人口众多,经济比较雄厚的土著大国,否则它们就只能扰边,而不能深入内地。

一般地讲,游牧部族只有在把较弱的土著地区征服后,才有可能另创新局。生产尚低、人口不密的古代国家如被征服,人口可以大部被屠戮、被奴役、被驱逐流亡,经济政治文化中心的城市可以全部被破坏,成为丘墟,原有的政治机构以及社会机构可以全被毁灭。在这种情况下,征服者可以另起炉灶,再经氏族社会而进入一种新型的国家阶段。如公元前 2000 年以下历届征服两河流域的各部族,如公元前 2000 至 1000 年征服古印度北部的雅

---

① 关于日耳曼人入侵罗马的史料,多而凌乱,不予列举。在后世历史学者的叙述中,Gibbon 的书(见前)仍是详尽、生动而基本可靠的(见该书第 30—39 章)。

利安人，如公元前 1400 年以下征服爱琴世界的希腊人，都属于此类：原来当地的人口基础、经济基础、政治基础，以及包括语言在内的全部生活方式都被彻底粉碎，等于一种巨大的天灾把一个地方削平，原地的残余人口和残余物质条件只能作为新局创造中的原始资料，创造的动力全部地、最少是大部地来自比较落后而社会机体完整的征服者部族。这在上古前半期，即生产力一般低下的铜器时代，是曾经不只一次发生过的使历史临时倒流的现象。

反之，对于经济基础富厚，人口稠密的土著国家，游牧部族是只能摇撼而不能根拔的。他们可乘虚入侵，但最后或是被驱逐，或是被消灭，而最普通的则是被同化。在上古前半期的世界中，经济最为富裕，人口最为繁盛的国家大概是埃及，尼罗河的特殊条件使埃及在当时富甲天下，所以公元前 1700 年前后入侵的喜克索人（Hyksos）可以统治埃及一百多年，但最后仍被驱逐，埃及仍然完整如故。这在上古前半期是一种例外的情况。到上古后半期，进入铁器时代之后，情形大变，个别的土著地带虽仍有被游牧部族彻底毁灭的可能，但一般地讲，特别是较大的国家，已根本没有这种危险了。上古晚期中国和罗马两大帝国都曾大量丧土，但征服者最后都没有能逃脱被逐、被歼或被同化的命运。

先看一看匈奴。公元 375 年到达黑海北岸，征服并吞并了东哥特人的匈奴继续西进，占据了匈牙利高原，并以此为中心而在东欧和中欧建立了一个与罗马帝国的北疆并行的帝国。到亚提拉（Attila）在位时（约 433 年—453 年）匈奴帝国大强，败取后日的南俄（435 年），攻君士坦丁堡（445 年），罗马皇帝被迫纳贡。西转，攻入高卢（450—451 年），不仅威胁罗马帝国，并且也威胁了已经进入帝国的日耳曼人。帝国与日耳曼人临时结为联盟，于 451 年 6 月在高卢东中部的卡塔罗尼之野（Campi Catalauni）打了一次大战，匈奴失利，但并未失败。[①] 次年，亚提拉的大军侵入意大利。再次年，亚提拉死，匈奴帝国瓦解。至此，被迫编入匈奴队伍将近八十年的东哥特人才又恢

① 此战的战场在今日法国的马恩河上的沙浪（Chalons-sur-Marne）附近，所以近代的书上有时称它为沙浪之战。自 19 世纪起，欧洲各国的历史学者多把此一战役歪曲夸大：一、夸大罗马日耳曼联军的胜利，实际次年匈奴大军侵意大利，如入无人之境，前一年的胜利是很有限的；二、歪曲它为"挽救欧洲文明"的大战，是荒唐至极的，这是 19 世纪反动的种族优秀论反射到一千四百年前的一种表现，是把所谓"欧洲"和"亚洲"作一种绝对的、机械的、形而上学的划分的说法的表现，好似罗马和日耳曼就自古至今永恒地代表"欧洲"，而"欧洲"就等于"文明"，而匈奴就当然地代表亚洲，而亚洲就等于"野蛮"。这在立场上是反动的，在思想方法上是错误的，是资本主义国家控制了全世界之后统治思想和种族狂妄在学术上的反映。5 世纪时的日耳曼人与匈奴人是同样野蛮的，罗马人虽比较先进，但已处在社会发展的下坡路上，谈不到什么积极的保卫文明。只有当为游牧土著长期斗争中的一个细目看，才是正确的。对于资产阶级学者这一类的歪论，我们要多加警惕，不要叫它流入我们的写作或讲授中。

复了独立，又过了三十多年才征服意大利，建立了东哥特王国。①

453 年后，西方匈奴的政治中心移到南俄，不久分裂消散。从此以匈奴为名的游牧部族就不再见于欧洲历史。

由中国边外西迁而最后停留在中央亚细亚的一股匈奴，于 455 年左右冲入印度，不久破灭了印度北部的笈多帝国。大约在 484 年，匈奴又大败波斯，并夺取了一部领土。但到 500 年以后，匈奴人失败了，他们先被逐出印度，不久又被逐出波斯。波斯仍不放松，又联合突厥人，驱逐占有乌浒水流域的匈奴人（563—567 年）。此后数百年间，虽间或仍有小股的匈奴人在此一带活动，但对波斯和印度已不再是严重的问题了。②

在西方和中亚的匈奴尚未形成强大势力以前，中国方面的南匈奴已经入主中原，至 329 年匈奴与羯人合流，统一黄河流域，称为赵国。此种局面只维持了二十年，350 年以冉闵为首的中国势力由内部攻袭胡羯，胡羯人大部被杀，一部逃散，从此以匈奴为名的有组织的力量就不再见于中国的历史。③

由中国到罗马，强大一时的匈奴，不是被歼灭，就是被驱散，在历史上并未留下显著的痕迹。

匈奴人以外，侵入土著地带的游牧或半游牧部族，在中国方面有氐、羌、鲜卑，在罗马方面有各种日耳曼人。在 5 世纪间，罗马帝国全部的西方领土已都被各族日耳曼人分别割据为王国。帝国政府（现在只有君士坦丁堡的一个政府）对此当然是不会甘心的，只要有可能，它必企图收复西土，正如东晋和后继的南朝屡次地北伐中原一样。天下大一统的政治理论，在远东和泰西两大帝国中都已深入人心，不仅表现为统治阶级的政治欲望，也表现为一般人民的政治感觉，晋宋的北伐和拜占廷的西伐可说都是历史的必然。过去许多历史学家富有事后的卓见，说他们根本没有长久成功的希望。这种事后的聪明，实际并不说明任何问题，历史的发展如果是按照百分之百稳妥的估计而进行，也就不成其为历史了。我们只能说，假定南朝没有北伐，假定拜占廷没有西伐，那反倒是不可思议的，反倒成为必须解释的奇特现象了。至于说北伐和西伐都有扩大剥削面的因素在内，那也是不言而喻的。

---

① 亚提拉事迹，见 Gibbon，第 34、35 章。

② 关于匈奴侵印度及印度驱逐匈奴的斗争，见 Majumdar，R. C.，Raychaudhuri，H. C.，Datta，K.：*An Advanced History of India*（Macmillan，London. 1953）. pp. 150—156。关于匈奴侵波斯及波斯匈奴的斗争，见 Sykes，P.，*A History of Persia*，I.（Macmillan，London. Third edition，1930），第 38—40 章。与波斯印度斗争的这一支匈奴，我们中国也知道，称它为嚈哒，《魏书》中有传。

③ 冉闵杀胡羯事，见《晋书》卷一〇七《载记》第七《石季龙传下》。

过去的统治阶级，只有要有机会，无不企图扩大剥削面，所以此一方面的概括之论也不能说明什么问题，我们必须具体地了解每一次的特殊情况。

我们上面不厌其烦地反复申说，是因为新旧的历史书中都充满了对于拜占廷西伐的不着边际之论（关于南朝北伐，过去和今天似乎还都未有怪论发生），唯一无人提出的就是西伐的必然性，而这正是此一问题的主要方面。制定并且推行西伐政策的皇帝为茹斯廷年诺（Justinianus，527—565年），在他的推动下，帝国又收复了汪达里人占领的北非洲（533—534年）和东哥特人占领的意大利（535—553年），并从西哥特人手中夺回西班牙的东南角和西班牙东岸外的岛屿。高卢的全部和西班牙的大部，帝国无力收复。我们由茹斯廷年诺一生事迹来看，他是一个有通盘筹划的人。当时波斯盛强，罗马与波斯交界处的边防是相当严重的，西伐可能包含着以西方的人力物力支持东境边防的一种想法。但他即或有此想法，那也是附带的，主要地是他认为西土必须收复，而现在在能力上有此可能，所以当然一试。①

所收复的西土，没有能够长久保持。北非洲保持最久。565年茹斯廷年诺死后没有几年，西班牙岸上的复土大部就又为西哥特人夺回了。568年另一种日耳曼人，即朗巴第人，由今日的德国进入意大利，很快就占有了半岛内地的大部，帝国的势力主要地限于沿海的城市。

到570年左右，我们可以说，局面已经清楚，帝国是没有驱逐或歼灭西方日耳曼势力的希望了，这就最后确定了东西两部的发展将要不同，东方可在稳定的中央集权统治下建立中古式的封建制度，而西方则须在落后的日

---

① 西欧各国的历史学家一直否定拜占廷收复西土的企图，一方面讥笑它根本没有成功之望，一方面又说这是阻碍西欧自由发展的一种"反动"措施。讥笑的部分根本无聊而庸俗，可以不论；所谓"反动"云云，那又是西欧种族优秀论和文化优秀论的变相表现，此说背后的思想是一口咬定日耳曼人征服下的西欧前途无量，任何改变这一局面的企图都是违反历史发展大势的"反动"行为。这是毫无根据的假定。我们当然无法判断，如果拜占廷真能长久恢复罗马帝国的统一，此后欧洲历史的局面究竟如何，我们既不能绝对地肯定，也不能绝对地否定。我们只能说，大一统五百年以上、经济文化基本上已成一体的一个大帝国，是必会有一种力量出来企图恢复外族侵占的土地的。这如果是"反动"，历史上"反动"的事就未免太多了！

新的历史书中，已不再见上面的说法，但与此说表面不同而实质相同的一种说法，近年颇为流行：说茹斯廷年诺是要恢复奴隶主帝国，不言而喻地是一种反动措施了。此说令人非常难以理解。奴隶制和农奴制之间的不同，是我们今日研究几千年的历史之后所下的论断。6世纪人的心目中根本没有这个概念，所以拜占廷皇帝不可能有意识地拟定一个恢复奴隶主帝国的政策。撇开主观意识不谈，就客观形势而言，当时拜占廷直接统治的东方，在封建化的发展上并不亚于西欧，恐怕只有高于西欧，在客观形势上拜占廷绝无通过收复西欧而加强奴隶制的可能，事实上它也未如此去做。在征服西欧各日耳曼王国的过程中，拜占廷不只没有奴役拉丁人，连对日耳曼人也未加以奴役，所以所谓"恢复奴隶主帝国"之说，具体究何所指，令人无法捉摸。我们只能说，这是西欧学者旧说的一种改头换面的说法。

耳曼部族统治下经过氏族社会转入封建社会的一个相当长的过渡时期。

西方虽未为拜占廷所确切收复，但日耳曼人仍然不能逃脱第三种命运，就是同化的命运：意大利、西班牙、高卢的日耳曼人最后在语言上、在生活方式上都拉丁化，实际变成拉丁人。因为他们人少，生活简单，最后必须接受多数人较为复杂较为丰富的生活方式。

但不列颠、德意志、斯堪的那维亚三地的情况不同，所以发展也不同。不列颠岛上的拉丁人已经全撤，当地的科尔提人似乎人数不多，无力抵抗强敌，最后都被屠杀、被奴役或被驱逐，结果岛的大部成了清一色的日耳曼族地区，所以同化的问题根本不存在。德意志和斯堪的那维亚向来不是罗马帝国的领土，没有拉丁人，拉丁化的问题当然也不会发生，而只有较为缓慢地转入阶级社会的问题。

中国方面，匈奴消灭后，经过一度混乱，鲜卑又统一了华北。南朝收复中原的企图，每次都失败了。但为数稀少而生活方式简单的鲜卑人，处在中国人口和中国文化的大海中，只有浸化于中国机体之内的一条道路。439 年鲜卑人的魏朝才把华北完全平定，此后不过三十年的时间，鲜卑人的同化进程已经很深，所以就已有条件使魏孝文帝（471—499 年）有意识地、全面地、彻底地推行同化政策，用法律方式命令鲜卑人在语言、衣着、婚姻以及日常生活上都认真地追随中国原来的居民。一些鲜卑遗老消极地甚或积极地表示反对，都不能阻止历史的发展。后来边地的鲜卑武人尔朱荣虽到洛阳大事屠杀放弃鲜卑生活方式的王公大臣（528 年），也不能挽回历史的大势。[①]此后又经过几十年的政权变换，到 577 年北周统一中原时，北朝根本已是中国的政权，与南朝没有分别。语言及生活方式的差别消除之后，南北统一的阻碍已不存在。南朝由于门阀势大，中央虚弱，而北朝则中央集权的趋势较强，所以最后（589 年）是北朝并吞南朝，分裂了二百七十年的中国通过中国王朝身份的北朝再度实现了大一统的局面。

经过游牧部族的一度侵扰和征服之后，到公元 570 年左右，罗马、波斯、印度、中国四大古国的局面都已澄清了。罗马帝国已无重新统一的可能，东西两部已注定要通过不同的途径转入封建社会。波斯、印度、中国在游牧部族入侵以前都已先后形成封建局面，游牧部族的入侵在三国都引起人民的

---

① 关于魏孝文帝的中国化政策，见《魏书》卷十七《北史》卷三《魏高祖孝文帝纪》，《魏书》卷一〇八《礼志》，卷一一三《官氏志》；关于鲜卑遗老的反对，由《北史》卷十五《武卫将军谓传》、《常山王遵传》，卷十八《任城王澄传》，卷十九《咸阳王禧传》，以及《北史》、《魏书》其他多篇的列传中都可看到。尔朱荣对王公大臣的屠杀，见《魏书》卷七十四《尔朱荣传》。

迁徙和垦殖,而在入侵的游牧部族方面则都经过了定居和封建化的一个过程,在三国封建的发展都加广和加深了。印度和波斯的匈奴最后被驱逐,但也留下一部人口,使两国原有的封建局面更丰富多彩了。

七、游牧部族的历史地位

以上我们把上古后半期一千六百年间的游牧世界史和游牧土著关系史作了一个概括的交代。最后,我们试图估量一下游牧部族在全部世界史上的地位。关于此点,我们可分两个方面来考虑:一,游牧部族对世界文化的贡献;二,游牧土著关系与上古史的结束。

关于游牧部族的贡献,主要地有三点。第一,就是驯马的传遍世界。除中国早期用马,问题尚多不明,须待进一步研究外,其他古代世界所有土著国家的用马,都是直接间接由游牧部族学来的,而中国最末一步的对马使用,即骑射法,也来自游牧世界。

马的使用,特别是马的乘骑,不仅根本解决了游牧世界的交通问题,也在极高的程度上改变了土著世界的交通面貌。在此以前,不只游牧世界尚无具有国家雏形的较大部族联盟出现,在土著世界也没有创立过土地辽阔的大帝国。主观上自认为概括全世、客观上也的确统一了一个复杂庞大的自然区的世界性帝国,都是骑马之后的事。公元前 550 年左右波斯帝国成立,疆域由中亚达地中海海岸。公元前 221 年,秦并六国,随后又南北拓土,大一统的中国初次显露了后日的宏伟面貌。公元前 31 年罗马帝国成立,除了把地中海变为帝国的内湖不计外,在陆地上混一了整个的西欧南欧、西亚和北非。这三个大帝国的成立,当然各自有它的经济基础,但无论帝国的创立或帝国的维系都另有一个必需条件,就是战马和驿马,尤其是驿马。三大帝国成立后,都大修驰道或驿道,作为维系帝国的交通网和神经系统,而在这个神经系统中日夜不停地来往飞驰的就是经过精选的良骑驿马。交通不是一个国家建立和维持的决定条件,但却是一个必需条件;一个大国而没有解决迅速传达消息和递送公文的问题,即或勉强建成,也必然很快地瓦解。没有近代交通工具,我们很难想象近代国家,尤其近代大国如何维系;经济基础比较落后,民族意识比较薄弱的古代大国,如果没有驿马,我们将难以想象它们怎能存在。游牧部族的骑马术,是推进土著世界历史发展的一个重大力量。

游牧部族的第二个贡献就是服装。以古代世界历史重心的亚欧大陆而论,进入公元前 1000 年时,在服装上,偏北的游牧世界是上衣下裤(穷裤)。偏南的土著世界是上衣下裳(裙或套裤)。经过此后一千年以上的发展,游牧世界的服装已成为世界服装的主要形式:通过骑射的传入,通过游牧部族的大量移入土著地区和参加了土著世界的历史创造,整个温带的服装都已形成了游牧世界的风味。只有热带和部分亚热带地区仍然保留上衣下裳的古风。

以上两点我们前面都已提到。游牧部族的第三个贡献就是他们作为亚欧大陆东西之间交通媒介的地位。自中国而中亚、伊朗、印度,而西亚、欧洲,交通和通商都须通过大草原的一部或全部。游牧部族维持东西的交通,对他们自己也是有利的,过路税形成他们一种重要财源。同时东西文化的沟通和交流,当然也经过这一地带。陆上交通线外,还有经中国海、印度洋而达波斯湾或红海的海上交通线,但海线成为东西之间主要的交通线,是 16 世纪后东西航线大通之后的事。在此以前,陆上交通线始终具有一定的重要地位。

上面是对游牧部族历史贡献的估量。游牧部族历史地位的第二个方面,就是有关世界上古史结束的问题。上古时代各重要土著国家的历史发展,尽管是有一定重要程度的联系性和一致性,但由于生产力的低下,由于交通工具和交通技术的简陋,各国各区各自具有较高程度独立发展和分别发展的一点,也是不能忽视的。与近代不同,在古代世界一系列较大国家或较大地区中,我们不能说何地何区是具有典型性或主导性的,所以在上古时代结束的问题上也不能以任何一地为标准,而只能抓住重大承前启后作用的一种关键性的变化,作为上古、中古的断代标帜。6 世纪末,570 年左右,由中国到罗马扰攘了几百年的游牧土著关系的澄清,是最恰当的此种标帜,所以我们把上古史的学习就结束在公元 570 年的分界线上。

［原载《南开大学学报》(人文版)1956 年第 1 期。］

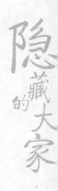

对世界上古史改分区教学法为
分段教学法的体会

本年一月在上海复旦大学受高等教育部委托召开的"世界上古史"教学大纲讨论会中,南开世界史教研组建议上古史教学改为分段教学法,那就是说,不再一国一国地讲述,而把整个上古分为几个段落,每一段落中要照顾到全世界所有的国家。

这个建议的提出,是由于在原来的分区分国教学实践中发现了一些相当根本的问题:

第一,这首先牵涉到一个整个教学大纲的体例问题,中古史和近代史,尽管时间都较上古史为短,教学大纲却都是按时代分段讲授,而长达三四千年的上古史反倒分国讲授,不仅三课的体例不相配合,并且事实上必会牵涉到更根本的问题。下面两点中就要谈到根本的问题。

第二,年世相同的国家而分前后讲述,同学很容易得到它们有先后相承的关系的印象。虽然教师可以说明,分别先后讲述的两国在年代上实际是同时的,但上古时代错综复杂的大大小小国家实在太多,一个一个地讲下去,确是难以叫初学的青年把年世的关系搞清。结果,虽然对个别事实较多的国家或可得到一个比较清楚的印象,一般同学对整个上古时代总难免有一片模糊之感。这可能,在或多或少的程度上是由于教师的教学技术不够考究,但旧有教法本身的确也产生了必然的困难。

第三,上古每个国家,在表面现象上似乎都有兴起、盛强、衰落的过程,我们一国一国地讲授,使同学很容易获得一个各国盛衰兴亡、千篇一律的印象,更严重地甚至可使他们有意无意之中得到一个历史循环论的结论。循环论在过去历史知识浅薄时,本是世界各地最流行的历史观,今天又成了帝国主义国家有意识有目的地宣传的反动历史观的一种,我们要极力避免即或是无意中给青年与此种历史观相类似的一种印象。上古史因受资料不完备、不平衡的限制,许多问题本不容易整理清楚,但我们若把各国各区综合探讨,在种种方面具体判明上古时代世界性的社会发展线索的可能仍是很大的,在消极方面则可不致给同学一个各国盛衰循环的错误印象。所以这个方法是值得予以考虑的。各国分述,本只是资产阶级历史学的传统办法,而在学术上,特别是在社会科学上,除了纯技术的问题外,资产阶级一切的传统办法我们是都当全面考虑,然后决定去取、决定损益的。在上面这样一个根本问题上,社会主义阵营的历史学者是没有理由不假思索而默然地继承资产阶级学术的传统的。

这个问题是有事实上的困难的。上古世界国家甚多,不同的语言甚多,并且上古时代重要国家间的语言歧异要远较近代为大,结果是很难有人是全部上古史的专家,一个人只能是一国或历史关系及语言文字较为接近的几个国家历史的专家,所以比较重要的上古史作品都是专论某一国历史的作品,概括性的著作而真正达到较高科学水平的实在是不多见,这自然就为综合时代教学法造成相当根本的困难。在会中,大家经过反复讨论,最后主要地也是由于考虑到这个事实上的困难,决定教学大纲暂时仍采分国编排的办法,但同时在原则上承认综合时代教学法应当是今后奋斗的方向,并决定号召全国的上古史教师同志就此问题撰文讨论。

院系调整四年以来,南开大学世界上古史教学也一直是采用分国分区教学法,每年都遇到上面所提到的那些问题,有时同学也提出不少的与这些问题有关的疑问。起初教师(即作者本人)认为这都是课程内容本身所决定必然发生的困难,除由青年努力学习外,别无办法。今日检查起来,这是学术思想上的保守想法;实际上,连续几年而青年一直提出的问题,其中必然有问题,并且很可能是相当根本的问题。这类问题的提出,正是教学相长中的"学"对"教"的重要帮助的一面;就学术发展而论,这是在科学上新生力量出现的另一方面。老年一代的人如果细心考虑青年一代的此类实质上属于建议性的问题,科学就可很快地向前发展一步。老年一代若因自己掌握了丰富的科学知识而对青年的建设性的建议故步自封,那就只有等待这一代青年成长之后再走这一步,科学的发展就要迟缓得多了。我们老年一代应当欢迎青年一代的新生力量通过我们自己而早日表现出来。由上海开会归来后,经过南开世界史教研组各同志间的交换意见,并征得了系领导的同意,我们在下年(1956—1957学年度)准备第一次采取试验性的综合年代教学法。在初次实践的过程中,必然会遇到困难、一些在旧法教学中所意想不到的困难,教学效果可能不好;但我们考虑到,不作此试验,根本问题的解决就永不得开展。所以我们仍然冒险地决定准备这样做了。

如上所述,我们还没有实践,所以对此问题还提不出积极方面的经验,

供大家指正。用新法教学后,我们准备把过程之中的一切,无论是属于新的发现一类的或属于新的困难一类的,都向同道的人提出请教。

在下年的教学中,我们准备把会中通过的教学大纲中的内容全部包含进去,一切细目也尽可能地依照会中通过的大纲节目。至于整个的教学的纲目,我们还没有详细拟定,只有一个概括的章目及重大分段的提纲,列举如下,请同志们指正:

世界上古史教学章目

一、总论

二、上古前期(公元前 2900—前 1100 年)

(A)前论——生产力生产技术的遗产——铜器时代

(B)前期上(公元前 2900—前 2000 年)

(1)两河流域——苏摩、阿卡德

(2)依兰

(3)印度——身毒文化

(4)埃及——古王国

(5)克里特——爱琴文化

(C)前期下(公元前 2000—前 1100 年)

(1)两河流域——古巴比伦帝国——亚述之兴起

(2)依兰

(3)印度——雅利安人之移入

(4)埃及——中王国与新王国

(5)克里特与希腊半岛——诺索斯与迈其尼

(6)叙利亚与小亚细亚——哈梯人与铁冶

(7)中国——夏商

三、上古后期(公元前 1100—公元 570 年)

(A)前论——生产力之发展——铁器时代

(B)后期上(公元前 1100—前 500 年)

(1)中国——殷周之际、西周、春秋

(2)印度——吠陀时代

    （3）西亚与北非：

        埃及

        亚述与亚述帝国、新巴比伦

        小亚细亚各国

        叙利亚

        腓尼基

        希伯来

        波斯之兴起

    （4）希腊——城邦之成立

（C）后期中（公元前500—公元元年）

    （1）中国——战国、秦、汉——诸子——汉与儒家

    （2）印度——列国与帝国——哲学

    （3）波斯帝国

    （4）希腊：

        雅典与斯巴达——哲学

        马其顿——希腊化时代

    （5）大夏与安息

    （6）犹太——哲学与宗教

        中国、印度、希腊、犹太之哲学发展

    （7）罗马——统一意大利——罗马帝国之成立

（D）后期下（公元元年—570年）

    （1）中国——新、东汉、魏、晋、南北朝——佛教

    （2）印度与大夏——佛教与印度教

    （3）东亚新兴诸国——朝鲜、日本、越南

    （4）安息与萨珊波斯——波斯教

    （5）罗马帝国：

        基督教

        中国、印度、波斯、罗马之宗教发展

（E）游牧世界与土著世界（公元前1000—公元570年）

四、总结

（原载《南开大学学报》（人文版）1956年第1期。）

世界史分期与上古中古史中
的一些问题

我今天主要地不是要解决什么问题，而是要提出一些我不懂的问题，向大家请教。关于历史分期问题，近年来文章很多，我现在只是要把我读了这些文章后的一些疑问提出，希望得到大家的指教。对于这个问题，我自己只有极初步的一点简单认识，也附带地提出来，请大家指正。

首先，我感到生产工具比较具体，看得见，摸得着，我想就从这个问题谈起。

一、生产工具发展史

自有人类以来，生产工具曾经有过四个大的阶段：石器时代（公元前2900年以前），铜器时代（公元前 2900—前 1100 年），铁器时代（公元前1110—公元 1650 年），机器时代（公元 1650 年以下）。

第一段：石器时代为原始社会，没有问题；第四段：机器时代先为资本主义社会，后为社会主义社会，也无问题。争论都在第二、三两段，即铜器和铁器时代，即资本主义以前的阶级社会。经典作家谈到这个问题的不多，只有马克思在一百年前在他的《政治经济学批判》的序言中曾经全面地注意到这个问题：

> 大体说来，亚细亚生产方式、古典生产方式、封建生产方式以及近

代资产阶级生产方式，可以看成为社会的经济形态的几个递进时代。①

马克思根据 19 世纪中期所能掌握的材料，得出这样一个慎重的结论。注意他一开头的"大体说来"，他没有一点武断的口气，这是古今多数学者所共有的审慎谦虚的气度，越是懂得多的人，越知道自己懂得的实际很少，越感到自己所不懂得的实在太多，态度自然就是审慎谦虚的。

后来恩格斯和列宁大体上就依照马克思的说法去说明过去的社会。但因当时对埃及和西亚各国所知太少，他们二人一般不再提亚细亚生产方式，而由古典社会谈起。我们今日关于这一大地区所知道的，一百年前的人大部不知，连五十年前的人也还多不明了。至于中国的上古史，一百年前的欧洲学者等于完全不知道，五十年前的欧洲学者所知道的也仍然可怜的很。今日关于上古的西亚和北非虽仍有许多不够明确处，但大轮廓已无问题。新的材料不只没有推翻马克思的这一判断，并且使他这一判断的内容更加丰富起来。

马克思的亚细亚生产方式，我们今日知道得很清楚，就是铜器时代，就是近年来一般所谓早期的或不发达的奴隶社会。马克思的古典社会就是铁器时代的第一段，就是近年来一般所谓奴隶社会；马克思的封建社会就是铁器时代的第二段，就是中古时代。

在未入正题以前，我们就生产工具先提出两个疑问如下：

第一，关于铁器时代。铜器时代以后，机器（或简单机械）出现以前的铁器时代，前后二千七八百年，为何前一段为奴隶社会，后一段为封建社会？这个问题向来无人提起，似都认为是不成问题的问题。但我们仍要问：为何不成问题？生产工具既然前后基本一致（其一致的程度远远超过资本主义社会的机器和社会主义社会的机器之间的一致），为何前后会是社会发展的两大阶段？而前一段为何又与铜器时代同为所谓奴隶社会？生产工具是否如此地不重要，以致在社会发展阶段上根本不发生重大作用？原子能时代

---

① 《马克思恩格斯文选》两卷集，第一卷，莫斯科外文出版局 1954 年版，第 341 页。我们上面的引文没有完全依照目前流行的一般译本，我们引作"古典"的，一般作"古代"。此词的德文原字是指欧洲人视为古典的希腊罗马经典作品的时代，有特别的含意，不是中文"古代"二字所能表达。

马克思在对于这个问题的认识上也是有发展的，在 1847 年的《雇佣劳动与资本》中有如下的一段话："古典社会，封建社会，资产阶级社会，——每一个都是一定的生产关系总和，而每一个生产关系总和，同时又代表着人类历史发展中的一个特殊阶段。"（同上，第 67 页）此时，二十九岁的马克思尚未及注意希腊罗马以前的上古国家。但十二年后，他在"古典社会"之前就又加上一个"亚细亚生产方式"。当时有关此方面的史料尽管极为有限，马克思已能抓住问题的核心。

和自动化时代不可能为封建社会,石器时代不可能为资本主义社会——可见生产工具的关系是很大的。既然如此,为何铜器铁器之间可认为无大分别;又为何同为铁器时代,又有所谓奴隶社会和封建社会之分?

关于上古时代,一般对于铜器铁器之基本的和决定性的分别的忽视,是一件使人感到最不可解的事。大家都推崇马克思,但推崇的标准究竟是什么,实在叫人迷惑。马克思一句偶然的话,今日大可不必推敲的,我们往往千方百计地去把它坐实;而马克思经过研究、经过审慎思考所下的一个论断,我们却若无其事地不予一顾——这究竟是怎么一回事? 就作用讲,铜器的使用和铁器的使用之间的分别,几乎与手工工具和机器工具之间的分别相等,相差不啻天壤,而我们竟把两者混为一谈,轻描淡写地以"金属工具"一词把问题掩盖过去,实在令人百思不得其解。

以上是我们的第一个疑问。

第二,关于"生产力"的概念。我们上面只讲了生产工具,没有提生产力。我们知道生产力另有文章:

"生产力——生产物质资料时所使用的工具,以及有一定的经验和劳动技能而使用生产工具来生产物质资料的人。"①

作为一个定义,好得很;无人反对,人人赞成。但我们仍要问:经验技能等等,具体究何所指? 工具本身当然是死的,工具当然假定有人使用,只有由人使用的工具才能算为工具。制造机器,当然必是在有可能训练出使用机器的工人的时候,否则机器根本就不会出现。在使用石器的时候,绝不会有人忽然造出机器来,如从天上掉下一架机器,当时也绝不可能有人予以使用。所以生产力中的人的因素,我们是否可以假定为当然的? 是否可以不必在这上面多做文章?

若必要在这方面做文章,我们倒要提出一两个小小的疑问。所谓奴隶社会和封建社会都有铁制的斧头,请问前后使用的经验和技能,分别何在? 再以锯为例。我们近年知道石器时代已经有锯,但只有到铜器时代才可能有合用的锯,只有到铁器时代才有比较理想的锯出现。石锯当然用处有限,但是否使用石锯的技术较比使用铁锯的技术要低? 我不敢说;恐怕也没有人知道。若容许我猜想的话,使用石锯所需要的技术可能比使用铁锯还要高;但因无好锯,因无理想的工具,技术大半白费。可见工具本身是很重要的;工具的存在假定技术的存在,技术的存在不一定假定理想工具的存在。

___

① 《简明哲学辞典》,人民出版社 1955 年版,第 125 页。

技术很难捉摸，铜器铁器时代工具的使用技术，今日多不明了，我们不必在这方面多绞脑筋。在这方面玩弄概念，是有危险的；它叫我们遇到难以说明的问题时，可以不细心地、具体地钻研，而在概念的护送之下一溜而滑过关去。所以我们下面主要地是讲生产工具，技术经验只是一个假定数；当然如果有人能把过去使用工具的经验技术具体地、原原本本地告诉我们，我们将是非常欢迎的。

二、铜器时代（公元前 2900—前 1100 年）

铜器时代，由一重要方面言，仍为石器时代：生产工具，尤其农具，仍以木石为主。生产力仍极低，剩余生产仍极有限。此时与过去唯一的不同，就是现在可用铜质的手工工具制造木石工具，既快又精，价廉易得，损坏后很容易获得新的工具，不致再像过去有因工具贵重难得而妨碍生产的情况。

铜的主要用途有三。一、制造兵器：战争已经制度化，战争已经成为对外侵略，也就是对外剥削的重要手段。二、制造贵族的日用品及奢侈品。三、制造手工业生产工具，再用以制造兵器及贵族用具，附带也制造一些木石的生产工具。由于铜的稀少贵重，农具一般仍非铜制，只有小农具间或用铜。

由于生产力低，剩余有限，所以能够作为商品的成品极少，成为商品的主要为兵器及奢侈品，也包括一部分较易制造的日用品。生活必需品一般地尚未成为商品。

铜器时代的社会唯一确知全貌的，为汉穆拉比法典中所反映的巴比伦社会，时代为公元前 1750 年左右，正是两河流域铜器时代的极盛时期。由法典中我们可以看到，土地一部分由王直接支配，另一部分为私人所有，最少为私人家族所支配，租佃制已经普遍。土地上有否奴隶劳动，法典中全无痕迹。提到自由劳动处甚多，提到奴隶劳动处完全没有。奴隶与自由人间的界线不严，奴隶可以结婚，可与自由人结婚，并且可与贵族结婚。主人对奴隶不能生杀。奴隶主要由外购来，并非本国本族的人。拐带本国本族人为奴者，死罪。债奴为本国本族人，以三年为期，为债主劳动三年后仍恢复自由，等于一种特殊契约关系的雇工。债奴制是一种还债的制度，并非奴隶制的一部分。奴隶自外购来，甚为贵重，为自己的利益着想，主人对他不会如何虐待的。奴隶为生产提高后统治阶级生活奢侈的一种表现。通过租税或宗教捐献的方式把人民的劳动果实剥削来一部分之后，王宫、神庙、富贵之家要讲究排场，需要奴隶终日在左右伺候。他们在经济上没有积极作用，

而只有消极作用,是一种闲人,与贵族同为寄生阶级。此种奴隶有似家族成员,可说是低级成员,所以不能生杀,并且可有家室。罗马在早期,当奴隶制尚未大盛时,"家族"一词(Familia)的含义包括奴隶在内,可供我们参考。①

过去强调奴役战俘,认为是奴隶的重要来源,实际这是 19 世纪欧洲学者想当然耳的说法。以战俘为奴,尤其是以种族语言及生活习惯相同或相近的战俘为奴,是极个别的事。希腊到城邦已开始普遍出现的公元前 8、7 世纪间,战俘一般还是被屠杀的,后来由条约规定不得屠杀,可以奴役,最好是交换或勒赎。战俘,异种异族的战俘在奴隶制的发展上发生重大作用,是很晚的事,是进入铁器时代之后的事,并且确切知道的只有罗马一例。过去几年,我们往往下定决心要找奴隶,所以竟有由甲骨文中找到满山遍野的奴隶的例证。这也可算为有志者事竟成吧!关于铜器时代,凡材料比较全面的,还没有发现与生产有重要关系的奴隶制度。

根据汉穆拉比法典,再参考一些比较成篇的史料,对于铜器时代的社会我们还勉强可以看出一个轮廓。就生产的基本情况来讲,当时由于生产力太低,剩余生产仍极为有限。同时,原始社会氏族宗法所维系的氏族公社,此时基本上仍然完整,每个公社自成一个独立的小天地。血缘亲属的关系使大家守望相助,仍保留"太古"的遗风,即原始社会晚期的遗风。中国的邻里和井田就是这样"太古"遗风的小天地。这样的社会经济的政治的反映,是有一定的范围的。主要生产农业生产,由于仍用木石工具,不能深耕细作,产量除农民自给外,所余无几。在此种情形下,农民生产情绪高,所能生产的已属微乎其微;若剥夺他的自由,他情绪稍一波动,统治阶级很可能就无可剥削。无论在什么时代,农民都是善于消极抵抗的;统治阶级只要叫他感到不满,他就会怠工、破坏、故意减产,除了自家糊口外一粒无余。所以农民一般是不能奴役的。况且此时仍然完整的氏族公社血缘关系,也不容许奴役。即或是由外购来的奴隶,如在土地上使用,对他最多也只能采取农奴的待遇。总之,生产力的低下和农民及农业生产的特征,决定此时农民的身份是自由的或半自由的。

由于生产力低下,由于每个农民所能奉献的极为有限,所以剥削来的产品必须大量集中,必须集中管理,方能发生作用;换言之,此时的国家规模往往是相当大的,埃及、两河流域、中国都已出现了低级的大国,地方仍保留氏

---

① 汉穆拉比法典,各种文字译本甚多,本文根据的是一种英译本(O. J. Thatcher[ed.]*The Library of Original Sources*, Vol. I, pp. 439－462, University Research Extension co., Milwaukee, Wisconsin, 1919)。

族公社的原始平等,中央则呈显一种原始的专制主义。但铁器时代的高度中央集权(如秦汉,如罗马),此时就无条件建立。

此时的土地所有制,是近年大家关心的一个问题,所谓"古代东方"只有土地国有制,没有土地私有制的说法,曾经绞尽了不少的脑浆。如果有人能说服大家不再用"古代东方"一词,他将是历史科学的一大功臣。历史上只有古代中国、古代印度、古代埃及等等,并没有一个成为历史范畴的古代东方。19世纪欧洲学者对于亚洲各国早期的历史知道得太少,所以才创了这个把问题简单化的名称,其中并且或多或少或自觉或不自觉地带有轻蔑的意味,所谓"古代东方"的"古代"不仅是指上古时代,并且是概括了资本主义国家的势力侵入"东方"以前的全部历史,认为"东方"是几千年一直停滞不动的。这种不科学的看法大部出于知识不足,一部出于成见。但今日在这个问题上,欧洲学者已变知识不足为比较充足,成见最少未再加深,部分地并已减轻,我们这些"东方"学者倒大可不必把一百年前欧洲人的这个怪说发扬光大,更不当认为这是经典作家的说法,经典作家不过是试探性地引用当时资产阶级学术界一种流行的看法而已。

土地制度并没有"东""西"之分,古今各国土地在法理上一向均为国有。在氏族社会,土地为氏族所公有;国家由氏族或氏族集团的部落部族转化而来,土地自然为公有,亦即国有。任何国家均对土地收税,收税的根据就是氏族社会传下的土地公有观念。我们如果要知道土地国有的实例,最具体的例证不是任何"东方"国家,而是中古时代的西欧各国。当时认为全国土地属于国王,乃是当然的事,无人想象有可能否定此理,有的国王(例如英王)并且曾经实际地行使此权。今日有些社会主义国家是最典型的土地国有制国家,它们可说是在更高的一个阶段上建立了有似氏族社会的土地公有制。

在土地所有制问题上,实际并没有多少文章可做。关键问题为如何剥削,剥削多少,剥削后如何使用。资本主义以前的阶级社会与资本主义社会有基本的不同。在资本主义阶段,主要生产资料全操资本家之手;前此并无类似的情况,不能由近代资本主义社会现象向前推论。前此各地各时的实际情况(不管理论如何)极不一致,并无简单的公式可寻。以铜器时代而论,土地似为各村社公有制度,最少理论上如此。实际土地则掌握在各家族之手,由家长主持。这也是氏族社会晚期已经出现的制度。土地的转让及出租(无论用什么方式)很早即已出现,但在铜器时代仍不普遍,此事的普遍化是进入铁器时代后实现的。

三、铁器时代（公元前 1100 年以下）

人类知铁甚早，知铜时即已知铁，但知铁与实际用铁之间有很长的距离，偶然发现一件铁器并不足为铁器时代的佐证。据今日所知，世界最早广泛用铁之地为小亚细亚及亚美尼亚，那是公元前 1400 年左右的事；1200 年以下冶铁术才开始向外传播，公元前 1200—前 600 年间的六个世纪是铁器在东半球各先进地区逐渐取得主导地位的时期，在西亚有些地方于 1100 年左右已出现了铁制农具，所以现在可把世界史上铁器时代的上限划在公元前 1100 年。中国以西的各地，冶铁术同一来源，已没有什么争论，只有中国的问题现在仍是悬案。考古学上尚无证据，现有文献上第一次清楚地提到铁器为公元前 513 年。[①] 中国较为广泛的用铁，至迟当在公元前 600 年左右，由公元前 6 世纪的政治社会激变看来，大概尚早于此。但这个问题只有考古学能够解决，不能专凭推论。中国的冶铁术是否自创的问题，也只有考古学能够解答。

铁器的重要性，过去一般地未予以适当的估计。铁矿可说是遍地皆是，遍地足用，与稀罕难得的铜矿大不相同。[②] 至此遂有条件在一切工作上使用铁制工具，替代木石的工具；从此在农业生产上，只有在工具本身的性质决定用木质或石质较为便利时才用木石制造，此外一切工具都是铁制。铁器多、价廉、易得，不是贵品，任何农民都有能力使用。同时，铜具也开始多起来，也开始落价。铁器并未取代铜器的地位，只在农业上取代了木石工具的地位。由于冶金术的发展，由于铁器的锐利，特别由于铁器数量的众多（初期铁器尚不一定锐利于精制的铜器），采矿、冶炼、制造都大大增加，铜具也随着增加。铁器时代的铜器不仅不比过去减少，并且比铜器时代还有加多，铁器时代的金属品工具（铜的和铁的）较铜器时代的金属品工具（只有铜的）不知增多若干倍。所以我们说，铜器的使用与铁器的使用之间的分别，几乎同手工工具与机器工具之间的分别相等，就生产的作用上讲，是由量变到质变的一个大革命。

铁器对于生产的影响，在农业上特别显著。现在可以大量砍伐林木，可以大量疏浚沼泽及浅湖，木石工具所不能开垦的土地现在都可开垦了。无

---

① 《左传》昭公二十九年。

② 这当然是就过去而言，今天建钢厂只能在靠近数量足用、质量适合的铁矿的地方。在工业革命以前，没有这样严格的要求，可说遍地都是足用和适用的铁矿。

论对旧地或新垦土地,并且都可以精耕细作。总之,既可扩充耕地面积,又可提高土地利用效能,量与质都有增高。在手工工业上,由于工具的多而精,同样地量与质都有提高。过去在铜器时代,农业与手工业间的分工很不平衡,农民供给工人以日用食粮,工人的主要制成品为铜质的兵器和奢侈品,都只供少数上层人物使用。现在进入铁器时代,农工间的关系开始平衡了,农民的粮食已可换来铁制的田器,农工间初次有了平等的分工。

铁器普遍使用后,人类社会初次出现了较为大量的商品生产,社会的面貌起了根本的变化。锐利的工具大增,可耕地的面积也大增,每亩土地的产量随着也大增,而人力反比过去节省。那也就是说,社会生活水平提高,人口迅速地增加,地球上初次出现了人口稠密的现象。较大的城市多起来了;换句话说,不从事粮食生产的人口集中地多起来了。生产增加,生产者直接消费以外的可供交换的产品加多,商业发展起来了。铜器时代的商品,一般为奢侈品,只供少数人享受,与一般人民无关。现在一般日用品以及食粮都开始成为商品,商品生产初次普遍于社会上几乎所有的生产部门。尽管自然经济仍占主导地位,但交换行为已经触及社会的每个成员了。

交换普遍后,要求共同的交换媒介。过去一般为物物交换,金属的锭块虽已使用,但用途不广,也没有完全标准化,只能看作一种使用较广的交换物,而仍非一种概括性的交换媒介。公元前7、6世纪间,世界上有两个地方先后同时出现了金属的钱币。希腊公元前7世纪开始铸钱。中国铸钱的第一次文献记载为公元前524年,[1]实际开始铸钱必较此为早。[2]钱币是重量和成色都标准化的交换媒介,换言之,是通货。人类历史上初次有了通货。一切物品都逐渐以通货来衡量,一切物品都开始有了价格。最后一切人与人的关系也以通货来衡量,连人自己也有了价格。人自己也成为商品,即奴隶。在人类历史上,至此方真正有了奴隶。过去个别氏族成员可能被奴役,但仍不完全丧失氏族成员的身份;外人被奴役,也往往等于被吸收为家族的低级成员。现在开始有了不以人看待的奴隶。过去奴隶为奢侈品,现在不同了,现在奴隶成了一种特殊的必需品。铁器出现,生产力提高后,少数人对劳动人民可以惨酷剥削而仍有利可图,劳动人民的生产情绪可以不似过去地那样照顾。同时,由于生产力的提高,土地的价值开始特别被重视。土地和劳动力都成了少数人贪求的对象。但土地属于氏族公社,劳动人民也是氏族成员,地和人都在氏族的保护之下,不是能够随意奴役或兼并的。于

---

① 《国语》卷三《周语下》,景王二十一年。
② 中国铸钱的早期阶段,在考古学上仍是一个空白点。

是,变法的要求出现了。

　　什么是变法？变法的要求来自两个方面。一方面,人民要求维持或恢复已不能维持的氏族公社土地所有制和氏族成员的人身自由。另一方面,新兴的商人和新兴的地主也有要求。新兴地主是氏族贵族以外由投资于土地的商人和经营新土地而致富的农民构成的一个新阶层,其中也必包括部分变质的旧氏族贵族。他们和商人的要求是一致的,他们要求土地和人身都从氏族解脱出来,为的是可以对人随意奴役,对土地随意兼并。在希腊,雅典的梭伦变法,在中国,郑国的子产变法,都部分地(虽然还有另一面)有保障氏族成员的土地和人身的作用。① 但这种变法不能持久,最后成功的是代表新兴地主和商人利益的变法:在希腊史上就是雅典的克莱斯提尼变法,在中国历史上就是魏国的李悝变法、楚国的吴起变法、韩国的申不害变法、秦国的商鞅变法。② 无论中国或雅典,变法的结果都是破坏了氏族和氏族土地所有制。商鞅废井田,开阡陌,就是取消了公社土地制,准许土地兼并;强迫兄弟分析,废旧邑,划全国为四十一县,就是破坏了传统的氏族血缘集团,使每个劳动人民今后都要孤零零地面对商人和地主的奴役威胁。克莱斯提尼在雅典也完成了同样的变法任务。

　　变法之后,地主和向土地投资的商人对于土地的兼并,没有太大的困难,新型国家是可以保障他们的土地买卖自由权的。但对人的奴役,则不那样简单,同种同族的人民是不会容许奴役的。实际雅典在梭伦变法时已经等于禁止对于本国人民的奴役。后来罗马也是一样,法律明白规定,本国人民不得沦为奴隶。对自家人的奴役企图,必定引起人民的极为剧烈的反抗,统治阶级如果坚持下去,双方就有同归于尽的危险,甚至统治阶级有被人民消灭的可能,最后非让步不可。通过奴役自家人而高度发展奴隶制度的,在全部历史上向来没有见过。那也就等于说,只有在有条件对外人大量进行奴役的地方,奴隶制度才有可能得到发展,而只有海国有此条件,并且只有地中海上的海国有此条件,当时的航海技术尚不能克服汪洋大海。

　　高度发展奴隶制度是一个很实际、很严重、很危险的制度,不能视同儿

---

　　① 梭伦变法为世界史中的常识。子产变法,见《左传》襄公三十年(公元前 543 年),较梭伦变法晚五十一年。

　　② 克莱斯提尼变法为世界史中的常识。李悝变法,见《汉书》卷二十四上《食货志上》,刘向《说苑》,《晋书》卷三十《刑法志》;吴起变法,见《史记》卷六十五《吴起传》;申不害变法,见《史记》卷六十三《申不害传》;商鞅变法,见《史记》卷六十八《商君传》,又见贾谊《新书》卷三《时变篇》。在中国史上这一系列性质相同的变法中,最早的李悝变法在克莱斯提尼变法一百年之后。克莱斯提尼变法为公元前 508—前 507 年。

戏,不是想做就能做到的事。不只本国本族的人不能随意奴役,外国以种族语言风俗习惯与自己相同或相近的人也不能大量奴役。如果这样做,小之他们可以很容易地逃回老家,大之他们可以不太困难地联合起来推翻主人。奴隶如果多,如果成为主要的劳动力,必须来自远方,不能轻易逃回;必须是种族语言不同的人混杂交错,使他们不容易组织反抗;最好是落后部族的成员,经验幼稚,知识简单,容易制服。只有通过海上航线而能达到异族地区的工商业国家,有可能掌握大量的合乎上列条件的奴隶。所以在历史上真正的奴隶主国家只能是例外的,不可能形成通例。所谓希腊奴隶社会的说法,完全出于错觉,希腊绝大部分根本没有奴隶。雅典和其他一些工商业的城邦是特例。5世纪是雅典奴隶制度最盛的时期,我们由亚理斯陀梵尼的喜剧中可以知道奴隶的来历。他们之中不但没有雅典人,并且也绝少希腊人,他们来自阿拉伯、埃及、叙利亚、小亚细亚内地、高加索区、黑海北岸的游牧地区。另外有些人来自希腊北部的落后地区。这些人我们今天知道他们也是希腊人,但是当时希腊先进地带的人不承认他们为希腊人。这些人是拐带、掳掠、诱骗来的。他们一般都在城市中从事手工业的生产或商业的活动,虽已不再有铜器时代奴隶那种家族低级成员的身份,但也不特别受肉体的虐待,因为他们仍代表主人的贵重投资。①

但即或在雅典,奴隶与农业的关系也很浅。土地上仍有很多小自耕农。大地主虽用少量奴隶,但土地往往出租或雇工经营。土地关系,主要是封建性的。至于以农业为主的内陆国家,则更没有一般所想象的奴隶景象。它们根本没有条件大量奴役外人或落后部族,就近奴役当地语言文化相同相近的人,只能为农奴,不能为奴隶。例如克里特岛上有几十个希腊城邦,社会组织大同小异。统治阶级为公民和战士,被统治阶级在一般希腊文字中也称为“奴隶”,实际他们在当地另有专名。他们有国奴和私奴之分,国奴经营国家的公地,私奴属于个人或家族。私奴为主人经营土地,按定额交租;得有私产;得有家室,由法律承认;主人死而无子,他们并得继承主人的财产。只有两种权利他们不能享受:不能当兵,不能在公共体育场参加体育活动。希腊半岛北中部广大农业区的提撒利亚的情况,也与克里特几乎完全一样。另外,斯巴达称为希洛人的农民,地位实际也与此相同,只是所受的待遇较为严酷,并且没有对主人土地的继承权。这主要地是作风不同,不是根本制度的不同。

---

① Xenophon 全集,往往附有无名氏的一本政治小册《论雅典人政治》(*Constitution of the Athenians*),很活现地描写雅典奴隶的生活情况。此册撰于公元前425年左右。

以上还是海上世界的希腊的农业地区的情况，至于根本为农业国的内陆国家，如中国、印度、波斯之类，更可想而知。波斯史料缺略，印度史料也太少，中国史料算是相当清楚的，但我们若不用显微镜去找，就很难发现战国秦汉间的土地奴隶痕迹的。土地兼并的严重，无地少地农民的众多，都是显而易见的，这都是封建景象。

奴隶的大量使用，限于工商业，只有在像雅典这一类的特殊工商业城邦，工商业奴隶有高度发展的可能。但即或是关于雅典，许多情况也不像一般想象得那样清楚的。例如在全部人口中自由人与奴隶的比例问题，估计很多，但都仅是估计而已，现有的材料不足以叫我们得到一个比较有把握的估计结论。我们只能由一些片断的材料中，得到一种印象式的认识。5世纪雅典一个贵族占有奴隶一千人，经常出雇于国家矿山。有一个军械厂，使用奴隶一百二十人。有一个中产以上的家族，家产为城中宅院一所、乡中农庄二处，及使用奴工十人的修鞋店一所。一般农民也间或占有少量奴隶。奴隶使用于各种生产事业上，但也大量使用于家庭服役，富贵之家尤其如此。劳动生产，奴工与自由工并肩工作，工头有时为奴隶，监督自由工人。关于城内生产劳动中奴工与自由工的比例，我们也无法知道，我们只知道一个具体例证。公元前408年雅典修建一座神庙，雇工七十一人，其中外侨三十五人，公民二十人，奴隶十六人，此例有否代表性，我们不能判断。①

一般所谓典型奴隶社会的雅典，在奴隶制度最盛的公元前5、4世纪间，并未见到奴隶对奴隶主的起义斗争，一切重大的政治斗争均为自由人内部不同阶级或阶层之间的斗争，有似封建社会自由身份或半自由身份人民对统治阶级的斗争。斯巴达有希洛人起义，那是农奴起义的性质。这里边显然有问题，仍待深入研究：如为奴隶社会，为何没有显著的奴隶起义？

称古希腊为奴隶社会或类似的说法，并不是新看法。这是文艺复兴后几百年来欧洲学者的传统看法。这种看法出于错觉，出于在"雅典"和"希腊"两个概念间画等号的错觉。几百年来欧洲学者推崇古希腊传下的作品为经典或古典，而这些作品绝大部分都出自雅典，所以在崇古的文人的心目中，完全不自觉地就把雅典扩大为希腊，雅典代表希腊，雅典就是希腊。对于雅典以外的希腊，他们不是不知道，而是视而不见，听而不闻，不能进入他们的意识深处。19世纪欧洲学术发展到非常高的程度，但仍很少有人体察得到，雅典和另外几个类似的城邦，只不过是希腊世界中的几个孤岛，雅典

---

① 见 George Thomson, *The First Philosophers*, pp. 201−202(London: Lawrence and Wishart, 1955)。

并不能代表希腊世界。我们学希腊史，是由欧洲人的地方学来的，自然地也就承受了欧洲人的错觉，并且青出于蓝，把这个错觉进一步发挥：雅典扩大为希腊，希腊扩大为全世界，全世界必须要有雅典式的、最少是近似的奴隶制度。像这样凿空之作，在学术发展史上恐怕是难找到第二个例的。

我们以上只讲了希腊，还没有触及罗马。罗马在历史上更为特殊。罗马原为内陆农业国，主要为小农经济，有少数大地主，奴隶不多。但在战败迦太基后的两个世纪中（公元前 2 至 1 世纪），由于整个地中海上没有一个强敌，罗马得以随心所欲地经由方便的海路向非罗马、非拉丁、非意大利的异族区侵略征服，大量奴役人口，送到意大利和西西里去作土地奴隶。这种奴隶几乎每年都有补充，地中海上许多地方真正呈显了千里无人烟的惨象。他们贱于牛马；牛马或需重价收买，或需抚养成长。这些奴隶都是自己长大成人的，价格极低，所以主人对他们不知爱惜，鞭挞逼工，死了无关，市场上的贱价奴隶好似是无穷无尽的。罗马土地奴隶的生死周转率极快。在全部上古史上，我们只知道这一个例证。假如全世界都如此，人类早已灭绝了。也就在这个时期，罗马史上接连不断地出现奴隶起义。

这种情形，显然不能持久。公元前 30 年罗马统一了整个地中海，无新地可再征服，奴隶制立刻发生危机，贱于牛马的奴隶来源一断，土地奴隶制马上就难再维持下去，很快地就有奴隶被释放为封建性的隶农。罗马式的土地奴隶制度，不只在亚非大陆没有，在希腊也向来没有见到。没有罗马的特殊条件，是不可能出现罗马的土地奴隶制的。

四、铜器铁器与社会性质问题

我们上面谈铜器时代、铁器时代[①]，尽可能地少加其他的标签。一加标签，争论即出，争论并且往往会激动感情。为何在谈与今天任何实际问题都无关系的一个历史问题，特别是奴隶问题，会有感情冒头，这恐怕是值得心理学家进行研究的一个问题。我们下面很冒险地、很担心地接触一下这个问题。

铜铁两代的基本分别何在？就生产主要方面的农业及土地制度而论，唯一根本的分别为铜器时代土地氏族公有的理论仍然维持，实际制度与理

[①] 关于铜器时代、铁器时代以及全部历史上的生产工具和科学技术发展，近年专著很多，一本通俗性的作品为 S. Lilley, *Men, Mochines and History* (London: Cobbett Press, 1948)。联合国经济社会委员会所属的"教育、科学、文化机构"目前正在着手编辑一套全世界的自然科学和科学技术发展史，将来当是此方面最完备的参考书。

论也距离不远；而到铁器时代土地可以自由兼并，地主阶级和无地少地的个体农民出现。铁器时代的农民有小自耕农，有佃户，有雇农，有半自由身份的农奴。至于这各种不同身份的农民，在历史发展上有无前后轻重之分，越多看全世界的历史，越感到不敢轻下断语。各地各时的情形似乎很不一致。其中可能有规律可循，但规律仍待大家去循。

马克思称铜器时代为亚细亚生产方式的阶段。我们认为马克思的判断，在一百年后的今天也没有理由予以怀疑，新资料的积累只足以更加强马克思的判断，唯一的问题是名称的问题。我们今天知道这是普遍全世界的一个大时代，并非亚洲所独有。仍用马克思的原名而予以新的解释，也无不可。但如可能，最好是另定新名。无论如何，早期奴隶社会一类的名称是难予考虑的。一个名词必须有确定的含义，此时若称奴隶社会（尽管是"早期"），奴隶社会一词的定义必须重订。更不必说所谓奴隶社会问题本身尚有问题了。

我们在此问题上也苦于想不出一个恰当的名称。中国历史上有"部民"一词，指的是半自由身份的人民。日本在由原始社会向阶级社会转化时，借用了中国这个名词，称呼当时日本社会中由氏族成员转变出来的一种半自由身份的人民。我们是否可以考虑称铜器时代为"部民社会"？当时绝大多数劳动人民在理论上仍为自由平等的氏族成员，实质上则只为半自由的人。我们姑且提出上面这样一个建议，希望将来能有更恰当的名称。

铁器时代的前一段，即上古史中的下半段，马克思称为古典社会，我们主张仍保留马克思的原名而把含义扩大。马克思当时只想到希腊罗马的经典时代，我们今日知道，在铁器出现，社会急剧分化的公元前6世纪以下的几百年间，世界各先进地区都出现了类似百家争鸣的场面，发出新兴各阶级各阶层的呼声，各地后世都把它看为思想史上的黄金时代。所以"古典时代"的意识是有世界性的，因为铁器引起的社会剧变是有世界性的。没有世界性的倒是奴隶制度在雅典和罗马的短期特殊发展。古典社会的多数地方包括雅典的农业部分，包括公元前3世纪以上的罗马，实际是封建社会。雅典、罗马的短期特殊发展，只能看为封建社会的变种发展。这种变种，并不限于封建社会，到资本主义社会，只要条件适合，它也可出现。历史上第一次大量用土地奴隶的是罗马，第二次就是16、17、18世纪的西欧。西欧在资本主义萌芽和资本主义初期的这三个世纪中，由于控制了全世界的重要海上航线（注意：又是一个控制海上交通的例子），大量把落后的非洲人运到新大陆为奴。我们说这是奴隶社会的残余。它比罗马的规模不晓得大多少倍，哪有这样大的残余？

我们上面还是只就全面的情况而言，在美国奴隶制度一直维持到 1865 年。进入 20 世纪，帝国主义国家在非洲内地仍对当地人大规模进行奴役。由原始社会末期到资本主义社会，一直有奴隶制，只在特殊条件下可以得到特殊的发展，世界历史上并没有一个奴隶社会阶段。既然如此，历史上也就没一个所谓奴隶社会向封建社会过渡或转化的问题。这个问题虽然谈了很久，实际它有如希腊神话中的雅典娜女神，是从天父宙斯的头脑中忽然跳出来的。上古、中古之间并无重大的变化，真正重大的变化发生在公元前 1100 年以下几个世纪间铜器转入铁器的一段。

但上古、中古之间显然不是风平浪静的，各大帝国都发生了游牧部族入侵的事变。古典时代阶级关系的确特别紧张，阶级矛盾特别尖锐。也正因如此，内部各阶级力量的相互抵消才招致了游牧部族的入侵。中国和罗马两大帝国都丧失了半壁江山，这些落后部族把原始的平等主义带到两大帝国来，建立了较过去为缓和的封建局面。中国的北朝隋唐主张均田，也部分地实施均田，欧洲日耳曼人建立了仿照原始公社的庄园。两者都是缓一步的封建局面，所以仍然可说中古时代是不同于古典时代的。

总括以上，原始社会以后，资本主义社会以前，依生产工具而论，有铜器和铁器两大时代，依社会性质这两大时代可分为两个或三个阶段：部民社会、古典社会、封建社会。后两者就是铁器时代，实际都是封建社会而稍有不同。古典、封建两代之分，为欧洲学者自文艺复兴以来的传统说法，并无大的毛病，但也无深奥的道理，其中并没有什么真正值得争辩的问题。

五、结束语

如开头所说，我们只是要提出问题，并不是要解决问题，上面所提的一些见解也都是试探性的。我们愿意提出一个主张：大家暂时不再多谈历史分期的问题。关于这个问题，不清楚的地方仍然很多。我们总以为欧洲史上的主要问题都已解决，今日只是如何依照欧洲史来谈中国史的问题。实际这是错觉，欧洲史上没有解决的问题仍然多得很。我自己感到对欧洲史所知太少，今后想要努力加紧学习，使自己的认识能够少犯片面的错误，能够逐渐比较接近真实。

天津各社会科学学会学术讲座 6 月 2 日讲演稿。

（原载《历史教学》1957 年第 7 期。）

第四编　书评、论翻译、译文

评汉译韦尔斯著《世界史纲》

《世界史纲》,英国韦尔斯著,梁思成等五人译述,梁启超等十人校订,商务印书馆出版。

一、序论

评论原著与评论译品不同:前者只要对原书着眼就够了;后者却有两层:第一先要将原书的本身审查一下,估它的价值;第二还要对译书下批评,看它是否与原书相符。评论译品又可分两种——在现在学术仍靠外人接济的中国,这种分类尤其重要。那就是说,翻译的书有的得当,有的不得当。翻译得当的书,评者对于上列两层的工作就都有应尽的责任。但假设译书因译者不明原文而错误百出,那我们就无需去评原书,只指明译书不成事体,希望再有别人出来翻译就够了。这类的事中国近年来很多,稍微留意的人就都知道,我们无需举例。至于韦尔斯《史纲》的译者则都是精通英语擅长国文的人,他们的译品当然是极端有细心捧读详细审查的价值。汉译史纲大体与原文相符,文词的清顺也堪与原书比美;我除佩服赞叹之外,再不敢置一词了。

上面所说的是笼统一切的书评而言。至于史书的评论则又可分两种——就是记事的史与史观的史。两者各有各的评论方法。这两种书并不是完全可以分开的。史观的书——历史哲学的书——仍是以事迹作根据。记事的书多少也有一点历史哲学作它的背景;若不然那本书就一定成为毫无意义杂乱无章没有半点头绪的一本流水账簿。但有的史书是以记事为前题的;它的历史观是无系统的。这类史书的目的就是记事准确;堪为史学界一本可靠的参考书。所以我们评论这种书时应当对事实着眼;除此之外对书中某事或某人的解释我们间或可以发生疑问。这两样事做完之后,评者的责任就算尽了。这类的书大半都没有前后一致的系统史观,所以我们就无需去询问全书的立脚点。

又有一种史是专门发挥著者的历史观的；其中的记事只是发挥时所必需的工具，不过是证明某种原理时所举的例。对于这类的书我们批评时宜只看它的史观有道理与否；至于书中的记事，除非有太与实情相悖的地方，我们就无需举出。那本书的史观若根本没有价值不能成立，那么它的记事即或千真万确，那本书也是不值半文钱的。若它的史观说得通，那书就根本有永久的哲学价值；几点事实的错误是毫不碍事的。韦尔斯的《史纲》就是一本专门发挥某种史观的书；并且它内中的记事据评者所知也没有与实情过于背驰的地方。所以我们只对它的史观下审查就算尽了我们的责任了。

上面这个史书的分类，评者自知非常武断；因为有许多史书是介乎两种之间的。但为本文的清楚起见，暂分史书为此两种，望读者原谅。

现在前题既已说清，下面就可归入正文。

二、原著历史观的评价

韦尔斯我们都知道是小说家，并且是富有改造社会热诚的小说家。他这热诚的对象就是世界大同；而他的世界大同的哲学根据（与其说哲学根据不如说信仰的立脚点）就是无限量无底止的宇宙人类进化论。《史纲》就是他鼓吹世界大同的一本小说杰作。著者并不隐讳，开宗明义第一页就引了拉策尔的一句玄学信仰来概括全书，作它的总纲：

> "名实相副之人类历史哲学，必从天体叙起以及于地球，必具万物为一之真知——自始至终以同一定律贯彻其单纯之观念。"（译本卷上导言页一）

因为韦尔斯先有了这种的一个成见，所以他才作出一本乾坤六合无所不包的宇宙史大全来。评者个人认为除国际外交史与文化沟通史以外并没有别样可能的世界史。世界通史是无论怎样也写不出来的；宇宙全史就更不必说了。一切世界通史都不外乎以下两种：（一）著者若能自圆其说，那书就成了一部结构精密不合事实的小说。（二）著者若不能自圆其说，那书就成了前后不相连贯的数本民族专史所勉强合成的一本所谓世界通史。

人类近五六千年的历史并不是一贯的，也不是一体的。换句话说，时间上或空间上人类史都不是一息相通的。"人类史"是没有存在的，不过是一个方便的抽象名词；因为人类史的实情乃是好几个文化区域独立的各个独

自发展演变；其中虽于几个极短的时期中，不免有外交上或文化上的关系，但一大半的时间各个文化区域都是自过自家的生活，与其他一切的文化区域毫不发生关系。中国由开国到两汉，与其他开化民族并没有过什么国际上或文化上的来往；假设我们硬要将中国这二千年左右的历史与全世界所有民族同时期的历史拼在一起去叙述，试问那本历史怎么会有上下连贯的可能？假设叙述起来，居然上下一气相连，那我们就不问可知——著者一定是强词夺理，掩饰删抹的痕迹必定在在皆是。韦尔斯既是善于运用笔墨的小说家，他当然能写出一本前后一致的世界史来。但我们若详细审查一下，就知道他的书实在不是"史"——至少不是世界史，最好也不过成为前有四不像之长序中间被无关之事所掺杂的一本西洋史。读者若不信，只将目录看一遍就会信了。全书共分四十章；除最末一章是发挥总结著者的历史观和宗教信仰的与前十三章是讲宇宙禽兽和野蛮民族的之外，其余二十六章都是讲近五六千年来各开化民族的历史。但我们若把这二十六章分析起来，就知道内中有十五章是讲西洋的（希腊罗马与近世欧西）。以外尚有一章讲雅利安（白人）民族的。所以二十六章内西洋人就占了十六章——61.5％——的地位；其余十章的一小块余地，韦尔斯先生慷然慨然的让亚述人，巴比伦人，埃及人，印度人，中国人，犹太人，回人，蒙古人，日本人去拥拥挤挤的凑热闹。这倒是为何原故呢？评者不敢相信著者是看其他一切民族为无足轻重，只有西洋人为上帝的骄子的。其真正的原因，据评者揣想是一种不知不觉中的混乱是非。著者是西洋著作界一个富有普通常识而缺乏任何高深专门知识的人，所以在他的脑海中"历史"一个名词就代表"西洋史"，而他的历史观也就是他以西洋史为根据所推演出来的一个历史观。不过处于现在的世界，任人都知道"历史"与"西洋史"不是可以互相混用的名词，所以韦尔斯作《史纲》的时候不得不把西洋以外的诸民族勉强拉进来，但他的历史观是早已固定了，并且是以西洋历史为根据的；所以他参考其他民族史籍的时候，不知不觉中，一定是只将可以证明他的历史观的——至少不同他历史观相悖的——事迹引用；其他的事迹若也引用，岂不是自己打自己的嘴巴？

评者上面说了韦先生一大篇不是，总未将证据逐条举出，读者或者要抱不平。所以下面随便指出几个比较重要的牵强掩抹的痕迹为例：

1. 第二十二章题为"希腊思想与人类社会之关系"，是讲西历纪元前 5 世纪以后的雅典思想界，并其价值与影响。但世界上同时的两个思想非常发达的区域——春秋战国诸子的中国与释迦牟尼前后诸家的印度——为什么却半句不提？这个时期不只是中印两国思想极发达的时代，并且这两区思想的本身也有绝对可研究的价值。对于印度韦先生尚把佛教提了一提，对于中国他不但除了孔子外只字未提，并且将秦始皇焚书的事放在希腊之先。这显然证明韦尔斯看中国古史为一种讨厌的障碍，故随便先把它略叙几句，以了结一场该发生的公案，然后再不慌不忙的归入正文——西洋史。除此之外，我再也想不出第二个缘故来解释这种牵强事实掩抹事实的痕迹。但读者不要误会——我并不是说韦尔斯是故意这样；十有八九他那是受下意识的指导而做的。

2. 第十八章题为"田奴奴隶社会阶级及自由人"，是专叙述古代阶级制度的。内中虽也有一两句夹叙西洋，但一大半是讲所谓古代社会的。读了这章之后，我们就必得一个古代社会是阶级分明近代社会是大致平等的印象。欧西中古的严格阶级制度，今日苏俄同样的不能动摇分毫的阶级分别，他却并没有提及。这是因为据韦尔斯的历史观阶级制度是古代文化半开时代的一种不美的现象，并非今日文明社会所应有；殊不知这是方开化的社会所共同有的现象。韦先生对于中国的社会所说的话非常含糊，评者到底也不明白他是否说中国向来没有阶级制度。但反复诵读之后，我看他好似是说中国与印度是极端对抗的——印度是阶级严明中国是几乎无阶级的社会，殊不知阶级制度是任何民族文化初开时所必经过的一个步骤。苏俄乃是一个明证。俄罗斯民族近年来始得自由发展其本有精神与民族性，运用其独有的文化可能性——换句话说，俄罗斯民族昨日方才开化，走文化过程的第一步，所以它现在才有阶级非常严明的社会。它现在因受欧西影响，并承欧西化的俄帝国的余业，所以表面上看起来它的阶级仍未详细划分。但不出一百年，恐怕苏俄就要变成一个阶级世袭的社会。中国在东周之前也是这样，印度在释迦之前也是这样，希腊于苏格拉底前是这样，欧西于中世纪是这样。将来如果非洲黑人要开化，恐怕第一步也是这样。到底为什么文化过程的第一步非这样不可，那恐怕没有人能回答。但那与本题无关，我们不必去讨论。我们唯一所要切切申明的就是阶级严格的社会是任何文化的初步社会。并非"古"的社会，并无时间的限定。至于现在印度的阶级制度那是印度文化退步印度民族又退回半开化时所产生的，与印度原始的阶级制度形式上虽然相同，精神上已大不相同。但这是又一个问题，我们不必多赘。这一种事实韦尔斯是否知道，我不敢乱猜。但他既已有无限进化论的信仰与"古""今"绝对不同的成见，他当然只说"古"时有阶级，而"今"日无严明的阶级了。殊不知在历史上——尤其是在所谓人类全史——"古今"二

字非但不通，并且非常危险，极易引起误解，以致一时的人重古轻今或崇今蔑古。"古今"二字可当作谈话间的两个非常方便的名词用，但若以为"古"与"今"真是两绝对不同的具体物象，那就大错了。因为我们若细想一想，就知道今日的苏俄比二千年前的中国还要"古"，罗马帝国时代的欧洲比十字军时代的欧洲还要"今"，由此类推我们常识的古今观念可以完全推翻。

3. 第三十八章题为"19世纪之实情与理想"，本身颇有独到处，但读时我们得着的印象是："19世纪的欧美是人类思想酝酿社会紊乱的最后一步。"殊不知战国时的中国，释迦时代的印度，亚历山大死后的希腊，也是有同样的现象。19世纪的灿烂与紊乱不过是欧西民族历史过程中的一个步骤，并非人类史上一种空前绝后的时代。

这篇书评已经太长，并且对译本还没有说半句话，所以现在无需再多举例，因为书中没有一章不可当例举出的。《史纲》中的许多章，如果独立，都是很好的通俗历史小册。但只因为韦尔斯硬要把它们拉拢起来，编成一本有系统有先后的所谓世界史，所以倒把事情弄糟了。书虽名为世界史，实只头绪错乱掺杂质的西洋史。西洋历史家每将埃及巴比伦亚述等国拉入"西洋"的圈中，强迫他们作"西洋史"的开幕人。已是不通！几乎可说是一种对已死民族的帝国侵略主义；现在韦尔斯把一部比此还不若的一本西洋史硬叫作世界史，是越发没有道理了。总括一句来作结论——韦尔斯不过是从漫无涯际不相连贯的人类历史中——尤其是西洋史中——找出几点紧要不紧要的事实来用小说家的理想线索把它们串在一起，御赐它们名叫《世界史纲》。

三、译本之批评

《史纲》译本的校订诸公大半都是前辈；既经这许多名人审定嘉许之后，按理我们普通一般人除称赞颂美之外，不该再发表任何意见。况且此书的译工的确是又精致又正确；对于译工本身评者真是非常钦佩。但同时也不能自已的有一种"可惜"的感觉——可惜五位青年十位长老相互之间前后费了（据评者所知）六七年的工夫译出这本书来，中国最大的印书局又格外费力费本的精印精装；在学术界大闹饥荒的中国我们却费了这许多的精神上与物质上的精力去摆弄这一本书，评者不知说什么才好，只能再三再四的叹几声"可惜！"单讲译工，此书在近年来恐怕是第一等了。但原书恐怕是近来外书译品中最无价值的。中国近来新出的书都是短小曲委得可怜，这本书看起来还像一个书样子。可惜内容不称！

评者这种论调恐怕有人要以为太过。我并不是说《史纲》是一部不可读的书。留心西洋的思潮的人都当读这本书；但我们必须要注意"思潮"二字（见下段）。西洋的读者有一大部分多少有点鉴别的标准，不拿《史纲》当史书读，只当它作一种消遣品。我们中国人却郑重其事的居然看它为一部出类拔萃的世界史入门。普通的国人对世界史本无一种相当的了解，读了这本书之后，非但不能了解，并且要发生一种谬解。国中应当读这书的人都看得懂原文或欧洲各国的译文，但现在此书的读者一大半都是中学与大学预科的学生——都是不该读这书的人；因为他们还没有一种标准，没有批评力，读了这种宣传品的史书只会发生误解，不会增长知识。但现在书已印出，不能挽回；我们只有谋一个善后的方法，以补前非。所以评者劝读此书的人要把每章看为独立的小册；可当它作一本通俗粗浅的参考书，不要看它为上下一致的世界史，若好奇心盛，非读全书不可，可将讲西洋的十几章按序读下，然后再读那些讨论其他民族的几篇片面的小文章。至于讲宇宙与禽兽史的十几章，评者非科学家，不知事实是否正确。但无论事实正确与否，评者也看不出它们与人类史有什么关系。固然我们人类是由亿万年前的星雾中的原质所产生出来的（科学家既然这样说，我们不妨姑且也这样承认），固然没有人之先世界上就有禽兽（为免无谓的纠纷起见，这点也可不问而承认），但生物如何会从星雾中渐渐演变出来，下等的生物如何会渐渐变成上等动物，甚至人类（假设真有其事），我们是半点也不知道的。所以这些事并没有解释人类史的功用；我们又何苦去把它们牵羊似的牵来作人类史的小序呢？但我们若分开读，这几章也是很有兴趣的消遣品；我们也无妨于闲暇寂闷时拿来读一读，只要不把它当作历史的一部分就是了。

译本的译工虽是尽善尽美，它的开幕者与收场者却有些不妥。开幕者就是那一篇莫名其妙的"译者序"。序的下面署名王云五；但译者的五人中并没有一个姓王的，不知这位译者是从何而来。校订者中倒是有位姓王的，可惜名叫岫庐。"云五"与"岫庐"好似是有名与字的关系。然而一个人在同书中为什么要署两个名字，叫人费工夫去摸索，真是不可解。无论如何，"译者序"，全书开首的三个大字也应当改造——或改为"校订者序"，或改为"王云五先生序"；但我想最好是改为"王岫庐先生序"。

全书的收场者就是那小字精印的四大页"勘误表"，共总有二百条左右。中国近年来无论印什么书，书前或书后非有一篇正误表不可；若不然那书就仿佛是欠完整。评者个人也知道校对是非常苦非常难的一件事，但我不相

信印一本一讹无有的书是不可能的。拿起一本西洋的书来，无论大小或有价值与否，若要找一个讹误，真是非常艰难；间或有之，但是非常又非常的例外。我们中国最大的书局为什么不能有同样的成绩，也真是一件百索不得的怪事。特别如此加工加细的一本书，更不应常有这样长的一篇勘误表。

四、余言

中国现在一切的学问艺术都仰给于外人，那是无可讳言的。但只有少数人能直接读西文；其余的人都靠着这少数人的介绍。所以这少数人的责任是非常重大的。他们如不介绍则已，若介绍时则宜细心考虑——一要考虑某著作本身的价值，二要考虑读者的资格。二者都考虑妥当之后，方可介绍一本书。不可因某书在西洋因西洋的特别情形而风行一时，我们就非介绍到中国不可。至于《史纲》，我们若用这两种标准去考虑，就得结果如下！第一，此书本身无史学的价值，我们不可把它当史书介绍与比较易欺的国人。它只有思潮上的价值——欧美现在正在大同主义日渐风行国家主义极盛转衰的时代；《史纲》就是鼓吹大同主义的一本名著。韦尔斯不过是国家主义反动时代的一个产儿，他的《史纲》是受欧洲大战激感而写出的。所以关心西洋思想潮流的人不可不读《史纲》一书。但上面已经说过，能研究西洋思潮的人都能读原著或欧洲各国的译本，无需我们再费力去介绍——因为那就等于有人把我们一位熟识的朋友介绍与我们。第二，我们中国普通一般的读者并无心研究西洋的思潮，也够不上研究的资格。他们并无用批评眼光读这书的能力。关于这点，上面也已说明。

五、重印附言

这篇评论是民国十七年（1928 年）3 月 4 日在《时事新报》的《书报春秋》栏中发表的。二年以来，国人对于《世界史纲》的信仰似乎仍未减少；无论普通的读者或中学大学的学生仍多以此书为有权威的世界史。所以现在将原评转登在《史学》上，盼望国人将来能少走不通的路。

近年来西洋像《史纲》一类的著作甚多，并且都很风行。例如《科学大纲》，中国已有译本。此外如《哲学大纲》（原名《哲学的故事》），《美术大纲》，《宗教大纲》（原名《信仰的世界》），《文学大纲》（原名《世界文学的故事》），《生物学大纲》（原名《我们何以举动如人》）……不胜枚举。近来又有一本所谓《人类知识大纲》出世，虽不过五六百页，却自称包罗万象；上面几种"大纲"所简单叙述的,这本书居然尤其简单的叙述出来。这也是今日西洋一种风气。大概 19 世纪来各种学术都太偏于专门的研究,与平民完全断绝关系;今日西洋的社会既是平等民治的社会,又是教育普及的社会,所以一般无高深知识或无暇研究的人,都想要对于这一百年来堆积起来的学术多少有点了解。这些"大纲"就是因应付这种要求而产生的。而最初开这种风气的就是《世界史纲》。所以此书的确占有很重要的地位——一方面为提倡大同主义的杰作,一方面开导新风气。我们所要注意的就是无论怎样《史纲》并不是历史;研究历史时,最好读别的书,对韦尔斯的书愈少过问愈好。

（原载《时事新报》1928 年 3 月 4 日,转录自中央大学历史学系编《史学》1930 年第 1 期,上海光华书局出版。）

评汤姆孙著《中世纪史》①

　　由四五世纪至 15 世纪间的所谓西洋中古史对于一般略知欧洲古今大势的人仍是一团漆黑或不解之谜。"中古"一词的不妥对于这点要负不少的责任。"中古"或"中世纪"是 15 世纪意大利人文主义者所创的名词。那时他们对于过去希腊罗马的文艺研究日深,推崇日高,因而觉得(最少自己相信)与那个过去的文化神通气联;对于他们自己民族已往一千年的历史反倒感觉一无是处——只是介乎两个开明时代间的一个混乱,野蛮,黑暗,迷信的"中间期"或"中世纪"。15 世纪深于成见的人文主义者的这个名词与它所表示的概念就变成后日学界一般的传习见解。直至 19 世纪末这种成见才渐被打破;但是 1933 年仍有不少人对中古时代照旧是这样看法的:在中国尤其如此。汤姆孙先生这本中古史用不能否认的事实极力的纠正这种误解。这是本书的一个特点,在今日的情形之下也可说是它一个特别的长处。

　　中古史的主要成分有三:残余的希腊罗马文化与残余的拉丁民族,新兴的日耳曼民族与它的封建制度,基督教与基督教会。整部的中古史可说就是这三种元素的并行发展史与激荡冲突史。而在三种之中尤以日耳曼与教会二者为重要;希腊罗马文化只处于附属的地位。换言之,中古史是一个全新的局面,一个新文化开始的创造时代;并不是希罗文化的继续发展,而是近代西洋文化的最先一幕。汤姆孙先生把这个道理用事实描写的很清楚。(见章一至四,八至九)。所以为要彻底明了今日的西洋,不研究希腊罗马以上的历史还可以;但若不知道所谓中古时代的情形是不可能的。今日的西洋并非由希腊罗马而生,乃是直接由中古日耳曼民族与教会所创。希腊文化品的残余曾有一部分被采用,但整个文化的精神,民族主要的成分,政治社会的构造,宇宙人生观的性质——这一切都是全新的,可说与所谓上古的西洋没有多少关系的。(见章十一至十三,十五至二十四)。

---

① *History of the Middle Ages*, By James Westfall Thompson p. 465. W. W. Norton & Co., New York, 1931.

由 4 世纪至 8 世纪可说是罗马帝国与罗马文化渐渐消灭的时期。罗马的政治权衡不知不觉中失去效用；许多日耳曼王国在各地成立。罗马法制虽未完全绝迹，新的宪法观念，新的政体，新的法律，新的社会却渐渐发生以至于成熟。在八九世纪间经过一个临时的统一之后（查理曼时期），主权分化的封建制度与佃奴社会完全成立。但在这个分化局面之上有一个高超的一统势力，就是基督教精神方面的信仰与具体方面的教会。同一的信仰充满各国的人心，同一的教会支配所有的人生。这个一统的信仰与教会有一个超然的首领，就是在人世间代表上帝权威的教皇。各地的封建国家日趋稳固，与这个伟大的精神势力发生冲突是无所避免的。最早与它火拼的就是那个奇特无比的所谓神圣罗马帝国；结果是日耳曼地与意大利半岛延至 19 世纪才得统一。与这个冲突相偕并进的尚有十字军运动；整个的西部欧洲联合起来与东方的回教对抗。法兰西是这个运动中的主要角色，同时西班牙在半岛上进行它自己小规模的十字军战争；由 8 世纪至 15 世纪西班牙半岛在政治方面整部的历史都被基督教与回教的死拼所包办。英国比较的处在局外，独自创造它的模范宪法；但因它与法国北部诺尔曼公爵邦的特殊关系，大陆的一切潮流都不免冲到不列颠岛的岸边。后日西洋主人翁的中等阶级同时也渐渐成立，并建起许多工商业中心的城市。

13 与 14 世纪间这个封建制度与基督教合成的文化渐呈裂痕。一时作国际公断人的教皇现在被新兴的一统法兰西王国所侮辱，以至成为法王的傀儡。各国的教会渐趋独立，只受国王的干涉，不听教皇的号令，并且还要改革教会与教皇制度。英法两国内部日渐统一，因而两国在大陆曾经争夺三百年的领土引起百年战争。战争结束后两国的统一事业也就完成了。日耳曼与意大利方面因为特殊的情形反倒日趋分裂；神圣罗马帝国无形中分化为三百个大大小小的国家。所以中古最后二百年可说是整个一统的势力（教会与帝国）渐渐消灭与地方一统的势力（列国）渐渐成立的时代。到 15世纪末我们所熟知的西洋各国大半都已显露后日的形态了。（见章二十五至二十九，三十一）。

不只后日的政治是由中古时代演化而出，近代的思想科学文艺也大半来自同一渊源。（见章二十二至二十四）。今日欧洲的各种文字都在此时出生，发展，变成高等文艺与深奥思想的工具。书院哲学（Scholasticism）到今天虽已少有研究的人，但那是中古全部生活的唯理结晶；从本身讲来，那是一个极完备的哲学系统。世界上并没有最后完备的哲学；一种哲学的价值在乎它本身是否一个周密的统系，是否一个时代文化的射影。由这个观点

看来,书院哲学比后日许多时髦的思想地位都要高些。并且 16 世纪后哲学中许多的基本概念与基本问题都是书院哲学的传遗。在文学方面英、法、德、西、意各种文字最早作品都于此时出现;悲壮的史诗与缠绵的抒情诗是后日文学批评家所公认为上品的。

中古时代的科学地位并非如一般人想象的那样低。在技术与方法方面,五百年前的科学家比较幼稚;但在思维力与精神方面,他们并不落伍。他们知道地是圆的,明白日月蚀的原理。12 世纪前半期英国已有科学家 Adelard of Bath 亲身到威尔斯与爱尔兰的海岸去度夏,以便观察研究海潮的升降。12 世纪的科学家已经明了光学的原理;透光镜(lens)到 13 世纪已成科学界常用的工具。13 世纪的书院哲学家 Duns Scotus 在巴黎的一个修道院内费一个整个冬季的工夫用颇为准确的数学方法去计算岁差。培根(Roger Bacon)对于科学的贡献是无需介绍的。后日科学或日常人生的许多必需品都是中古科学家所创造或完成的;例如放大镜、火药、罗盘针、印刷术、风车、风琴,许多化学中的酸类与医学中的药品。这恐怕是连今日科学家也不知道的一件事。但科仑布发见新大陆,Vasco da Gama 航过好望角,麦哲伦(Magellan)航绕全球的成功,都是以中古科学家的数学知识与天文知识为依据的,并非意外侥倖的横冲直撞把戏。

研究过去的历史,我们必须有丰富的同情心;暂时必须变成那个时代的人,呼吸他们的空气,过他们的生活,与他们发生一种密切的默契。时代愈远,这种想象力与同情心愈为必需。中古史对于今日大多的西洋人已是不可了解;我们异族异化的人若要明了,更要尽力设法与它心契神通。汤姆孙先生在中古史专家中是一个最富于这种能力并且又能将这种能力表现于纸上而传与读者的。所以这本书是初习中古史时一个最适宜的南针。比这个课本尤详的尚有他两卷的著作中世纪 *The Middle Ages*。专论中古的社会的有他的两卷中古经济社会史 *The Economic and Social History of the Middle Ages*。专述日耳曼的有他的《封建的日耳曼》(*Feudal Germany*)。这三种虽是比较专门的作品,但笔法是同样的活泼生动引人入胜;事实虽然很多,性质虽然专门,却无丝毫学究气。

(原载《清华学报》1933 年 9 卷 1 期。)

评道森著《人类行程》①

　　这本书的副题,自白的很清楚:"由史前到最近各民族与大事的表纪,内中包括一个分七段的《世界史对照表》、《历史地图》96 页,与图像 64 幅。"编者曾作过《大英百科全书》的一个编辑,对于编作像《人类行程》的一本书应当是很合适的人。但实际只有《历史地图》的一部分没有严重的缺陷错误;恰巧这一部分是别人替他制作的。由中国人的眼光来看,连《历史地图》也有一个缺点。在《世界史对照表》中,中国占一个独立的重要地位,这可说是近年来西洋人对中国史的认识加深的结果。但《历史地图》中,中国连一张独立的地图也没有,几张附属的地图也都不清楚。况且序文中既将中国与埃及、巴比伦诸古国并列,最少也当像它们同样的有一两张详细的地图。《对照表》与《地图》这样不平衡,编者似乎应当负责。

　　《图像》一部分是编者自己选择的,极不妥当。64 幅中,伟人写真的或理想的书像占据约有三分之二的地位,这只能供儿童欣赏,对于"人类行程"的了解没有多大帮助。伟人在历史上固然有他们的重要地位,但伟人的相貌不见得都能给人多少神威。各级人民生活的方式,宫殿庙宇居室的构造形式,城郭的布置,田园的小影,游戏的方法,诸如此类的图像所给予读者的知识往往较比长篇大论的描写还要清楚深刻。这一类的图像并不难找,《大英百科全书》中就很多。编者好似没有明白图像的用处,以为不过是扩大范围的家庭相片簿而已!

　　在《图像》一部中,中国只占一幅的地位,就是一张清初人所画的老子、孔子、释迦合像。这样一张不相干的象征图像也与《对照表》中中国的地位太不相称。西洋人收买盗运的中国书已难统计,足以代表中国书或中国文化的不见得以这幅象征画最为高明。

　　《对照表》太潦草,尤其关于中国史更是错误百出,前后自相矛盾的地方

---

① Lawrence H. Dawson, *The March of Man*, The Encyclopaedia Britannica Co. Ltd., London, 1935.

也不少。例如汉朝的年代先说公元前 206 至公元 221 年,下面又说公元前 202 为汉元年,公元 220 为汉末年。公元前 206 与 202 的两个汉元年的说法都可通,但这样简单不加说明的表中不当两列。东汉亡于公元 220 年,221 年误。把墨子放在公元 4 世纪初,晚了一百年。墨子活动在 5 世纪,他或者死在 4 世纪初。称秦始皇为"皇帝"(Huang Ti),上面黄帝也用同样的两个拼音字,不知出于何典,秦始皇决无单称"皇帝"的道理。定秦朝的寿命为公元前 249 至 202 年,两个年代都错的不着边际。废挟书禁,说是在汉昭帝时,不知汉武帝那种热闹的儒教与儒学由何而来!司马迁的生死年代编者都能查明,这是没有第二个人知道的事。只提东汉时中国征服西域,对西汉时的西域事业一字未提。说契丹在公元 11 世纪兴起,实际燕云十六州在 10 世纪前半期已经被契丹占据。地方官回避乡土的制度并不始于满清;隋唐时代已很盛行,六朝时已经萌芽。尼布楚条约的年代是 1689,不是 1669。此外编者对于一些皇帝与朝代似乎都恨寿命太短,所以将汉武帝、唐太宗、清圣祖、清宣宗的死年与南宋都展缓了一年的工夫。元太宗即位,又提早了两年。最不可解的,就是《对照表》中将孔子的年代记载得很正确(公元前 551—前 479 年),到《图像》的说明中又改为公元前 550—前 489 年。编者对于工作如此的不负责任,叫人怀疑他是否真担任过《大英百科全书》编辑部的职务。纪年的书把年代弄得这样错误,不知还有什么用处。编者在序文中并称上古的中国为"扬子江流域文化",这是对中国稍微注意的西洋人决不会有的错误。

为编者着想,中国史或者困难太多,读者不当过事吹求。但西洋史的一部分不妥当与错误的地方也不少,这是编者自己也难以自解的。这里我们不必像中国史那样详细推敲,可由人类最早开化的埃及史中与今日西洋所由脱胎的罗马晚期史中各举一以概其余。关于埃及,编者说在公元前 1580 年前一切大事的年代都由推测而来,都是约略的说法。这是史家所公认的。埃及史由公元前 3500 年左右美尼斯(Menes)统一南北起,也还妥当。但在此前有一件很重要并且是年代确定的大事,就是公元前 4241 年太阳历的颁行。这个历法后来由凯撒(Julius Caesar)传到罗马,由罗马传与中古以及近代的西洋,近代的西洋人传播到全世界。其中虽有小的改变,但今日世界所通行的大体仍是六千年前埃及原来的历法。这不能不说是"人类行程"中的一件大事,同时也是人类史上第一件年代确定的事,无论如何不当遗漏。

罗马帝国承认基督教为合法的宗教,编者说是在公元 312 年。实际加里略(Galerius)皇帝在 311 年,虽未统一全国,却已颁布法令承认基督教。

至于君士坦丁（Constantine）大帝承认基督教是在 313 年帝国内部平定之后。312 年是相传君士坦丁基督徒的军队战胜的一年。编者把三年中前后的发展并没有认清，况且基督教合法令的颁布既然值得提出，八十年后（公元 392 年）狄奥多西（Theodosius）皇帝正式定基督教为罗马帝国国教的法令更为重要，并且是 313 年法令的自然结果。编者在 392 年记录了一件不很重要的政变，把这个重大的事反倒失载，可谓疏忽至极。

　　这本书装潢很好，印刷很精，看起来很美观，可惜内容太不相称。只有《历史地图》一部还可供参考。

　　　　　　　　　　（原载清华大学《社会科学》1935 年 1 卷 1 期。）

评赫克尔著《宗教与共产主义：

苏俄宗教与无神论研究》[①]

西方有一句老话，说："英国人或美国人谈话：谈来谈去一定要谈到体育游戏的问题；法国人谈话，谈来谈去一定要谈到女人的问题；俄国人谈话，谈来谈去一定要谈到宗教的问题。"英美人或法国人是否如此，我们可不必管；至于俄国人，最少革命以前的俄国人，的确是以宗教为有无上兴趣的问题。三五个目不识丁的农民聚在一起而大谈上帝与人类死后命运的问题，在帝俄时代并不算稀奇的事，今日的情形，最少由外表看来，当然已经大变；Hecker 先生这本书就是要解释这种变化的背景与经过。

全书共十四章。第一章为诸论，第二章叙述俄罗斯民族传统的宗教信仰与宗教情绪，把民族的神秘特征描写得非常清楚。第三章讲帝俄时代国家与教会的关系。教会完全是政府的一个机关，可说是一种精神警察，专司查禁人民心中一切反抗政府的意念。例如 1905 年圣彼得堡和平请愿的工人被军警杀伤的有数千之多；教会不只不从宗教或人道的立场提出抗议，各地的教士反多与俄皇打电报，贺他能当机立断。革命后想尽方法要推翻新政权的分子虽然很多，但其中最出力的就是教会。第四章讲正教以外的各种宗教改革派别的活动。由 14 世纪末直到最近，历代都有反抗政治与宗教上的黑暗而起以宗教为号召的运动。这些新的宗教派别往往有共产的色彩，可见后日俄国的共产主义并不是偶然的事。第五章讲到 18 世纪受了法国 Voltaire 一般人的影响之后的无神主义与非宗教主义。在宗教腐败不堪的俄国，这种革命思想非常盛行，并且成了多数改革家的公同信仰。今日苏俄的激烈反宗教政策也大半渊源于此。第六至第八章讲到 19 世纪的改革运动，非宗教运动，与进步的宗教思想；对托尔斯泰尤其注意。19 世纪的革命思想家，如 Belinsky，Hezzen，Bakunin，之类，最后虽都成了反宗教的人

---

① *Religion and Communism：A Study of Religion and Atheism in Soviet Russia*. By Julius F. Hecker-Chapman and Hall. , Ltd，London，1933. p. 303.

物,但青年时都曾经过一个盛烈的宗教狂热时期,并且晚年时反宗教的革命热诚实际就是青年时宗教热诚的变相发展。这也是俄人宗教特征的一个明证。

第九章略述共产主义的宗教观。宗教的泉源是自然界与人事界的压迫。原始的人类受自然界的压迫,因而崇拜自然现象。但最大的宗教压迫还是人类开化后的阶级社会。先是贵族阶级,后是资本阶级,对多数的人民榨取剥削。人民惶恐畏惧,不能自保,于是就专事依赖神明的保佑与信仰的安慰去忍受他们不能避免的痛苦。榨取阶级也鼓励人民皈依宗教,因为宗教是一个很便利的麻醉品,能使人民忘记他们的苦处。这个宗教观是否妥当,实际上无关紧要;它是一个向宗教进攻的利器。最少帝俄之下的宗教的确是被政府当作人民的麻醉品去应用,所以革命之后新政权与教会是势不两立的。第十章就讲到这种不可并立局面下的政教冲突。教会占胜利的机会本来就很少,但它连所余的一点机会也不知利用。例如 1921 年俄国大饥,教会不肯出全力救荒。最后政府决定没收教会积蓄的许多宗教上不必需的金银器皿与各种珠宝去救灾民,教会却极力反抗。这种难以置信的愚顽不仁的行动等于自杀,连教士内部都有人提出抗议,已经微弱的教会因而又分裂为两派。今日教会在乡间虽然仍有相当的势力,但在都市中已经不大惹人注意。

第十一至第十三章叙述反宗教运动的方法。在物质方面许多教堂都被没收,在思想方面反宗教同盟又刊行杂志与小册一类的反宗教宣传品。这种运动不能说没有成功,因为都市的青年大多已不信宗教,认为纯现世主义的五年计划与唯物哲学就可占领他们整个的人格。但青年中仍不免发生"人类由何而来?","人类为何而来?","人类到何处去?"的问题,这都是共产主义所不能满意的解答的。并且反宗教运动根本是一种消极的运动,除少数"反"的热狂家之外,一般人对它不易发生兴趣。虽有政府的保护提倡,反宗教运动已使人感到厌倦,在乡间与偏僻的地方甚至有时招致人民的反对。

最末在第十四章著者对于宗教在苏俄的前途提出他个人的见解。反宗教家相信十年之内宗教的势力就要完全消灭,但著者认为问题并不如此简单。即使我们承认共产主义的宗教观,认宗教为压迫恐惧下的产物,即使我们又承认共产主义的理想社会将来真能实现;但未来的理想社会决不会像古今的宗教家与今日的共产主义者所想象的极乐世界。在任何的主义之下,我们很难想见战争,饥荒,瘟疫,水旱,地震,夭折,失恋,失望,以及其他各种意外或非常的事会完全绝迹;至于人类何来,何为,何去的问题更是人性所必要猜想的宇宙之谜。这都是引起恐惧，疑惑，追求，信仰的现象；并且是人类根本不能完全理解的现象。共产主义在初胜的狂欢之下或者可以不理这些问题，但人类只要仍是人类，这些都是不可避免的问题。

著者个人仍然笃信宗教，同时对苏俄政治又很表同情。全书由始至终态度非常客观，在英文同样性质的作品中是很难得的一本书。

（原载清华大学《社会科学》1936 年 1 卷 2 期。）

评雅斯贝斯著《近现代中的人》①

19世纪以前西洋虽然变化甚多,但历代都以自己的时代为固定不动的,永久的。19世纪以下,尤其欧洲大战以下的今日,大家都感到时代有如流沙,顷刻万状;每人无论自己的境遇稳固与否都觉得整个的时代是不稳固的。这种普遍的心理渐由西洋传播到全世界。从前的人相信大局与环境是固定的,所以个人的地位反倒重要,在固定的环境之下,每个人可恃自己的能力去活动立业。现在的人都感到个人的力量微乎其微,环境的急速变化似乎不由人力,人力也没有控制环境诱导环境的能力;并且个人努力的目标与最后所得的结果往往不相合,甚至正相反,使人心中异常苦闷。人要支配环境,结果反被环境支配。旧的世界已成过去,新的世界还未来临。没有人相信现在的局面能够持久,但也没有人知道新的世界到底怎样,甚至很多人对新世界来临的可能根本怀疑。

今日的世界过于复杂,所以没有人知道此时此刻的整个局面到底如何。但Jaspers教授相信我们不妨勉强去探讨今日的情势。1800年世界的人口约为八万五千万,今日已增加到十八万万。这种骤增的人口全靠科学与机械的进步来维持。人类全部生产与消费以及一般日常的生活都在一定的规则与集中管理之下进行,以致个人的自由完全失去,每人只是庞大机械中的一个渺小机件。因为人口大增,人类相互的关系日趋密切,所以今日才有所谓"群众"的问题。整个的政治社会机构都为的要设法叫群众有饭吃,同时也有人出来利用群众,麻醉群众,呼群众为主人翁,推群众为最后的统治者。但群众实际并没有统治的能力。今日所谓群众政治实际只是一种抽象方法的政治。多数人无可无不可,不参与政事。其余的人用投票选举或其他的方法干政,但实际一切都由少数有组织的人把持操纵。然而这少数人的行动都以全部群众——大部不管事的与小部管事的——的名义为根据。今日

---

① *Man in the Modern Age.* By K. Jaspers. Tr. from the German by Eden and Cedar Paul. Henry Holt and Co., N. Y., 1933.

的领袖都须要谋求群众的利益,虽然这种利益往往只是口惠。如此看来,所谓主人翁的群众实际是一个非常抽象的动物,所谓群众政治也是一个难以捉摸的鬼物。

在机械化与群众独尊的局面之下,个人的地位无足轻重。今日除极少数有特别知识或特别技能的人之外,一般人在社会上都没有长久固定的地位。甲能做的事,乙也能做。今天由甲作,明天换乙去作,甲就须另谋发展,或赋闲失业。从前连一个最贫贱的人都有固定的地位,今日连一个所谓领袖的人物对于自己的地位也没有把握。一般人对于工作并不感觉兴趣,因为工作并不是终身的职业。工作无聊,可以说人生最大的快乐已经丧失。

家庭在今日有消灭的趋势。大多数人都没有互连,居室都是与军营相似的蜂巢式的房屋,只是夜间睡觉的地方,并不是家庭生活的根据地。所以搬家成了常事,因为一般人实际都没有"家"。父母对于子女的影响日愈减少,离婚日多,终身不正式结婚的男女也不少。今日性学的发达与性学书的风行,正是证明家庭的破裂。从前家庭与婚姻没有成过严重的问题,所以没有人去注意。

教育在固定的时代有固定的内容与目标,当时社会所认为最高的价值都靠教育保持流传。今日整个的文化流动不定,因而教育的目标也无准则。有人无所适从,就提倡尊古,把今日无人信仰的前代传统全部灌输给现代的青年。又有人认为教育的目的只是为供给学生一个谋生的工具。实际大家谁都找不到门路,这是今日教育学说与教育书籍所以流行的原故。各种新奇的教育学说与教育试验都表示教育事业的迷失正路。今日的教育特别崇拜青年,认为未成熟的青年能指示教育的方针。同时因为成年人没有把握,青年人也就日渐进取,认为他们自己真能找出路,无需成年人指导。因为教育学说与教育内容变化无定,学生出校之后不久就感觉落伍。所以今日各国都有成年教育的可怜呼声。

著者对于未来的趋势十分焦心,人类或者会盲目的自杀也未可知。今日大家所作所为,几乎都是自发行动。群众的时代否认个人的自由,著者相信只有恢复个人的自由人类才有出路。但他没有说明这个自由如何恢复,他自己似乎也怀疑有否恢复的可能。

这类的书近年来欧美各国都出的很多。美国 Joscph Wood Krutch 的 *The Modern Temper* 沉痛的叙述摩登人类的消极与悲哀。德国 Oswald Spengler 的 *Der Untergang des Abendlandes* 断定人类历史的将来一定与已往同样的痛苦;Keyserling 写了许多书,倡导一种江湖派的假乐观主义,实际对于将来也感到无望。英国 R. G. Wells 发表的短文与长书更多，热心的为迷途的人类寻出路；但 Wells 的见解时常变换，证明连他自己也还没有找到出路。Heidelberg 大学 Jaspers 教授的书也是这一类的时代产品，很值得一读；可惜著者也犯德国人的通病，书中有许多微妙虚玄的语句，读起来好像是梦话。

（原载清华大学《社会科学》1936 年第 1 卷 3 期。）

读高级中学课本《世界近代现代史》上册

　　编写课本，尤其编写中学课本，在很多方面是较比编写专门著作要困难的，因为它在思想性、在科学性、在艺术性方面都同样地有高度的要求，三者缺一不可。由李纯武同志主编的《世界近代现代史》上册和由杨生茂、李纯武两同志合编的《世界历史》下册，在这些方面的成功都是很高的。这里仅就上册说一说：首先，思想性强，是新课本的一个显著优点，而在发挥思想性中又能经常注意到科学的严正要求。例如第一章讲到 17 世纪的英国资产阶级革命，第三章讲到具有资产阶级革命性质的北美独立战争和美国的成立，第五章讲到 18 世纪的法国资产阶级革命，以及其他各章讲到另外一些资本主义国家时，都能通过对于重要历史事实的正确叙述和解释分析，使学生对于资本主义国家的性质，获得一个明确的认识。这样，就达到了通过历史的具体学习而自然而然地，毫不勉强地贯彻政治思想教育的目的。这是历史课本的一个中心目的和中心任务。

　　像上面一类的情形，在课本中是不断遇到的。例如第九章讲到 1848 年的欧洲革命，虽然是各国分节叙述，却始终抓住主题，使学生清楚地认识当时各国的资产阶级已不再是革命的阶级，而唯一将革命进行到底的革命阶级已是无产阶级了。再如讲 19 世纪晚期到 20 世纪初期各主要资本主义国家发展为帝国主义国家的第十六到第二十一各章，在不忽略帝国主义的一般性之中，对于每个帝国主义国家的特殊性都作了简单明了的交代，使学生在一般的认识之外又能获得个别具体的认识。

　　课本对于人民群众在历史上地位的问题，处理得甚为恰当。由第一到第十三章，凡是讲到资产阶级革命或民族统一运动时，总是把人民群众的作用尽量体现出来，讲到法国革命的第五章，在此方面描绘得尤为具体，给学生一个人民群众是历史创造者的清楚印象。当然，在这个问题上是受到史料的限制的：过去的史料大部为统治阶级所忌，对人民群众的活动不是埋没，就是歪曲。在这种事实困难的条件下，课本编者作了最大可能的努力：文字的描述不足时，用形象化的插图方法来补充，人民起义或人民参加革命运动的一些形象场面,对文字的描述是有强烈的发挥作用的。

思想性和科学性虽是一切作品的主要方面,但课本在各类作品中又是特别要求艺术性的。课本必须易于理解,易于接受,否则即或思想性和科学性都无问题,也不能达到课本的目的。《世界近代现代史》编者在此方面所作的努力,在每一章中都是显著的。就文字的描述而论,繁简适中和活现生动是课本的两个特点。历史课本中史实的适当压缩,是一个不容易解决的问题:简化是必需的,但又要避免空洞的概念化;既要照顾到中学学生的理解能力,又须注意到课本的篇幅限制。课本编者基本上掌握了这一个难以掌握的原则。例如在法国资产阶级革命由三级会议,经过国民会议,到制宪会议这个斗争逐步尖锐化的过程中,事实甚多甚繁,过去一般中学课本都叙述得相当详尽,实际恐怕往往详尽到超越了学生所能驾驭的程度。新课本的叙述提纲挈领,琐细的事从略,是更适合于中学教学的需要的。

在叙述和分析重要历史事件的时候,课本的文字是特别生动的:"六月起义"(试教本第81—84页)和"巴黎公社"(第132—138页)两段都是很好的例子,对于工人阶级英勇奋斗的精神描绘得活现逼真。又如关于路易十四时法国贵族与平民生活的强烈对比,刻画得甚为透彻。这一类的生动文字,不仅给予学生一个深刻的印象,并且通过深刻的印象又给予他们一种难以磨灭的阶级教育。

使课本文字生动的,还有一面,就是文学材料的适当引用。在讲1848年匈牙利革命时,引用了革命诗人裴多菲号召人民起义的《民族之歌》(第90页),在说明美国宪法为保障有产阶级利益的宪法时,引用了一位诗人称有产者为"吸血的寄生虫"的诗句(第20页),这比编者用数倍于此的文字去描写,效果还要大些。有代表性的文学作品,是最直接最现实的史料;如果善于运用,都可从正面或从反面生动地说明问题。此外,课本又时常引用历史人物在历史现场所讲的针对眼前问题的话,其效果与文学作品的引用是一样的,都能从正面或从反面给学生一种深刻的印象。这是新课本的一大特点,也是一大优点。

课本的插图丰富,一般都是经过精选的,其中有些插图可以帮助学生了解历史事件,有些地图又能给学生一种一目了然的时间空间的概念。总之,它们都能加强教材的感染力,给予学生形象化的教育。

最后,还有一件小事,应当予以指明,就是新课本对于译名的认真负责。例如1848年匈牙利革命领导人之一的 Kossuth,过去多依英文读音而译作"噶苏士",新课本按照原文读音改译为"柯树特"(第90页),这种名从主人

的做法是极其正确的,是译名的一个基本原则。当然,我们无需主张重新审核一切的旧译名,对于一般社会习用已久的译名,即或不甚恰当,也就只有听任它了。但社会上一般很少应用,而只为某一科学部门内专门使用的名词(如历史科学内专用的 Kossuth 之类),如果旧译不妥,在今日是应当考虑改译的。这也可以算为向科学进军中一个小的而必需的项目。

新课本并非尽善尽美的。在科学不断进步、教学不断改善的今日,是不会有十全十美的课本的。课本的缺点恐怕主要须靠教师同志在教学实践中去发现,发现后提出与编者商榷。笔者此处提出两点,是否恰当,请编者和教师同志指教。

课本名为《世界近代现代史》,但上册实际上仍偏重于欧美历史(该书下册,亚洲国家历史占有一定地位),亚洲国家除了资本主义化的日本外,只讲了当时为英帝国主要殖民地的印度。这种做法本不自今日始,也不是中国所独有的情况,它是由来已久的一种世界性的情况。但我们中国既是一个亚洲国家,并且是一个亚洲的大国,在我们的世界史课本中就必须考虑亚洲各国所当占有的恰如其分的地位。这对于培养学生世界范围地看世界问题,而不是欧美中心地看世界问题的习惯,是非常重要的。

其次,关于资本主义开始发展并且逐渐上升的 17、18 世纪,课本中只讲了英、美、法、俄四国,与资本主义发展或多或少都有关系的其他欧洲国家也都略去。这种做法,也是有它的历史渊源的。十几年来,由于一种误会和误解,认为中学的世界近代史主要地是由法国革命开始,法国革命以前只把英美的革命稍谈一下即可,其他的欧洲国家好似都无足轻重。但中古史却是郑重其事地把所有的国家都清楚交代到 17 世纪中期的。结果在中学的历史教学中,17 世纪中期以下的一百五十年,成了没有父母的孤儿,谁也不去照管。这种做法的影响是相当严重的:它使以后讲到 19 世纪各国的革命时,许多历史的来历都看不到了。此中当然牵涉到课本的篇幅问题。但篇幅问题是技术问题;亚洲国家的去取,17、18 世纪一般欧洲国家的去取,是体例和原则的问题。体例和原则的问题如果得到妥善的解决,技术问题是容易解决的。

上面的问题又引出另外一个问题,就是近代史的分段问题。课本把近代史分为两编,第一编由英国革命到第一国际,前后二百三十年,第二编由巴黎公社到第一次大战前夕,只有四十多年,这显然是一种不平衡的分段法。这种分段法也来自上面所谈的误解。当初近代史由法国革命开始,以 1870 年左右为分界线,上编约八十年,下编四十多年,是说得通的,现在对法国革命前那一百五十年已不像过去那样完全弃置不顾,而仍然以 1870 年为界去分段,问题就不同了。这不仅是时间长短相差太多的问题,1640 到 1870 年的两个世纪以上的时间,在资本主义的发展上变化甚多,合为一编,在认识上是把问题简单化了。

上面提出的几个相互联系的问题,实际并不是课本编者的特殊问题,而是整个史学界的普遍问题,也可说是一种业务思想的根本问题。这个问题不能完全依靠课本来解决,但中学课本如能编得视线概括、认识全面,对于整个问题的解决是可以发生一定的推动作用的。

(原载《历史教学》1956 年第 7 期。)

翻译中的小问题一束

　　自清末开始介绍西学以来，国人无论是翻译西文书籍，或根据西文资料从事编著，时常因观念上的认识不清而发生对于文字的误解。有一些误解根深蒂固，几乎可说已经成为学术界的传统。另外又有些名词与观念，始终模糊不清，没有成为一种错误的传统，因为根本还没有成为传统的资格，大家对这些只是似懂非懂而已。笔者把自己经验中所曾注意到的以上两种现象，愿列举一些例证，就教于翻译界的各位工作者。

一、"德意志"与"日耳曼"

　　因为英文中对古代的日耳曼与近代的德意志，都称为 Germany，对古代的日耳曼人与近代的德意志人都称为 German，所以在我们中国懂得外语的学术界绝大多数人只懂得英语的情形下，就无形中发生了一种错误的认识，以为近代的德意志就等于古代的日耳曼，今日的德意志人就等于古代的日耳曼人，在翻译的或编著的西洋史书中，于是也就往往称中古与近代的德国为日耳曼。许多人好似认为"德意志"是 1871 年俾斯麦帝国成立时才创的新名词，前此是清一色的"日耳曼"。这是与事实全不相符的想法。"德意志"一词，到今天已有一千年以上的历史，并且一千年以来，中欧那个最大的民族一向自称为德意志人，在政治机构的组织上也总是自称"德意志"，向来没有称过"日耳曼"。我们把一千年以来，在中欧那一大块土地上所曾有过的政治组织，列表如下，德英中三种文字对照，就可一目了然（德文名词后，附列年代）：

德　文	英　文	中　文
（1）Das heilige römische Reich Deutscher Nation （962—1806）	The Holy Roman Empire of German Nation	德意志民族的神圣罗马帝国
（2）Der Deutsche Bund （1815—1866）	The German Confederation	德意志邦联
（3）Der Norddeutsche Bund （1866—1871）	The North German Confederation	北德意志邦联
（4）Das Deutsche Reich （1871—1918）	The German Empire	德意志帝国

　　上列四种名称，第二三两种，虽然有例外，但多数的中文西史书中都把"德意志"写为"日耳曼"，或两词随便混用。第四种名词，因为眼前的德人的确以"德意志"自称，所以多数的书中都写"德意志"，但仍有少数的译者或编者，把这个帝国也称为日耳曼。至于第一个名词，因为在英美人的作品中很少引用全名，普通都只写为 Holy Roman Empire，所以中文书中也就只有"神圣罗马帝国"。"日耳曼民族的神圣罗马帝国"一词，幸而因为没有英文为依据，所以在中文书中尚未出现。

　　德意志（Deutsch）一词，初见于 9 世纪，当时中欧的一些日耳曼部落的人，开始感觉到他们的语言与东方的斯拉夫系统的语言及西方的拉丁系统的语言都不相同，于是开始称他们自己的语言为 Deutsch，不久也称说这种语言的人为 Deutsch，这可以说是最早的，仍然不甚清楚的，德意志民族观念的表现。但到 10 世纪神圣罗马帝国成立时，此种语言与民族的独特感已经相当成熟，所以在他们国家的正式称号"罗马帝国"或半正式称号"神圣罗马帝国"一词之后，又加上一个非正式的形容词，"德意志民族的"。此后一千年，一直到如今，"德意志"就是这个国家、民族、与语言的专名，始终未变。

　　但我们不要发生另外一种误会，以为在 9 世纪以前，中欧这个民族自称为"日耳曼"。从古至今，向来没有任何一种人曾经自称为日耳曼人。在九世纪以前，中欧所有的是许许多多的部落，每个部落各有专名，但部落与部落之间并无机构上的联系，所有的部落合起来也无总名。"日耳曼"一词是古代的高卢人（今意大利北边与法国地方的古民族）给这些部落起的总名。高卢人最早与中欧的这些部落发生接触，发现他们互相之间的语言与风俗习惯大同小异，于是给他们起了一个总名，其当初的取义已不可考。罗马

人，无论是在空间上或在认识上，都是经过高卢而与中欧发生接触的，所以也就从高卢人接受了这个名词，在拉丁文为 Germania。今日欧洲各国又都经由拉丁文中，学得这个名词；连今日德文中的"日耳曼"一词，也是由拉丁文学来。一直到 9 世纪时，各种日耳曼人仍是各拥专名，也始终没有接受外人给他们起的总名。适在此时，集中在中欧的一些日耳曼部落开始自称为"德意志人"。较比略晚，其他的一些日耳曼部落开始自称为丹麦人、瑞典人、挪威人、英格兰人等等。至于"日耳曼"一词，如上面所讲，原由外人所创，到了中古与近代，在欧洲各国都成了学术上的名词，特指日耳曼体系的语言而言，就是德、丹、瑞、挪、英、荷各种语言。今日欧洲各种文字中由拉丁文 Germania 一字变化出来的字，除指古代史上中欧的那些部落外，都只有此种专门学术的意义，一个未受教育或只受过很浅的教育的欧洲人（包括德国人在内），根本不认识这个字。读到近代的"德国"与"德国人"，各种语言都另有专字，西欧唯一重要的例外就是英文。但英国一个没有知识的人，根本不晓得有所谓"日耳曼"，他用 German 一字时，心目中是指的眼前的德国人，没有意义不明处。一个知识高的英国人，对于日耳曼与德意志的分别，认识的相当清楚，两种概念虽用同一个字表现，但也不致发生混乱或错误。这与我们中国的情形不同：我们是因根本的认识不清而把"日耳曼"与"德意志"两词混用与乱用，以致在许多人脑筋中造成一种似是而非的模糊印象。

我们上面讲了这一大篇话，并不完全是为的清算旧日的一笔糊涂账，也是为今后着想。我们现在已开始注重俄文。事有凑巧，在这一点上俄文是与英文一样的。在俄文中，古代的日耳曼与今日的德意志，都称为 Германия，这是一个字母不变的由拉丁文的 Germania 对拼而来。"德人"与"德语"，在俄文中还另有一字表示，但 Германия 的变格字有时也可与这另一字互用。所以大家在学习俄文之初，最好就注意此点，免得把学英文时所造成的错误，到学俄文时仍然原封不动的保存下来！

（原载《翻译通报》1950 年第 1 卷第 4 期。）

翻译中的小问题一束(二)

1950 年,五十年代,及其他

今年是公元 1950 年,我们也时常讲到五十年代,但 1950 年在所谓五十年代一个概念中所处的地位,恐怕在有些人的脑筋中并没有太清楚的认识。实际在欧洲各国的文字中,对于一个世纪的每个十年,有两种不同的说法,而这两种不同的说法,大致的意义虽然相同,严格的讲来,上下却都交错着一年。例如 1950 年,就所谓五十年代的说法来讲,是五十年代一词所表示的十年中的第一年,而就另一种说法来讲,却是一个十年单位中的最末一年。为清楚起见,我们列表如下,在西文中举英俄两种文字,与中文译名并列,并在第(1)类的英文名词前附列各种欧洲文字所同有的阿拉伯数目字的写法,以醒眉目:

公元年份 (20 世纪)		英 文	俄 文	中文译名 (或拟名)
(一)	(1)1900—1909	1900's: The nineteen hundreds	[Тысяча] Девятисотые годы	1900 年代 1900 年代(拟名)
	(2)1901—1910	The first decade [of the twentieth century]	Первое Десятиђетие [двадцатого века]	[20 世纪的] 第一旬纪(拟名)
(二)	(1)1910—1919	1910's: The nineteen tens	Десятые годы [двадцатого века]	[20 世纪的] 一十年代(拟名)
	(2)1911—1920	The second decade [of the twentieth century]	Второе десятиђетне [двадцатого века]	[20 世纪的] 第二旬纪(拟名)

公元年份 （20 世纪）	英 文	俄 文	中文译名 （或拟名）
（三）{（1）1920—1929	[19]20's：The twenties [of the twentieth century]	Двадцатые годы [двадцатого века]	[20 世纪的] 二十年代（拟名）
（2）1921—1930	The third decade [of the twentieth century]	Третье десятилетие [двадцатого века]	[20 世纪的] 第三旬纪（拟名）

  关于上表中所显示的问题，我们下面可依表中的次序逐条讨论。但在逐条讨论之前，我们先谈一个整个的问题，就是与"中文译名"栏下所列的"旬纪"一词有关的问题。这是笔者所拟的汉译名词，提出请大家指教。英文中的 decade，俄文中的 десятилетие，广义上指的是任何一连的十年，在此广义的用法上，除有特殊情形外，我们往往仍可简直了当的译为"十年"或"几十年"，无需另造语法。但此字尚有一个特别的用法，是指的每个世纪整齐均分的十个十年。这个用法，就是上表中第（2）类的用法，无论在英文，在俄文，或在欧洲其他文字中，都不像第（1）类用的那样普遍，所以至今在中文中尚无通用的译名。我们暂拟的"旬纪"或相类的一个译名似乎是需要的，因为如果说"第一个十年"，"第二个十年"，虽是可通的中文，却不是好的中文。并且在过去，因为这个问题未甚惹人注意，所以在报纸刊物上，有时发生把"四十年代"与"第四旬纪"混为一谈之类的事。我们就上表中所举的各项为例，就可看出，"第三旬纪"大致等于"二十年代"，其中只交错着一年。我们若咬文嚼字，这两者当然也不相等。但两种说法，本来都是为纪年的方便，在绝大多数情形下都是约略的说法，所以我们仍不妨说"第三旬纪"是与"二十年代"相等的，"第四旬纪"是与"三十年代"相等的。但我们行文或说话时，必须把观念弄清，否则在世事瞬息万变的 20 世纪，一个数字之差，就可错上十年，实在非同小可。例如我们目前仍然身处其中的 1950 年，若按第（1）类说法，就是"五十年代"的第一年，若用第（2）类说法，就是"第五旬纪"的最末一年。明年，1951 年，是"五十年代"的第二年，是"第六旬纪"的第一年。其他以此类推。1950 年已至年尾。再过不久，在各种欧洲文字的印刷品中，除今年已开始时常遇到的第（1）类说法，当然译为"五十年代"外，由明年元旦起，我们有时也会遇到第（2）类说法，到那时却要特加小心，千万不要译为"六十年代"，以致把自己置身于未来的世界！

  下面我们依表逐条讨论。

  第（一）（1）——世纪最初的十年，若用数字的说法表示，在所有的欧洲文字中都感到困难。因为若用阿拉伯数目字,两个关键的数目字是两个"零",叫人有无从下手之感;若用大写,关键的字只是一个"百"字,也不知当作如何说法。这都是令人无计可施的难题,所以无论是用阿拉伯数目字也好,是用大写也好,都只有用和盘托出的办法。译为中文,也有同样的困难,就我们 20 世纪的最初十年来讲,也只有啰里啰唆的译为"1900 年以下的十年代"。是否有当,请大家考虑。这个名词,在今日的报纸杂志上,很少再有用到的机会;但在各种西文现代历史或国际政治的著作中,还时常遇到,似乎当有标准的译法。(严格讲来,公元 1900 年是属于 19 世纪的;但这又是咬文嚼字的问题,不必多论。)

第(一)(2)——这个问题比较简单,无可多讲。提到本世纪的第一旬纪时,若由上下文就可清楚的知道是讲的目前的世纪,而非过去的某一个世纪,"二十世纪的"形容语句就可省略。在意义不太分明时,这个形容语句必须加上,以免使读者发生误会,或作不必要的返复阅读。

第(二)(1)——这又是比较复杂的一个问题,英文与俄文的语法稍有不同。在英文中没有"the tens"的说法,必须把全部语句说出,用阿拉伯数目字也必须四个数字齐举。俄文的语法比较灵活,可有英文中所无的省略办法。在此处,中文可以不必依从英文,而照俄文译为"一十年代",与此后的"二十年代","三十年代"等等一气直下。"一十年代"或与它相等的名词,在过去中国的书报上向来没有用过,因为在公元 1919 或 1920 年以前,中文中还没有采用这种纪年的办法。但这也与上面所讲的"1900 年以下的十年代"一样,至今在西方各国出版的现代史或国际关系的作品中还时常遇到,我们还是需要一个大家公认的译法。

第(二)(2)——无论在英文或在俄文,或是中文的译法,都与第(一)(2)道理相同,说法也相同,无可讨论。

第(三)(1)——这里有上面尚未论到的几点。由此开始,无论英,俄,或其他的欧洲文字,就都有简单化的说法,就是等于中译"二十年代"的说法,只有在上下文意义不清时加上"二十世纪的"形容语句而已。在欧语中,若用阿拉伯数目字,普通前面那表示世纪的"19"两字也都省去。

第(三)(2)——与上面第(一)(2)及第(二)(2),同理同法。

上表只列到第(三)为止,因为自第(四)以下,(1)(2)两种纪年法,就都与第(三)理同法同,不必枉费篇幅去列表或讨论。至于中文,在第(1)种纪年法上,已有流行多年的简便恰当的译名,无可再议;在第(2)种纪年法上,本文所拟的"旬纪"一词,是否妥当,还请大家考虑决定。

"世纪"一词,是通行已久的译自欧语的名词。"世"字原意为"三十年",在这个译词中引申为"百年"。"旬"字最古的意义为"十日",但很早讲到月数或年数时就已用"旬",所以若按中国文字的用法来讲,"旬纪"的译名可说是原有所本,"世纪"反倒是全属新创的引申名词。

论"英伦三岛"

英国人把自己的国土作为一个地理学的名词时,间或用 British Isles 一词,在中文中普通都是把它译为"英伦三岛"。假如一个能读中文的英国人看了这个译名,他将瞠目不知所指,他做梦也不会想到他的国土是由三个海岛组成的。这个译名由来已久,在满清末年已经流行;在当初并且不是译自 British Isles,乃是由误解而来。当时的"联合王国",主要的有三个部分,就是英格兰,苏格兰,爱尔兰;当时的人又模模糊糊的知道"联合王国"是一个岛国,所以就望文生义的认为三个"兰"就是三个岛,硬造出这个奇特的名词。而因为我们中国旧日的文人一向喜欢用"三"为不多不少的标准数目字,所以到后来虽然知道联合王国并非三岛,这个音调协和的名词也总舍不得放弃,直到今日仍见于报章杂志中。讲一句老话,这实在是"不可为训"。

联合王国的土地,在第一次大战之前,是由不列颠与爱尔兰两个大岛及许多小岛组成的。第一次大战之后,爱尔兰的主要部分,先是成立自治领,后又成立与联合王国的关系藕断丝连的共和国。到第二次大战之后(一九四八年),爱尔兰已经正式宣布独立,与联合王国断绝一切政治上统属的关系,今日只有爱岛北端的一角尚属联合王国,今日联合王国的土地主要的就是不列颠一个大岛,外边围绕着一些小岛,这就是所谓 British Isles。但无论过去或现在,在一般英国人的心目中,对于自己的岛国都没有一个数目字的概念,没有"三",也没有任何其他的数目字的想法。如果我们非要一个数目字不可的话,英国人可说是只用单数,勉强可说是等于"一"。他们间或称自己的国为"我们的岛"(Our Island),所指的就是不列颠岛。其他的岛都小不足道,除了那些岛上的居民外,一般英国人的意识中很少特别想到它们。像我们中国人这样喜欢把英国与一个数目字,并且是一个错误的数目字,联想在一起的情形,在一个英国人是不能了解的,甚至可说是根本不能想象的。

有人或者认为"英伦三岛"一词既已习用,大家都知道其只为顺口的说法就算了,何必如此认真的辩难?我们撇开知识应当尽可能的认真准确的大道理不谈,专就所谓"大家都知道"一点而言,已经大有问题。不必说一般读书或入学年时较浅的人,由每年大学入学考试的地理试卷中就可知道,大多数高中毕业生的地理知识是贫乏错乱到如何惊人的程度。如果有人有此兴致,不妨选择一个人数较多知识较高的团体,作一次测验,看看有百分之几的人知道所谓"英伦三岛"的底细,恐怕脑中认为欧洲西北角(或模模糊糊的某一方位)真有一个国土由三个海岛合成的国家的人,并不在少数。旧日的文人,为作诗作文时用典的方便,造出一大串牵强附会以"三"为准的名词,尚无大害。今日这个"英伦三岛"的"三",恐怕却要负不少误人的责任;为避免恶劣影响长此继续,我们最好是永远不再说不再写"英伦三岛"。

还有一点。我们不要只想英文或其他西文译成中文的问题,也要想中文译成英文或其他欧洲文字的问题。我们自撰的文字中,也常常见到这个"英伦三岛"的名词;无论是一个通西文的中国人或通中文的西方人,如果要把它译为任何一种欧洲文字,请问我们要叫他如何译法? 所以左思右想,我们最好还是决心割爱,放弃这个音节铿锵的名词!

British Isles 一词,笔者认为可以译为"不列颠列岛"或"英伦列岛"。"列岛"与"群岛"两词,意义相同,但使人发生的感觉却不相同,"群"叫人感到是多于"列"的。因为 British Isles 体系中的岛数并不很多,译为"列岛",比较恰当。

附　论

本文第一则(德意志与日耳曼)在本刊第四期发表后,承袁昌英先生对"日耳曼"命名来源的问题提出商讨(本刊第五期第十二页),笔者非常感激。对于袁先生提出的一点,谨简单奉答如下:

(1)袁先生所提出的意为表亲的法文字 germain,在英文中及欧洲多数属于拉丁体系的语言中也有,都来自拉丁文中的 germanus 一字,为"同胞兄弟姊妹"之意。

(2)在古拉丁文中,除第一字母大写或小写的分别外,这一个字同时有"日耳曼人"与"同胞"两个完全不同的意义。

(3)古拉丁文中"日耳曼"一词的来源,是欧洲学者曾作过不少专门的反复讨论的一个问题。这种讨论的性质与过程,此处无需介绍。总的结论可分两方面讲:积极方面,认为是来历不明;消极方面,认为同一字的大写与小写,只是一种巧合,并无任何字源上的关系。这种情形,在所有的文字中,尤其是在拼音的文字中,都是可以遇到的事。或出偶然,或出误会与附会,两个字极相近似,甚至完全相同,而实际毫无关系。

（4）袁先生所想到的,无意中与古人不谋而合,远在二千年前罗马人就已感到此事的可怪。在古典拉丁文的作品中,就已有人把这大写与小写的两个字,作为行文时的谐语去应用。

（原载《翻译通报》1950 年第 1 卷第 6 期。）

翻译中的小问题一束(三)

翻译中的分位制与命数法

我们中国一向在写比较大的数目字的时候,是采取四分位制,欧美各国则采取三分位制。这是因为我们的命数法大致每四位一变:西洋大致每三位一变的原故。自与西洋交通后,我们的政府机关与银行商行,两制并用,时常发生混乱。为避免此种混乱现象,并符合国际习惯,中央人民政府财政部已于一九五○年四月下令,规定由五月一日起全国一律采用三分位制,多年纷乱不决的问题至此得到最后的解决。我们现在不要再谈这个问题,而是要谈与此有关的欧洲文字命数法中几个大的命数词在翻译时容易引起错误的问题;这种错误,最少一部是与分位制的不同有关的。为讨论方便,我们先列表如下,然后再依表加以解释:

中国	百十[兆]，千百十，[亿]千百，十[万]千，百十个
欧美	百十[T]，百十[B]，百十[M]，百十[千]，百十个
英国	百十[B]，百十千千／千千 千，百十[M]，百十[千]，百十个

注:M＝Million.

B＝Billion.

T＝Trillion.

□内字为数名词,与后面各位大数连用。

表中第一行是按法定命位制写出的中国现行命数法(过去曾有各种不同的大亿小亿与大兆小兆的说法,与本文所谈的目前实际的问题无关,一概从略。在本文中我们只依现行的办法命数)。至于西洋,在相当于我们中国的"亿"以前,各国的说法都完全一致。自此以后,就有所谓"大陆制"与"英国制"的分别了;北美合众国采取的是欧洲大陆的办法,所以"大陆制"又可称为"欧美制"。我们的"百万",欧洲文字中称为 million(此字在各种欧洲文

字中的写法，大致相同；在俄文中，除字母的形象外，拼法也一样）。一千个 million，就是我们的"十亿"，欧洲大陆与美国称为 billion；但在英伦，就只称为一千 million。英伦的 billion，是一百万与一百万相乘之数，等于我们的"兆"；在大陆与美国则称这个数为 trillion。英伦又另有 trillion，那数目就更大了；但这个大而无当的数目，除在极度专门性的自然科学的特殊场合，很少用到，可以不论。我们现在要提出请大家注意的，就是由欧洲各种文字翻译时，如遇到这类的大数目字，应当特别慎重，以免误译：

（1）过去报纸刊物中，误译 billion 为"亿"的例，时常发生。过去此种情形发生时所根据的外国文字，几乎都是欧洲大陆的一种文字或美国人写的英文，billion 当译为"十亿"。分位制与命数法本是一气相通的。在与欧美的三分位制相应的命数中，billion 是一个三分单元的起点；而在中国旧日的四分位制中，"亿"是一个四分单元的起点，所以偶一不慎，就容易把两者相混。这种起点的字，可说是独立的"数名词"，此后的"十"与"百"（欧美）或"十"、"百"，与"千"（中国），就文法讲，等于形容词，是形容这些独立的"数名词"的。

（2）在不列颠人所写的英文中，billion 一字很少遇到。但假如偶尔遇到的话，我们就须特加小心，当把它译为"兆"，我们接触英文的机会相当多，每在英文中遇到此字时，就必须查明撰者的国籍，否则就有发生极大错误的危险。

（3）如果遇到 trillion 一字，那恐怕一定是欧洲大陆或北美合众国的人写的，也译为"兆"。但假如是英伦人的作品，那就大伤脑筋了，因为我们中国目前还没有相当于英伦的 trillion 的通行命数词。好在这只是一种经院式的讨论，实际上大概不会发生这个问题。

因为我们时常翻译外国文字，又因为在外国文字中时常遇到大写的或用阿拉伯数目字写的较大数字，再加上我们中国传统的命数法与现行的三分位制不能完全恰合，而西洋世界又有两种相差甚大的命数法，笔者建议像上面那样一个命数与分位对照表，今后要在各种常用的工具书，表册，历史，辞典，日记簿，账簿一类的印刷品的前面或后面，大量印制，叫经常从事翻译工作及经常与大的数字打交道的工作人员，随时可以参考，以免发生错误，更可免每次都要统一番脑筋的痛苦。

补论纪年名词译法

本文第二则（见本刊第一卷第六期）商讨西文纪年名词的翻译问题，所论限于以十年为单位的两种说法。此外在欧洲各种文字中还有一个名词，为纪千年单位时所用，在英文为 millennium，在俄文为 тысячелетие。这个名词，在过去的中文中也有一个被忽略的问题，在最近出版的有关考古学的翻译品中，有人就把它简单的译为"千年"，而称"第一千年"，"第二千年"等等。这也与我们从前讲到十年单位时所说的一样，"第一个十年"或"第二个十年"，是可通的中文，却不是好的中文。若无太大的困难，我们似乎应当另创新词。译为"千年"不妥，可从两方面讲。

第一，"千年"一词在我们脑中所引起的是一种年数的意识，而非年代的意识：它叫我们想到的是年数的多少大小，而非年代的先后远近。这个名词有时虽然也作为计年数之用，正如"世纪"与"旬纪"也有时作为计年数之用一样，但在多数的情形下是纪年代而非计年数的。为避免使人印象模糊混乱，最好是另想办法。

第二，译此词为"千年"，曾引起较比把我们主张译为"旬纪"的一词译为"十年"尤为麻烦的一个问题，那就是一个世纪不会多过十个十年，勉强说"第一十年"，"第二十年"等等尚无大碍，只有"第十十年"令人稍觉可怪。但这个千年单位的名词，虽然在公元后也用，例如我们现在是生活在公元后第二个千年的末尾，但此词用得最多的是在上古史，人类学，与考古学中，所牵涉的绝大部分都是公元前的事。公元后，至今尚未满二千年，但公元前的年数是多至不可胜数的。在范围大部属于公元前的几门学问中，往往在提到几万年几十万年前时，也用我们现在所讨论的这个名词；假如提到公元前一万五千年到一万四千年之间的一千年时，我们无论说"公元前第十五千年"或"第十五个千年"，都不仅费舌绕口，并且也使人印象含混，就文字讲，也只能说是很恶劣的中文。我们中国在全世界恐怕是考古学的一个最大宝库，此方面发展的前途不可限量，将来用到这个纪年名词的机会一定很多，我们必须有一个面面顾到的新创名词。

笔者认为此词可译为"仟纪"，一方面躲开通用数目字的"千"字，一方面与"世纪"及"旬纪"协和，一致用那个中国自古以来纪年时所最通用的"纪"字。是否有当，请大家考虑。

这个名词有时泛用，所指的只是千年的数目，而非纪年中整整齐齐的千年单位；在这种情形下，我们当然只译为"千年"或"岁千年"就可以了。

（原载《翻译通报》1951 年第 2 卷第 1 期。）

翻译中的小问题一束（四）

基督教、天主教及其他教会团体的译名

近来因宗教界也参加了抗美援朝保家卫国的全国性爱国运动，报纸刊物上时常见到由欧美传来中国的各种宗教团体的名称，另外也有一些一般性的评论分析宗教或教会的文章，至于历年来在世界史，期刊，或其他印刷品中提到欧美宗教名称的，当然更多。但无论过去或今日，在这许多名词的运用或翻译中，都有不少混淆不清或根本错误的现象发生。本文拟将比较基本的常见名词清理一番，希望今后再用这些名词时，能够比较正确。

首先，可谈资格较老的"天主教"。这个名词并非译名，而为明末在罗马教皇支配下的传教士所特创的新名。他们不愿承认中国自古就有的"上帝"与他们的尊神相等，所以采用中国古书虽有而不通行的"天主"一词作为他们神的尊号（见《史记·封禅书》），而称他们的教为"天主教"。由明而清，而民国成立，前后三百年间，名称未变。近些年来，中国的天主教才又开始根据他们正式教名中所用的希腊文与拉丁文的主要形容词 catholicus 一字，而译为"公教"与"公教会"，间或也加上"罗马"一词而称"罗马公教"。但这个名词，除在这个教会内部使用外，在中国一般社会并未流通，连教徒自己普通也仍自称为"天主教"。在中国民间，有时又称它为"罗马教"。因为在满清末年与民国初年，法国人在这个教会中势力特大，所以民间又称它为"法国教"。很有趣的，就是这个教会的中国名称，几乎都不是直接的译名，而唯一正式译名的"公教"又始终未能流通。

宗仰耶稣的原始宗教，自中古初期在欧洲就因政治势力的封立而分东西。我们上面所讲的公教或天主教，是西欧的教会，东欧的教会以希腊文拉丁文所同有的 orthodoxus 一字为正式教名的主要形容词，就是"正教"的意思，因为整个中古时代这个教是以希腊为重心，而正式文字又是希腊文，所以又称"希腊正教"。这个教会有时又半正式的自称为"东正教"，虽然以罗

403

马为中心的教会向来不自称为"西公教"。希腊正教在中国势力不大,不似天主教的遍地设有教堂。中国最著名的希腊教教址是北京东直门内在清初由俄罗斯人设立的教堂,至今北京人称它为"俄国教堂"。在满清末年帝俄在东交民巷设立公使馆后,北京人又以方向而称教堂为"北馆",称使馆为"南馆"。我们如果翻译清末中俄关系的中文文件为俄文或其他欧洲文字时,可能遇到这类名词,届时或直译或意译均可,但若直译,就必须下注解,否则欧洲人读了一定不知所云。

在北京以外,今日在中国有希腊教堂的,除东北外,只有少数比较重要的城市,如天津、青岛、开封、烟台、上海等,信徒很少是中国人。

希腊正教与中国关系较浅,在中国历史上留下较多痕迹的是罗马公教及由此教分化而出的今日所谓"基督教"。"基督教"一词是由拉丁文的 Christianitas 翻译而来,这个字又来自耶稣的神号,就是由希腊文转来的拉丁字 Christus。这个名词,天主教到中国后音译为"基利斯督",至今天主教会中仍如此称呼。但天主教在中文中却不用"基利斯督教"一名。就中国的天主教而论,拉丁文的 Christianitas 与近世欧洲各种文学中由此字变形而出的同一个字,并无正式的中文译名。进入 19 世纪后,16 世纪以下由罗马公教分化而出的各种新派的教会也开始来中国传教。他们到中国后,在传教的方法上与术语的翻译上,部分的采取了天主教现成的一套。至于"基利斯督"这个天天要用到的名词,他们感到太长,为符合中国的习惯,他们去中段而留头尾,简称"基督"。在中国的翻译史上,这倒是有例可援的,汉魏以下中国翻译佛教的经论,遇到太不合乎中国味道的长名词时,常常采用此法。例如由原音译为"阿罗汉"的简呼为"罗汉",由原音译为"菩提萨埵"的简呼为"菩萨",都属此头。但中国的天主教对于新来人的作风,大不以为然,一百五十年来始终不肯接受这个"基督"的简称。这就牵涉到这些新派的公同名称的问题了。

这些新派自 16 世纪与教皇决裂后,用一个拉丁文的名词,称 Protestantis,就是"抗议者"的意思。此字稍微一变,进入欧洲所有的文字中,四百年来甚为通行。在中国,各新派教会方面对此字并无正式的译名。我们中国的西洋史或其他与西洋有关的作品中,一向总称这些派为"新教"与仍然宗奉教皇的"旧教"对称,间或也译为"耶稣教"。新旧之称,意义甚为显明,最少在历史书上如此用,也甚恰当,不必多论。"耶稣教"一词,正与"天主教"一样,完全是创词,而非译名,在古今任何一种欧洲文字中也没有与它相当的一个名词。此词似于新教各派传入中国不久就出现,初创者为何人,已不

可考，其当初取义如何，亦不可解。以"天主"为教名，最少有一时宗教立场的渊源；至于耶稣，是新旧各派所公同信仰的对象，传到中国后"耶稣"忽然成了新派所专有的教名，甚觉可怪。笔者猜想，这并非新教内部的人所定的名称，而是根本不信任何欧洲宗教的中国人士，由于一时的误会与误解而起此名。后来新教内部的人觉得这个名词也还不错，于是也间或引用。无论如何，这个来历不明意义不清的名词竟尔通行，一直到抗战以前未变。

抗战时期，无形中生变，这个变化今日成熟，就是把应当概括一切，在中国历来翻译或编著的西洋史或与西洋有关的作品中一向也认为是概括一切信仰耶稣的教会的公同类名的"基督教"，用为新教各派的总合名称。对此情形，中国的天主教会恐怕要负反面的责任，因为它不肯接受"基督"一词，所以新教也就乐得专有历史上全教的总名。这都是历史实际演变的结果，我们对此没有任何意见。但与翻译有关的，就是我们今后在中文的译品，编著，报纸，刊物中如果遇到"基督教"一词，就必须看上下文才能知道它是泛指一切宗奉耶稣的教会，或是专指 16 世纪以下在西欧由罗马公教分化而出的新教而言；若不小心，就会发生错误的了解。在译中文为西文时，如遇到基督教一词，尤须揣摩周详，以免误译。

"耶稣教"一词，今后似乎渐要作废，但另有一个形象非常近似而意义大不相同的名词，就是"耶稣会"，我们却要特别注意。这是 16 世纪宗教改革时代罗马公教内部所成立的一个与新教斗争的新型修道会，在近四百年罗马教的历史上占非常重要的地位，如果说要认识近代的罗马教，必须由认识耶稣会作起，也不为过。这个修道会的正式名称为拉丁文，Societas Jesu，过去我们的译著以及报纸杂志中，对此词的译法，庞杂错乱达于极点。据笔者经验所及，"耶稣教"，"新教"，"耶稣教国"等，都曾有人译过，耶稣会的会士也就时常被译为"耶稣教徒"。近至 1951 年 1 月的报纸刊物上，仍有此类的错误。上举各译名中，除"耶稣教国"使人迷惑，不知所指外，其他的译词都只能说是大误，因为那几个中文名词在习惯上都有另外全不相同的意义。"耶稣会"的名称，早在明代就已见于中国的史籍，近代历史上最早到中国传天主教的利玛窦等就是耶稣会的会士。过去一百年在中国传教的天主教教士中，耶稣会士也占极其重要的地位。会士的正式西文名称，是一套长的拉丁名词，我们任何的翻译工作者大概都没有遇到的机会。外人称会士为 Jesuite，这本是法国人造的一个含有恶意的名称。但此词流传甚快甚广，除了会士自己始终不用外，此字早已成了通用的名词。

本文在上面所提出的各种希腊文，拉丁文，或法文的正式名词或通用名词,稍一变形之后,都进入所有的欧洲文字中,通晓任何一种西文的人,都一见就可认识。

如开始时已经讲明,本文只谈几个比较根本的常见名词,至于除各教会本身的文件中很少遇到的基督教(新教)各派的名称与译名,一概从略。因为这类派别,在西欧北美不下二百种,其中传来中国的也在百种左右,实在是举不胜举。它们都是全部或大都来自英美的,正式的西文名称都是英文。假若从事翻译工作时,竟然意外的遇到这类名词,无论是中译外或外译中,只有随时请教专家或耐心的去查专书,恐怕任何人都很难事先对此有所准备。

(原载《翻译通报》1951 年第 2 卷第 3 期。)

外国史译名统一问题

　　我们学习外国史，一个困难就是人名地名与专门名词的不易习惯。译名即或正确与标准化，最少在专名一点上，外国史是较本国史要使读者多费一番脑筋的；而多少年以来，除极少数可说是尽人皆知的名词外，外国史上的人地与专名始终是听由每个译者自行决定，通晓外国文字的人读了已常有迷惑之感，不懂外国文字的人自然会把一人认成两三个甚至更多个不同的人。在我们有计划的从事翻译事业的今日，翻译界的这一苦恼应当设法克服。这倒不一定要由实际从事翻译的同志来做，因为他们不见得有此余暇；这是费时费力而表面上不太见功效的一种工作，若有一个全国性的机构来主持，或可较易早日完成。

　　这个工作，须要按时代分为三部来做，就是中古与近代，希腊、罗马，埃及、巴比伦等三个部分，每部各成单位，各有特殊的情形，各需特殊的文字知识。其中范围最广，同时能参加工作的人也最多的，就是中古与近代的一段。这一段所需要的文字知识，主要的为西欧的英法德文，东欧的俄文，与中古以下的欧洲国际语拉丁文，就是普通的所谓中古拉丁文。每一个名词都将五种文字并列，另备一栏"原文"，为原名不属上列五种文字之一时使用。此外有"旧译"，"拟译"，及"注释"三项。举例如下：

英	法	德	俄	拉丁	原文	旧译	拟译	注释
Vienna	Vienne	Wien	Вена	Vindobona Vienna	——	维也纳	维也纳	（见下）
Geneva	Geneve	Genf	Женева	Genava	——	日内瓦	日内瓦	（见下）
Spain	Espagne	Spanien	Исhания	Hispainia	Espana	西班牙	西班牙	（见下）

　　以上三词的"注释"一栏，所需篇幅较多，表格中地位不足，兹特补充说明如下：

　　"维也纳"之名,就近代史言,当然以德文为原文。但此城为古罗马帝国盛期北疆的边镇之一,当时称为 Vindobona。罗马帝国衰乱后,日耳曼人在德意志建起一个新的局面,在这个新局面之下,这个城又成为德意志东南疆的一个重镇,改称为 Vienna。近代英俄两种文字中,仍保存中古以下拉丁原名的拼音,德文法文都起了变化,把拉丁原名的尾音去掉。我们自清末以来就有的"维也纳"的译名,本是译自英文,当时并不晓得这正与更古的原文拉丁文相合。这也算是一件巧事。法文称维也纳为 Vienne,同时法国本国境内有一个城也用此名。所以在法文中如遇到此词,我们必须根据上下文,方能断定它所指的是奥国的城或是法国的城。

　　"日内瓦"也是根据英文的译名,也是逢巧与拉丁文相合,而与瑞士都承认为国语的法文德文反不相合。

　　"西班牙"的译名也来自英文,但这个译名不妥,因为它与英文的音也不完全相符。清末时这个国名本有"日斯巴尼亚"与"西班牙"两个并行的译法,最后第二译法完全胜利,今日知道第一译法的人已经很少。第一译法合乎西班牙文的原音,也合乎更古的拉丁文原音。近代重要语言中,只俄文的拼法与西班牙文及拉丁文相近,英文与原音距离最远,而我们今日通用的译名恰是来自英文,再加上西班牙文的尾音:"西班"已足相当于英文的 Spain,"牙"为拉丁文与西班牙文所同有的尾音。但这个杂凑的译名通用已久,没有更改的必要。

　　以上是中古近代部分的例。希腊罗马部分,名词本身比较简单,就人名地名言,希腊文与拉丁文在多数情形下或完全相同或大同小异。每一人名地名,只把希腊拉丁文的拼法列出即可,希腊文的字母也不妨拉丁化,因为认得希腊字母的人实在太少。另外可排列英法德俄四种文字的拼音,以便参考。最后也有"旧译","拟译"与"注释"三项,提供每个名词的基本知识。

　　在近代四种重要的文字中,英文德文保留希腊文拉丁文原音的成分较多。例如希腊三大哲学家 Socrates, Plato, Aristoteles,及罗马的大诗哲 Lucretius,德文完全维持希腊文与拉丁文的原字原音,英文只在"阿里斯多德"一名上小有改变。法文几乎把每个名词都加以或大或小的变更,与希腊拉丁的原文距离最远。在此点上,俄文介乎英德文与法文两者之间。

　　最后,第三,关于古埃及巴比伦等所谓近东中东的古代,问题最为复杂。这些古国的史实,虽然绝大部分是近代考古发掘后才发现的,但人名地名却多是古希腊人已经知道的,他们把这些名词都"希腊化",拉丁文中吸收了这些希腊化的古名,近代欧洲文字中的古国专名,几乎都是由希腊文拉丁文照拼或改拼而来，与实际的古音都有距离，有时可以远到几乎互不相干的程度。我们现在仅以大家共知的三个古国的名称为例，就足可说明问题的性质：

希腊，拉丁	原名	旧译	拟译	注释
Aegyptus	Kemet	埃及	埃及	（见下）
Babylon，Babylonia	Babilu	巴比伦，巴比伦尼亚	巴比伦	（见下）
Assyria	Asshur	亚述，亚西利亚	亚述	（见下）

古埃及的原名 Kemet，就是希腊拉丁文中的"gyptus"，p 与 m 都是唇音，极易互转，g 与 k 更是接近了。Ae（中文的"埃"）的音是希腊人附加的，古今的埃及人都无此用法，今日在语言文字上已经阿拉伯化而在宗教上自成一派的埃及基督教徒，仍自称为 Kibt（英文 Copt），就是五千年前已经通行的 Kemet 一字的今音。近代欧洲文字中的"埃及"一词都来自希腊文与拉丁文，中文的译名间接也来自这个渊源，无需再改。

"巴比伦"一词，希腊文与巴比伦古音相差不远，只第三音稍有不同，中文的译名也是同样的来自希腊文。但希腊文中有两个相关的字，城称 Babylon，全部的国土称 Babylonia。这是希腊人的说法，巴比伦人自己并无此种想法。古代，城即国，国即城，连罗马帝国到最盛最强最辽阔时，整个的国家也仍是以罗马城为名，并无其他的说法。中国本只有"巴比伦"一个译法，抗战前不久，忽然有人主张再加上"巴比伦尼亚"一个译名，其实不如译为"巴比伦国"或"巴比伦地"，远为恰当。并且无论古希腊人或今日欧美各国的人，用这两个字时都非常随便，虽尚不致称城为 Babylonia，却时常称国为 Babylon，我们中国人若太拘泥于表面的文字，很易发生混乱，甚至发生错误。

"亚述"一词，问题最大。这本是没有问题的，清末早已有与原音相符的"亚述"译名。也是在抗战前不久，忽然有人在没有问题处制造问题，根据英文（并不知道自己等于是根据希腊文）译出"亚西利亚"。这是绝对要不得的，我们必须恢复"亚述"的旧译名。

将来列表，在这些古名词的表中，也当列入英法德俄的拼法，以便参考。

我们以上为简单起见，只举人名地名为例，文物制造及历史上的其他专名，问题更为复杂，不在此多赘。

本文以上所谈的问题,将来实际作起来,必须许多人合作方可。除以北京为中心组织委员会筹划一切并作为联系机构外,必须请全国各地的外国史专家贡献资料与意见,汇齐后编印初稿,再由各方批评讨论,方能定案。定案之后,设法推行全国,庶几可以解除学习外国史时一个不必需的名词混乱的痛苦。

我们以上所讲的外国,是较为广泛的西洋;但虽是广泛,也未概括中国以外的整个世界,特别像几千年来的印度与近世的东南亚及南洋各国,也需要专家做专门名词的整理工作。

（原载《翻译通报》1951 年第 3 卷第 2 期。）

翻译与注释

　　翻译工作的目的,是把外国文字的作品介绍给本国的读者。既然介绍,就要彻底地与负责地介绍,不能只顾自己了却任务,而不问读者能否接受,或能接受到如何的程度。解放以来,大家讨论翻译问题,对不负责的翻译品已经指摘甚多,但一般地都只注意翻译本身的是否正确或恰当,好似认为只要翻译得当,翻译工作者的责任就算尽了。实际恐怕仅能说初步的责任算是尽了,全部的责任还有未尽。许多外国的作品,因历史背景与我们不同的关系,只看本文,不论译得如何恰当,一般读者往往还是不能全部地或透彻地读懂,在有些地方,非下注解不可。此种情形,愈是重要的作品愈为显著,经典作品更是如此。

　　解放以来,大家读马恩名著的译品或其他重要马列主义著作的译品,时常感到苦索不解,除译者文字能力有问题外,未曾加注也是一个很重要的原因。我们现在拟举恩格斯的《德国农民战争》一书为例,所根据的是钱亦石译本,解放社 1949 年 5 月版。此书乃由英文译本翻译而来。对钱译本,我们不想评论,此书必须重译。我们仅是用此译本来解释翻译须加注解的道理。

　　圣经典故的例——译本第三十四页,讲到路得责教皇为首的教会领导机构为"罗马梭当 Roman Sodom"。此处当加注如下:

　　　　Sodom 一字,原希腊文与拉丁文根据犹太古音,写为 Sodoma,中文圣经中译为"所多玛",乃古城名。据犹太传说,此城的人罪孽深重,无可挽救,最后被上帝降天火焚毁。此后犹太人,以及后世的西洋人,称一国,一地,一城,或一机构为"罪恶渊薮"时,往往指为"所多玛"。当时教皇以及教会一般的高级人员荒淫腐败,不堪言状,引得路得对他们如此咒骂。所多玛城的故事,见基督教圣经旧约创世纪第十八第十九两章。

　　希腊罗马神话典故的例——译本第三十六至三十七页,恩格斯批评十九世纪德国中等阶级的作风,说他们"企图操纵于革命派的斯西拉(Scylla)和复辟派的加列勃底(Charybdis)之间",此处当注:

> Scylla 为意大利海岸的一大礁石,Charybdis 为对面西西里岛海岸的一大漩涡,两者间为极狭的海峡,古代航海家视为畏途,荷马史诗中已将此两物人格化为害人的海怪,此后希腊罗马与后世欧洲的文学作品中时常用"在 Scylla 与 Charybdis 之间"的典故,意为"腹背受敌,危险万状"。其文意有似中文的"进退维谷",但含意远较"进退维谷"为重。

历史典故的例——译本第九十二页,恩格斯称大事屠杀革命农民的一个贵族为"农民战争的亚尔巴(Alba)"。此处当注:

> Alba 又作 Alva,乃 16 世纪西班牙的一个贵族军人,十六世纪晚期曾率西班牙军队压制荷兰人民的反西革命,对荷兰人民大事屠杀。此后欧洲作者若指一人为"杀人魔王",时常称他为 Alba。

时事典故的例——译本第一百六十六页,讲到十九世纪中期的奥地利帝国的一句话,译者译为"他们愿意依靠谁,德意志呢? 或是它特别繁杂的附庸呢?"此处为误译。"繁杂"一词的原文,英文为 Transleithanian,德文原文为 Transleithanisch,当译为'莱塔河外',并加注:

> 19 世纪的奥地利帝国,主要地分为两部,西部以奥地利本部为主,东部以匈牙利为主,中间隔着一道河,名"莱塔"(Leitha)。当时奥国本部的德意志人,站在自己的立场,称奥地利部分为"莱塔河内"(Cisleithania),称匈牙利部分为"莱塔河外"(Transleithania)。

《德国农民战争》,在恩格斯的作品中,是比较难读的一种,需加注解的恐怕不下百处,可能还不只百数。如此重要的一本作品,重译时必须注意到这个事实。但翻译如不可草率,注释尤其不可轻易从事。例如,偶然加注的钱译本的第三页,正文的第一页,就有误注。译者对"世俗贵族"一词加注如下:"'世俗'即'非宗教'的意思。世俗贵族就是那些不信仰宗教的贵族。"这个注,实在对不起读者。西欧中古时代的封建领主,有的是教会教士兼领的,有的是无宗教专职的人世袭的,这第二类就是译者所谓"世俗贵族"。中

古的欧洲，没有一个人不信仰宗教，最少没有一个人敢说自己不信仰宗教，在读者的心理中，注文的权威往往超过本文，误注的影响较无注尤为严重。我们从事翻译的同志，除非真有十足的把握，努力翻译尚可，绝不可轻易加注，但就翻译的道理而论，翻译时加注，是我们翻译界应当追求的一个理想。

（原载《翻译通报》1951 年第 3 卷第 4 期。）

由翻译史看翻译理论与翻译方法

　　由全部人类历史上看，翻译，较大规模较有计划的翻译，只有一个目的，就是介绍新的思想。无论为什么原因，甲种文字地区认为乙种文字地区有大批的，成套的作品，其中含有甲区的人所急于要吸取的思想，技术与经验，在此种情形下，甲区的人必学习乙区的语言文字，少数精通外文的人必从事大规模而有系统的翻译。

　　以上是就历史上所见到的翻译目的讲。再进一步，就翻译所发生的作用讲，在历史上所见到的有两点。一、即当初介绍思想的目的总可达到，一种适合需要的新的思想假借翻译可以介绍过来。并且接受新思想的民族，一般地不会只是机械地吸取，吸取时必有选择，批评，与去取，最后并自己有自己的创造与发挥，结合自己特殊的历史，具体的情况，与独有的需要，把一种由翻译而介绍过来的新思想发扬光大，使它彻底变成自己的新思想。二、系统翻译的结果还有当初所未想到而事实上必定达到的一种，就是丰富自己的语言，文字与文体。在发动翻译事业时，普通不大想到这个作用，但这个作用是势必发生的，而这也是很重要而值得欢迎的一个作用。既然是介绍一种新的思想，技术或经验，当然有许多新的名词，所以就必须制造新字，或创造新词，或把旧字旧词赋予新的意义。这一点道理极为明显，只须提出，任何人都可承认。今日的中文，在过去百年不甚有计划的翻译中，已不知增添了多少新字新词。但丰富语文，还不只此，语法的结构与气调也可丰富起来。每种语言文字有它自己所独具的文法，结构与语法，在基本上这是不能改变的，更不能机械地把自己的文字全部或大部地外国化。但任何一种文字都可有自己的发展，一成不变的是死文字。一种活的文字，循着它自己的内在道理，发展丰富的可能性极其宏大。生硬的外国化是要不得的，"五四"以后三十年来有些"欧化"的中文，译品或作品，今日无人能读，将来的人若无意中发现它们，恐将有读天书之感。但同是公认的第一等语体文，我们试把清初有名小说家的一段文字与毛主席的一段文字比较一下，就可发现今日中国的文字在语法，结构与气调上已丰富到如何的程度。任何人

如对中文的灵活性与发展性还有怀疑，作此比较后，一切怀疑就都可解除了。对于自己的语文缺乏自信，往往是对外语与对祖国的语文都欠修养的人才容易发生的感觉。中文的丰富过程，仍在初期阶段，在今日有计划的翻译工作的推动下，今后中文的发展前途，不胜令人神往。

关于假借翻译而丰富自己的语言文字，我们上面还提到一点，就是新文体。此类的例，历史上也非少见。中国汉魏六朝隋唐时代翻译佛经的结果，"佛经"与"论"两体都进入汉文之内：《六祖坛经》不必说，宋明理学家讲"道学"时的"语录"体，基本上就是"佛经"，"论"与名僧说法的文体。在外国翻译史上一个著名的例，就是 17 世纪初英人 John Florio 由法文所翻译的 Michel de Montaigne 的《论文集》(*Essais*；*Essays*)。这个法文的 Essai 或英文的 Essay 一字，中文至今尚无完全恰当的译词。此体我们似乎没有；近代欧洲文学中的此一体裁，基本上是由 Montaigne 所创。每篇文字，就题目讲，可能是大问题，也可能像是小问题，但实际每篇都是深入浅出，代表渊博学识的消化与深刻见解的发挥，而全篇又都以轻描淡写的文笔表出，使人读来好似是读消遣文章，不知不觉间却可获得大的启示与刺激。此体较比其他文体有它特别的难处，就是作者必须是一代的博学之士，思想豁然贯通，文笔成熟历练，三者缺一不可。英文本无此体，Florio 译品出版后，立即有人仿效，第一个仿效的就是同时代的 Francis Bacon，他把自己前些年发表，内容与文字都平淡无奇，而恰巧也取名为 Essays 的一部作品，依照 Montaigne 而重写。Bacon 也是当代饱学的大师，有自己成熟的思想，善于运用自己祖国的文字，在 Montaigne 的启发下，把自己的 Essays 改写成为此体的经典。在欧洲各国中，此体始终在英语文学中特别见长，发祥地的法国反倒落后。我们举此一例，因为此例特别突出，假借突出的例，叫我们更容易地明了一个道理。翻译介绍，不只可以介绍新的文体，并可把此文体融化于自己的体系中，甚至青出于蓝，把这个文体发展为自己所独特见长的文体。

以上所讲的是历史上所见到的翻译事业所发生的作用。现在我们再根据翻译史谈一谈实际所曾见到的翻译技术与翻译方法。在世界史上，大规模的翻译，太远的不谈，以近两千年而论，大概有四次。一为中国汉唐间的翻译佛经，二为西洋中古时代阿拉伯人与欧洲人的翻译希腊哲学与科学经典，三为近四五百年来欧洲各国学术文艺界间的继续不断地互相介绍与互相翻译，四为近代中国的翻译西洋作品。这第四次，过去是没有计划的，并且主要的介绍对象是资本主义范畴之内的著作。今日与今后我们是要有计划有组织地介绍马克思恩格斯的德文经典，列宁斯大林的俄文经典，与苏联

415

先进思想学术的大量作品。在这个伟大的事业中,我们必会创造许多新的经验,但旧的经验还是值得我们参考的。根据历史上的翻译经验,我们把技术性的问题可分两个大的方面来讲:一为翻译品的分类问题,一为翻译的具体方法问题。

翻译的文字,大概可分为三大类:一为须要尽可能逐字逐句直译的,一为须要特别灵活译出的,一为中间的类型,恐怕也是大部译品所属的类型。第一,须比较机械地直译的,是政策,法令,宪典一类的文字。我们从外交上的一种惯例,最易明了此理。两国签订条约,在过去是认定一种文字,往往是两国以外的一种文字(普通是法文)为标准语,以此语的约文为有效的正本。今日此法渐变,普通是只用签约两国的文字,并把两种文字同等待遇,两文的约文同样有效。最少在形式上,条约是一种最庄严最认真的法律文字,为免事后发生解释上的歧异与纠纷,一件条约的两种文字应当尽可能地逐字逐句互译。严格讲来,这当然也只是理想。在关系特别密切如意大利文与西班牙文之间,这或者尚勉强可以做到;在关系疏远如汉文与德文之间,这显然是不可能的。但即或是在汉德两种距离特远的文字之间,遇到条约或法律政令性作品的翻译时,也当最认真地字斟句酌。

第二,有的作品正与此相反,在本质上就是不可能逐字逐句直译的。此类或者可以诗词为典型。无论一首汉文诗词译为欧洲文字,或欧洲任何一种文字的诗词译为汉文,都不可能直译,愈是好的诗词愈是如此。所以有人说,诗词根本不能翻译。此说未免言之过激。我们只能说,诗词特别难译。一切好的翻译能多少带有创造性,诗词的翻译是更必须具有创造性的,原文的精神与情调远比原文的字句要重要,精神与情调必须译出,原字原句往往反倒是可以伸缩的。欧洲中古拉丁文的名诗,有的在一种近代欧洲文字中的译本就不下百种,就是因为这个道理。

第三,介乎以上两者之间的是一般的翻译品,也是本文主要要谈的翻译品。我们谈及上面两极端的类型,为的是更容易了解这个主体的中间类型。在有计划的翻译介绍中,总是以思想性的作品为主。思想性的作品,既不像法令性的著作那样咬文嚼字,又不像诗词的那样注重情调。思想的严肃性必须表出;但表出时却不靠呆板的直译。若用一句简单的话,我们可说,思想性作品的翻译所需要的是灵活的直译。一本书既然是有思想性,尤其是像马克思列宁主义经典一类的思想性作品,恐怕任何人都承认,原文中所没有的,译者不当加入丝毫,原文中所包含的,译者不当减少丝毫。这可说是根本的原则。但这个原则如太硬性地运用,就成了上面所讲的法律文字的

翻译,结果反倒有歪曲原意的危险。原文中的思想是靠原文文字的形式表达出来的,译文必须能同样地,同量地,与同深度地表达出原文的思想;而因为没有两种文字在复杂思想的表达上采取完全同样的方式,理想的翻译必不会是逐字逐句的直译,而是一种灵活运用的直译。基本上必须是直译,但词句的斟酌上必须灵活。一个理想的译品,应能叫读者不感到它是译品,读者如不特别注意,就当有读原本之感。换一个方式说,我们翻译时,要细心揣摩,使自己在精神上好似成为原作者,假想自己如果是在撰写此书,在写此一句时,要写出一句何种形式的祖国文字。所以我们可以假想,一本马克思著的俄文译本与中文译本,假定都是百分之百地恰当与精到的,一个能读中俄两种文字而对翻译工作向来加以思索的人,把两种译本走马看花地阅读一遍之后,会发现两者间有不少的差别,因而认为其中必有一种不忠实于原文,甚至可能两种都不忠实。反之,我们也可以假定俄文译本与中文译本都是呆板地逐字逐句的直译,一个粗心或缺乏经验的读者必会判断,两种译本必都是忠实于原文的,否则两种不同的文字不会如此地句句恰合并行,他不会知道两种译本实际都未表出原本的全部精神。所以理想的翻译也是一种创造,翻译绝不是轻而易举的事。一个理想的翻译者,精通两种文字与精通原书内容,只能说是必须具备的起码条件。无此条件,难以从事翻译;仅有此条件,也还不够从事翻译。若用中国两句老话,此外还须"好学深思","揣摩入微",方能胜任,否则就时常有坠入歪曲原意的陷阱中的危险。意大利文中有一个两字短句,重叠叶韵;一语道破此种危险:"Traduttore traditore"(翻译者就是陷害者)。这句话当然有些危言耸听,但对我们从事翻译的人却是一句必需的警语,提醒我们切戒"陷害"读者。

翻译技术的最后问题,就是具体的翻译方法。细腻的方法,恐怕要每人在实际工作中揣摩发现;但由历史上的翻译经验中,我们或者可以归纳出四点,算为翻译工作者应当遵循的准则。这些准则基本上可说已包含在上面讨论翻译品分类问题的范围之内,为清楚起见,下面再简单加以说明。

第一,译文应当通顺明了。翻译出来不是为自己能看懂,而是为别人能看懂。一个语文与专学两个条件都充足的译者,也有时因为过度地要忠实于原文而会译出只有自己能懂的文字。为表达新意,译者可以造新句,但新的句法在基本精神上必须合乎祖国文字的结构。新颖的外国语法有时不妨直接译出,但译出后必须使读者一看就能明了,只感到是一种新颖可喜的语法,而不感到是利齿獠牙的奇言怪语。如此,既可丰富祖国的语言文字,又可正因其新颖而引起读者的注意,增进读者的了解。一种有高度思想性的外文作品，绝不会每字每句都在本国文字中找到现成的对偶。有对偶处，当尽量引用原有的对偶，那是不言而喻的。无现成对偶的，就须另创。何处须创新字，新词，新句；如何创新字，新词，新句；创出后如何保证读者能懂——这是译者在翻译技术方面的一个重大任务。

第二，硬性的直译应当尽量避免。中文译品，所用的必须基本上为中文，而非用中国文字写出的任何外文。这也就是我们上面所说，译者应当好似是原作者，只不过是用与原著不同的一种文字而已。一本思想性的作品，主要地是要传授思想，在传授中不可有不必需的阻碍。我们如果过度直译，读者的注意力将为生硬的语法或多余的字句所困扰，中心的思想反倒容易被忽略。

第三，原文中的某一个字或某一个词，前后屡见，在译文中不一定要一律地用同一个字或同一个词来表达。每种语文中，都有许多的字，既有原意本意，又有一种，两种，或多种的附加意或引申意；而本意与附意又往往复杂微妙，所差好似极微，实际却可以距离甚远，有时同一字的原意与附意等于是两个完全不同的字。在有的情形下，在两种文字中，两个对偶字的原意与附意都完全相同，但这是极端例外的。所以译者必须时刻提高警觉，不当认为自己可以机械地把外文屡见的同一个字译成本国语文的同一个字。即或是在原文中一字的意义始终不变，始终维持单一的意义，除非那个字是一个专门术语，也未见得在译文中就一定要照样地始终用同一个字表达。两种文字的语法，结构，节调与习惯，总是有许多差别的。某一字的连续使用，在甲种文字中可以和顺悦耳，在乙种文字中就可以令人生厌。在甲种文字中，某一字可以在一切句法结构中同样使用，而在乙种文字中相当的意义就可能在不同的句法结构中需要不同的字来表达。这一切，都无定例，完全要看译者对于两种文字，特别是对于祖国文字的运用能力。

以上是综合历史上的翻译经验所作的一种理论的试探，为不使篇幅太长，举例甚少，大部为原则性的说明。文中一定有许多不成熟或不妥当的地方，希望翻译工作同志多予指正。

（原载《翻译通报》1951 年第 3 卷第 5 期。）

克罗奇的史学论——历史与记事

克罗奇（Benedetto Croce）是当代意大利有名的哲学家；他关于史学的一本名著是《史学的理论与实际》，第一章为历史与记事，是全书的总论。我根据 Douglas Ainslie 的英译本把它译出来，聊为介绍。克氏的议论虽不免有过度处，但以大体言之，他的学说颇足以调剂我们中国传统史学偏于"记事"的弊病。

克氏的文字非常艰涩（据说原文比英文译本还厉害）；他的大意虽很明显，然而往往一句或数句的意义并不十分清楚。这也许是因为我对于哲学或史学或西洋文字的了解能力太低。若有高明肯为赐教，我是非常感谢的。

译者识

"现代史"普通是指最近过去一段时间的历史而言——也许是最近五十年，或是十年，或一年，一月，一日，甚至最近一小时或最近一分钟。但若严格的想起来，"现代史"一词只能应用于一件事情方才过去之后我们对于那事所发生的意识。例如，我现在正在写这本书；我对于方才过去的写作工作，必有一番思索；这段思索就是"现代史"。只有在这种情形之下用"现代"一词才算恰当；因为这点思索与人心其他的工作一样，是超时间的，是与那件事实同时产生的。这个思索与它思索的事实之间的分别不是时间的，而是概念的，反而言之，"非现代史"或"过去史"就是一段已经完成的历史，就是我们对于已经完成的历史的批评——无论那是几千年前的事或一小时以前的事。

但我们若详细研究起来，连这段所谓"非现代史"或"过去史"——如果它是有意义的，而非空虚的回声——也是现代的，与我们方才所说的那段"现代史"毫无分别。它存在的必需条件与前者一样，就是它所述的那件事必须在历史家的心灵中活泼生动；正如专门史家所言，"我所读的这段史料是有意识的"。一件事而有一种或数种记载来叙述它，并不是说那件事已失去现代性，只是说它的内容愈加丰富。以前的记载或批判，到现在已成事实，已成了我们必须解释批判的"史料"。历史的著作并非由于记载，而是由于史料，或是由于已经变成史料的记载。故此，如果现代史是直接由现实生活而来，所谓"非现代史"的来源也是一样；很明显的，只有对于现在生活的兴趣才足以引起我们对于过去事实的研究。所以这个过去事实是与现在生活的志趣相连贯，与以往的志趣无关。这个道理不知有多少历史家已经翻来覆去的指明过；只因如此，"历史是生活的主宰"一句老生常谈才被人引用不厌。……我提出这些史法的方式，为的是叫我们不要认"真正的历史都是现代史"一条原理为谬论。这条原理由以往史学的著作可得充分的证实，假设我们不走错了路，去把所有史学的著作或胡乱把史学一部分的著作拿来应用在一个抽象的人类身上而问何种现代的志趣会引人著作或读习那些历史。例如我们可问希腊罗马史上的几次大战的历史，或墨西哥美术史，或阿拉伯哲学史与我们现在的志趣有什么关系。对于此时此刻的我，这些历史都是毫无兴趣的，所以由我看来它们并不是历史，最多也不过是几种历史著作的名称。它们在已往或是在将来对于思索它们的人就是历史；假使我因着我精神上的需要在已往曾思索过它们，或在将来要思索它们，它们就对我曾是过或将要是历史。反言之，假使我们只讲真正的历史，只讲我们正在思索的历史；我们就可看出这个历史与我们个人即刻的历史毫无分别。如果我史识的修养与发展叫我去研究希腊文化或柏拉图哲学或雅典某种风俗的问题，那问题与我的人格的关系就与我正在经营的一种商业或正在进行的恋爱事件或现在目前的危险与我的关系一样。在没有解决之先，我对于前者的担忧挂念与对于后者是一样的。在这种情形之下，希腊的生活对于我就是现实的；它引我入胜，且又叫我感觉痛苦，就与情敌或爱子引我入胜，又叫我痛苦一样。以此类推，以上所举的古代战争或墨西哥美术或其他的问题也可同样的变成现代的历史。

我们既已证明"现代"不是一种特别历史的特征（但为方便起见，在日常习惯的分类上我们不妨仍沿用这种传统的分类方法），而是一切历史的主要特征，我们就可明白历史与生活是一体的——并不是说抽象的完全一物，而是说综合的一体。换言之，生活与历史是同而异异而同的。故此，我们若说一件无史料证实的事实有历史，那就等于说一个缺乏存在的主要条件的东西有存在。一段与史料无关的历史是无从证实的历史。只因历史的真伪是在乎能否证实，只因历史实现化的叙述必须是对于史料的批评解释（直觉与憶想，意识与自识……），那种无史料的历史是无意义的，无真理的，可以说

是不存在的。一个没有看见过没有赏鉴过绘画品的人，怎能去作一本溯原批评的绘画史呢？一个没有美术经验的人怎能明白美术品呢？若哲学的著作一点也没有传留下来，我们怎能写一本哲学史呢？我们若不能在我们的生活中重新实现已经过去的一种情绪或习惯——例如古代基督徒的谦虚心理或中古武士的侠义心肠——我们怎能写那种情绪或习惯的历史呢？

反言之，生活与思索一发生不解的关系之后，我们对于历史的正确或功用问题的一切怀疑就立刻消灭了。我们精神的一种现实发展怎会不正确呢？一种能解决精神生活问题的知识怎会无用呢？

一

然而史料与叙述，生活与历史的关系有时能够打破么？关于无史料的历史，或更确切的说，其史料已不存在人心的历史，我们可以说它们与生活已经断绝关系。我们每人对于历史的某一部都有这种感觉。希腊绘画史是一段无史料的历史。一切活动地域已不可考，思想情绪已不可知，文化产品已不可见的民族的历史；一切文学史与哲学史，其内容已不可知，或其遗迹虽然存在，而我们因无旁证，或因禀性关系，或因心被他事扰乱而不能领会其真正精神——这些历史也可说是与生活断绝了关系。

在这种情形之下生活与历史的关系既已断绝，所余下的东西就不能算作历史（因为历史正是那种关系）。我们若仍称它为历史，那也不过就与称一个人的尸体为"人"一样。所余下那点东西并不是"虚无"，因为连尸体也不是"虚无"。如果它是"虚无的"，那就等于说生活与历史的关系是永远不能打破的，因为"虚无"是不会产生任何的效果的。（译者按此段意义非常不清楚；克氏的意思似乎是说，史料既能产生历史，所以史料本身必非"虚无"，因为"虚无"是不会产生东西的。换言之，未产生历史的史料，虽非历史，但同时又非虚无。）

希腊绘画史——无论是古代传下来的或是近代学者写作出来的——若严格讲起来，都不过一串以掌故为点缀的绘画家的空名与解释挂一漏万的绘画题目而已；再不然，它就是对于希腊绘画家凭空褒贬的批评，其中或者略以时代先后而列述绘画家姓名，掌故，画题，批评等等。那些掌故都是空洞的，那些画题的叙述与批评以及循时代先后的排列也都是空洞的，因为它们所讲的只是数学统计，不是真正的发展。我们心中不能想象它们，因为叫我们能够想象它们的元素已不存在。如果那些纸上空谈居然有点意义，那点意义也是由古代绘画的少许残缺遗存，或由后代模仿画品，或由别种美术的同类产品，或由诗词中而来。除此之外，所谓希腊美术史不过一片空话而已。

我们可以说这段美术史缺乏"固定的内容"，因为我们承认当我们口里说出一个绘画家的姓名时，我们心里是在想到一个绘画家，并且是一个雅典人；因为我们也承认当我们口里说出"战争"或"希伦"（Helen）时（译者按两者皆希腊绘画家常用题目），我们心里是在想到一场战争，并且是一场重甲步兵的战争，或是在想到一个美女，正如希腊雕刻中的战争或美女一样。但是我们对于这些题目可以随便乱想而无害。所以它们的内容是不固定的，不固定就是空洞。

一切无史料的历史都是如此，都是空话；因为是空话，所以不是真的。从前某位画家曾画过某幅名画，是否真的呢？有人要说"是真的"，因为当时有人认得那位画家，曾看见那幅名画，并又将他们所见的记录下来，传于后世。但是我们可以回答说，画与画家只对于那些人才是真的；对于我们就也不真，也不假；换言之，它们的真实完全靠那些人的证明——那就是说，靠外物的原因；而真理的存在却是完全靠内因的。它们既不真（不真不假），就也无用；因为无土地无人民则君王无所谓威权；一个问题的元素若不存在，我们就没有解决它的意志与需要，也更没有解决它的能力。所以依样画葫芦的去抄袭古人的几句判语，对于我们实际的生活是毫无裨益的。生活是现在的，一片空话的历史已经成了过去的；它已成了不可挽回的过去，即或不是绝对的不可挽回，但在现时的确是不可挽回的。

空话的遗迹仍然存在，但它们不过是一些无意义的声音，或代表音声之符号。它们的存在并不靠我们的思索，而是靠我们的意志——我们的意志相信它们无论如何空虚，或者总有点用处。所以空的叙事只是人类意志所承认的一团空话。

这个定义的结果，是使我们能明了历史与记事的真正分别。这个分别，从前总没有找出来，因为从前的人总以为这个分别在乎两者所含的事实的性质。例如有人说记事是记个别的事实的，历史是记普遍的事实的；记事是记私事的，历史是记公事的。殊不知个别的同时也是普遍的，普遍的同时也是个别的；私的同时也是公的，公的同时也是私的。又有人以为重要的事属于历史，不重要的事属于记事。殊不知某事之重要与否是随各时的情势而变迁的：对于一个被蚊虫吮食的人，那个幺麼小物的演化史就比古代帝王的战争还要重要。当然我们承认以上这些分别法不无可取之处；它们都是看

那分别在乎事实的有价值与否（普遍的较个别的为有价值，重大的较微小的为有价值）。此外尚有很多说法，也都有它们相当的价值；例如说历史中的事实是连贯的，记事中的事实是杂乱的；前者的次序是合乎逻辑的，后者的次序只是合乎年代的；前者探求事实的内容真相，后者只顾事实的外表。但这些分别的说法都是根据隐意的比喻，而非根据思想；只靠隐喻而无思索，我们的知识必不能持久。记事与历史并不是两种互相补益或一正一副的史类，而是两种不同的精神态度。历史是活的记事，记事是死的历史；历史是现代史，记事是过去史；历史是一件思索的事象，记事是一件意志的事象。一段历史若已不被人思索，而只是抽象文字的叙述，它就变成了记事。连哲学史都是记事，假设它的著者或读者不明了哲学。历史往往会变成记事。例如卡西诺山寺（Mont Cassino）僧人曾记录："西历一○○一，僧人多明尼死。一○○二，回教人占据加朴亚城。一○○四，地震山崩；"这些记录都是历史，因为对于那个僧人这些事是现实的：他正在为死去的僧人哀哭，上帝所降与地方的灾难正在使他惊慌恐惧。但这些历史写出来之后往往变成记事，因为那位记录的僧人只轻描淡写的记下几条冷酷的语句，并未加以若何的思索；他的唯一目的就是要使后来的人不要忘记这些事。

这个历史与记事真分别的发现（这分别是形式的，那就说是真的），不只使我们不再枉费力气去寻物质的分别（换言之，就是假的或幻想的分别），并且也使我们否认一个极普遍的成见——就是说，记事先于历史。"先有记事，然后才有历史"，这是文法学家维脱瑞诺（Mario Vittorino）的话；这句话后人并且时常引用，以致现在已成为大家公认的真理。但我们若溯本求源，实际的情形与此正正相反——先有历史，然后才有记事。先有活人，后有死尸；若说历史由记事而来，就等于说活人是由死人而生。死尸只是生命的残灰；正如记事是历史的残灰一样。

二

历史若离开活的史料，就不是一件精神事象，而只是一件物质，一团音声与符号。同时史料若离开现实的生活，就也成了一件物质，一团音声与符号——例如前代一条法律所遗留至今日的音声与文字；一块大理石中所雕刻的神像；前代某人或禽兽所遗留至今日的骸骨。

*　　　*　　　*　　　*　　　*

然而因为生活的发展，死的历史会复活起来，已往的历史会又变成现在的,罗马人与希腊人在坟墓中不知已沉睡多久,然而成熟的欧洲精神在文艺复兴的时候会又把他们唤醒。元始时代粗鲁野蛮的文化少人过问,然而浪漫主义的潮流一起,就忽然向它表起同情来——就是说承认它为浪漫主义者现实志趣的目标。以此类推,许多我们今日看为空洞呆板的史料将来也必有再赋生气的一天。

这些往史的复兴,其原动力完全在乎人心;史料本身无论如何丰富,也不能产生这类的复兴运动。寻找史料的是人心;若无人心,史料仍是散落沉死的。我们若要真正明白历史,就必须知道人类的精神就是历史,就是历史的创造者,同时也就是一切以往历史的产儿。所以心灵中包含一切历史,历史与心灵并无分别。只因心灵发展是有节奏的,所以我们总是忘却历史的这一部,而记得历史的那一部。心灵的活动随时决定自己实现的方式,而湮没已往曾经决定的实现方式,心灵会把自己的往史重新经验一番,史料不过是它的工具。人类的心灵极力的保存古迹古典,就是因为它知道它将来要用它们作这种的工具。

我们把自己的生活经验常常记在日记簿上,也常把丝带或枯花夹在日记簿里,这就是我们私人历史的记录。广而言之,一些所谓好古的学者,也是同样的替全社会做同类的工作。这种人如果广搜考证,我们就称他为“博学之士”;如果搜集史料,我们就称他为“档案保管者”;如果搜集金石,我们就称他为“考古学家”;正如存储这些材料的地方我们称为图书馆,档案处,或博物馆。我们对这些尽一种必需之责的人万不可有任何的恶感。往往有人看他们可怜,并且取笑他们(译者按此乃西洋情形,中国尚无此种现象;这或者也正是中国真正史学不发达的主因)。当然这些学者自己本来也很好笑;因为他们居然天真烂漫的相信在他们的宝囊中收藏着历史的秘密,相信他们能够满足人类求知的欲望。但是我们知道历史并不在那里,而在我们各个人的心中。只有经过人心的化炼之后,确定的事实才变成生活的真理;考据学与哲学相熔化才产生出历史。

(原载中央大学历史学系编《史学》1930年第1期,上海光华书局出版。)

《西方的没落》（第二卷部分章节）

[德]奥斯瓦尔德·施本格勒　著

　　本译文是我国已故著名史学家雷海宗先生的遗稿。施本格勒（Oswald Spengler,1880—1936）为 20 世纪 20、30 年代德国知名的历史哲学家,是历史形态学或称文化形态史现的奠基人。《西方的没落》（上、下卷）一书是施本格勒的代表作,1918—1922 年问世后风靡一时。英国的汤因比则是这一学派的另一名大师。雷海宗先生对施本格勒的著作及历史哲学有精深的研究,解放前曾多次开课讲授《西方的没落》一书,并将其观点应用于研究解释中国历史,有独创性的发挥。1959—1960 年间,雷海宗在病中曾译过此书的若干章节;本译文即其中的一部分,为德文本第二卷的第一章（B）,亦即英译本第二卷的第二章。施本格勒的理论和文字以艰深难懂著称。他自创了不少专门的名词概念,又旁征博引,涉及古今中外各个领域的事实、知识和典故。雷海宗先生学问渊博,译笔流畅,对施本格勒所使用的一些名词有特具匠心的独到译法,如"大我"、"小我"、"道"等。可惜,除本译文外,他的其他遗稿皆已荡然无存。甚至本段译稿,其中第十节也已亡失,只能付阙。读者如感兴趣,可查阅德文本,或参阅有关英译本（第二卷第二章第五节）和中译本。（施本格勒书中的原注,在翻译时皆用[　　]标出,附于页末,并注以"原注"二字。汉译时附加的若干注译,皆附于译文之后。）

——王敦书

第一章　起源和景色

B、一群高等文化

Ⅵ、历史景物与自然景物

　　一个人,不管他生在世界上是为得事业或为得学业的,在他活动的时候或思索的时候,总是警醒的,所以也就是"精神集中的",那就是说,他是在注意那一时刻他的光明世界对他有意义的一件事物。我们都知道,如果我们正在做一个物理学的实验,突然被迫转而考虑日常生活中的一件事,那几乎可以说是痛苦难言的。我前面已经说过,在人类意识中轮换出现的无数景幕中,清楚地分为两类——命运及节奏的境界,因果及张弛的境界。我称这两种境界为"历史境界"和"自然境界"。在前者,生活所使用的是批判的理解:眼力控制一切,内心所感到的节奏成为臆想中的波列①,而最后爆发的精神经验形成划时代的顶峰。在后者,思维本身控制一切,因果的批判把生活说成一个严格的过程,把活的实际说成抽象的真理,把张弛现象说成一个公式。

这是怎么一回事情呢? 两者都是由展望而见到的景色。一是展望者把自己浸入永不重复的实际中,一是他企图掌握一套永恒有效的系统真理。在知识只处在附属地位的历史境界中,集体利用个体。在我们称为记忆和回想的图景中,事物显得一片光明,并且是由我们生活的节奏去推动的。但是年代学的因素使我们感到,只要史实一成为历史知识,它就要受到意识条件的根本限制。在自然境界中,是一直存在的主观因素是不适合的和使人迷惑的,但是在历史境界中,是同样一直存在的客观因素,即数据,把人引入错误。

当我们从事自然境界的工作时,我们的环境和心情应当是,并且在一定程度上可以是超然的,我们可以忘我。但是每一个人,每一个阶级,每一个民族,每一个家庭,总是联系到它自己来观察历史境界的。自然的特点,在于它是一个无所不包的太空;而历史是由过去的混沌中涌出,展现在观察者的眼前,然后由他出发向外来推移的。代表现在的个人,总是处在中点;他将不能有意义地应付这些史实,如果他忽视史实的方向——这种方向是属于生活的范畴的,而不是集于思维的范畴。每个时代,每个地方,每个生活的集团,都有他自己的历史视野,一个真的历史学者的特点就在于他能体现他的时代所要求的历史境界。

所以,自然与历史的分别有如纯粹批判与不纯粹批判之间的区别——把"批判"理解为实际生活经验的对立面的。自然科学就是批判,而不是任何其他事物。然而在历史境界,批判只能科学地准备条件,以便历史家去作瞰视。历史就是那个四面八方的鸟瞰。有那种眼力的人可以"历史地"理解每个事实和每个情势。自然是一个体系,任何体系都是可以学习的。

对于历史的自我适应的过程,每个人由童年的早期印象就已开始。儿童的眼睛是锐利的,对于切身环境的事物,如家庭的生活,自家的住宅和所处的街道之类,他们都能直接体察和感觉其核心,这是远在本城和城市居民

进入他们视线以前的事,而"民族"、"国土"、"国家"诸词对他们尚完全没有明确的意义。正是如此,也正如此透彻地,原始人类把他们狭窄天地之间的事物理解为历史,理解为生活——特别是有关生命本身的事物,如生、死、疾病、衰老的景象,如激战或热爱的经过,无论是个人经验的或在别人生活中观察到的,如家人、氏族、村里的命运,以及它们的行动和动机,如世仇、械斗、胜利和报复的传说。生活的境界在扩大,出现的已不是一个个的生命,而是生活总体在一来一往。景象不再限于村里和氏族,而是包括遥远的种族和国家;不再以年月为限,而是扩大到许多世代。任何人所实际经验过或参加到的历史,不会超过祖父的世代;无论对古代的日耳曼人或对现代黑人种,对伯里克利或对瓦伦斯坦,都是如此。至此,实际生活的境界结束,一个新的境界开始,这个新境界的根据是传闻和历史传说:在这个新境界中,由于长期的习惯,我们的心情是适用于一个清楚的和固定的意识天地的。对于不同文化的人们,这个天地的幅度是大不相同的。对于我们西方人,真正的历史是由这个进一步的意识天地开始的,因为我们是在永恒的境界下生活的;而对希腊人和罗马人来说,历史正是到那里就停止了。对修昔底德来说[一]波斯战争的经过,对恺撒来说,布尼战争的经过,都已经是没有活的意义的了。

超过这个境界,其他的历史性的景象体制——植物世界、动物世界、大地以及星空的命运的景象,就涌现到眼前,这些景象最后与自然科学的终极意境混而为一,成为宇宙创成和宇宙毁灭的神话般的图景。

儿童和原始人类的自然图景,来自日常生活中的一些琐细事物,这种琐事不断迫使他们避免观察令人生畏的广大自然,转而去批判地注视切身环境的一些事物和情境。正与小动物一样,儿童是从游戏中发现最初的真理。研究一下他的玩具,拆散开他的洋娃娃,把镜子倒转过来看看后面有什么东西,发现一条确切不移的道理之后的胜利感——任何的自然研究也不过如此而已。原始人类,在逐步学习中,把这种批判的经验援用于他的武器和工具,援用于他的衣、食、住所需的原料,那就是说,援用于已死的东西。他把此种经验援用于动物,但只在它们已不是他自己在追逐或被追逐之中所注视和观察的活物时,此时他不是有生地而是机械地把它们理解为对他有确定用途的一堆骨头和肉——这正与他对一个事物的理解一样,先是一个鬼物的动作,后来成为一个因果的过程。高等文化的成熟人类,每时每刻也是

〔一〕 他在他的历史作品中,一开始就说,在他的时代(约公元前 400 年)以前,历史上没有过什么大事。(原注)

在作同样的转移。这里也是有一个自然境界，而进一步又有我们对于下雨、打闪、风暴、冬夏、月球的晦朔、星球的旋转所获印象的境界。但到了这个境界，充满了恐惧和敬畏的宗教感，使人有了更高超的一个准绳。正如在历史境界中，我们探索生活的终极事物，在此我们企图建立自然的最后真理。一切仍在知识界限之外的，我们称为上帝。而一切已在知识界限之内的，我们希望以因果的规律理解为上帝的活动，创造和表现。

所以，每一套科学地建立的事理的体系，都有双重的趋势，这种趋势自原始时代就是内在的和不变的。一个趋势面向技术知识的最高可能的系统，是为实际的、经济和军事的目的服务的；很多种动物已把这一方面发展到很高的程度，它由动物的成就，通过原始人类对于火和金属的控制，一直发展到我们浮士德文化的机器工艺。另一个趋势只在有了语言工具之后严格的人类思维与物质意象分开时，方才出现的。其目的是要达到最高可能的理论知识。这在文化早期我们称为宗教，在文化晚期称为自然科学。火，对于战士是一种武器，对于工匠是他装具的一部分，对于巫师是上帝的一个神迹，对于自然科学家是一个研究的题目。但这一切都属于人类意识的自然的、科学的一面。在历史境界我们看不到火的本身，而只看到焚烧迦太基和莫斯科的大火和围绕胡斯和乔旦诺·布鲁诺身边的柴火。

Ⅶ、人的历史与世界的历史

我重复一遍：每个人只是在联系他自己之中去生活地体察任何其他人及其生命的。同是一群鸽子，在一个见到它们降落在他的田地上的农民的眼光中，就与在街上见到它们的一个活物爱好者或由空中见到它们的一个鹰鸟的眼光中大不相同。对于一个农民，他的儿子就是他的未来和接班人，但是在他的邻居的眼光中他不过也是一个农民，在一个军官的眼光中他是一个士兵，在一个外乡穷人的眼光中他是一个当地人。拿破仑在任校尉时和在作皇帝之后，对人对事的看法就很有不同。把一个人放在新的地位，叫一个革命家担任部长，任一个士兵为将军，历史和历史中的人物对他立刻就变得与从前不同。塔勒朗了解他的同时代的人，因为他属于他们的世界；但如果他忽然被投入克拉苏、凯撒、卡塔林尼和西塞罗的队伍中，他对他们的行动和观点的理解就会是无用的或是错误的。没有超然的历史，一个家族的历史，对于每个成员都是不同的；一个国家的历史，对于每个政党都是不同的；一个时代的历史，对于每个民族都是不同的。对于世界大战的看法，一个德国人与英国人不同；对于经济史的看法，一个工人与一个雇主不同；

而西方史学家眼光中的世界史与阿拉伯和中国伟大历史家眼光中的世界史又完全是两回事。只有关于年世非常久远和历史家本人全无利益关系的时代的历史，才有可能客观地对待；我们会发现，在判断和描述伯罗奔尼撒战争和阿克庭之战时，连我们最高明的历史家也不能完全摆脱当前利益的影响。

　　一个观察者通过他自己的有色眼镜去观察人物，并不妨害深刻地理解，甚至可以说是必须的。我们发现，这种理解正是歪曲或完全忽视历史事件独特性这一重要关键的那些综合论断所缺乏的成分；在此方面最坏的例证就是唯物史观，它可以说是一个形态上的荒原。但是虽然如此，也正因如此，对于每一个人，因为他属于一个阶级、一个时代、一个民族和一个文化，就都有联系到他自己的一个典型的历史图景；同样地，对于整个时代、整个阶级、整个文化，也各自有典型的历史图景。每个文化，作为最高的一个总体，都有它自己的一个最高的综合论断，这个综合论断，对它说来，是它的根本的和象征性的历史境界；每个人或每个有个性的集体都需要使自己能够配合那个历史境界。当我们说一个人的概念是深刻的或是肤浅的时候，独创的或平庸的时候，错误的或陈腐的时候，我们的判断是不自觉地出发于由我们的时代和我们的人格中的一个价值观的境界中。

　　所以，显然地，浮士德文化的每一个人都有他自己的历史图景，并且自幼年以来有种种不同的图景，由于每天和每年的不同经验，这些图景是在不断地流动和变换。不同的个人和不同的时代或阶级的典型历史图景，又是如何的不同，例如奥托大帝的世界与格尔格雷七世的世界，威尼斯总统的世界与一个穷香客的世界！罗伦佐、德·梅弟奇、瓦伦斯坦、克伦威尔、马拉、俾斯麦、哥特时代的一个农奴，巴罗克时代的一个哲人，以及三十年战争、七年战争或解放战争②中的一个军官，又各自是生活在如何不同的世界中！再如，专看我们自己的时代，看一看实际生活为他自己的乡里和乡人范围的一个夫利舍③农民，汉堡的一个大商人，一个物理学教授！但是，对于以上这些人，不分各自的年岁、身份和时代，都有一个共同基础，这个共同基础把这些人的总调，也就是他们的根本境界，区别于任何其他文化的根本境界。

　　然而，在此之外，还有一种区别，把古典文化和印度文化的历史图景与中国的、阿拉伯的，而尤其与我们西方文化的历史图景区别开来，那就是前两者的狭小视野。希腊人所可能知道的，所必然知道的古埃及历史，他们永不让它渗入他们的独特的历史图景之中，这个历史图景对大多数人是以年岁最大的参加者所能讲述的范围为限的，连对知识较高的人也以特罗耶战争为终点,超过这一终点他们不肯承认是曾有任何历史事物的。

与此相反,阿拉伯文化很早就敢于大胆尝试,我们由犹太人和居鲁士以下的波斯人历史思想中都可看到,他们在用一个真正的年代学体系把天地开创的故事与当前联系起来;波斯人甚至把未来也包含在内,预先记录了世界末日和弥赛亚降临的日期。这个对于人类历史的确切的和较为狭小的围范作法,(按照波斯人计算,由始至终为一万二千年,犹太人认为到目前尚不满六千年)是马古式世界感的一种必需的表现:这从根本上把犹太、波斯的天地开创故事区别于巴比伦文化的天地开创故事,虽然它许多的表象是由后者抄来的。中国文化和埃及文化历史思想所特有的广阔和无边的境界的基本感觉,又与此不同,这表现在以千年计的,并最后浸化于一个遥远的洪荒时代的朝代兴替之中。

再,先由一个基督教计年法〔二〕预作准备的浮士德式世界历史的图景,忽然之间出现,它代表西欧教会对于接收过来的马古式图景的一个宏大的广延和深延,这种广延和深延使哥特盛期的约亚金·夫罗利⑥得以拿它作为他那一套不平凡的对世界命运解释的基础,把世界说成圣父、圣子、圣灵三个时代。与此平行的地理视野也大为扩充,由于北欧海盗和十字军的活动,早在哥特时代地理视野已经由冰岛达到亚洲的边远地区〔三〕;而自 1500 年以下,巴罗克时代的先进人物能够做到其他文化中他们的同侪所不能做到的,那就是,在人类历史上第一次把全地球的地面看为他们的园地。由于罗盘针和望远镜的关系,那个成熟时代的学人破天荒地不只在理论上把大地说成是圆球,并且实际体验到他们是生活在太空的一个圆球之上。地平线的视野已经消失了。同样地,时间的视野也消失在基督纪元前和基督纪元后的两个无穷之中。时至今日,在包括全球并最后将包括所有高等文化的这个图景的影响之下,早已陈腐的和空洞的把历史分为上古、中古、近代的旧日哥特时代的历史分期法,显然地是在消失之中。

在所有其他文化中,世界历史的范畴与人类历史的范畴是相吻合的,世界的开创就是人类的初生,人类的灭亡也就是世界的末日。但是浮士德式的无限欲望,在巴罗克时代第一次把这两个概念区别开来,认为宏大无比和前途尚不可量的人类历史只是世界历史中的一段插话,而地球(其他文化向

〔二〕 基督教计年法,于 522 年在东哥特人统治下输入罗马,到查理曼的时候才波及日耳曼各族地区。此后,传播甚速。(原注)

〔三〕 反之,很有意义地,在一往情深的文艺复兴中的古典主义人物心目中的历史视野却又大为缩小。(原注)

来没有见到过它的全貌，而只曾见到过所谓"天下"的一部分）已成为以百万计的太阳系中的一个小小星球。

这种历史图景的广延使我们这个文化较其他文化更需要把一般日常的自我协调与只有高超人士所有的那种非常的自我协调区别开来。并且连对后者来说，这种自我协调也只能暂时维持。在提米托克利与一个雅典农民的历史视野之间，分别恐怕不大。但在亨利六世⑤与他当时的一个村夫之间，这种分别已经大得很，而在浮士德文化逐步上升之中，自我协调的可能性已经到了如此既高又深的程度，以致内行人的圈子越来越缩小。实际上，一个金字塔式的可能性阶梯已经形成，每个人各依能力而定等级；每个人，以自己的禀赋为准，都站在他最为警醒协调时所能达到的水平上。因为如此，在西方人之间，在历史生活问题上的相互了解是要受到限制的。而这种限制在别的文化是不存在的，最少不像我们这样森严。今日的一个工人，真能了解一个农民吗？一个外交家真能了解一个技匠吗？为他们每个人决定什么问题是值得提出以及如何提出的那种历史的、地理的视野，其差异是如此之大，以致他们之间所能做的不是通声息，而只是说几句闲话。当然，一个善于待人接物的能手的特点，在于他能理解对方的精神情况，以此为基础而与他交接（正如我们与儿童讲话时都是如此），但是如此品定一个过去的人物，例如"狮子"亨利⑥或但丁，如此彻底地、设身处地地进入他的历史境界中，以致能把他的思想、感情和判断看为理所当然的——由于前后两方面的意识情况是如此地悬殊，这一点是如此稀罕，所以一直到18世纪一般人尚不认为历史家应当做此尝试。只到1800年以后，这才成为撰写历史时的一个必需条件，而成功者却又寥寥无几。

浮士德文化所特有的把人类历史与远为广阔的世界历史分别开来的作法，自巴罗克晚期起，就使我们的世界图景成为一层又一层的分野景象。为研究这些，就形成了或多或少赋有历史性的各种独立学科。天文学、地质学、生物学、人类学，一个接着一个地追逐星空、地壳、生物、人类的命运。而只在此之后，我们才能接触到各高等文化的所谓"世界历史"，而依附于这种"世界史"的又有各种专史和家族史，最后并有西方文化所发展特高的个人传记。

以上的每一个境界，都需要独特的一套精神协调，而当这种精神状态发展到高峰时，比它较狭的和较广的境界就不再是活的存在，而只是假定的事实。如果我们是在研究独伊托堡格林野⑦之战，这个在北德平原植物世界长起来的森林如何生长的问题就是一个假定的事实。反之，如果我们是在研究德国林木世界的历史,地球的层叠形成就成为假定事实,在此处无需注意它的特殊命运。再,如果我们的问题是在研究白垩系的起源,地球作为太阳系的一个行星而存在这一点,就是一条资料而不是一个问题。或者换一个方式来讲,星空中有一个地球,地球上有"生命"现象,在"生命"中有"人类"这一类型,在人类史中有高等文化的有机形式——每个境界在更高的一个境界中都只是一个随机事件。就哥德来讲,由他的斯特拉斯堡阶段到他第一次定居于魏玛的时期,他曾有强烈的自我协调于世界史的倾向——这由他所描写的恺撒、穆罕默德、苏格拉底、流浪的犹太人和埃格蒙特中可以看出。而当他痛下决心,放弃了在政治上大有建树的志向之后(这个决定所引起的精神痛苦的最后比较安泰的形式,在他所撰的《塔索》(Tasso)中还跃跃纸上)⑧。他决意把世界史的精神境界由自己的生命中全部割掉;自此他就狠狠地把自己的活动一方面限于植物史、动物史和地球史(他称这些为"活的自然"),另一方面限于个人的传记。

以上这些出自一个人的手笔的各种境界,都有同一的构造。连植物史和动物史的图景,连地球史和星空史的图景,实际也只是意境的构造和通过外界实际而反映个人内心的意向。动物史或地层史的学者也是一个人,生活在某一时代,属于某一民族,有一定的社会身份,由他对以上那些事物的研究中不可能排除主观立场的因素,正如任何人也不可能对法国革命或对世界大战作出一种超然的说明一样。康德、拉普拉斯⑨、居维⑩、来耶尔⑪、拉马克、达尔文⑫的各种有名的学说,都各自有一个政治经济的色彩,而它们对一般读众的强烈影响正足证明所有这些历史境界的观点都出自同一个根源。而今日正在我们眼前实现的是浮士德式历史思想所能完成的最后一个任务,那就是,有机地联系和处理这一历史境界,使之成为一个伟大的、统一的世界历史形态,以使我们的视野能够毫无阻碍地由个人的生命一直看穿到整个宇宙的太初状态和终极命运。19世纪用机械主义的,也就是非历史的形式,提出这个问题,这是20世纪所注定要解答的一个问题。

VIII

我们目前所有的关于地壳和生命史的图景,仍然是被启蒙时期以来由英国生活习惯发展而出的文明的英国思想所笼罩。来耶尔关于地层形成的"冷酷平淡的"学说和达尔文关于特种起源的学说,实际都是英国本身发展的派生物。与方·布赫⑬和居维所主张的难以预测的暴变和变形相反,他们提出一种漫长世代的有规律的演化的看法,关于演化的原因并且只承认科

学上可以估计的，甚至是机械的功利因素的原因。

这个，"英国"类型的因果论不只是肤浅，并且也过度地狭窄。首先，它把因果关系局限于地面上的发展过程；这很显然地就排除了地球生活现象与太阳系以及整个星空的发展之间的宏大无比的关系，而无根据地假定地球浮面是一个完全绝缘的自然现象世界。其次，它假定在目前人类智力所能掌握的范围之外的关系（目前所能掌握的只是工具仪器所精密化的人类感觉和科学学理所明确化的人类思想），根本不存在。

与19世纪不同，20世纪关于自然历史的任务，就是扫除这个导源于巴罗克时代唯理主义的肤浅因果体系，而代之以一个纯粹的形态体系。我们对于一切因果地"解释"问题的思想，都是怀疑论者。我们让一切事物自我表白，我们自己所要做的只是体察事物的内在命运和观察事物的形态表现，而这些命运和表现的所以然我们是永远不能参透的。我们所能达到的最高目的，只不过是千变万化的自然景象中无原因的、无目的的、纯粹如此的一些形态。对于19世纪来说，"天演"一词是有目的地适应于生活的日益进步。莱布尼茨在他那本充满了意味深长思想的作品《原始大地》(1661)①中，根据他在哈茨山银矿区所作的研究，描绘出彻头彻尾歌德式的关于洪荒世界的图景，对莱布尼茨和对歌德一样，世界的发展就是形态内涵意义的逐渐充实。这两种概念，歌德的形态发展观和达尔文的天演进化观，是完全相冲突的，正如命运观与因果观相冲突一样，并且也与德国思想与英国思想及德国历史与英国历史相冲突一样。

古生物学所提出的证据，彻底地驳斥了达尔文主义。简单的概然律指明，化石的发现只能是实验的样品。每个样品应当代表一个不同的演化阶段，所以我们应当只看到"过渡的"类型，而没有确定的类型，没有物种。实际上我们所发现的是延续于漫长世代的完全稳定的和不变的类型，而这些类型不是由适者生存的原则发展出来的，却都是骤然之间以完整确定的形态出现的；而此后这些类型不是对于环境日愈适应，却是日愈稀少以致最后消灭，代之而起的是完全不同的类型。日愈繁茂地出现于我们眼前的是自始存在而今日仍然存在的有生之物的一些宏大的纲部和种类，这些都是没有过渡类型的。例如在渔族中最初出现的有形态简单的鲛类⑤，逐渐它又凋落，而硬骨类⑥出现，逐渐产生了占优势的更完善的鱼类形态。植物世界的羊齿⑦和木贼⑧也是一样，它们只剩下最后的一些物种勉强延续到今天高度发展的显花植物⑨世界中。但关于这些现象，一切功利原因或其他有形原因的假说,在实际上都是找不到根据的〔四〕。是命运把生命本身,把植物与动物之间日益尖锐的对立形态,把生物的每一门、每一属、每一种,召唤到世界上来。在出生的同时,命运又给每一形态一定的活力,靠此活力,它在自我生发中始终保持纯种状态,或与此相反而变为模糊不纯,以致不可捉摸地分为许多变种;最后,命运也给每一形态一定的寿命期限①,除非因偶然的关系而缩短的话,它总是按此期限而自然衰老;最后至于消失。

关于人类,洪积世②的种种发现愈来愈清楚地表明,当时存在的人类形态与今日存在的相同,看不到一点朝着更适应于功利方面演化的痕迹。而在第三纪的种种发现中始终见不到人类这一事实,日愈显著地说明,人类与其他生物形态一样,是在一个突然变化中出现的,其由何出现,如何出现,为何出现,都是不可解之谜。实际上,如果真有英国思想上的那一种变化,就不应当有清楚的地层和种属分明的动物门类,而只应当有一个混沌的地质密团和生存竞争所遗留下来的乱作一团的个别生物形态。但实际上并不如此,我们所实际发现的只能叫我们相信,在植物和动物的存在过程中,曾经一次又一次地发生过根本性和突然间的变化,这种变化是属于宇宙性的,决不为地球浮面所围范,其原因甚至其全部的关系,都非人类智力所能理解的〔五〕。同样地,在各大文化的历史中,我们也观察到迅速的和深远的变化,但是看不出任何可以捉摸的原因、影响或目的。哥特式建筑和金字塔式建筑突然之间以成熟的姿态出现,正如始皇帝的中国帝制或奥古斯都的罗马帝制,正如希腊化主义、佛教或伊斯兰教等等的突然出现一样。对于每一个生活有些微意义的人来说,他一生中的事变也是如此;不明此理的人,不能算为理解人性,更不能算为理解儿童。每个人,无论是从事事业的或从事学业的,都是按阶段大步向前完成自己的一生,对于各太阳系的历史和恒星世界的历史,我们也必须假定同样的阶段。地球的起源、活动自如的动物的起源,都是这样的阶段,所以也就是我们只有当然接受的奥秘。

IX

两大时代:原始文化和高等文化

我们所知道的人类史,清楚地分为两大时代。就我们所能见到的来说,

〔四〕 最早证明动植物的基本形态非由演化而出而是突然出现的,是德·夫利斯③的《突变论》(1886)。用歌德的术语,我们可以说,我们只见到每个样品的刻印形态,却看不到整个属类的印模。(原注)

〔五〕 以此为据,我们对于人类的原始阶段就无需假定太长的时期。由已经发现的最早人类到埃及文化的黎明,当然要长于众所周知的高等文化历史的五千年,但并不是长得太多。(原注)

第一时代的始点就是我们称为冰河期出现的地球命运中的那一段深奥的追覆乐曲(fugue)②，关于这一点，在世界史的图景中，我们只能说我们知道有一个宇宙性的变化曾经发生；第一时代的终点就是高等文化在尼罗河流域和幼发拉底河流域的出现，自此人类生活的全部意义就突然改观了。我们在所有地方都见到第三纪与洪积世之间的严格界限，在界限的此方我们所发现的是一个形态完整的人类，已经有了一定的风习、神话、智慧、装饰和技术，并已经赋有至今没有发生若何变化的一种体形。

我们认为这一时代为原始文化。在整个第二时代中仍然维持这个原始文化(当然是一种很晚的形态)，并且至今仍然生存而相当完整的，只有非洲西北部。我们要承认佛罗本尼勿斯①[六]的重大功绩，因为他清楚地认识到此理，他一入手就假定在这个领域有一个原始生活的完整世界。而不仅是或多或少的原始部落，在一直与高等文化的影响隔绝而独自存在，反之，一般种族心理学家③却喜欢从五大洲的各个角落去搜集部族生活的一些片断，而在这些部族之间，实际唯一的共同点只是一个消极的共同点，那就是它们依存于这个或那个高等文化的世界中，而没有参加那个高等文化的内部生活。结果，我们所见到的是胡乱堆起的一些部落，有的是停滞的，有的是低级的，有的是没落的，而这些部落的各种表现的形式却又被杂乱无章地混在一起。

然而原始文化并不是片断的，而是一种坚强的和完整的东西，一种非常生动和有力的东西。但是，由于这文化与我们高等文化人类所禀有的精神可能性是如此地不同，以致我们不得不怀疑，连那些把第一时代深切带进第二时代的部族，就他们今天的存在形态和意识形态来说，是否真能正确地反映远古时代的情况。

已经有好几千年，人类的意识是不断地在认为部落和民族之间的经常相互接触是当然的事。但在观察第一时代时，我们不要忘记，当时人类是在一些很小的集团中群聚而居，是被海阔天空的自然景物所湮没的，而自然界的主导因素是那些极大的兽群。古人类遗骸的发现的稀少，充分地证明此点。在奥利尼亚人种时期④，在今日整个法国疆域内来去游荡的大概有一打上下的人群，每群几百人，这种人群如果偶然发现还有其他人类存在，必定感到大为惊讶以致不可解。即或极力运用想象力，我们今天能够想象生活

〔六〕　佛罗本尼勿斯，《非洲讲话了》(*Und Afrika Sprach*，1912)，《排德马：一个文化和心灵的研究大纲》(*Paideuma，Umrisse einer Kultur und Seelenlehre*)，1920 ㉔.佛罗本尼勿斯把原始文化分为三个时期。(原注)

于一个几乎没有人类的世界是怎样的一种景象吗？对于我们，整个大自然早已成为亿兆生民生存的背景了。当人类在森林和兽群之外，开始在四周愈来愈多地遇到"与自己完全一样"的其他人类时，他的世界意识必曾发生如何的激变！人类数目的增多（这必然也是骤然间出现的事），使人类习惯于接触"同类"的人，当初的惊奇之感由快慰或敌视之感所替代，这自然就导致了新的经验以及不自觉的和不可避免的相互关系的一个全新世界。对于人类心灵发展史来说，这恐怕是最深奥的和意味深长的一种变化。是在与外界生活集体的关系中，人类最初体察到他自己的生活集体，自此氏族内部的组织开始因部落之间的种种关系而复杂化，这种部落间的关系此后就完全控制了原始社会的生活和意识。只有到这个时候，初步的语言（也就是说，初步的抽象思想），才由当初极为简单的感觉中出现，而我们可以假定其中特别幸运的几种（虽然我们无法想象它们当初的结构）就成为日后印度日耳曼语族①和闪语族的起源。

后来，由这个被部落间关系所联系的人类的原始文化世界中，约在公元前 3000 年，突然间涌现出埃及和巴比伦的文化。或许在此前一千年之中这两个地方都在孕育着在本性上和在趋向上与一切原始文化根本不同的一种东西，这种东西在它所有的表现形式中都有一个内在的统一性，在它生活的各方面都有一定的趋向。在我看来，在那个时候，即或不是在整个地球的壳面上，最少是在人类的本质上曾经出现了一个变化；若果如此，此后任何仍然存在的名实相符的原始文化——范围日渐缩小，并依附于高等文化世界之中的原始文化，当然与第一时代的文化是大有不同的。但是，不管是什么样的原始文化，都与可以证明在每个高等文化初期一致出现的，我所称为文化前期②的在本质上不同；文化前期是一种全新的东西。

在一切原始生活中，"道"③，大我，是如此直接地在发生作用，以致一切小我④的表现，无论是神话、风习、技术或装饰，都只服从于眼前的要求。我们若去研究，对这些表现的时间长短、进展速度以及发展路线等，都找不到确定的规律。例如，我们可以看到笼罩广大地区居民的一种装饰形式（不能称为一种风格），对外有传播，内部有文化，以致最后消失。与此同时，并且可能范围不同，我们又可以看到武器制作和使用、部落组织、宗教习惯等等的一定形式，并且每个范畴都自有发展的方式，自有转折点，自有始终，完全在各自的形态领域的影响之下。当我们在史前某一阶段发现能够确知的一种陶器式样的时候，我们并不能以此为据而有把握地去推论制此陶器的居民的风习和宗教。如果逢巧同一地区有某种婚姻制度与某种文身方式并行

存在,这也绝不意味着有一个共同的基本概念贯串其中,如像火药的发现与绘画中的透视法那样。在装饰形式与辈分制度之间,在某一神祇崇拜与农业技艺之间,我们没有发现必然的联系。以上这一切的发展,都只是原始文化中个别方面或个别特征的发展,向来不是原始文化本身的发展。如我上面所说,原始文化本身是基本上混沌不清的,它既不是一个有机体,也不是一些有机体的总和。

然而,当高等文化一经出现之后,"道"就让位于一个强烈的和一贯的趋势。在原始文化内,除了个人外,只有部落和氏族是一种活的存在。但是至此,文化本身成了一个活的存在。原始的一切都是一个合体,原始集团的诸种表现形式的一个合体。与此相反,高等文化是一个单一而宏大的有机体的意识体现,它不只使风习、神话、技术和艺术,并且使并入它内部的民族和阶级都成为一定的形态表现和一定的历史表现的工具。我们所知道的最古的语言是属于原始文化的,它自有杂乱无章的命运,我们不能由装饰或婚姻制度的命运中去对它作推论。然而,文字的历史却是完整地属于各个高等文化的表现历史。埃及、中国、巴比伦和墨西哥文化,在文化前期就各自创制了一种特殊字体;反之,印度文化和古典文化没有如此做,而是在很晚的时候才由毗邻的文明中学来一种发展已经很高的文字;再,阿拉伯文化又另有不同,它的每一个新的宗教或新的教派都立即制造一种特殊字体——以上这一切,都与这些文化总的形态历史及其内在含意有极为密切的关系。

我们对于人类的知识,以这两大时代为限,这种知识不足以叫我们推论其他可能的新的时代,或推论这种可能的新时代何时出现或如何出现;并且无论如何,控制人类历史的整个宇宙关系,对于我们的衡量能力来说,是完全不可能捉摸的。

我们的这种思想和观察办法是以实际的面貌为限的。当深知物情的人对他环境的经验,或当事业人物对于事物的经验不发生作用时,我的这种洞察力也就到了尽头。此两大时代的存在,是历史经验中的一个事实,并且,我们对于原始文化的体验不仅是由一切遗物中去观察一个自成一套的和与外界绝缘的东西,而也是由存在于我们内心的一种与它的内在联系而去体会它的更深的意义。但是第二时代却给我们开辟了另一个和性质大不相同的经验境界。在人类历史的领域中突然出现了高等文化这一类型,是一个偶然事件,其意义我们现在还考查不出。很可能,这是地球史领域中一个突发事件所引起的现象存在世界中的一种新的和不同的形态。然而我们能看到八个这样的文化,构造相同,发展相同,时限相同——这一事实使我们有理由对它们进行比较观察,所以也有理由使我们把它们看为可以比附研究的事物,并在比附研究中获得一种知识,叫我们能够向后再知已经失传的时期,向前预知尚未到来的时期,但这当然要假定另一种命运不突然间从根本上取代当前形态世界的地位。所以我们进行研究的根据,是来自有机存在的总经验的。正如在猛禽类或松柏类的历史中我们不能预测会不会或何时会有一个新物种出现,在文化的历史中我们也不能预测会不会或何时会有一个新的文化出现。但是当一个新的生命已在子宫中形成或当一粒种子已落入土中之后,我们就确知这种新生命进程的内在形态;我们也知道它的发展和完成的平稳进程可以被外界压力所扰乱,但决不能为外力所改变。

再者,这种经验也教导我们,今日控制地球整个范围的这个文明⑧并不是一个第三时期,而是西方文化的一个阶段,一个必然的阶段;它与其他文化中相应的阶段的唯一不同之处,只在它向外扩展趋向的强烈。经验,至此已到了尽头,一切研究未来人类生活要由何种新形态所控制的假想,甚至是否还有新形态出现的问题,一切由"想当如此,必当如此"出发而作的宏大悬想,都是无聊的事业,由我看来,那都是如此地无济于事,以致任何稍有意义的一个人生也不值得消耗于这种事业中。

高等文化这一集团,作为一个集团来说,不是一个有机的单位。它们的正合此数,正在这些地方和这样时候出现,对人力所能见到的来说,都是没有意义的偶然事件。反之,各个文化的进展步骤是如此地鲜明,以致中国、马古(阿拉伯)和西方世界的历史学,实际往往就是这些文化中有知识的人的共同认识,已经树立起一套尽善尽美的阶段名称〔七〕。

所以,历史观有双重任务,一是比较地研究各个文化的生活进程,一是探讨各文化之间一些偶发的和不规则的相互关系而钻研其意义。显而易见地,第一个任务的必要性是至今仍被忽视的。第二个任务曾经被人注意,但所用的是在全部繁杂事物之上强加因果关系的那种偷懒的和肤浅的方法,把一切都齐齐整整地纳入一个假想的世界历史的"格局"(Gang)之中,以致令人既不可能明了这种难以捉摸的但是意义深远的相互关系的心理,也不可能掌握任何个别文化的内在生活。实际说来,解决了第二个问题是解决第一个问题的条件。文化间的关系是很有不同的,连在时间和空间的简单问题上也是如此。十字军使一个早期文化碰到一个衰老成熟的文明;在克

〔七〕 歌德在他的一篇小品文《精神的划代》(Geistesepochen)中,曾经称一个文化的四个阶段为前期、早期、晚期和文明期——这个见解是如此地深刻,以致到今天我们对它也无可损益。参看上卷卷尾所列的那些分期表,那都是依此划定的。(原注)

里特—迈锡尼世界是一个萌芽期与一个秋景在并存。一个文明可以蔓延到极远的地方，如印度文明之自东流入阿拉伯世界；它也可以老迈龙钟的和死气沉沉的一套去窒息一个童年文化，如古典文明之自西流入阿拉伯世界。除此之外，文化间的关系在性能上和强度上也有不同。西方文化主动地去寻找关系；埃及文化尽力地避免关系。西方文化一次又一次地遭受到外来关系的悲剧性的打击；古典文化由外来关系中受益良多而自己不受损害。但是这一切都导源于各个文化的精神本质，它们往往比较各个文化所遗留的文字记载还更多地帮助我们取得理解，因为文字记载时常是掩盖多于揭露。

Ⅺ、整个人类之无历史

人类世界的这幅图景，注定要取代至今仍然支配着知识最高的人的意识的上古、中古、近代的那幅旧的图景。在这个图景之下，我们有可能对于"什么是历史？"这一古老问题提供一个新的答案，对于我们的文明来说，我想这也是最后的一个答案。

朗克在他的《世界史》的序言中说："只在古迹已可辨认，并已有真实的文字纪录可凭时，才有历史。"这是一个资料搜集者与资料整理者的答案；显然地，这是把实际发生过的事物与某一时刻呈显在某一研究者视线之内的事物混为一谈的一种做法。马豆尼约在浦拉提伊被击败②——如果二千年后此事已被历史家遗忘，它就不再是历史吗？一个历史事实，必须记录在书本上，才算是历史事实吗？

朗克以后最有威望的历史家爱德华·麦耳③说："历史的就是今天或过去曾经发生作用的……只在经过历史研究，把某一些过程由它同时的无数其他过程中提炼出来之后，它才成为一个历史事实"。〔八〕这个论断是十足的黑格尔的风格和精神的表现。首先，它的出发点是事实本身，而不是偶然性的对事实是否知道的问题；我们在本书中所提出的正是这种观察历史的出发点，它叫我们假定头等重要的伟大事件过程的存在，即或在狭义的学术意义上我们不知道，也永远不能知道它们曾经发生。我们必须学习，用最概括的方法去处理所不知的事物。其次，真理存在于心灵中，事实只有存在于对生活的关系中。历史研究，我所谓"形态识力"，是由血气来决定的；这种能

〔八〕 见《历史的理论和方法》（*Zur Theorie und Methodik der Geschictte*），《杂文集》（*Kleine Schriften*），1910——一位反对一切哲学的人所写的最好的一篇历史哲学（原注）

力在判断人物时可以鉴往知来，对人对事有内在的敏感，知道某一事物曾经发生并且必曾发生。它并不是单纯的知识分辨和资料掌握。对于每一个真正的历史学家来说，知识方面的经验是附加的和次要的。这种经验，通过烦琐的和重复的证明，用学习和灌输的方法，去影响人的理智意识；实际上，真智在一刹那间的豁然贯通中对此就可一目了然。

就是因为我们的浮士德性格的力量今日已经制成了任何其他的人或任何其他的时代所不能把握的一个内心经验的境界；就是因为对于我们来说，最古远的事物日愈显得意义重要，日愈相互联系，而这些都是任何其他的人，包括事物当代的那些人本身，所不能体察的——在若干世纪前仍然不是历史的许多事物，今天已经成为历史，那就是说，成为与我们的生活合拍的一部分。塔其图⑪可能"知道"有关提比略·革拉库（Tibrius Gracchus）的革命的史实，但在他心目中那个革命已经没有任何有效的意义，而在我们的心目中它却充满了意义。一性论派⑫的历史以及它与穆罕默德教环境的关系，对于伊斯兰信徒就毫无意义的，但是对我们来说，它显然地是另一局面之下的英国清教运动。对于一个已把全球看成其舞台的文明的世界观来说，分析到最后，任何事物都不能说是没有历史意义的。19世纪所了解的上古、中古、近代的历史体系，实际只包含经过选择的一些比较显而易见的历史联系。然而古中国和墨西哥的历史已经开始对我们发生的影响是更微妙的和更高超的。至此，我们已是在探索生活的最终要求。我们是在从另一生活进程中去了解我们自己，去了解我们必然如何，终将如何。这是我们未来的大学校。仍然有历史可言的我们，仍然在创造历史的我们，由历史人类这种极远的疆界中发现了什么是历史。

在苏丹地方的两个黑人部落之间的战争，或恺撒时代克鲁斯奇人与卡提人⑬之间的战争，或者实质上相同的蚁群之间的战争，只是活的自然界中的一幕情节。但是如果克鲁斯奇人打败了罗马人，如在公元9年所发生的⑭，或是如果阿兹蒂克人打败了特拉斯卡兰人⑮，那就是历史了。于此，"何时发生"的问题也就重要了；每十年，甚至每一年，都有关系，因为我们是在面对一个伟大生活进程的发展，在这种发展中每一个决定性的事件都有划时代的作用。于此，是有一切事物所共同追求的一个目标的，是有一个精神存在在企图完成它的命运的，是有一定的节奏的，是有一个有机的年限的；这并不是像塞其提人⑯，高卢人或加勒比人⑰之间的那种起落无定的变化，那种起落无定的变化的情节是与一个海狸群中或草原地带一个羚羊群中的变化同样地没有意义的。这都是动物界的问题，只在我们另一范畴的视界中

才有地位,那就是说,只在我们不是在注意个别民族或人群的命运,而是在注意作为物种的人类、羚羊或蚁类的命运的时候才有地位。原始人类只在生物学的意义上才有历史,一切史前史的研究都仅此而已,人类对于火、对于石器、对于金属、对于制造武器的机械原理的日愈熟练的知识,是人类作为一个物种及其内在可能性的发展。在这个历史境界中,一个部落为何目的而利用这种武器去对付另一部落,是毫不重要的。石器时代和巴罗克时代,一个是物种生活史的阶段,一个是文化生活史中的阶段;物种和文化是属于两种根本不同的世界的两种有机体。在此,我要对一直损害一切历史思想的两种假定提出抗议:一个就是认为全人类有终极目的的看法,一个就是否认一切终极目的的看法。生命是有目的的,那就是完成它受生时所禀赋的命运。但是每一个人,由一出生就一方面属于一个高等文化,一方面属于人类这一物种,对他来讲,没有第三种生存的范畴。他的命运或是属于动物的境界,或是属于"世界历史"的境界。"历史的人",在我对此词的了解中,也是在所有伟大历史家所认为应当有的了解中,是一个大踏步完成自我使命的文化中的人。在此之前,在此之后,在此之外,人是没有历史的:他所属的那一民族的命运,其无足轻重正如当我们所注意的是天文界而不是地质界时地球命运之无足轻重是一样的。

由此,我们获得有决定意义的重要性的一个结论,一个过去向来没有被提出的结论,那就是,人类不仅在高等文化诞生之前是没有历史的,并且当一个文明已经完成了显示文化生活的发展已告终结的最后形式时,当有意义的存在的终极可能性已经枯竭时,人类就变成又没有历史的了。我们所看到的色特一世(公元前 1300 年)之后的埃及文明和一直到今日的中国、印度、阿拉伯文明,尽管它们宗教的、哲学的尤其是政治形态的一层外衣很是巧妙,实际都又是原始时代动物界那一老套的起伏无定而已。关于在巴比伦稳坐江山的究竟是像卡西人那样粗野的军事集团,或是像波斯人那样优雅的文物继续者;他们统治何时开始,维持多久,成败如何等等——这一切,由巴比伦看来,都是没有意义的。当然,这些对于居民的祸福是有影响的,但事物无论如何发展,也不可能改变此一世界的灵魂已经灭亡因而一切事变都不再赋有深刻意义的这一事实。在埃及有了一个本土的或外来的新朝代,在中国发生了一次革命或一次征服,在罗马帝国进来了一个新的日耳曼部族——这些都只是自然景物的历史中的因素,与动物区系的变化或一个鸟群的移栖没有两样。

在高等文化人类的真正历史中,斗争的目标和剧烈竞争的基础,总是为求取一种本质上属于精神范畴的事物的实现，为求取把一个意象体现为一个活的历史形态；即或是主事者和追随者对于他们自己的行动、目的和命运的象征作用完全不自觉，事实仍然是如此。这个道理适用于伟大艺术风格之间的斗争发展，如哥特式和文艺复兴式；也适用于哲学，如斯多亚派和伊壁鸠鲁派；也适用于政治理想，如寡头政治和僭主政治；也适用于经济形态，如资本主义和社会主义。

在高等文化以后的历史中，这一切就都谈不到了。所余的只有纯粹的权力之争，纯粹的兽性利益之争。前此的权力，即或是表面上没有什么精神力量在推动，总是在此种形式或彼种形式下在为一种理想服务；但是到了文明的晚期，即或是最动听的一种理想的幻想也只是纯粹兽类之争的一个假面具。

释迦牟尼之前的印度哲学与释迦牟尼之后的印度哲学，其区别就在于前者是通过印度灵魂并在印度灵魂之中实现印度思想的目的的一个伟大运动，后者只是对于已经凝结而不能再发展的一套思想积累去无休止地翻覆新花样而已。答案已经有了，并且是一成不变了，只有提出答案的方式仍在变化。汉朝成立之前与汉朝成立之后的中国绘画也是如此，不管我们是否掌握材料；新王国成立之前与新王国成立之后的埃及建筑也是如此。在工艺上，问题也没有两样。今天的中国人接受西方的蒸汽机和电气，其接受时的情景以及神秘感与四千年前接受青铜和耕犁时是完全相同的，也与更早接受火时是完全相同的，在精神上，两者都与周代中国人为他们自己所作的发明完全不同；后者每次都意味着他们本身历史的一个发展阶段〔九〕。此前和此后，一百年也远不如高等文化期间十年甚至一年那样重要，因为时间的幅度已逐渐返回到生物界的范畴了。是这个道理使这种晚世情景（生活在其中的人把它视为当然的）赋有一个不变的庄严的特征，以致凡是真正属于高等文化的人，如到埃及的希罗多德和马可波罗以后到中国的西方人，当把它与他们自己世界那种生气勃勃的紧张发展相比较时，都对它感到惊讶不已的。那正是"非历史"的永恒景象。

在阿克庭之战⑥和罗马太平秩序建立之后，古典世界的历史不是已经终结了吗？自此之后，就不再有集中表现整个文化的内在意义的那些伟大关头。非理性、兽性开始占统治地位。一种事态发展的结局究竟如何，对于全

〔九〕　日本原来属于中国文明，今天又属于另一个文明，即西方文明。严格讲来，向来没有过一个日本文化。所以，日本的美国文明形式必须用另一方法看待⑩。

局来说是无足轻重的,虽然对于个人的祸福还是有关系的。一切重大的政治问题都已经解决了,在每个文明中它们迟早是要解决的,实际它们是不再被人认为问题,不再被人提出。再往后不久,人们就将不能了解,在早期那些紧急关头中所牵涉的究竟是什么问题。一个人在自己生活中所没有经验的事,他也不能想象在别人生活中那是怎么一回事。当后世的埃及人谈希克索斯时代时,或当后世的中国人谈与此相应的战国时代时,他们都是在根据他们自己生活方式的标准去对表面形象作判断,而在他们的生活方式中已经不再有什么不可解的问题了。他们所看到的只是纯粹的权力之争,他们看不到那些拼死的对外的或国内的战争(在这些战争中甚至有人不惜假借外力以对付自己人),其目的都是为追求一种理想的。对于围绕着提比略·革拉库和克娄底约⑤的被杀所发生的那种可怕的一张一弛的变动,我们今天了解那是怎么一回事。在公元 1700 年时我们还不可能了解,到 2200年时我们就又不了解了。关于拿破仑式的人物凯安⑥也是一样,在后世的埃及历史家看来,他只不过是一个"希克索斯王"而已。若没有日耳曼人进来,一千年后的罗马历史家很可能会把革拉库兄弟、马略、苏拉和西塞罗混在一起而说成被恺撒推翻的一个朝代。

比较一下提比略·革拉库的死讯与尼禄的死讯(即当罗马听到戞尔巴⑤起兵的消息的时候);或比较一下苏拉对马略党的胜利与谢浦提米约·谢弗罗⑧对丕森尼约·尼泽⑩的胜利。如果在后一种事例中,其结局不同,帝国时代的历史进程会受丝毫的影响吗?对于庞培和奥古斯都的"元首制"与恺撒的"帝制",像孟森和爱德华·麦耳[十]⑧两人煞费苦心所作的那种分别解释,实际上完全是无的放矢。到了那个阶段,整个问题已只是一个政治组织的问题,虽在五十年前那仍然意味着不同理想的对立。当在公元 68 年分跌克斯和戞尔巴⑧声称要恢复"共和国"时,他们都是在有真正象征作用的概念都早已消失时去拿概念作赌注,到那时唯一的问题就是谁握有直截了当的强力的问题。对于恺撒名号的争夺,变得越来越野蛮;如听其自然,它会一代一代地在日益原始的,所以也就是"永恒的"形式下继续下去。

这些居民已经不再有一个灵魂。所以他们也就不能再有自己的历史。他们最多只能在作为另一个文化的历史活动的对象时再获得一点意义,而这种关系的任何较深的意义都由外来生活的意志所决定的。在一个古老文明的土壤上所发生的任何有作用的历史事物,其意义都来自别处的事物发

　　〔十〕　见《凯撒的帝制与庞培的元首制》(*Cäsars Monarchie und des Principat des Pompejus* 1918,S,501ff)(原注)

展过程。而绝不来自本地居民在事物中所扮演的任何角色。所以我们又发现了,"世界史"的全景是有两种形象的,即伟大文化的生命过程和文化之间的相互关系。

注释:

①波列为物理学名词,指一系列的波而言;此一系列与下一系列之间,隔着一个静止的阶段。

②德国历史中称反攻拿破仑和驱逐拿破仑的战争(1813—1815)为"解放战争"。

③夫利舍群岛在北海,属于荷兰。

④约亚金·夫罗利是12世纪晚期的意大利修道士(约1145—1202)。

⑤按,指12世纪末神圣罗马帝国皇帝亨利六世(1190—1197)。

⑥"狮子"亨利为12世纪撒克森及巴伐利亚的公爵(1129—1195)。

⑦独伊托堡格林野为德国西北境一个有名的大林,公元9年日耳曼人在此处大败罗马军队。

⑧哥德原为魏玛公国政界的一个要人,后来于1788年他辞去一切现职;只保留一个闲散的职位,而决定此后专门致力于文艺和科学。他的戏剧《塔索》于1790年出版。

塔索(1544—1596)为意大利16世纪的著名诗人,哥德以这位前代诗人的身世为题,来说明文艺境界与政治境界之间的不相协调。

⑨康德;拉普拉斯——此处提到康德,所指不是他中晚年的哲学作品,而是指他早年时期(1755年)所写的一本《地球通史和天象总论》,这在自然科学史上是最早有系统地以自然发展观去解释宇宙起源的一种理论。这本作品,康德自己向来没有发表,到他死后四十多年(1845年)才被发现。

拉普拉斯(1749—1827)为法国天文学家和数学家,他在1796年发表星云说,几年之后又有系统地和全面地发表此说。在这发生作用的科学史上,是最早以科学方法解释宇宙起源的一种学理;但就写作的先后来说,康德在几十年前就已提出相类的说法。

⑩居维(1769—1832)是法国的生物学家,在科学史上被公认为比较解剖学的创始人。书中此处提到他时,是特别提到他的"暴变说"。他认为地球上过去曾发生过多次暴变,每次暴变之后,所有的生物都死亡,然后又有新的生物出现。在达尔文以前,在19世纪早中期,此说流行于生物学界。

⑪来耶尔(1797—1875)为英国地质学家,于1830年发表《地质学原理》,是科学史上最早以自然发展说来解释地壳形成的一本作品。

⑫达尔文的《物种起源》,发表于1859年。拉马克(1744—1829)是法国杰出的博物学者,无脊椎动物学家和生物进化论的先驱者。他的生物进化论与后来达尔文进化论所不同的,是他错误地强调动物欲望和意志在进化中起巨大作用。

⑬方·布赫(1774—1853)为德国地质学家。

⑭《原始大地》:Protogaea——这是莱布尼茨根据希腊文所自造的一个名词:proto=原始;

gaea＝大地。

⑮鲛类(学名：Selachii)——关于鲛类，在生物学分类中，意见尚不一致，比较普通的是把它看为一个亚纲。鲨鱼即属于鲛类。

⑯硬骨类(Teleostei)包括现存的多数鱼种。

⑰羊齿(Fern)为植物学中的一目，目的学名为 Filicales.

⑱木贼(Schachtelhalm)为植物学中的一种，科学的学名为 Equisetaceae.

⑲显花植物(Blütenpflanze)学称 Phanerogamia 与隐花植物(学称：Cryptogamia)相对。早期的植物为隐花植物，羊齿和木贼为隐花植物；今日的植物世界以显花植物为主。

⑳德·夫利斯(1848—1935)为荷兰的一位植物学家。

㉑按，此处所指为一物种、物属等由在世界出现到消失的大寿命，不是个体的寿命。

㉒"洪积世"(Diluvial)地质学中较旧的概念和名称，今日称为"冰河期"。

㉓"追覆乐曲"，原文为法文 fugue，在音乐中是旋律配合比较复杂的一种多音部乐。施本格勒喜欢把历史文化中不同的部门相互混用，此处是在以音乐中的一种复杂节奏现象来描写他认为不知其所以然的一种自然界重大变化。

㉔佛罗本尼勿斯(1873—1938)为德国的人种学家。施本格勒原注中所列他的第二本书名中的"棑德马"一词，意义不明；由上下文看来，大概是非洲西北部一个较小的地名或部落名称。

㉕种族心理学(Völkerpsychologie)，19 世纪晚期和 20 世纪初期在德国特别流行的资产阶级心理学的一个部门，创始人为冯特(1832—1920)，以心理现象来解释历史发展，特别注意原始阶段。在法国和英美，资产阶级心理学这一部门没有盛行，少数心理学家曾经注意历史较近时代的社会心理现象，称为社会心理学：La psychologie sociale(法)Social psychology(英)。

㉖奥利尼亚人种，是以 1909 年在法国奥利尼亚地方所发现的遗骸为代表的，属于旧石器时代晚期。资产阶级学者对此人种的归属关系，有两种不同的意见；有人认为他与今日世界的智人种(Homo Sapiens)属于同一物种，有人把他区分为另一物种，学名为 Homo Anrignacensis. 施本格勒在他的书中接受后一种说法。

㉗印度日耳曼语族，即一般所称印度欧罗巴语族，德国人往往喜欢用前一名词。

㉘"文化前期"(Vorkultur)是施本格勒所自造的一个名词。

㉙"道"，原词为"es"，英文对译为"it"。此词意义虚玄，难以恰当地译出，可以勉强译为"道"。两三千年来，"道"在中国思想史中意义甚多，我们此处所取的是"道"的神秘含义。

资产阶级人类学、人种学、心理学、比较宗教学等一类的学术中，喜欢用 es 或 it 这个名词和概念，大意是指宇宙、自然以及所谓人性背后的一种不可捉摸的所谓神秘力量和神秘作用。

㉚大我(Kosmische，也可作 macrokosmische)和小我(microkosmische)是资产阶级哲学中及一些其他学术领域中惯用的两个名词：前者指整个宇宙，后者指个人；或指人类比较具

体的一些活动表现。

㉛在施本格勒的用词中,"文化"(Culture)有两个意义,一是指一个文化的全部发展,一是特指早中期的发展;在后一种用法上,他称全部发展的晚期为"文明"(Civilisation)。

㉜浦拉提伊之战,公元前479年希腊对波斯战争中的一个决定性战役,当时波斯的统帅为马豆尼约。

㉝爱德华·麦耳(1855—1930)是德国历史学家。

㉞塔其图(约55—117)是古罗马的历史学家。

㉟一性论派(Monophysites)是拜占廷帝国内部基督教的一个派别。

㊱克鲁斯奇人和卡提人是两种日耳曼部族。

㊲按,指独伊托堡格林野之战——见译注⑦。

㊳特拉斯卡兰人,属那瓦族。那瓦各族是古墨西哥较晚时期的重要部族,被西班牙人侵略的古墨西哥各国,大多是那瓦人所建立的国家。

㊴塞其提人,古代希腊、罗马人对亚欧大草原多数游牧部族的称呼,中国古史中相应的名称为"塞"(见汉书九十六西域传"罽宾"条)。

㊵加勒比人,西班牙人入侵在西印度群岛和南美北部势力强大的一种部族。

㊶按,此句原文为:Der Japanische Amerikanismus ist also anders zu beurteilen 其意义不够明确。由上下文看来,施本格勒大概是在说,日本所接受的以美国形式为主的西方文明的那一套,不是由日本历史中自发地出现的,因为没有过一个日本文化,所以也不可能出现一个日本的文明。

㊷阿克庭为希腊西岸的一个古城,公元前31年奥古斯都于此地取得大胜,罗马帝国实际成立。

㊸克娄底约(公元前93—前52),为罗马政治活动家,本属贵族阶级,后来正式宣布放弃贵族身份,投身于平民的行列中。最后在斗争中被人杀害。

㊹凯安为希克索斯时代(公元前1680—前1580)活动范围较广的一个埃及法老,刻有凯安名号的古物,在克里特、巴勒斯坦和巴比伦都有发现。

㊺戛尔巴的起兵,实际上成了尼禄自杀的信号。戛尔巴任罗马皇帝一年(68—69)。

㊻谢浦提米约·谢弗罗,罗马皇帝(193—211)。

㊼丕森尼约·尼泽是与谢浦提米约·谢弗罗争夺帝位的敌手,最后战败被杀。

㊽麦耳——见译注㉝。

㊾分跌克斯和戛尔巴两人都是起兵反对尼禄的人。关于戛尔巴,见译注㊺。

(原载中国世界古代史研究会、内蒙古大学历史系合编的《世界古代史译文集》,内蒙古大学学报编辑部1987年出版。)